21世纪本科金融学名家经典教科书系

货币银行学、金融学课程推荐教材

现代金融学

——货币银行、金融市场与金融定价

Modern Finance

Money, Banking, Financial Markets and Prices

◎ 张成思 编著

- 立足国情，中国经验惠及世界
- 创新逻辑，思想脉络触手可及
- 力求简洁，金融本质引领篇章

中国金融出版社

责任编辑：王效端 王 君
责任校对：潘 洁
责任印制：丁淮宾

图书在版编目（CIP）数据

现代金融学：货币银行、金融市场与金融定价/张成思编著. —2 版. —北京：中国金融出版社，2022.8
21 世纪高等学校金融学系列教材
ISBN 978 – 7 – 5220 – 1653 – 5

Ⅰ. ①现… Ⅱ. ①张… Ⅲ. ①金融学—高等学校—教材 Ⅳ. ①F830

中国版本图书馆 CIP 数据核字（2022）第 102653 号

现代金融学——货币银行、金融市场与金融定价（第二版）
XIANDAI JINRONGXUE：HUOBI YINHANG、JINRONG SHICHANG YU JINRONG DINGJIA（DI-ER BAN）

出版
发行 中国金融出版社
社址 北京市丰台区益泽路 2 号
市场开发部　（010）66024766，63805472，63439533（传真）
网 上 书 店　www.cfph.cn
　　　　　　（010）66024766，63372837（传真）
读者服务部　（010）66070833，62568380
邮编 100071
经销 新华书店
印刷 河北松源印刷有限公司
尺寸 185 毫米 × 260 毫米
印张 23
字数 490 千
版次 2019 年 10 月第 1 版 2022 年 8 月第 2 版
印次 2022 年 8 月第 1 次印刷
定价 69.00 元
ISBN 978 – 7 – 5220 – 1653 – 5
如出现印装错误本社负责调换 联系电话（010）63263947
编辑部邮箱：jiaocaiyibu@126.com

21世纪高等学校金融学系列教材
编审委员会

顾问：
吴晓灵（女）　清华大学五道口金融学院　教授　博士生导师
陈雨露　中国人民银行　党委委员　副行长
王广谦　中央财经大学　教授　博士生导师

主任委员：
郭建伟　中国金融出版社　总编辑
史建平　中央财经大学　教授　博士生导师
刘锡良　西南财经大学　教授　博士生导师

委员：（按姓氏笔画排序）
丁志杰　对外经济贸易大学　教授　博士生导师
王爱俭（女）　天津财经大学　教授　博士生导师
王效端（女）　中国金融出版社　副编审
王　稳　对外经济贸易大学　教授　博士生导师
王　能　上海财经大学　美国哥伦比亚大学　教授　博士生导师
王　聪　暨南大学　教授　博士生导师
卞志村　南京财经大学　教授　博士生导师
龙　超　云南财经大学　教授
叶永刚　武汉大学　教授　博士生导师
邢天才　东北财经大学　教授　博士生导师
朱新蓉（女）　中南财经政法大学　教授　博士生导师
孙祁祥（女）　北京大学　教授　博士生导师
孙立坚　复旦大学　教授　博士生导师
李志辉　南开大学　教授　博士生导师
李国义　哈尔滨商业大学　教授
杨兆廷　河北金融学院　教授
杨柳勇　浙江大学　教授　博士生导师
杨胜刚　湖南大学　教授　博士生导师
汪　洋　江西财经大学　教授　博士生导师
沈沛龙　山西财经大学　教授　博士生导师
宋清华　中南财经政法大学　教授　博士生导师

张礼卿　中央财经大学　教授　博士生导师
张成思　中国人民大学　教授　博士生导师
张　杰　中国人民大学　教授　博士生导师
张桥云　西南财经大学　教授　博士生导师
张志元　山东财经大学　教授
陆　磊　国家外汇管理局　副局长
陈伟忠　同济大学　教授　博士生导师
郑振龙　厦门大学　教授　博士生导师
赵锡军　中国人民大学　教授　博士生导师
郝演苏　中央财经大学　教授　博士生导师
胡炳志　武汉大学　教授　博士生导师
胡金焱　山东大学　教授　博士生导师
查子安　金融时报社　总编辑
贺力平　北京师范大学　教授　博士生导师
殷孟波　西南财经大学　教授　博士生导师
彭建刚　湖南大学　教授　博士生导师
谢太峰　首都经济贸易大学　教授　博士生导师
赫国胜　辽宁大学　教授　博士生导师
裴　平　南京大学　教授　博士生导师
潘英丽（女）　上海交通大学　教授　博士生导师
潘淑娟（女）　安徽财经大学　教授
戴国强　上海财经大学　教授　博士生导师

作者简介

张成思,中国人民大学财政金融学院副院长,荣获国家级人才称号,博士生和博士后导师。国家级一流本科金融学专业建设点负责人,国家经济学教材建设重点研究基地成员,国家级精品视频课程主讲人,国家级双语教学示范课程负责人,国家级重大教改项目主要成员,霍英东教育教学奖获得者,北京市教学名师;全国金融系统青年联合会第二届委员会委员,全国金融标准化技术委员会委员,中国金融学会理事。曾执教香港中文大学,曾任英文期刊
Economic and Political Studies 执行主编,兼任中国人民银行、国家发展改革委、国家外汇管理局等顾问专家。主要研究方向为货币金融学。曾荣获国家级教学成果奖、国家哲学社会科学成果文库奖、孙冶方金融创新奖、中国金融理论优秀论文奖、第六届和第七届薛暮桥价格研究奖、邓子基财经学术论文奖、《金融研究》年度最佳论文奖和北京市高等教育精品教材奖等重要科研和教学奖项。在中英文核心期刊发表论文200余篇;出版中英文专著10部,总计近500万字;出版教材5部,总计逾200万字。在国际知名数据库IDEAS/RePEC公布的中国经济学者国际学术影响力排名中位于前7%。

第二版前言

一、编写动机

金融领域宏微观理论的不断发展、演进与交织，推动了金融学从早期的宏观范式走向现代微观范式，再从单纯的微观范式迈入宏微观融合的大金融学科，这是学科理论研究的自然选择，也是历史发展的必然趋势。

与此相对应，"金融学""货币银行学"等课程内容也变得日益丰富。如何将庞杂的内容用一条逻辑主线贯穿起来，组成逻辑层次清晰的内容结构，将金融学的核心内容清晰地呈现给读者，让思想的脉络触手可及，让中国经验惠及世界，为读者提供有品质、有温度的教科书，是作者在教学科研工作中一直在思考的问题。

虽然从不同角度对金融的含义与范畴理解可能不尽相同，但是学界对金融的本质有共识，即资金跨时间与空间流转，以及经济主体对资金流转中的风险与收益进行权衡取舍。其中，资金流转主要对应于宏观金融学（即传统的货币银行学），涉及货币的定义与度量、银行体系的货币派生、中央银行的货币供应以及与宏观层次的利率决定论等内容；而经济主体对风险与收益的权衡则主要对应于微观金融学（公司金融、资产定价等），关系个人、家庭、企业乃至政府的投融资风险、投资收益和融资成本等问题，涉及微观金融领域经典的投资组合理论、资产定价理论、公司资本结构理论以及金融衍生品定价理论等内容。

本书是作者结合多年来的"货币银行学""金融学"等课程教学经验，并在中国老一辈金融学家的启发和引领下完成的教材成果，坚持国家对新时代教材建设的精神指引，突出原创性，立足中国阐释金融学知识体系，以期比较全面、系统、简洁地阐释金融学的核心内容，为推动形成中国金融学知识体系和理论体系作出应有的贡献。

由于金融学理论早期发源于西方发达市场，所以国际上流行的金融学教材多以美国等发达市场为蓝本进行相关知识点的介绍（如金融市场、金融机构等）。本书内容则以中国经济发展的丰富实践为基础进行知识体系介绍，同时又对学术界共识性的标准知识内容进行了传承和发展，是一本更适合中国读者的"金融学"和"货币银行学"等课程教材。

本书第二版进一步提升国家倡导的课程思政建设理念，紧密围绕中国国情，以新时代中国特色社会主义思想作为引领，立足中国、放眼世界，努力为我国高等院校相关课程提供高质量的金融学教材。在内容安排上，第二版对第一章进行了精简，并将"金融学的范畴与发展总结"安排在最后一章，以便学生期末复习，也方便教师对教学内容进行总结。第二版还更新了全书数据和金融市场的发展情况等。

二、篇章逻辑

本书编写以金融的本质为逻辑主线，将宏观金融与微观金融贯穿起来，形成一个有机联系的整体。金融的本质可以归纳为货币跨时空流转以及流转过程中经济主体对风险与收益的权衡。金融的本质贯穿现代金融学的各个分支领域。与此相对应，本书以货币的流转为线索，以金融价格（利率）作为连接宏微观金融的桥梁，将全书划分为总论篇、货币的流转篇、货币流转中的收益与风险篇、总结篇。第一篇总论篇为第1章，即金融的本质；第二篇货币的流转篇包含8章（第2至9章），分别介绍什么是货币、国际货币体系格局、为什么需要货币（货币需求论）、货币创造的枢纽（商业银行）、货币创造的源头（中央银行）、存款创造与货币供应、货币流转的媒介（金融机构）、货币流转的场所（金融市场）；第三篇货币流转中的收益与风险篇包含4章（第10至13章），分别介绍利率与金融资产价格、收益率曲线与利率期限结构、投资风险（投资组合与资产定价）以及国际投资的风险（汇率变动）；第四篇总结篇为第14章，基于金融学的范畴与发展总结归纳全书各章的核心理论内容。本书各部分内容既相互联系又相对独立，教师在授课过程中可以灵活调整讲授顺序。

三、教学安排

本书可以用作高等院校的"货币银行学""金融学""货币金融学""货币理论与政策"等课程教材。教师可以根据具体课时安排讲授章节和学生自学章节。本书第1章和第14章可以作为选读材料。对于36～48学时的课程（每周2～3课时），可以考虑讲授第2～11章，其余章节可以选讲或者安排学生自学（不做考试要求）；对于48学时以上的课程，可以考虑讲授第2～13章或者全书内容。具体章节还可以根据具体情况进行选择性讲授。

四、适用对象

本书适合经济学、金融学以及经济管理类其他专业的本科生和研究生作为教材使用，也可以作为广大金融爱好者的跨专业自学教材。通过学习本书，读者可以系统学习金融学的相关专业知识，并且运用书中介绍的知识对现实问题进行独立思考和分析。

选课教师以及广大读者可以联系出版社或者作者，获得本书对应的授课资料。在条件允许的情况下，选用本书作为教材的教师可以联系作者到教学课堂进行总结部分的串讲和研讨。本书配有全套精致PPT授课资料，任课教师可以发邮件向作者索取，作者联系方式：zhangchengsi@gmail.com。

张成思
2022年夏于北京

第一版前言

一、编写动机

为什么要编写一本现代金融学教材?经过一个多世纪的发展,现代金融学已经形成由传统宏观金融学与新兴微观金融学共同组成的综合体,内容也变得日益丰富。如何将庞杂的内容用一条逻辑主线贯穿起来,组成逻辑层次清晰的内容结构,将现代金融学的核心内容清晰地呈现给读者,让思想的脉络触手可及,为读者提供有品质、有温度的教科书,是作者在教学过程中一直在思考的问题。

本书是作者结合多年来的"货币银行学"和"金融学"等课程教学经验,对这一问题给出的回答,以期比较全面系统地阐释现代金融学的核心内容。

由于金融学理论早期发源于西方发达市场,所以国际上流行的金融学教材[如米什金(Mishkin)的《货币金融学》等]以美国等发达市场为蓝本进行相关知识点的介绍(如金融市场、金融机构等),本书的内容则更多以中性(并不强调国别)或者中国的情况为基础进行介绍,同时又对既有的标准知识内容进行了传承和发展,是一本更适合中国读者的现代金融学教材。

二、篇章逻辑

本书的篇章编写逻辑是以金融的本质为主线,将宏观金融与微观金融贯穿起来,形成一个有机的体系。这个体系的枢纽是货币,核心是价格(利率)。金融的本质可以归纳为实现货币的时间价值,表现为货币的跨时空腾挪及其过程中的风险与收益权衡。因此,金融的本质贯穿现代金融学的各个分支领域。与此对应,本书以货币的流转(腾挪)为纽带,以金融价格(利率)为枢纽,划分为总论篇、货币的流转篇和货币流转中的收益与风险篇。第一篇总论篇包含2章(第1章、第2章),即金融的本质和现代金融学的范畴与发展;第二篇货币的流转篇包含8章(第3~10章),分别介绍什么是货币、国际货币体系格局、为什么需要货币(货币需求论)、货币创造的枢纽(商业银行）、货币创造的源头（中央银行）、存款创造与货币供应、货币流转的媒介（金融机构）、货币流转的场所（金融市场）；第三篇货币流转中的收益与风险篇包含 4 章（第 11~14 章），分别介绍利率与金融资产价格、收益率曲线与期限结构、投资风险（投资组合与资产定价）以及国际投资的风险（汇率问题）。

三、教学安排

本书可以用作高等院校的"货币银行学""金融学""货币金融学"等课程教材。教师可以根据具体课时安排讲授章节和学生自学章节。本书第 1~2 章可以作为自读材料。对于 36~48 学时的课程（每周 2~3 课时），可以考虑讲授第 3~12 章，其余章节可以选讲或者安排学生自学（不做考试要求）；对于 48 学时以上的课程，可以考虑讲授第 3~14 章或者全书内容。具体章节的内容还可以根据具体情况进行选择性讲授。

四、适用对象

本书适合作为经济学、金融学以及经济管理类其他专业的本科生和研究生课程教材，也可以作为广大金融爱好者的跨专业自学教材。通过学习本书，读者可以系统学习金融的相关基础知识，并且运用书中介绍的知识对现实问题进行独立思考和分析。

选课教师以及广大读者可以联系出版社或者作者，获得本书对应的授课资料。在条件允许的情况下，选用本书作为教材的教师可以联系作者到教学课堂进行总论部分的串讲和研讨。本书配有全套 PPT 授课资料，选课教师可以联系作者索取，作者联系方式：zhangchengsi@gmail.com。

张成思
2019 年夏于北京

简要目录 Brief Contents

第一篇	总论篇
	第1章 什么是金融 / 3
第二篇	货币的流转：货币银行与金融市场
	第2章 什么是货币 / 11
	第3章 国际货币体系格局 / 28
	第4章 为什么需要货币：货币需求论 / 41
	第5章 货币创造的枢纽：商业银行 / 58
	第6章 货币创造的源头：中央银行 / 91
	第7章 存款创造与货币供应 / 124
	第8章 货币流转的媒介：金融机构 / 143
	第9章 货币流转的场所：金融市场 / 165
第三篇	货币流转中的收益与风险：利率定价与投资风险
	第10章 利率与金融资产价格 / 225
	第11章 收益率曲线与利率期限结构 / 255
	第12章 投资风险：投资组合与资产定价 / 272
	第13章 国际投资的风险：汇率变动 / 302
第四篇	总结篇
	第14章 金融学的范畴与发展总结 / 315

目录 Contents

第一篇　总论篇

第1章　什么是金融 / 3
- 第1节　金融的定义与本质 / 3
- 第2节　货币的时间价值 / 5
- ◎复习要点 / 8
- ◎关键术语 / 8
- ◎练习题 / 8

第二篇　货币的流转：货币银行与金融市场

第2章　什么是货币 / 11
- 第1节　货币的定义与职能 / 11
- 第2节　货币的起源与演进 / 16
- 第3节　电子货币 / 19
- 第4节　数字货币 / 20
- 第5节　货币的层次划分 / 22
- ◎复习要点 / 26
- ◎关键术语 / 27
- ◎练习题 / 27

第3章　国际货币体系格局 / 28
- 第1节　国际货币体系概览 / 28
- 第2节　1870—1945年：金本位与准金本位 / 33
- 第3节　1945—1971年：布雷顿森林体系 / 34
- 第4节　1972年至今：牙买加体系 / 36

第5节 石油美元与世界货币 / 37
◎复习要点 / 40
◎关键术语 / 40
◎练习题 / 40

第4章 为什么需要货币：货币需求论 / 41
第1节 宏观视角：古典货币数量论 / 41
第2节 微观视角：货币需求动机与凯恩斯流动性偏好论 / 45
第3节 流动性陷阱 / 49
第4节 弗里德曼的真实货币需求论 / 51
第5节 货币流通速度 / 54
◎复习要点 / 56
◎关键术语 / 56
◎练习题 / 57

第5章 货币创造的枢纽：商业银行 / 58
第1节 商业银行的资产负债表 / 58
第2节 商业银行的经营与管理 / 69
第3节 商业银行的表外业务 / 77
第4节 商业银行的绩效 / 79
第5节 商业银行的监管：巴塞尔协议 / 85
◎复习要点 / 87
◎关键术语 / 87
◎练习题 / 87

第6章 货币创造的源头：中央银行 / 91
第1节 中央银行结构与职责 / 91
第2节 中央银行资产负债表 / 94
第3节 货币政策目标 / 104
第4节 货币政策工具 / 108
第5节 货币政策传导机制 / 118
◎复习要点 / 123
◎关键术语 / 123
◎练习题 / 123

第7章 存款创造与货币供应 / 124
第1节 商业银行的存款创造 / 124
第2节 基础货币与货币供应 / 132
第3节 基础货币的影响因素 / 134
第4节 货币乘数的影响因素 / 138
第5节 中央银行在货币供应中的角色 / 141
◎复习要点 / 142
◎关键术语 / 142
◎练习题 / 142

第8章 货币流转的媒介：金融机构 / 143
第1节 金融机构的定义与分类 / 143
第2节 银行业机构 / 150
第3节 证券业机构 / 158
第4节 保险业机构 / 159
第5节 金融管理部门与金融基础设施 / 160
◎复习要点 / 164
◎关键术语 / 164
◎练习题 / 164

第9章 货币流转的场所：金融市场 / 165
第1节 金融市场概论 / 165
第2节 货币市场 / 168
第3节 资本市场 / 182
第4节 金融衍生品市场 / 208
第5节 有效市场假说 / 219
◎复习要点 / 220
◎关键术语 / 221
◎练习题 / 221

第三篇 货币流转中的收益与风险：利率定价与投资风险

第10章 利率与金融资产价格 / 225
第1节 利率的定义与种类 / 225
第2节 利率决定论 / 229

第3节 利率的定价 / 242

第4节 利率市场化 / 245

第5节 利差分析 / 250

◎复习要点 / 254

◎关键术语 / 254

◎练习题 / 254

第11章 收益率曲线与利率期限结构 / 255

第1节 到期收益率 / 255

第2节 收益率曲线 / 257

第3节 利率期限结构理论 / 262

第4节 信用风险与税收对利率期限结构的影响 / 267

第5节 期限结构的应用 / 270

◎复习要点 / 271

◎关键术语 / 271

◎练习题 / 271

第12章 投资风险：投资组合与资产定价 / 272

第1节 收益率的概念和度量 / 272

第2节 风险的概念和度量 / 275

第3节 投资组合与分散化 / 280

第4节 投资组合选择 / 284

第5节 资产定价 / 294

◎复习要点 / 301

◎关键术语 / 301

◎练习题 / 301

第13章 国际投资的风险：汇率变动 / 302

第1节 汇率的基础知识 / 302

第2节 长期汇率决定机制 / 304

第3节 利率平价 / 307

◎复习要点 / 311

◎关键术语 / 311

◎练习题 / 312

第四篇 总结篇

第 14 章 金融学的范畴与发展总结 / 315

第 1 节 金融学的范畴 / 316

第 2 节 金融学的发展历程 / 317

第 3 节 微观金融学的发展 / 318

第 4 节 宏观金融学的发展 / 325

◎复习要点 / 340

◎关键术语 / 341

◎练习题 / 341

◎本章拓展阅读资料 / 341

第一篇

总论篇

第1章 什么是金融

第1章 什么是金融

学完本章后,你将掌握:
1. 金融的定义与本质
2. 货币的时间价值

第1节 金融的定义与本质

提到金融,可能大家想到的是钱、银行、贷款、股票和投资等,这些内容我们在日常生活中经常碰到。例如,我们到银行去存钱;或者把银行账户绑定到微信或支付宝,然后平时就可以直接使用手机付款,享受交易和支付的便利;我们还可以把积攒下来的钱用于股票投资——这些确实都与金融相关。不过,日常生活中与金融相关的内容是比较零散的,而金融涵盖的内容要更宽泛、更丰富,而且彼此之间具有内在的逻辑联系,在术语表达上也有一定的规范标准。

金融可以从不同的角度进行定义。从字面意义上理解,金融是资金融通,金融活动就是资金融通的过程,而金融学则是研究资金融通问题的学科。但是,随着经济社会的发展和相关学术研究的不断演进,特别是自1950年之后,学术界对金融投资中风险与收益的概念及度量的标准逐渐取得共识,金融的定义与范畴也相应更加明确,金融的核心要素也由早期的"资金融通"拓展到现在的"资金融通"加上"风险与收益",其中"资金融通"也可以表述为资金跨时空流转。

资金流转主要对应于宏观金融学(即传统的货币银行学),涉及货币的定义与度量、银行体系的货币派生、中央银行的货币供应以及宏观层面的利率决定论等内容;而风险与收益主要对应于微观金融学(公司金融、资产定价等),关系个人、家庭、企业乃至政府的投融资风险与收益问题,涉及微观金融领域经典的投资组合理论、资产定价理论、MM定理以及金融衍生品定价理论等内容。这些内容我们在本书后续章节将会详细介绍。

归纳起来,金融可以定义为:货币跨时空流转以及流转过程中经济主体对风险与收益的权衡。相应地,金融学则是研究资金跨时空流转及流转过程中经济主体对风险与收益进行权衡的学科。其中，经济主体可以是居民、企业、金融机构或者国家等。由此，判断一个过程是否属于金融活动或者说金融交易，至少需要三个要素：一是资金（或者说货币），二是资金跨时间和空间流转的过程，三是资金流转过程中卷入的风险与收益问题。

从金融的定义可以看到，金融的本质就是**货币跨时空的流转以及流转过程中经济主体对风险与收益的权衡**。在现实生活中，人们可以在30岁时从银行按揭贷款购房而不用等到60岁攒足资金再买，就相当于把30年后的资金腾挪到现在使用。这样的一个腾挪不仅解决了我们现在的住房需求，也为银行带来了利息收入，体现了货币在时间轴上的价值。

货币跨时空流转主要表现为投资与融资活动。在这些活动中，金融的本质涉及两个层面：一是投资和融资，二是风险与收益。投资和融资的过程就是对风险与收益的权衡过程，反映了货币的时间价值变化。简单地说，投资就是借出资金，融资就是筹集资金。例如，我们通过金融机构购买金融产品，相当于把资金借给需求方，可以看作是一笔投资；我们从银行贷款购买家用汽车，则是从银行借入资金，也就是融资。

我们为什么愿意把闲余资金借出去呢？其中一个重要原因是借出资金可以获得利息。在这个过程中，我们借出资金相当于一笔投资，而对于向我们借钱的一方来讲则是一笔融资。一笔资金从我们这里流转到了其他部门，实现了资金在时空上的转移，转移过程中涉及风险与收益，这就体现了金融的本质。

既然金融本质上是货币的跨时空流转及相应的风险与收益，那么我们可以围绕这一本质按图索骥，全面深入理解金融的核心内容。这里有两组特别重要的关键词。

第一组关键词是资金和货币。我们说货币跨时空转移和货币的时间价值，那么货币究竟指的是什么？是我们手中的现金？是我们在银行的储蓄存款，还是我们家里存放的黄金首饰？比特币是否属于货币？为了弄清楚以上问题，就要理解以下内容：货币的概念与层次划分，为什么要持有货币（货币需求论），货币是如何创造出来的（货币的派生），货币创造的源头在哪里（中央银行），货币创造的媒介是什么（商业银行），货币通过什么机构进行流转（金融机构），货币流转的场所是什么（金融市场）。这些内容通过金融的本质逻辑贯穿起来，形成了一个有机的知识体系，也构成了我们学习金融学的基本框架。

第二组关键词是风险与收益。从紧密程度上说，风险与收益就像一对孪生兄弟，相伴相随、形影不离。从我们对二者的喜好来说，风险与收益则更像沙粒和珍珠的关系，珍珠代表收益，沙粒代表风险，有收益一定会伴随风险，就像珍珠的形成一定有沙粒的存在，大珍珠的形成离不开大粒沙粒，但有沙粒不代表一定会有珍珠，而且珍珠越大代表沙粒经过磨砺的时间越久，犹如收益越高蕴含的风险也越高。

具体来看，金融交易中风险和收益是如何产生的？资金又是如何实现跨时空流转的呢？

首先，风险与收益不是凭空产生的，而是存在于特定载体上的，我们把这种特定载体称为金融工具或者金融产品。金融工具和金融产品这两个名字可以交替使用，含义基本是一样的。这就像珍珠和沙粒附着在贝壳上一样，没有贝壳二者也就不会形成相伴相生的关系了。贝壳的形态各式各样,有的很简单,有的很复杂、很奇特。类似地,金融工具也有简单和复杂等不同类型,我们一般把具有单一债权债务关系或者单一所有权关系的简单金融工具称为基础金融工具,像存款、债券、股票和基金都属于基础金融工具;而由基础金融工具派生出来的复杂金融工具称为衍生金融工具或者金融衍生品。本书第9章介绍的期货、期权和互换等金融工具都属于衍生金融工具。

其次,货币可以跨时空流转,那么货币可以轻松地移来移去(甚至跨国流转)依靠的是什么? 我们称之为金融体系,也就是由金融工具、金融机构、金融市场和金融管理部门等构成的一套完整的体系。同时,当今世界金融体系格局是什么样子的?如果把镜头拉长,我们能看到哪些重要人物和重要事件对当今世界金融体系格局带来了不可估量的影响?这些都需要我们在后续章节的学习中寻找答案。

> 具有单一债权债务关系或者单一所有权关系的简单金融工具称为基础金融工具。

> 由基础金融工具派生出来的复杂金融工具称为衍生金融工具。

通过以上介绍可以看到,**金融的本质可以归纳为资金跨时空流转以及流转过程中经济主体对风险与收益的权衡**。这一本质内容反映的是金融领域宏观和微观理论的不断发展、演进与交织,推动了金融学从早期的聚焦于货币银行的宏观范式走向聚焦于个体金融决策和金融定价的微观范式,再从单纯的微观范式迈入宏微观相融合的大金融学科,这是学科理论研究的自然选择,也是历史发展的必然趋势。

第 2 节　货币的时间价值

货币的时间价值精准地刻画了金融的本质。货币为什么会有时间价值呢?可能有人会说这是经济规律,"钱就是会随着时间的推移而变得不值钱"。从长期看,这种通俗的结论或许是对的,不过却没有解释清楚钱为什么可能会随着时间的推移而出现贬值,也就没有解释清楚金融的本质。

货币的"时间价值"至少可以包含两个层次的含义,**第一层含义**是同样的货币在不同时间点上价值是不同的,可能是因为通货膨胀也可能是因为货币给人带来的满意度(效用)发生了变化,**第二层含义**是投融资过程会带来货币的增值或者损失。

一、现实例子

如何理解上述货币时间价值的第一层含义(即货币在不同时间点上的价值不同)? 我们可以想象一下,如果可以获得 100 万元人民币(假定是工资收入或者出售商品所得),你更愿意今天得到这 100 万元资金还是等到 5 年以后才拥有呢?显然是更愿意今天获得。原因很简单,因为今天的 100 万元对于你来说比 5 年以后更有价值,也就是货币的时间价值不同。如果你今天拥有100万元，你可以即刻去购买自己喜欢的耐用商品，用来支付购买住房的款项，或者用来支付出国留学的费用。而5年以后，很可能因为房价上涨（通货膨胀），原来的100万元已经不足以支付住房款项，或者人民币相对美元贬值，导致100万元人民币兑换美元的数量不再足够支撑你赴国外求学的费用。不管怎样，归纳起来就是因为未来5年充满着各种不确定性（即风险），各种风险因素的存在都可能导致今天的100万元货币价值高于5年以后的100万元的货币价值，或者说今天的100万元购买力高于5年以后的100万元的购买力。

我们再看一个现实中的例子。一个做广告设计工作的人员，同时接到了两个广告公司发来的广告设计项目，广告内容类似，但是两个公司提供的设计费用支付方式却不相同：A公司承诺支付50万元广告设计费，1年后一次性支付；B公司承诺支付60万元设计费，但是需要分3年分期支付，每年末支付20万元。如果你是这位设计师，你会怎么选择呢？如果仅从金额上看，似乎应该毫不犹豫地选择B公司，毕竟从金额上看60万元明显大于50万元。可是为什么我们会犹豫不决呢？因为我们意识到，得到货币的时间不同，其价值就不同。

货币时间价值的第二层含义是关于投融资问题。货币的时间价值表现在投资与融资活动带来的货币价值变化。例如，张大明在2020年以100万元人民币投资于5年期国债，这笔100万元本金可以定期获得国债发行方（财政部）给付的利息，按照5%的年化利率标准，到2025年利息收入至少有25万元。也就是说，2020年的100万元货币，其价值因为投资在2025年变为125万元，即当前的100万元等价于5年后的125万元，或者说"当前的100万元比5年后的100万元价值更高"。当然，如果我们在2020年以100万元人民币投资于风险更高的股票，则在2025年股票价值可能是150万元（股票价格上涨），也可能是80万元（股票价格下跌）。同样道理，对于筹集资金一方来说，如果今天借入100万元，5年后需要偿还的总金额可能是150万元。当然，今天借入100万元，可能用于生产投资，也可能用于其他投资，5年后收获的总价值可能会超过150万元。总之，货币的时间价值在投资和融资活动中会发生变化。

归纳起来，在金融活动中，投资的本质是借出资金以实现货币的时间价值，融资的本质则是筹集资金以实现货币的时间价值。货币的时间价值既体现于不同时间点上的购买力变化，又体现于投融资活动中货币的增值或者损失。

二、利息的定义

早在一个世纪之前，著名经济学家埃尔文·费雪（Irving Fisher）将利息定义为"现时消费与将来消费之间的选择"。从现实经验看，利息是对风险、现时偏好和机会成本的补偿。首先，利息是对风险的补偿。出借资金可能会遇到借款人违约的情形，因此利息包含对风险的补偿。即使抛开风险因素，无风险的借贷一般也是有利息的。在无风险情况下，利息是对现时偏好的补偿，同时也是对机会成本的补偿。所谓现时偏好，是指人们都有"现在持有货币优于未来持有货币的偏好"，即时间偏好。费雪认为，一般情况下人们都比较偏好当前的消费，这是人的天性——毕竟人的生命有限，所以现在拿到货币进行消费带来的效用会更高。因此我们会看到，职业风险越高的人"现时偏好"倾向会越高，比如船员、矿工等；战争时期人们的现时偏好也会更高。所以，在投资中，利息是让投资人放弃当期消费的一种代价。同时，利息也是对其他投资机会（即机会成本）的补偿。我们从购买住房和购买国债的例子已经看到，基于不同的投资选择，同样的100万元本金，最后货币的价值是不一样的。

从金融专业角度来说，货币的时间价值有**现值**和**终值**（即未来价值）之分，现在和未来成为区分货币价值的标准。货币的现值与终值是紧密联系的，连接的纽带是利率、收益率，或者称为折现率、贴现率。折现率可以是无风险收益率，也可以是有风险收益率。无风险收益率对应的金融工具常见的是国债，而有风险金融工具常见的有股票和公司债券等，投资股票和公司债券的收益和现金流不确定，而且股票对应的企业也存在退市或者破产清算的现实可能性，还有不可预测的通货膨胀也会蚕食股息价值。折现率对于投资而言极为重要，折现率的同义词是预期收益率，风险产品必须要具有高的预期收益率才能吸引投资者。

> 利息是对现时偏好、机会成本和风险的补偿。

总结一下，金融的本质是货币跨时空流转以及流转过程中经济主体对风险与收益的权衡，货币流转的主要表现形式是投资与融资，而无论投资还是融资，风险与收益都如影随形。投资是把现在的资金腾挪到未来，融资是把未来的资金转移到现在。这样一来一回，资金的价值在时间轴和空间轴上发生了微妙的变化，而变化的幅度取决于投资和融资过程中的风险与收益。货币的时间价值体现了金融的本质特征，而"投融资"和"风险与收益"这两组关键词，则淋漓尽致地勾勒出了金融的内涵。图1-1用流程图的形式对金融的本质进行了刻画和归纳。

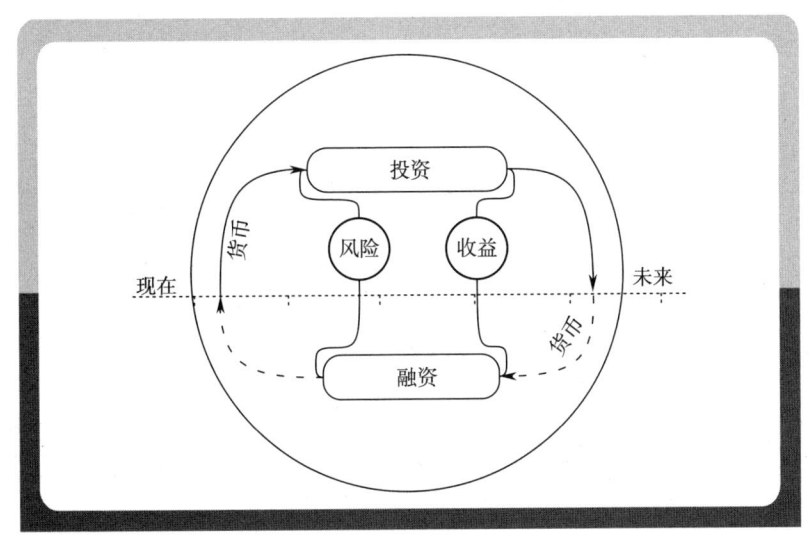

图1-1　金融的本质示意图

复习要点

1. 金融的本质是货币的跨时空流转以及在此过程中对风险与收益的权衡。
2. 投资的本质是借出资金以实现货币的时间价值。
3. 融资的本质是筹集资金以实现货币的时间价值。
4. 利息是对现时偏好、机会成本和风险的补偿。

 关键术语

金融的本质　投资与融资　风险与收益　货币的时间价值　利息　利率　收益率　金融体系

练习题

1. 什么是金融？
2. 在金融活动中投资与融资有什么联系和区别？
3. 货币的时间价值体现在哪些方面？

第 1 章
课后习题答案

第二篇

货币的流转：货币银行与金融市场

第2章　什么是货币
第3章　国际货币体系格局
第4章　为什么需要货币：货币需求论
第5章　货币创造的枢纽：商业银行
第6章　货币创造的源头：中央银行
第7章　存款创造与货币供应
第8章　货币流转的媒介：金融机构
第9章　货币流转的场所：金融市场

第 2 章 什么是货币

学习目标

学完本章后,你将掌握:
1. 货币的定义与职能
2. 货币的起源与演进
3. 电子货币
4. 数字货币
5. 货币的层次划分

第 1 节 货币的定义与职能

一、现金与代金券之争

张大明是北京大学一名金融专业的大三学生,利用暑假时间在快餐店兼职做服务生,兼职一个月的工资约定为 3000 元人民币。在兼职结束结算工资的时候,大明接到店面经理发放的一个信封,里面放了 20 张 300 元人民币面值的快餐店代金券,以抵兼职工资。大明找到店面经理,要求支付人民币现金 3000 元,店面经理劝说大明接受代金券:"给你发的代金券总共价值 6000 元,总额是你工资的 2 倍了。"大明仍然坚持要现金而不要 2 倍于工资额度的代金券。最后,这家快餐店通过银行转账,给大明的中国银行活期存款账户转账人民币 3000 元,此事才得到解决。

在这个非常简单的故事中,我们其实已经预览了货币的概念和货币的职能等核心内容:大明为什么宁可要少于代金券额度的现金而不要 2 倍于现金的代金券?为什么代金券不是货币?为什么代金券不能完全当做货币使用?为什么大明最后接受银行转账?转到大明银行账户里的钱与现金有没有区别?这些问题其实很有意思,只不过由于我们平时对于"货币""钱""现金"等这些表述的使用比较松散,从而湮没了很多需要明确的专业术语和定义。

二、货币的经济学定义

在经济学中,货币的定义是从金融体系中货币的具体功能来进行的。**货币是一种独特的金融工具,是被普遍接受的交易媒介、支付手段或者记账单位,用于支付商品与服务或者清偿债务等**。如果把一个国家看成一个人体,那么货币就像人体的血液,离开了血液,不要说和外部进行营养交换,连整个人体的内部营养交换和代谢都无法完成。所以货币对一个国家经济发展的重要性不言而喻。

从货币发行方的角度看,货币是一种特殊形式的负债。因为现代货币一般都是国家发行的,所以货币就是国家发行的一种国家负债凭证,通俗地说就是国家发行的欠条,是经济体中被普遍接受和信任的特殊欠条。正是因为持有货币就等于持有国家信用支撑的欠条,因此可以用它来主张债权,也就是说可以用货币换取商品和服务等。

> 货币是一种普遍接受的交易媒介、支付手段或者记账单位。

货币定义中的第一个关键词是**交易媒介**或者**支付手段**。也就是说,货币是一种媒介或者工具,只要能够完成支付、交易等活动就可以,其形式自然就可以多样化。在以上故事中,张大明想要拿到的现金显然是货币的一种形式,是典型的用于完成交易的媒介,而银行存款账户中的存款对于大明来说应该是和现金很接近的(不然张大明最后也不会接受银行转账),因此存款其实也是货币的一种形式,或者说货币不仅包括现金,也包括存款。关于这一点,我们在后面的货币层次划分中还会进一步阐释。

注意,以上定义不仅强调了交易媒介和支付手段,更重要的关键词还有"**普遍接受**"。同样是在本章开篇的"现金与代金券之争"的故事中,快餐店的代金券也是一种交易媒介,大明如果选择代金券作为工资,他也可以用代金券去购买快餐店的各种汉堡、薯条等食品。那么大明为什么不愿意接受代金券呢?就是因为快餐店的代金券不具有普遍接受性,只能在快餐店使用,而且很可能也是规定了有效时限的。

因此,"普遍接受"也是货币定义中的关键词。怎样才能做到被普遍接受呢?那就需要信用支撑,这里我们说的信用是"信誉"的意思,因为金融中的信用含义很广泛,我们接下来会讲到,信用还可以表示"资金"甚至"货币"的意思。谁的信用最高呢?是普通公众、企业单位还是银行?当然都不是,而是国家信用最高。因此,在现代经济中,要想成为货币,发行的主体必须是国家,这样发行的货币才具有普遍接受性,才不会受到使用时间和空间的限制。

这就引出了货币的两个相关定义,一个是法定货币(Fiat Money),另一个是法偿货币(Legal Tender),二者都是从国家法律角度对货币进行定义,只是强调的角度略有差别,而现代纸币制度下的货币一般都既是法偿货币又是法定货币。首先,什么叫法偿货币?法偿货币指的是支付商品服务或清偿债务时在法律上不能被拒绝的货币,比如人民币的纸币和硬币都是法偿货币。可以看出,法偿货币的概念从法律上强调货币在偿付环节的威严。

注意，法偿货币分为有限法偿和无限法偿。我们来举一个例子说明什么是有限法偿、什么是无限法偿：你拿着一包 1 角、5 角和 1 元面值的硬币一共 100 元，到超市购买两箱饮料，想一想在付款的时候会遇到什么情形？收银员要花很长时间才能把零钱数清楚，会造成后面付款的人排成大长队。可是，收银员不能拒收你的硬币，因为我们国家规定无论纸币还是硬币都是无限法偿货币。

> 法偿货币指的是支付商品服务或清偿债务时在法律上不能被拒绝的货币。

其次，什么叫法定货币呢？**法定货币**指不代表实质的商品或货物（与黄金相对），发行者也没有将货币兑换为实物的义务，只依靠政府法令使其成为合法通货的货币。因此，法定货币强调的是货币的法律地位。现代货币一般都属于法定货币。

> 法定货币指依靠政府法令成为合法通货的货币。

从上述描述可以看出，法定货币和法偿货币的定义，彼此之间既有一定的交叉同时定义的侧重点又不同：法定货币与商品货币相对，强调的是币材本身没有什么内在价值，之所以有价值是因为国家法律规定了其面值多少。正是因为有了国家信用做背书，因此持有者才认可货币的价值，才能达到"普遍接受"的效果。英文单词"fiat"（"法定"）来自拉丁文，意思是"就应该这样"，可以体会出法定货币的内在含义。其次，法偿货币并不从货币（币材）本身是否有价值角度来定义货币，而是强调国家法律规定其在支付清偿过程中的效力。

显然，法定货币和法偿货币的定义着眼点或者说侧重点不同，但二者并不相互排斥。事实上，很多国家的货币都经历了首先作为法定货币，然后进一步规定法偿范围（有限还是无限）的过程。中国现行的人民币就既是法定货币又是法偿货币。

三、货币的职能

货币的定义暗含了三个关键词，分别是**交易媒介（支付手段）**、**价值尺度**和**价值贮藏**，这三个关键词非常贴切地概括了货币的职能。货币的这种职能界定可以回溯到 1875 年甚至更早，也是从货币的经济作用角度界定的职能。所谓货币的职能，就是货币在经济生活中扮演什么角色，能用来干什么。尽管我们在日常生活中可能并未系统地对货币的职能进行归纳，但是从日常的俗语中，我们其实已经感受到货币的职能，例如，"到商场购物身上要带钱""手机多少钱一台？""张总在银行的存款有 1 个亿，真有钱！"这三句话分别体现了货币的三种职能，即交易媒介（支付手段）、价值尺度和价值贮藏。

货币职能 I：交易媒介与支付手段（Medium of Exchange and Means of Payments）

货币的出现极大简化了人们的商品交易和债务清偿活动，因此货币的第一个职能就是交易媒介或者支付手段。在易货经济时代（Barter Economy），商品交换只有在**双向巧合条件下**（即双方恰好同时有对彼此的需求）才能进行物物交换，交易过程没有货币作为媒介非常困难。我们可以试想一下，在一个没有货币的时代，所有的商品交

13

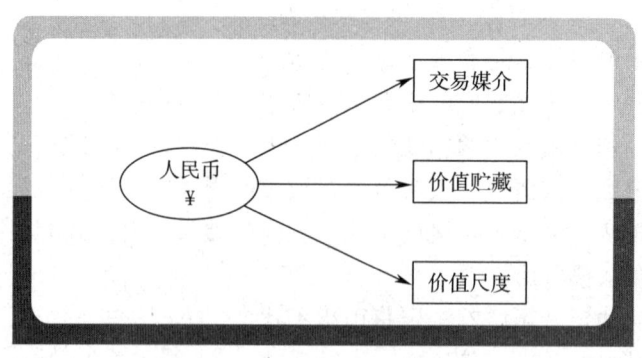

图 2-1 货币的三大职能

换需要以物换物，会有多么麻烦。或许在人类经济活动早期自给自足作为主要生产生活方式的背景下，并不需要太多的物物交换就可以满足基本需求，只有在这样的状态下易货经济才能得以运行，而生活在当代社会是很难想象没有货币作为媒介的社会经济生活的。

试想一下，如果大明在快餐店兼职工作一个月得到的工资不是现金（也不是代金券），而是100个汉堡，不用说使用汉堡去换别的商品，就算只扛着这些汉堡到市场上走一圈可能就得汗流浃背，更不用说要想什么办法能够保持汉堡的新鲜继而能够不断地用这些汉堡来兑换需要的商品。不难想象，没有货币作为交易媒介的经济生活有多困难。

确实，没有货币的易货经济中，物物交换下的交易成本非常高，毕竟要找到双向巧合的情况，需要大量的搜寻时间。为了解决这一问题，从原始社会就开始出现形形色色的"货币"，如贝壳、牲畜、绢帛等作为交易媒介。事实上，当以货币支付结束一个完整的交易过程时，此时的货币已经不仅是交易媒介，同时具备了支付手段的职能，所以此时货币所体现出来的职能是"交易媒介"，也是"支付手段"。

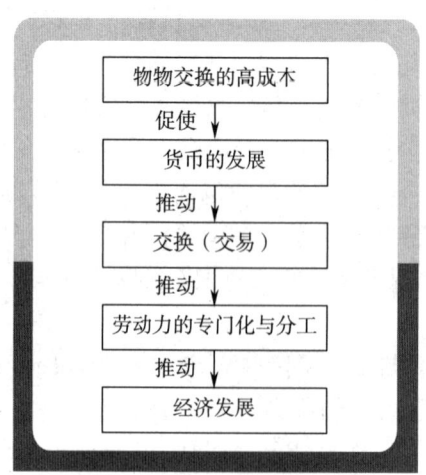

图 2-2 货币的交易媒介功能

由于易货经济没有货币作为媒介，每个人不得不尽可能地生产自己所需的全部商品，因此很难出现专业化分工，也就难以提高生产效率，从而使得经济也很难得到发展。货币的出现改变了这样的状态，特别是货币的交易媒介职能，直接促进了经济的发展。因此，我们把货币比喻成经济体的血液非常贴切：货币促进循环、增加交易，从而带动了经济发展。

货币职能Ⅱ：价值尺度（Unit of Value）

所谓货币的价值尺度职能，也可以称为度量单位或者记账单位的职能，是指衡量客观对象的价值属性与价值量的标准，也就是一种标准的度量单位（如 100 万元人民币、10 万美元）。马克思把货币赋予交易对象以价格形态的职能定名为价值尺度职能，使其内在"价值"能够相互比较。在我们国家，绝大多数商品价格以人民币标价，各个公司的财务报表也用人民币标价，那么人民币（元）就是一种价值尺度或者说记账单位。有了这个标准尺度，比较不同商品的价值就非常直观了。

货币的价值尺度职能，能简化交易价格的数量。例如，原始社会中，在易货经济模式下，由于没有货币媒介的存在，价格是只能由两种相互交易的商品来表示的。例如，易货经济模式下有 4 种商品 A、B、C、D，则有 6 种价格形式，即 A/B、A/C、A/D、B/C、B/D、C/D。

也就是说，在没有货币作为媒介的情况下，社会经济生活中的价格形式可以用一般性的计算公式表示为 $P = N(N-1)/2$，其中 P 表示价格，N 表示商品数量。当商品数量很少的时候，这种易货价格表现形式还可以较为轻松地计数。但是，随着商品数的增加，我们用商品相互表示的交易价格数量将急速增加，势必为经济生活带来不便。而如果有货币作为媒介，则用货币表示的价格数量与商品数量相同，这样就大大简化了交易价格的数量。

我们在表 2-1 中对易货经济下和货币媒介下的价格数量进行了举例对比。不难看出，随着商品数量的增加，没有货币作为交易媒介的易货经济的价格标签数量急剧增加，当商品种类达到 1000 种的时候，易货经济的价格标签数量达到了将近 50 万种。显然，现代经济中商品数量何止 1000 种，如果没有货币作为交易媒介，交易价格的标签数量将会大得惊人。

表 2-1　　　　　　　　　易货经济和货币媒介下价格数量对比

商品种类	价格数（易货经济）	价格数（货币媒介）
3	3	3
5	10	5
10	45	10
1000	499500	1000

货币职能Ⅲ：价值贮藏（Store of Value）

既然货币是一种广泛接受的交易媒介和支付手段，可以用来交换商品和服务，那么货币自然就具有价值贮藏的职能。提醒大家，价值贮藏是货币的重要职能之一，也体现了金融本质中所讲到的货币的时间价值。金融的本质是实现货币的时间价值，是通过投资和融资等途径进行资金的跨时空腾挪和转移，如果货币不具有价值贮藏的职能，那么就谈不上时间价值了。货币之所以具备时间价值，就是因为货币具有价值贮藏的职能。

在本章开篇的故事中，大明之所以坚持要现金而不要看似额度更高的代金券，也反映出大明心里清楚货币具有价值贮藏的职能而代金券没有。大明可以把现金或者银行存款（货币）放在那，在未来需要购买任何商品时（比如新款的华为 Mate 手机或者苹果 iPad）可以随时购买，因为无论现金或者银行存款，作为货币都贮藏了价值，具有购买力，可以随时使用。而代金券则不同，不仅使用的空间受限，而且不具有价值贮藏的职能，一般在有效期过后就不能兑换任何东西了，即使是快餐店里的汉堡也兑换不了，本质上就是因为代金券没有价值贮藏的职能。

在物物交易的原始社会，因为购买与交易同时进行，所以不涉及价值贮藏。而货币出现后，购买与销售相互独立，此时货币表现出价值贮藏职能。例如，我们付出自己的劳动，换得收入，再把钱攒起来，以后购买其他商品，这个过程就体现了货币的价值贮藏职能。货币的价值贮藏职能是否有效，依赖于物价变化情况。例如，在超级通货膨胀（Hyperinflation）情况下，由于货币贬值严重，无法进行有效的价值贮藏。货币贮藏职能与其作为交易媒介的职能密不可分，货币的价值必须相对稳定，才能被广泛接受为交易媒介。

第 2 节　货币的起源与演进

关于货币的起源，一般认为物物交换是货币的前身，也有货币史学家认为债务记录才是货币出现的前驱。两种说法都有道理，而且两种情况（物物交换和债务记录）在历史上都有记载。不过，不管哪种看法，货币的形态演进过程都说明了货币的演进是从无到有、从重到轻、从繁到简的变化历程。①

货币出现以后，其形态从商品货币（贝壳、牲畜、盐、烟草、布帛等）演变为金属货币（金/银/铜），然后发展到早期形式的纸币和后来的现代化信用货币，之后进一步演变，出现了支票、电子货币（借记卡和手机支付等），甚至数字货币等形式，货币的支付体系也随之发生变化。在货币形态演变的历史长河中，出现过很多有意思的历史事件，后来形成了使用很广的专业术语，如第 3 章介绍的"劣币驱逐良币"和"铸币税"等。

史学家认为，最先创造并开始使用金币和银币的地方是公元前 600 年铁器时代的

---

① 关于货币史的书籍众多，读者可以参考以下两本书。大卫·格雷伯. 债：第一个 5000 年 [M]. 孙碳，董子云译. 北京：中信出版社，2012；卡比尔·塞加尔. 货币简史 [M]. 栾力夫译. 北京：中信出版社，2016.

小亚细亚西部的一个叫利迪亚（Lydia，也译作吕底亚）的小国，位于现在的土耳其境内。此后，货币的形态仍然不断变化，硬币在公元1661年的瑞典发展成为银行券，1946年诞生了第一张信用卡，此后进入现代信用货币体系，基于国家信用的纸币被广泛使用。

货币的演变经历了一个漫长的过程：最初是没有金属货币也没有纸币的时代，人们之间的交易都通过"以物换物"进行，诸如"一头牛换5把石斧，一把石斧换一石米"。后来随着社会经济的向前发展，人们发现物物交换很不方便，于是开始选择美观、坚固如特定的贝壳等商品货币作为交易的媒介。贝壳作为币材也有这样那样的缺点（如容易磨损、运输不便），所以后来使用黄金、白银和青铜等金属制作成金属货币，作为交换中介与计价工具，人们自然就把黄金、白银等称为"货币"。金属货币虽然不容易磨损，但是金属比较重不易携带，后来人们发明了用纸印刷的货币，即纸币。根据史料记载，中国在北宋真宗年间（998—1022年）就有了纸币，当时叫"交子"。不过，"交子"是由四川的富商私人发行的，不是由国家官方发行的，所以并不具有普遍接受性。在北宋王朝出现交子500～600年后（16—17世纪），欧洲才引入了纸币制度。

早期由富商发行的纸币不具有普遍接受性特征，不是法定货币，而如果纸币统一由政府发行，则称为"法币"。中国金朝时就有纸币形式的"交钞"发行，到了元朝时，政府统一发行纸币并代替铜钱和银两流通，这些都是世界上较早的"法币"。随着经济的发展，社会积累了越来越多的财富，而财富分配并不均匀，就出现了有些人需要向别人借钱，而另一些人则愿意把钱借给别人，收取利息，让自己的钱生出更多的钱。这样，就出现了借贷，即"信用"。有了信用，就自然会产生信用机构，就有了银行。再后来，支票、电子货币甚至数字货币等货币形态日益增多。与此相对应，现代经济体出现资本市场等各种金融市场，在市场中有各种金融工具和交易金融工具的金融机构，以及对市场进行监管的金融监管机构，从而形成了现代化的金融体系。

货币的发展历史，在各个国家有着不同的演进逻辑，而且不同国家的资料记载和侧重点也不尽相同。总结来看，货币的演进历程大致可以归纳为以下几个标志性的发展阶段（见图2-3）。

第一个阶段是易货经济时代，没有货币作为交易媒介，谷物和牛羊是很受欢迎的交易物，最早有记载的物物交换出现在公元前9世纪前后的古埃及。

第二个阶段是非金属商品（实物）货币时代，大致从公元前5世纪至公元前4世纪延续到公元前2世纪至公元前1世纪。

第三个阶段是金属货币的使用，这个阶段应该是最长的，从公元前1世纪一直沿袭到公元19世纪。

公元前1100年（中国的商朝后期），中国开始出现青铜器制成的硬币（铜贝），不过一开始是把实际使用的工具和武器用青铜器铸造成相同形状的微型复制品，但是口袋里揣着小刀小斧子之类的青铜物件很不方便，也容易划伤自己，所以后来就逐渐发

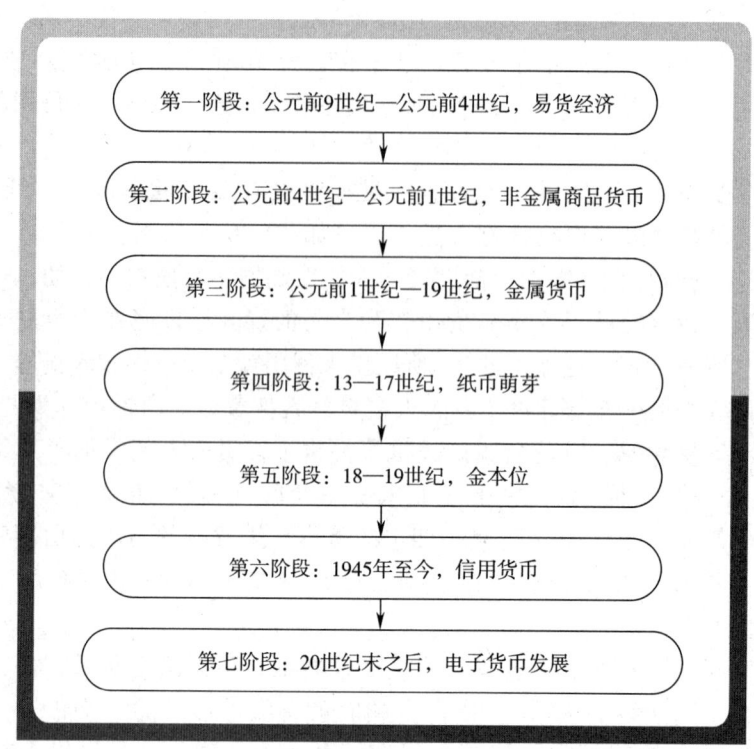

图2-3 货币的形态演进历程

展成为圆形硬币。公元前221年，秦始皇统一全国币制，推行圆形方孔钱秦半两，后至清朝甚至民国2000余年，圆形方孔钱一直作为我国历代最主要的货币形态存在。与此同时，在诸多货币史书籍中反复提及的公元前600年，官方铸造的金银硬币出现在小亚细亚西部的国家利迪亚（今土耳其境内），标准化生产的金银币开始作为货币使用。此后相当长一段时间，金属货币一直被广泛使用。到了公元13—16世纪的欧洲，金币、银币得到进一步发展和使用，如1250年意大利佛罗伦萨出现的金币"佛罗林"在欧洲广受欢迎。

第四个阶段是纸币的萌芽，纸币作为货币在中国的唐代和宋代都有记载，后来纸币作为货币的理念从中国传到欧洲；到了16—17世纪，欧洲一些国家开始出现纸币货币（例如，1661年欧洲的瑞典才开始发行纸币）；而17世纪欧洲银行业发展进一步推动了纸币的使用，公元1609年历史上第一家真正意义上的银行——阿姆斯特丹银行成立，用银行券代替硬币，使得纸币的发展受到重视。

第五个阶段是18—19世纪金本位的发展。

第六个阶段是1945年以后世界范围内信用货币（纸币）的广泛使用。

第七个阶段是20世纪末开始逐渐盛行起来的电子货币（手机支付）大发展，而21世纪初中国出现的以微信和支付宝为代表的新型电子货币的大规模使用起到了关键性推动作用，无纸化货币时代渐行渐近。

第 3 节　电子货币

自 20 世纪末开始，随着银行卡和支付技术的发展，纸币在人们日常消费中的使用就开始减少，银行借记卡形式的电子货币开始被广泛使用。此后，随着智能手机的普及，微信钱包、支付宝钱包等电子钱包的使用日益频繁，甚至有取代纸币之趋势。

不难看出，电子货币并不是物理意义上存在的货币，但它是与我们的银行账户紧密连接在一起的，随时可以兑换成物理形态的纸币。因此，电子货币的价值是建立在信用货币基础上的。

> 电子货币，是以电子化形式存在的货币，是指存在于银行电脑系统并随时可以通过电子化方式进行转账交易的货币。

今天，大部分企业的职工工资都使用电子货币形式，发放到职工的银行借记卡上，借记卡上储存的就是电子货币。可见，电子货币可以存在于各种形式的账户上。最常见的就是银行发放的借记卡，企业和个人把货币存到银行，银行就在相应的账户上增加电子记录。

现在，电子货币在全球范围内广泛使用，电子货币不仅随时可以兑现成看得见摸得着的纸币，而且由于有了电子货币系统，电子货币的使用和监测都非常方便。电子货币系统是指通过银行卡或电脑账户进行货币存储或转账等功能的系统。电子货币可以大规模减少现金和支票的使用，更低碳。读者应注意，信用卡可以作为电子货币，但是如果我们说的是信用卡透支的部分，则不属于货币供应，因为货币供应的基本定义是现金加各种存款，属于银行的负债，而信用卡透支额度是银行的资产、个人的负债，因此信用卡透支只是延迟了支付，在一段时间内减少货币需求，但并不影响货币供应。

电子货币的使用依赖于强大的支付清算系统。国内的电子货币使用，依赖于中国支付清算系统，包括中央银行支付清算系统、第三方服务组织支付清算系统（如银行卡跨行支付系统等）、银行业金融机构行内支付系统和金融市场支付清算系统等。跨国的电子货币使用，则要依赖于国际支付清算系统。例如，纽约清算所银行同业支付系统（CHIPS：Clearing House Interbank Payments System），主要进行跨国美元交易的清算；再如，环球同业银行金融电讯协会（SWIFT：Society for Worldwide Interbank Financial Telecommunication），是国际银行同业间的国际合作组织，于 1973 年成立。目前全球大多数国家大多数银行使用 SWIFT 系统，该系统为银行的跨国结算提供了安全可靠、自动快捷的通信业务。

电子货币如此盛行，是否有可能取代纸币？这个问题在以前可能还没有那么严重，但是随着智能手机的普及，加之中国发展起来的微信和支付宝，大家发现一部智能手机，只要和银行账户建立关联，就可以轻松地成为一个电子钱包，里面装的就是电子货币。由于手机已经成为个人随身必备的设备，所以手机钱包中的电子货币，在中国在很大程度上取代了现金交易。从一定程度上讲，中国的无纸化货币时代正渐行渐近。

第4节 数字货币

一、数字货币的相关概念

数字货币是仅以数字化或电子形式存在的货币，能够行使类似于实物货币的职能，可用于购买商品和支付服务费用。数字货币没有物理实体，只能以数字形式使用，涉及数字货币的交易需要通过计算机或电子设备进行。

数字货币最初以私人数字货币的形式出现，私人数字货币是指私人发行的数字货币，包括比特币、以太坊等加密数字货币。近年来，各国中央银行也陆续开始尝试开发依托主权信用发行的中央银行数字货币。数字货币的底层技术是分布式记账技术，其中私人数字货币依托区块链技术实现，私人数字货币不存在一个类似中央银行的统一货币发行方，具有去中心化、匿名化的特征。中央银行数字货币由中央银行统一发行，具有传统货币中心化的特征。

数字货币与游戏公司发行的虚拟货币（如腾讯公司的"Q币"等）不同。虚拟货币存储于游戏公司的服务器上，只能在虚拟世界中行使职能，能够用虚拟货币"购买"的商品仅限于发行公司所提供的虚拟服务，如游戏道具和增值服务等。相比之下，只要被买卖双方所接受，数字货币就可以用于现实商品的交易。例如，美国大型网络零售商 Overstock 于 2014 年 1 月宣布接受比特币作为支付手段，这意味着消费者可以像使用法定货币那样使用比特币从 Overstock 购买种种现实商品。

数字货币的概念也常常容易与银行账户余额和"微信支付"、"支付宝"等第三方支付账户上的余额混淆。私人数字货币与银行账户余额存在两点主要的区别。第一，银行账户和第三方支付账户上记录的是兑换等量法定货币的权利，而私人数字货币的"账户"记录的是所持有的不同于法定货币的另一种货币的量。例如，如果某人银行账户上有 1000 元人民币，他可以随时到银行将其兑换为 1000 元实物形态的人民币。但是，如果某人希望将所持有 1000 个比特币兑换为美元，他就需要在比特币交易市场上寻找愿意使用美元购买比特币的交易对手，并按照市场价格完成兑换，而这种市场价格的波动则可能非常剧烈。第二，银行或第三方支付账户余额数据储存在这些机构的服务器上，当用户使用这些余额进行交易时，机构就充当了交易的中介，负责记录交易并修改双方的账户余额。相比之下，私人数字货币依托于区块链系统，本身具有"去中心化"的特征，使用私人数字货币的交易不需要任何中介机构参与，仅涉及交易双方。交易的记录通过共识算法实现。中央银行数字货币在与法定货币的相互兑换上与银行账户余额相似，不过在交易过程中同样不需要中介机构参与。

二、私人数字货币

相比于传统法定货币，私人数字货币最主要的特点在于去中心化。去中心化意味着使用私人数字货币进行交易无须第三方中介参与。与使用现金交易相似，使用私人数字货币进行交易仅涉及交易双方，具有"点对点"的特征。另外，与传统电子支付系统一样，数字货币允许交易双方在不同的空间中完成交易，只需电子设备即可。为了实现这一点，传统电子交易需要由中介完成交易的记录，如银行转账交易的中介是银行，国际金融交易需要借助国际资金清算系统（如 SWIFT）。相比之下，私人数字货币以区块链形式进行交易记录，通过公私钥匙进行交易签名验证，从而消除了对交易中介的需求。因此，私人数字货币在交易方式上既具有现金交易的去中心化特征，又保留了电子交易的便捷性，能够实现减少交易费用、提高交易效率的目的。

私人数字货币的另一大特征是交易的匿名性。区块链系统通过非对称加密技术同时实现了数据的透明化和交易者身份的匿名化。简单地说，非对称加密技术为每个账户所有者分配了一个由两串密码——分别称为公钥和私钥——组成的"密钥对"。私钥只有账户所有者知道，代表了账户所有者的身份和资产所有权，可以用来对交易进行"签名"；公钥可以被其他交易者获知，从其本身无法推算出对应私钥，但是可以使用公钥来验证对应私钥"签名"的真实性。假如交易者 A 和 B 使用私人数字货币进行一次交易，交易发起方 A 可以用自己的私钥对交易施加一个"签名"。B 接收到交易后，可以用 A 的公钥对"签名"进行验证，如果验证成功则接受交易；如果验证失败则说明交易传输过程中被人为篡改过，此时 B 就可以拒绝完成交易。在这个过程中，包含交易者真实信息的私钥均无法被对方所获知，从而实现了私人数字货币交易的匿名化。私人数字货币的匿名性特点一方面提高了交易的安全性，加强了对交易者隐私的保护；另一方面也为洗钱、恐怖组织融资等非法活动提供了可乘之机。

最后，私人数字货币虽然名为"货币"，事实上却是一种风险资产，不具备传统法定货币价值相对稳定、流动性高的优点。私人数字货币中的加密数字货币没有统一的发行者，没有价值受公众承认的资产作为储备，因而几乎不存在内在价值。以加密数字货币中最典型的比特币为例，比特币的发行通过"挖矿"实现。所谓"挖矿"，实际上就是使用计算机求解一项复杂的数学问题，一旦求出该问题的一个解，比特币网络就会生成一定数量比特币作为奖励发放给成功求解的计算者，从而实现比特币的发行。不难发现，一方面，只要具备足够的算力，任何人都可能成为比特币的发行方；另一方面，比特币的发行不以任何价值受到广泛认可的资产（如黄金、美元等）作为背书，"挖矿"活动本身亦不产生价值。因此，以比特币为代表的加密数字货币几乎不具有内在价值，其市场价格缺乏一个公认的"锚"，从而完全由市场参与者的信念决定。这就造成加密数字货币的价格波动性大。

三、中央银行数字货币

中央银行数字货币是一国中央银行发行的数字货币，也是法定货币的电子形式。中央银行数字货币和银行电子账户在公众使用体验上具有相似之处，二者均可以依托电子设备实现远程支付。但是，中央银行数字货币和传统的电子账户余额在概念上有很大区别。首先，从交易方式来看，中央银行数字货币不仅支持在线远程交易，还像传统现金一样支持离线面对面交易，而电子账户仅支持线上交易。其次，从资产负债关系上看，中央银行数字货币由中央银行直接发行，属于中央银行的负债；而电子账户记录的是储户在银行的存款，属于商业银行的负债。最后，从货币口径来看，中央银行数字货币仅仅是法定货币的另一种形式，与纸币和硬币具有同等地位。如果中国人民银行大规模发行中央银行数字货币，这种数字货币将计入中国人民银行负债端的"货币发行"科目，属于流通中现金（M0）范畴。而银行电子账户余额则由存款准备金派生而来，属于广义货币（M2）范畴。

截至2022年，世界各国中央银行在中央银行数字货币的研发上已经取得了深入的进展，不少国家已经开展了中央银行数字货币的发行试点，不过尚未有国家全面发行中央银行数字货币。虽然中央银行数字货币在技术路线、发行流通方案上尚未形成统一的标准，不过从各国中央银行的实践来看，世界范围内中央银行数字货币的设计均表现出较强的共识性。

在发行机制方面，中央银行数字货币采用中心化发行，发行主体为各国中央银行，并以1:1的比例缴纳准备金。也就是说，每单位中央银行数字货币背后都有同等数目的传统法定货币为其价值提供支撑。

在投放机制方面，各国中央银行普遍采用双层投放机制。双层投放机制指的是中央银行数字货币向公众的投放以商业银行作为过渡。中央银行是数字货币的发行方，商业银行向中央银行申请兑换数字货币，然后由商业银行代中央银行向公众提供中央银行数字货币和相应服务。不难看出，中央银行数字货币的双层投放机制与实物法定货币的投放机制是相似的，纸币和硬币虽然也是由中央银行发行，但是公众仍需通过商业银行兑换现金或获取相关服务。双层投放机制的优势在于避免了中央银行与公众的直接接触，无须建设额外金融基础设施，避免对现行金融体系造成过度冲击。

我国的中央银行数字货币称为数字人民币。2014年，中国人民银行成立了法定中央银行数字货币研究小组，标志着数字人民币研发的起步。2017年，中国人民银行设立数字货币研究所，标志着数字人民币的发行由理论研究进入实操性演练阶段。2021年6月，中国人民银行开始进行数字人民币公开试点，分别在北京、上海、长沙等地陆续发行数字人民币红包，测试数字人民币的功能应用。

第5节　货币的层次划分

一、货币层次

货币层次是从货币供应的存量角度、按照流动性高低来进行划分的，所以更标准的说法应该是货币供应的层次划分。而且我们会看到，货币的层次和度量多是从存款端而非贷款端出发的，尽管二者有着紧密的联系（贷款派生存款）。注意，货币层次、货币供应和货币总量这几个术语对应的内容是近似的，货币总量就是指货币供应的总量，货币层次是对货币总量按流动性高低进行的层次划分，这样的划分也有利于不同层次货币的统计。

因此，根据统计口径宽窄的不同，**货币供应**（Money Supply）或者说货币总量（Monetary Aggregate）可以划分为不同层次。第一个层次是流动性最高的现金，准确的说法是流通中的现金（Currency in Circulation），包括流通中的纸币和硬币（不包括商业银行的库存现金），用 M0 表示；第二个层次是现金加上流动性比较高的活期存款，用 M1 表示，也称为狭义货币，我们国家的 M1 中活期存款特指商业银行的支票存款，是来自企业、机关团体部队、农村和个人信用卡的活期存款；第三个层次是 M1 加上定期存款等（包含在 M2 中的各种存款在不同国家的统计中略有不同），用 M2 表示，也称为广义货币。当然，有些国家还会统计更宽口径的广义货币 M3 等。

通过对比中国和美国货币供应量的层次划分，可以进一步理解货币供应量层次划分的基本理念，而且可以看出不同国家金融体系和金融工具的差异（比如个人支票的普及程度和电子支付）。首先，对于中国来说，根据中国人民银行（中国的中央银行）发布的货币供应量统计口径，可以将中国的货币供应量分为三个层次，如表 2-2 所示。其次，我们来看美国的中央银行（即美联储）公布的货币供应量层次划分和统计口径，如表 2-3 所示。从中可以看出，美国的货币层次与中国的货币层次总体上是一致的，只不过美国的银行账户以及支票使用与中国有所不同（美国的活期存款专门指那种不支付利息的支票账户），所以 M1 和 M2 两个层次的口径和内容相应有所不同。

中国的货币供应量层次划分随着经济社会的发展在不断完善，纳入统计指标的内容也随之进行了多次修正和完善。中国人民银行于 1994 年首次公布货币供应量统计口径。此后，人民银行分别在 2001 年、2002 年、2011 年、2018 年对货币供应量的统计范围进行了四次修改：2001 年将投资者在证券账户存放的证券保证金纳入 M2 统计范围；2002 年将在中国的外资、合资金融机构的人民币存款业务分别计入对应层次的货币供应量；2011 年将住房公积金中心存款和非存款类金融机构在存款类金融机构的存款纳入对应层次的货币供应量；2018 年完善了货币供应量中货币市场基金部分的统计方法，用非存款机构部门持有的货币市场基金取代货币市场基金存款（含存单），新纳入统计的负债是货币市场基金的负债，而非存款类公司的负债。

表 2-2　　　　　　　　　　　中国的货币供应层次划分

M0 = 流通中的现金 = 流通中的纸币 + 金属硬币
M1 = M0 + 企业活期存款
M2 = M1 + 企业定期存款 + 居民储蓄存款 + 其他存款 + 证券保证金 + 货币市场共同基金份额

注：表中的 M0 是公众持有的现金，不包括商业银行库存现金；表中 M1 包含的企业活期存款是指企业活期存款 + 机关团体部队存款 + 农村存款 + 个人持有的信用卡类存款（农村存款是指农村合作信用社中的农村集体单位的存款）；另外，表中的"居民储蓄存款"包括居民活期和定期储蓄存款。

表 2-3　　　　　　　　　　　美国的货币供应层次划分

M0 = 流通中的现金
M1 = M0 + 无息支票账户存款 + 付息支票账户存款 + 旅行支票
M2 = M1 + 所有存款机构和货币市场存款账户中存款 + 货币市场共同基金份额 + 存款机构中的小额定期存款（不超过 10 万美元的定期）

注：M1 中的"付息支票账户存款"是以下付息支票存款：NOW（可转让支付命令账户）、ATS（自动转账账户）、信用合作社汇票账户和互助储蓄所中的活期存款；2006 年以前，美国还统计 M3，是在 M2 的基础上，加上大额定期存款（指定期存款中存款数额超过 10 万美元的部分）、回购协议和流通在美国境外的美元货币（包括隔夜拆借和长期）以及货币市场共同基金份额（机构市场）。

图 2-4 描绘了 1996 年 1 月至 2022 年 1 月中国的 M1 和 M2 的时序走势图。从图 2-4 中可以看到，截至 2022 年初，中国广义货币总量 M2 超过 240 万亿元人民币，是同期名义 GDP 的 2 倍左右。经济学中经常使用 M2 与名义 GDP 的比值表示一国货币化程度，即

$$货币化程度 = M2 / 名义 GDP$$

事实上，我们在第 4 章将会看到，M2 与名义 GDP 的比值也就是**货币流通速度**的倒数，货币流通速度是指一定时期内单位货币承担的平均经济交易量，或者简单地把它理解为单位时间内货币周转的次数。所以，货币化程度越高，货币流通速度越低。

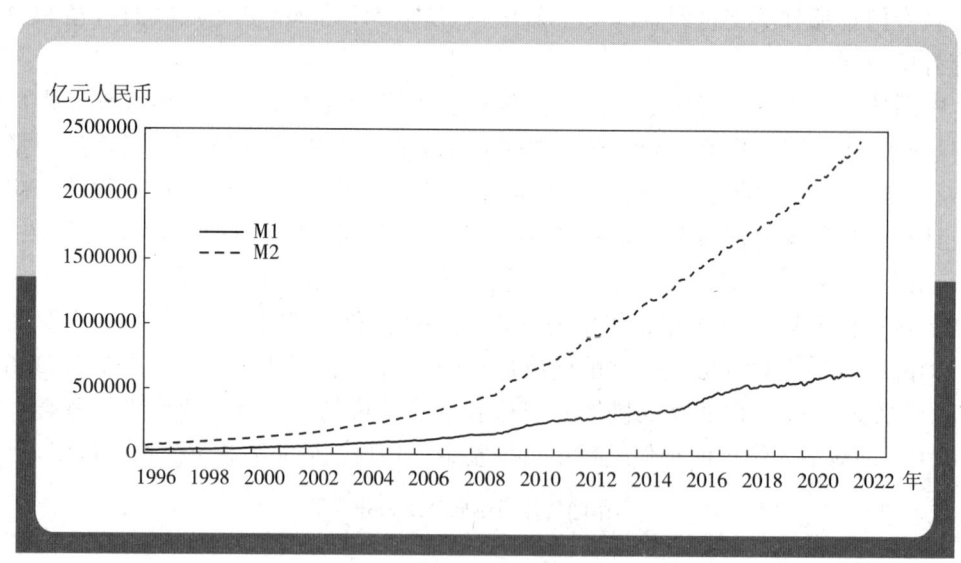

图 2-4　中国货币供应量 M1 与 M2：1996 年 1 月至 2022 年 1 月
（原始数据来源：中国人民银行）

由于现在货币种类越来越多，加上金融创新的影响，货币层次的统计难度越来越大，不太容易得到准确的统计数字。美国 2006 年以后不再统计 M3 的数据。另外，仅仅使用数量型指标来评价货币政策也被实践证明存在一些问题。因此，M 系列货币的

统计在实践中的应用越来越少。有研究阐明，在市场经济条件下，若通过调整货币总量来干预经济发展，往往会造成经济较大的波动，而通过市场利率的调整则会带来更小的波动。①

二、存款名称的说明

经常有人会对储蓄存款、活期存款和定期存款的表述感到困惑，因为一般认为储蓄存款不也应该有活期和定期之分吗？那么这几类存款到底有什么区别呢？这主要是名称习惯和统计习惯问题。一般来说，活期和定期是从存款期限和支取形式上的差别进行定义的，而中国的商业银行对存款的分类统计还会按照单位（企业）和个人来区分。储蓄存款和企业存款的说法就是基于对个人和单位的区分。

具体来说，在中国的银行体系下，**储蓄存款**是针对居民个人来说的，银行统计的也就是居民储蓄存款，包括居民活期储蓄存款和居民定期储蓄存款。也就是说，储蓄存款的完整说法应该是居民储蓄存款，可以分为活期和定期。而当我们直接使用活期存款和定期存款的名称时，实际上是省略了"企业"二字，完整的表述应该是企业活期存款和企业定期存款。另外，在我们国家，支票存款也主要是对企业而言的，由于支票账户中的资金是见票即付的，所以也被认为是一种活期账户或是活期存款账户。

理解了以上存款名称对应的内容和统计口径之后，大家就可以再回头观察表2-2中我国货币供应的层次划分，注意M1和M2所包含的存款差别。在有的材料中我们可能会看到，M1写成M0加上"活期存款"，那么这个"活期存款"确切的内容就是企业活期存款。同样，M2在有些材料中被写成M1加上定期存款、储蓄存款和其他存款等，这里的定期存款和储蓄存款的确切名称分别是企业定期存款和居民储蓄存款。

三、容易与货币混淆的概念

现实生活中，我们往往会用到许多有关货币的词汇，比如货币、收入、财富、钱、现金、流动性、资金、资本等。这里有必要对它们的具体所指作出几点说明。货币一般指的是现金加存款；收入指的是一定时间内所得到的钱的数量；财富包括钱、其他金融资产和其他非金融资产；而流动性既可以指包括货币在内的所有资产，又可以指资产能够以合理的价格顺利变现的能力，主要用来表示投资的时间尺度（变现的难易程度）和价格尺度（与公平市场价格相比的折扣）之间的关系。企业"流动性不足"指其流动资金紧张，可能由于融资困难或因买家延期或者拖欠付款等导致。

---

① Clarida, R. ichard, Gali, Jordi, and Gertler Mark (1999). The Science of Monetary Policy: A New Keynesian Perspective. Journal of Economic Literature, 37 (2): 1661-1707.

 知识窗

个人支票为什么在美国和英国盛行而在中国却很少

个人支票是由出票人签发、委托银行见票以后向收款人或者持票人支付款额的票据。在美国和英国等老牌发达国家，支票是最常用的付款方式之一，一般家庭交付每月的水电费、煤气费、房租，都是以支票为主。可以说，支票在美国人日常生活中的作用是不可替代的。在这些国家，获得个人支票的手续非常简单，只要你带好身份证件（如驾驶执照等），提供社会安全号码、地址和电话号码等信息，在银行开立支票账户（即活期账户），审核通过后就可以从银行获得自己的支票本了（一本支票有很多张）。在拥有个人支票本以后，无论是十几元钱的小额款项，还是几万元的大额款项，都可以用个人支票支付，尤其对收付金额比较大和收付次数比较多的客户，在没有信用卡和网上付费的情况下，个人支票的确是一个很好的选择。

不过，如果支票在流转过程中经常出现空头支票或者虚假支票，导致每一张支票的使用都需要到银行调查开票人的账户是否有足够的存款，那么交易成本实在太高，个人支票体系也就难以维持了。因此，个人支票要得到广泛使用，看似轻松简单，但是背后却需要强大的信用体系支撑和完善的法律制度保障。在美国和英国等支票体系比较完善的国家，开出空头支票要被罚款；如果多次出现，不但会受到有关机构的调查，而且个人信用程度大打折扣，以后从事各种社会活动时都会受到极大的限制。

在我们国家，个人支票并没有得到普及，主要原因有两个方面：一是完全联网、各部门互通的个人信用体系全覆盖建设发展比较缓慢，导致个人支票业务的信用防范成本太高，这种防范成本不仅会发生在个人客户身上，而且也发生在银行方面；二是由于电子货币、支付系统和互联网技术在中国的发展速度飞快，电子支付变得无比方便快捷，使用个人支票的优势不明显。

✎ 复习要点

1. 货币的定义与职能。
2. 货币的起源与演进。
3. 电子货币和数字货币的概念。
4. 现代信用货币的层次划分。

 关键术语

易货经济　　　　金属货币　　　　信用货币　　　　法定货币
法偿货币　　　　狭义货币　　　　广义货币

 练习题

1. 不同国家的广义货币统计口径有什么异同？

2. 在 2006 年之前，美国不仅公布 M0、M1 和 M2，而且还公布更宽泛的 M3。但是自 2006 年之后，美联储不再公布 M3 的数据，这背后的原因是什么？

第 2 章
课后习题答案

第3章 国际货币体系格局

学习目标

学完本章后,你将掌握:
1. 国际货币体系概览
2. 金本位与准金本位
3. 布雷顿森林体系
4. 牙买加体系
5. 石油美元与世界货币

第1节 国际货币体系概览

一、国际货币体系的主要阶段

在国际经济交往中,为了保证贸易活动和货币支付的顺畅进行,需要有一定的规则和秩序,这些规则和秩序主要是在长期的国际经济交往中形成的。按照其演变历程,可以大致划分为表3-1所示的几个阶段。

表3-1　　　　　　　　　国际货币体系制度的演变

制度	时间
双金属(金银并行)制度	约1500—1875年
金本位制度	1870—1914年
准金本位	1915—1944年
布雷顿森林体系	1945—1971年
浮动汇率制(牙买加体系)	1972年至今

在金银成为货币之前,人类使用过其他各种币材,而更早的时期一般被认为是商品货币(物物交换)时代。概括起来,国际货币体系的演变可以分为以下几个具有代表性的阶段。

(一) 第1阶段 商品货币

我们在本书第2章介绍过,人类使用货币的历史可以追溯到物物交换时代。在原始社会,人们使用以物易物的方式,交换自己所需要的物品,例如,用一头牛交换一匹马。但是有时候受制于用于交换的物质,不得不寻找一种能够同时为交换双方接受的物品。这就是最原始的货币,也就是商品货币。商品货币,是指有实物支持的货币,如人类社会最早用来交换的贝壳、羊毛等都属于商品货币。在商品货币时代,无论是牲畜还是绢帛,其作为商品或作为货币的价值基本相同。后来人们用特殊的商品——金银来作为货币,其中又以金本位最为典型。

(二) 第2阶段 金属货币

经过长期的发展,支持商品货币的其他实物,逐渐被金属所取代。使用金属货币有诸多的优点,首先它的制造需要人工,且无法从自然界大量获取,这就稳定了货币的币值,使其不会发生较为严重的通货膨胀;同时,储存也较为方便。数量稀少的黄金、白银和冶炼困难的铜逐渐成为主要的货币金属。其中,黄金应该是三者之中使用时间最长、适用范围最广的货币金属,由此衍生出了相关的货币制度——金本位。

金本位(Gold Standard)即以黄金为标准的货币制度。在金本位制下,每单位的货币价值等同于若干重量的黄金(即货币含金量);当不同国家使用金本位时,国家之间的汇率由它们各自货币的含金量之比——铸币平价(Mint Parity)来决定。

金本位制于19世纪中期开始盛行。历史上曾有过三种形式的金本位制:金币本位制、金块本位制、金汇兑本位制。其中金币本位制是最典型的形式,狭义来说金本位制即指金币本位制。

1. 金币本位制(Gold Specie Standard)。这是金本位货币制度的最早形式,亦称为古典或纯粹金本位制,盛行于1870—1914年。自由铸造、自由兑换及黄金自由输出输入是该货币制度的三大特点。在该制度下,各国政府以法律形式规定货币的含金量(兑换的基础),两国货币含金量的对比即为决定汇率基础的铸币平价。黄金可以自由输出或输入国境,并在输出入过程形成铸币—物价流动机制,对汇率起到自动调节作用。这种制度下的汇率,因铸币平价的作用和受**黄金输送点**的限制,波动幅度不大。

汇率波动的上限是铸币平价加运金费用,即黄金输出点(Gold Export Point);汇率波动的下限是铸币平价减运金费用,即黄金输入点(Gold Import Point)。因此黄金输送点的计算公式为

$$黄金输送点 = 铸币平价 \pm 1 个单位黄金运送费用$$

黄金输送点出现于两国贸易往来过程中的汇率兑换。本国与外国进行贸易时,有两种支付方式:用本币兑换成外币支付;直接使用黄金兑换外币支付。若汇率波动的范围超过铸币平价加上运输黄金的成本,此时使用本币兑换外币的成本就会超过使用黄金进行兑换的成本,因此贸易者倾向于直接使用黄金兑换。使汇率兑换成本等于直接用黄金

> 黄金输送点(Gold Point)是指汇价波动而引起黄金从一国输出或输入的界限。

购买货币的成本（运输成本）的点叫做黄金输送点。图3-1给出了黄金输送点的示意。

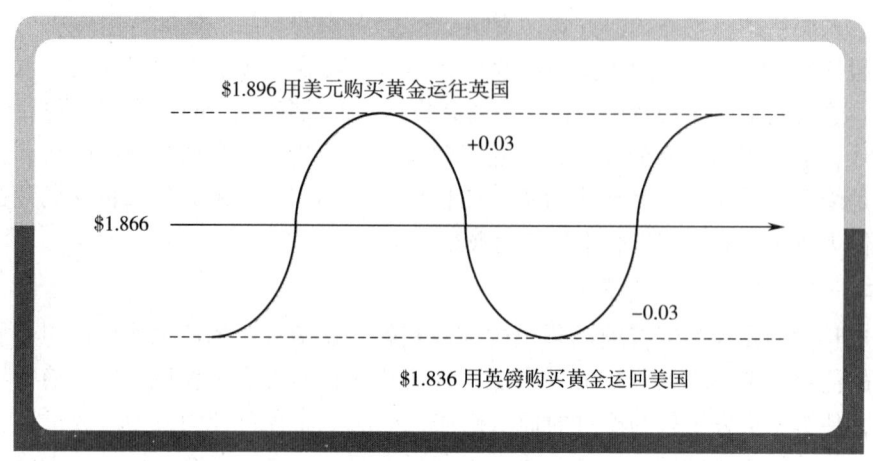

图3-1 黄金输送点示意

金本位下的汇率兑换成本是指两国货币在铸币平价基础上的价值差（忽略其他因素的影响），如1单位A国货币含金量1单位黄金，1单位B国货币含金量0.5单位黄金，铸币平价基础上1单位A国货币应兑换2单位B国货币，如果只能兑换1.8单位，这里的差值0.2单位B国货币就是汇率兑换成本。如果直接使用黄金兑换，1单位黄金兑换2单位B国货币，如果运输成本恰好为0.1单位黄金（=0.2单位B国货币），此时两个成本相等，这个汇率即为黄金输送点。1914年一战爆发后，各国纷纷发行不兑现的纸币，禁止黄金自由输出，金本位制随之告终。

2. 金块本位制（Gold Bullion Standard）。以金块办理国际结算的变相金本位制，亦称金条本位制。在该制度下，由国家储存金块，作为储备；流通中各种货币与黄金的兑换关系受到限制，不再实行自由兑换，但在需要时，可按规定的限制数量以纸币向本国中央银行无限制兑换金块。可见，这种货币制度实际上是一种附有限制条件的金本位制。

3. 金汇兑本位制（Gold Exchange Standard）。实行金汇兑本位制国家的货币与另一个实行金本位制国家的货币保持固定比价，并在金本位制国家存放外汇（对于实行金汇兑本位制的本国而言，金本位制国家的货币就是外汇）或黄金，从而间接实行了金本位制，是一种带有附属性质的货币制度。在该制度下，国内只流通银行券，银行券不能兑换黄金，只能兑换实行金块或金本位制国家的货币，国际储备除黄金外，还有一定比重的外汇，外汇在国外才可以兑换黄金，黄金是最后的支付手段。不难看出实行金汇兑本位制的国家，要使其货币与另一实行金块或金币本位制国家的货币保持固定比率，需要通过无限制地买卖外汇来维持本国货币币值的稳定。

金块本位制和金汇兑本位制这两种货币制度在20世纪70年代基本消失，也标志着布雷顿森林体系解体。

(三) 第3阶段 法定货币（信用货币）

法定货币又称为信用货币，是由国家法律规定强制流通，不以任何贵金属为基础的独立发挥货币职能的货币。目前世界各国发行的货币，基本都属于信用货币。信用货币是由银行提供的信用流通工具。其本身价值远远低于其货币价值，而且与代用货币不同，它与贵金属完全脱钩，不再直接代表任何贵金属。在20世纪30年代，世界性的经济危机引起的经济恐慌和金融混乱，迫使主要资本主义国家先后脱离金本位和银本位，国家所发行的纸币不能再兑换金属货币，因此，信用货币便应运而生。当今世界各国几乎都采用这一货币形态。

在脱离了金本位之后，各国开始使用法定货币（信用货币），此时的世界依靠国家信用来进行运转，因此国家信用对世界金融秩序产生了深远的影响。例如，2010—2011年，希腊主权债务危机、意大利主权债务危机相继爆发，美国国家信用等级下调，导致这些国家的货币对外贬值。一个国家的法定货币的币值稳定从本质上来说由一国的经济实力决定。美国作为全球军事、科技大国的实力，维持着作为世界货币的美元的价值，随着世界经济格局的发展变化，"中长期之后，美元是否依然坚挺"是值得读者思考的问题。

我们在第2章介绍过，法定货币是指通过法令或政令而非通过其作为商品的价值而获得价值的货币形态。金银作为货币的价值完全取决于其本身的价值。法定货币是通过国家强制力而获得的价值。但如果我们用钱可以换得商品，并且货币体系运行稳定，没人在意货币本身的价值，而更关注货币的购买力。现代货币体系完全依附于国家信用。

与金银相比，法定货币的优点是成本低、货币供应不受金属矿资源的可获性限制；缺点是货币超发可能会导致通货膨胀。

二、现代货币形态的进一步演变

随着社会经济的发展，货币形态进一步演变，出现了支票、电子货币等新的货币形态。

1. 支票账户。支票是出票人签发的，委托办理支票存款业务的银行或者其他的金融机构在见票时无条件支付确定的金额给收款人或者持票人的票据。支票的特征主要有两点：首先，支票是委付证券，但支票的付款人比较特殊，必须是有支票存款业务资格的银行或非银行金融机构。其次，我国的支票只有即期支票，支票没有承兑制度。

支票账户和支票的使用，能简化交易时携带或运输货币的成本。同时，使用支票比现金更安全、快捷、方便。当然，支票支付体系也有缺点：一是建设这样一个支付系统很昂贵；二是支票结算需要时间。在中国，企业使用支票较多，个人支票的使用相对较少，而个人支票在国外相当普及。

2. 电子货币。电子货币是指以电子化方式代替使用现金交易的货币系统。电子货币能够有效地提高交易的效率与安全性，如消费者无须携带大量的现金，商户同时无须忍受点算现金。交易过程主要通过第三方金融机构或者是P2P系统来完成，故安全性很高。

狭义的电子货币一般指的是只能用于实体场所的卡片，如具有网上银行功能的银行卡等。广义的电子货币在此基础上有所增加，网络消费所使用的虚拟钱包一般也归为此类，国内的支付宝、微信钱包；国外的 PayPal、ApplePay 都属于此类产品。这一类产品只需要有账号、密码以及手机终端就可以进行交易。

电子货币的发展，为社会带来了诸多的便利。首先，电子货币的使用较为便捷，交易者无须携带大量现金，而只需在终端上面操作即可完成交易；无须携带大量现金同样也可以使交易双方更加安全，免受不法侵扰。其次，更加方便记录交易，每发生一笔交易，终端都可以将交易种类、交易数额、交易地点等内容记录下来。再者，如若交易双方发生纠纷，终端可以随时调出交易记录，对此进行判定，例如，当客户在淘宝平台上发出退款申请，平台可以随时根据交易情况决定是否驳回该申请。

随着中国互联网技术的发展，电子货币的种类越来越丰富，其使用范围也更加广泛，而现金的使用则越来越少。

三、劣币驱逐良币与铸币税

1. "**劣币驱逐良币**"的原义是等值流通的金币或银币如果金银成分不同，那么最后流通的将是金银成分差的货币（即劣币），而成分高的货币（即良币）将被收藏起来而退出流通。当然在现代社会中大家使用这个术语时，经常表达的是它的引申或者比喻意义。

> "劣币驱逐良币"的现象又称为"格雷欣法则"（Gresham's Law）或者颇具汉语色彩的说法"葛氏定律"。

根据史料记载，这里所说的格雷欣先生，全名是托马斯·格雷欣（Thomas Gresham），是16世纪英国的一位有较强家族背景的商人资本家，他曾在一段时期内担任女王伊丽莎白一世的顾问，并且出资在伦敦建立了英国皇家交易所（Royal Exchange）。他曾经上书伊丽莎白女王，"劣币与良币不可能同时流通，劣币终将把良币逐出陛下的领土"。因此，后人一般把"劣币驱逐良币"现象称为"格雷欣法则"或者"葛氏定律"。当然，早在格雷欣先生之前，已经有人指出"劣币驱逐良币"的现象，可能是因为历史记录的影响范围不同而没有得以扬名。

信息不对称是"劣币驱逐良币"现象存在的基础，如果交易双方对货币的成色与真伪都十分了解的话，持有较低价值货币者就很难将这些货币交易出去，从而换得与优质货币等价值的商品。但是由于交易者双方信息是不对称的，在交易之前商品售卖者无法得知购买者所持有的为劣质货币，在交易之后，该交易者便会将所收入的劣质货币投入市场进行交易，从而使得市场中优质货币数量变少，劣质货币数量变多，出现"劣币驱逐良币"效果。

2. 铸币税（Seigniorage）。在金属货币制度下，铸造货币的实际成本与货币表面价值之差归铸币者所有，铸币者取得的该项收入被称为"铸币税"。而在信用货币（纸币）制度下，发行货币的收益减去成本即是铸币税。

第2节 1870—1945年：金本位与准金本位

一、金本位制

在第一次世界大战之前四五十年里，世界各国都遵循着金本位制。金本位是另一种形式的固定汇率制度，即在实行该制度的国家，持有该国的货币，可以将其按照固定的比率兑换成黄金，也可以按照该比率由黄金兑换成货币。因为在1870—1914年这段时期，多数主要国家中，只有黄金不受铸币限制，黄金与本国货币之间可以双向兑换，且兑换比率较稳定，黄金可以自由地进口与出口。此时，两国之间的货币兑换汇率取决于货币的相对含金量。

例如，如果美元与黄金挂钩为：$30 = 1盎司黄金，英镑与黄金挂钩为：£6 = 1盎司黄金，那么汇率取决于两种货币的相对含金量：

$$\$30 = £6 \quad 或 \quad \$5 = £1$$

金本位制主要内容有：第一，用黄金来规定流通货币的价值，每一货币单位都有法定的含金量，各国的货币按照所含黄金的数量而形成一定的比价关系。第二，金币可以自由铸造，任何人都可按法定的含金量，自由地将金砖交给国家造币厂铸造成金币，或以金币向造币厂换回相当的金砖。第三，金币是无限法偿的货币，具有无限制支付手段的权利。第四，各国的货币储备是黄金，国际结算也使用黄金，黄金可以自由输出或输入，当国际贸易出现赤字时，可以用黄金支付。

从这些内容可以看出，**金本位具有自由铸造、自由兑换、自由输出输入等三大特点**。随着金本位制的形成，黄金承担了商品交换的一般等价物职能，成为商品交换过程中的媒介，金本位制是黄金货币属性表现的高峰。

金本位制的优点在于：在金本位制下，高度稳定的汇率为国际贸易和投资提供了一个有利的环境；同时，汇率失调和国际收支不平衡能通过价格与黄金流动机制（Price – specie – flow Mechanism）自动调整。

金本位制的不足之处在于：由于新铸造的金币数量有限，货币存量的不足会阻碍世界贸易与投资的增长。即使世界再次开始实行金本位制，任何一个国家最终也都会再次放弃这种制度。

二、准金本位：不完全的金本位制度（1915—1944年）

该时期主要为金块本位制和金汇兑本位制。

（一）金块本位制

金块本位制是指国内不铸造、不流通金币，只发行含有一定量黄金的银行券或者纸币，而这些中央银行所发行的流通凭证无法自由兑换黄金，只能有条件地向发行银行兑换成金块。

金块本位制是将黄金作为中央银行的准备金，中央银行规定了各种面值的流通凭证的法定含金量，并发行对应数量的流通凭证，而不再是以黄金作为流通手段。中央银行持有一定数量黄金，以保持黄金与货币之间的联系。在金块本位制度下，金币的铸造和流通以及黄金的自由输入和输出已经被禁止，黄金已不可能发挥自动调节货币供求和稳定汇率的作用，从而使金块本位制失去稳定的基础。因此，金块本位制实际上是一种残缺不全的金本位制度。

(二) 金汇兑本位制

金汇兑本位制是指该国货币一般与另一个实行金本位制或者金块本位制国家的货币保持固定的比价，并在后者存放外汇或黄金作为平准基金，从而间接实行了金本位制。实行金汇兑本位制的国家，与金块本位制类似，对货币只规定法定的含金量，禁止金块的铸造与流通。但是与金块本位制不同的是，在金汇兑本位制下，市场流通凭证不能向中央银行兑换黄金，而只能兑换外汇，外汇可以在国外自由兑换黄金。本国货币与某一实行金块本位制或者金本位制国家的货币保持固定汇价，以存放外汇资产作为准备金，以备随时出售外汇。

在金汇兑本位制下，流通中的货币无法与黄金自由兑换，黄金也无法自发地调节货币流通。同时，实行金汇兑本位制的国家，其货币政策、财政政策会受到与之相联系的国家的货币政策与财政政策的影响，因为其货币与该国货币需要保持一定的比价。所以，金汇兑本位制也不是一种稳定的金本位制度。

金块本位制和金汇兑本位制是金币本位制的稳定性因素受到破坏后出现的两种不完全的金本位制。在这两种制度下，虽然都规定货币本位依然为黄金，但是只规定货币单位的含金量，市场中并无实际的金币或者实物黄金的流通，流通的是银行券，即中央银行所印发的法定货币凭证。在这两种制度下，黄金均无法调节市场中流通货币的数量，所以说这是两种不完全的金本位制度。

第3节 1945—1971年：布雷顿森林体系

布雷顿森林体系得名于一个召开于1944年的会议。第二次世界大战结束前夕，44个国家在美国新罕布什尔州布雷顿森林镇召开会议，目的是设计一个二战后的国际货币体系，使得汇率在不采用金本位制的前提下依然能够保持稳定。会议规定各国货币不准随意贬值以维持固定汇率，促进贸易畅通，并顺利进行资本积累。会议成果是国际货币基金组织和世界银行的建立，同时两大国际金融组织也提供了黄金与美元之间的固定汇率，以适应世界黄金产量不足以支撑国际金融体系中不断增长的货币流量的现实。

在布雷顿森林体系下，美国作为储备发行国，主要有两点基本责任：首先美联储保证美元按照官价兑换黄金，维持协定成员国对美元的信心；然后提供足够的美元作为国际清偿手段。美元与黄金直接挂钩，35美元兑换1盎司黄金，其他所有货币按固定汇率以此价格钉住美元。每个国家都有义务通过买卖外汇使汇率保持在1%以内波动。布雷顿森林体系本质上是以美元为基础的金本位制。结果是其他国家不再储备黄金，而改为储备美元，而美元背后的价值由黄金决定。

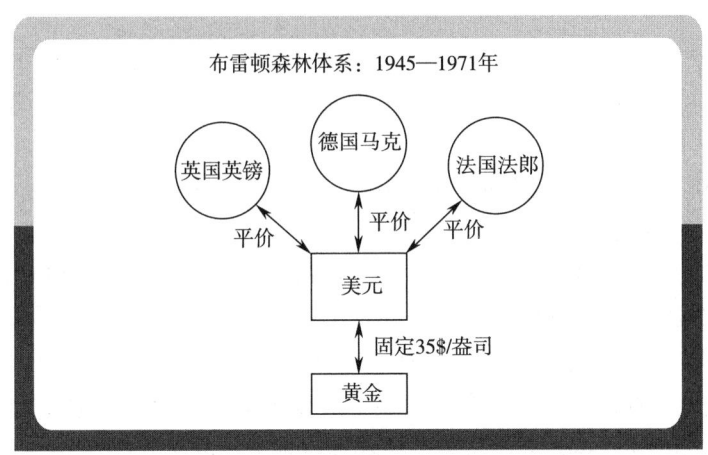

图3-2 布雷顿森林体系示意

然而，布雷顿森林体系存在着内在的矛盾，即美元供给过多则不能保证美元全部兑换成黄金，而美元供给不足则国际清偿手段不足，这就是所谓的**"特里芬两难"**（Triffin's Dilemma）。

"特里芬两难"是由比利时裔美国经济学家罗伯特·特里芬在其1960年出版的《黄金与美元危机——自由兑换的未来》一书中提出的：由于美元与黄金挂钩，而其他国家的货币与美元挂钩，美元虽然取得了国际核心货币的地位，但是各国为了发展国际贸易，必须用美元作为结算与储备货币，这样就会导致流出美国的美元在其他国家不断沉淀，对美国国际收支来说就会发生长期逆差；而美元作为国际货币核心的前提是必须保持美元币值稳定，这又要求美国必须是一个国际贸易收支长期顺差国。这两个要求互相矛盾。也就是说，美元作为唯一世界货币和世界储备货币天然存在着需求与供给的失衡矛盾，这也是布雷顿森林体系下国际货币体系格局的潜在问题。

随着欧洲经济在20世纪50—60年代的持续增长，布雷顿森林体系的弊端进一步显现。欧洲各国纷纷将自身所持有的大量美元兑换为黄金，以保持其财富的价值。同时，20世纪60年代，美国深陷越战泥潭，国内经济状况恶化，美国为了弥补其财政赤字大量印发美元，从而基本摧毁了布雷顿森林体系的基础。1971年，美联储单方面宣布拒绝向他国按比例由美元兑换黄金。该体系宣告崩溃。

布雷顿森林体系建立了以美元和黄金挂钩为基础的固定汇率制度，结束了混乱的国际金融秩序，为国际贸易的扩大和世界经济增长创造了有利的外部条件；同时美元作为储备货币和国际清偿手段，弥补了黄金的不足，提高了全球的购买力，促进了国际贸易和跨国投资，为二战后世界经济的增长作出了贡献。

第4节 1972年至今：牙买加体系

布雷顿森林体系崩溃之后，国际金融秩序再次陷入动荡之中。国际社会希望建立一种新的国际金融体系来稳定金融秩序，促进经济发展。国际货币基金组织（IMF）理事会于1976年1月的牙买加金斯顿会议上，通过了牙买加协议，同年4月，IMF理事会通过了《IMF协议第二修正案》，从而形成了新的货币体系。

牙买加协议的主要内容有：

1. 实际浮动汇率改革。IMF成员声明可以使用浮动汇率制，允许中央银行干涉外汇市场以熨平突发的汇率波动；承认了固定汇率与浮动汇率并存的局面，成员国可自由选择汇率制度；同时IMF对各国货币政策实行严格监督。

2. 推行黄金非货币化。协议作出了逐步使黄金退出国际货币的决定，取消成员国相互之间以及成员国与IMF之间用黄金清算债权债务的规定。

3. 扩大信贷额度，增加对发展中国家的融资。非石油出口国和不发达国家被给予更多获得IMF资助的机会。

4. 增强特别提款权（SDR）的作用，主要是提高特别提款权的国际储备地位，扩大其在IMF一般业务中的使用范围。

5. 增加成员国基金份额。各成员国对IMF所缴纳的基本份额，由原来的292亿SDR增加到390亿SDR。各成员国应缴份额所占比重也有所改变，石油输出国比重提高一倍，由5%增加到10%，其他发展中国家维持不变，主要西方国家有所降低。

与布雷顿森林体系国际储备结构单一、美元一家独大的情形相比，牙买加体系国际储备呈现多元化局面，除了美元之外，马克、日元随着德国、日本两国经济的发展，逐渐成为仅次于美元的储备货币。目前，欧元成为欧洲大部分国家的法定货币，在国际储备货币中的地位也仅次于美元。

在牙买加体系下，浮动汇率制与固定汇率制是同时存在的。一般而言，发达工业国家多数采取单独浮动或联合浮动，少数国家采用有管制的浮动汇率，但有的也采取钉住自选的货币篮子。对发展中国家而言，多数是钉住某种国际货币或货币篮子，如SDR。不同汇率制度各有优劣，浮动汇率制度可以为国内经济政策提供更大的活动空间与独立性，而固定汇率制则减少了本国企业可能面临的汇率风险，方便生产与核算。

牙买加体系下多元化的储备结构为国际社会提供了多种清偿货币，在很大程度上解决了储备货币供不应求的矛盾。浮动汇率、固定汇率等多种汇率安排满足了不同国家的需求，为各国经济的发展提供了灵活性与独立性，同时也有助于保持国内经济政策的连续性与稳定性，并使各国能够更加方便地调节国际收支与国民经济。

但是牙买加体系仍然有其局限性。国际货币的储备国利用其经济的优势地位，享有"铸币税"。大量国家采用浮动汇率制度，汇率波动较大，增加了各国国际收支的外汇风险，在一定程度上抑制了国际贸易与国际投资活动。

第5节 石油美元与世界货币

广义的"石油美元"是指石油生产国通过出口石油所获得的美元。狭义的"石油美元"则是指石油生产国通过出口石油所获得的美元减去进口支出后剩下的部分，即可被用于投资的资金。一般来说，"石油美元"主要包含两层含义：第一，国际大宗石油交易必须使用美元进行；第二，石油输出国收入减去支出所盈余的美元都用来购买美国的投资品，如美国国债，美国再拿流回美国的美元去购买其他工业国的商品，形成一个美元流动的循环。

当然，石油美元最大的影响是保持了美元的世界货币地位，使得布雷顿森林体系下的美元作为唯一世界货币的格局在20世纪70年代中期之后逐渐演变为"一超多强"的世界货币体系格局，"一超"即美元仍然是超级世界货币，而"多强"是指20世纪70年代之后涌现出的德国马克、日元、英镑以及1999年之后诞生的欧元等也逐渐成为主要世界货币的格局。

一、石油美元的诞生与影响

20世纪60年代中期，石油取代了煤炭，成为世界上最主要的工业原料和全球经济运行中最重要的能源。在现代金融市场中，石油的交易价格波动较为剧烈，具有一定的金融产品的属性。因此石油对于一个国家的经济具有重要的意义。

而在这个时候，欧洲国家基本走出了第二次世界大战给整个欧洲所带来的破坏，经济开始蓬勃发展，获得了更多的美元储备，这些国家根据布雷顿森林协议将其大量换成黄金，使得美国黄金储备出现了明显下降。再加上越南战争与美国国内民权运动，美国政府产生了大量的财政赤字，这使得美联储通过大量发行美元来缓解危机，造成了美元的贬值。1971年，尼克松政府单方面宣布，美国取消35美元兑换1盎司黄金的固定兑换比例，布雷顿森林体系宣告崩溃。

布雷顿森林体系被抛弃以后，美国为了维持美元的世界货币地位，和沙特阿拉伯进行了一场交易。双方达成了共识，沙特阿拉伯作为最大的石油出口国将只采用美元进行石油交易的结算，而作为回报，美国将提供军事保护并卖给沙特阿拉伯军事武器。这样，美元通过石油这一每个国家都必需的物品而再次取得了"世界货币"的重要地位。

由于石油在国际市场上是以美元计价和结算的，每年活跃在国际石油市场上的美元资本数量庞大，大约有上万亿美元，这成为国际资本市场中的一股重要势力。

石油美元为产油国提供了充足的资金与外汇储备。石油输出国利用出售石油所获得的美元资本，向他国购买先进的生产技术，改变了本国原有的单一的生产结构，发展了本国的经济。例如，阿联酋迪拜酋长国利用巨额的石油资本和迪拜优良的地理位置，将其打造成为世界著名旅游城市，使得旅游业成为该国重要的经济来源；卡塔尔利用石油贸易所创造的巨额财富，对欧洲文化体育产业进行收购，具有卡塔尔王室背景的卡塔尔主权财富基金收购了法国最著名的足球俱乐部巴黎圣日耳曼，通过国际足联世界杯的影响提升国家形象。

石油美元使得不同类型的国家国际收支发生了新的不平衡，国际储备力量对比发生了结构性的变化。由于石油与美元紧密的联系以及其所具有的金融属性，因此，在某种程度上，石油储备也可以作为外汇储备来使用，石油美元便是其价值的体现。

二、世界货币

世界货币是随着商品生产和交换的发展而产生和发展的。当商品交换超出国家界限而发展为国际贸易时，商品在世界范围内实现自己的价值，作为它价值表现形态的货币，也就成为世界范围商品的一般等价物。

> 世界货币是指在国际商品流通以及债务清偿等活动中发挥一般等价物作用的货币。

一国主权货币成为世界货币需要具备如下条件：发行这种信用货币的国家要有强大的经济实力，在国际经济领域中占有重要的或统治的地位。这种信用货币必须具有相当大的稳定性。某个国家的货币虽然可以在彼此经济联系密切的国家之间充当支付手段，但要在世界范围内正式取得储备货币的资格，还要得到所有国家的确认，这就必须通过国际协议来实现。当今世界上，美元是毫无疑问的世界货币。布雷顿森林体系解体后，美元主要靠国际石油交易结算货币的身份维持其世界货币的地位。

三、当今全球的汇率安排

在世界进入牙买加体系之后，各国的汇率制度不尽相同，总结起来，主要有以下四种：

1. 完全浮动制。大约有48个国家采用这种汇率安排，是使用国家数量最多的。在完全浮动制下，汇率完全由外汇市场供求对比的相对力量所决定，政府对外汇市场不加任何干预。完全浮动又称为清洁浮动。

2. 管理浮动制。管理浮动制是指有管理的浮动汇率制度，约25个国家或地区采用。汇率由国家管控和市场力量共同决定，政府对外汇市场进行干预来影响外汇的供求关系。管理浮动也称为肮脏浮动。

3. 钉住汇率制。钉住汇率是指一国货币与外币保持固定的比价关系，汇率随外币的变化而变化。一般来说，钉住汇率制有两种：第一种是本国货币与发达工业国货币保持一定的比率关系，如钉住美元或者欧元等。第二种是本国货币与一篮子货币之间保持稳定的比价，如钉住IMF的特别提款权。在钉住汇率制下，一国货币钉住另一强势货币，保持比较稳定的比价。

4. 无本国货币。一些国家由于本国货币极不稳定等原因，不发行本国货币，而直接使用美元作为货币。如厄瓜多尔在2000年之后就进行了货币美元化，即使用美元作为其货币，取代了厄瓜多尔货币苏克雷。

四、欧洲货币体系

欧洲货币体系又称为欧洲货币制度，是指欧共体国家所形成的货币集团，旨在建立一个汇率稳定的机制，以此来促进成员国经济发展，同时削弱美元对欧洲经济的影响力。多数欧盟国家将货币汇率加以捆绑，互相之间只在极窄范围内波动，对其他货币共同浮动。其目标是建立欧洲货币一体化区域，保证货币稳定；对非欧盟国家采取一致的汇率制度；为欧洲货币一体化铺路。

欧元是欧洲货币体系的目标之一，是1999年11个会员国成立的欧洲货币联盟的单一货币。这些会员国是：比利时、德国、西班牙、法国、爱尔兰、意大利、卢森堡、芬兰、奥地利、葡萄牙和荷兰。时至今日，欧元已经成为了全世界第二大储备货币。

欧元的诞生，使经济联盟实现单一货币成为现实，促进了成员国与成员国之间的贸易，极大地减少了交易成本。同时，欧元也有效地减少了成员国之间价格水平的差异，减少了套利空间，有助于消费者进行消费。

五、固定汇率制与浮动汇率制的讨论

对于浮动汇率制，赞同的观点认为，在浮动汇率制下，汇率易于从外部进行调整，国家的货币政策独立性更容易施行，各国可以根据自身的情况制定适合自己的货币政策。

反对的观点认为，在浮动汇率制下，汇率的不确定性可能会伤及国际贸易，影响经济的发展，同时缺少防范危机的保护措施。同时，浮动汇率制所造成货币汇率的不稳定容易助长外汇市场的投机活动。再者，当陷入经济困境时候，各国会以货币贬值为手段，输出本国失业或以他国经济利益为代价来扩大本国就业和产出，以稳定自身经济。

对于固定汇率制度，赞同的观点认为，在固定汇率制下，货币的汇率稳定，风险相对浮动汇率制较小，减少了国际贸易以及资本活动所面临的汇率变动的风险。同时，各国所持有的外汇储备价格稳定，使得其国际清偿能力也趋于稳定。在一定程度上也抑制了外汇市场的投机活动。

反对的观点认为，在固定汇率之下，国内经济受到国际收支影响较大，当该国国际收支不平衡时，必须要采取对应的紧缩或者扩张性货币政策，从而影响国内经济的稳定性。采用固定汇率制的国家还需要维持汇率稳定，需要使用大量的外汇储备，从而无法自主地制定货币政策。

究竟采取固定汇率制度还是浮动汇率制度安排，对于不同的国家来说没有唯一的答案，而是需要根据具体的经济发展情况来确定。当然，汇率制度也不是一成不变的，随着时间的推移和世界经济运行的需要，不同时期会对不同的汇率制度安排有更强的需求。

复习要点

1. 货币体系的演进历程。
2. 金本位的特点。
3. 布雷顿森林体系的特点。
4. 牙买加体系的特点。
5. 石油美元的内容。

 关键术语

商品货币　　　金属货币　　　金币本位　　　金块本位
金汇兑本位　　黄金输送点　　格雷欣法则　　铸币税
布雷顿森林体系　特里芬两难　　牙买加体系　　石油美元
世界货币　　　固定汇率　　　浮动汇率　　　欧洲货币体系

 练习题

1. 1914 年至今，国际货币体系经历了哪几次重要变迁？
2. 美元自 1945 年之后成为世界主要货币的动因有哪些？
3. 金币本位下汇率的稳定机制是什么？
4. 固定汇率与浮动汇率比较，各自的优缺点有哪些？

第 3 章
课后习题答案

第4章 为什么需要货币：货币需求论

学习目标

学完本章后，你将掌握：
1. 宏观视角：古典货币数量论
2. 微观视角：货币需求动机与凯恩斯流动性偏好论
3. 流动性陷阱
4. 弗里德曼的真实货币需求论
5. 货币流通速度

第1节 宏观视角：古典货币数量论

货币需求与货币供给相伴而生，货币需求是货币供给的对立面，所以古典货币数量论实际上包含了货币供给数量论（即费雪交易等式）和货币需求数量论（即剑桥学派货币需求论）。所谓古典货币数量论（Classical Quantity Theory of Money），是指20世纪初以美国经济学家埃尔文·费雪（Irving Fisher）为代表的经济学家们提出的货币供给与经济总量之间的交易等式（Equation of Exchange）以及剑桥学派提出的货币需求总量等式，因为这些等式提出的年代处于古典经济学发展时期，与古典经济学派紧密相关，所以我们今天把这些等式概括称为**古典货币数量论**。

古典学派认为货币本身无内在价值，其价值源自交换价值，货币只是披在真实要素身上的"面纱"。这种思想可以追溯到18世纪英国哲学家和经济学家休谟的著作。其后，这一传统思想统称为"古典货币数量论"，在20世纪30年代发展到了顶峰。

古典货币数量论有两种主要形态：其一是费雪交易等式，其二是剑桥学派货币需求等式。这两个理论具有内在联系，只不过费雪交易等式中的货币数量是从货币供给层面讲的，而剑桥学派货币需求等式是从（名义）货币需求角度考察的。然而，这两种形态的共同特点是仅从货币的交易媒介功能这一角度研究货币数量，因此货币实现功能的场所仅为商品市场。

知识窗

埃尔文·费雪的交易等式与剑桥学派

一、古典货币数量论概述

古典货币数量论指的是19世纪末20世纪初由费雪、马歇尔、庇古等古典经济学家建立的货币需求理论。货币数量论主要是研究均衡状态下货币数量与物价之间的关系。虽然最初并非直接关于货币需求问题，但经转换后可用于货币需求的测算。古典货币数量论主要包括两种理论，一是费雪的交易方程式，二是以马歇尔、庇古为代表的剑桥学派的剑桥方程式。

20世纪初，费雪提出货币交易等式，也称费雪方程式。费雪认为，假设M为一定时期内流通货币的平均数量，V为货币流通速度，P为各类商品价格的加权平均数，T为各类商品的交易数量。那么$MV=PT$恒成立。

费雪最初是想强调货币数量M的变化对于价格P的影响。V取决于交易制度和技术，短期内保持不变，T在古典框架下的充分就业状态下短期内也是稳定的。这样，物价水平的变动仅仅源于货币数量的变动。但反过来，$M=PT/V$，也能得出均衡状态下一定价格和交易量下对应的货币需求量。费雪方程式从交易和货币支出流量的视角来考察货币数量，故也可以称为"现金交易说"。该理论没有考虑微观主体动机对货币需求的影响，货币需求仅为收入导致的交易水平的函数，也未考虑利率对货币需求的影响。

剑桥学派重视微观主体动机对货币需求的影响。他们认为个人对货币需求实质上是选择以何种方式保有资产的问题。个人持有货币量受多种因素影响，但在名义货币需求与名义收入之间存在较为稳定的关系。对整个经济体系而言亦是如此，有$M=kPY$。

剑桥方程式从以货币形式保有资产存量的角度（价值储藏功能）考察货币需求，重视该存量占收入的比重，故又称为"现金余额说"。利率、持有货币的便利性等因素对微观主体货币需求的影响隐藏在参数k之中。

二、两种古典货币需求理论的比较

两个方程式存在类似的意义。如果令$T=Y$，即商品的交易量等于收入量，而将V视做既代表交易货币的流通次数，又代表收入水平对应的流通速度，即$1/V=k$，那么两者在宏观角度上是相通的。货币数量与价格水平之间存在着直接的因果数量关系；物价水平的高低，取决于货币数量的多少，二者呈正向关系。

费雪方程式与剑桥方程式也有比较明显的差异。首先，两个理论的分析侧重点不同：前者从货币的交易媒介功能着手考察货币需要量，后者从价值储藏功能着手考察个人资产中对货币的选择。其次，流量与存量的差异：前者考察流量（现

金交易说),把货币需求与支出流量联系在一起,后者考察的是存量(现金余额说),从以货币形式保有资产存量的角度考虑货币需求。最后,需求决定因素的差异:前者从宏观视角着手,仅考察交易流量对 M 的影响,后者虽然也是宏观等式,但是从微观个体的需求着手,包含了收入、利率、持有货币带来的便利等微观因素对货币需求的影响。因此,后者的货币需求决定因素多于费雪方程式,特别是利率的作用成为重要的因素之一。

(一) 费雪交易等式

费雪交易等式(Equation of Exchange)概括的是**货币供应**与经济总产出之间的关系,即一个经济体的**货币供应总量**与货币流通速度乘积等于经济的名义产出,即

$$M^S \times V = P \times y \tag{4-1}$$

其中,M^S 表示给定年份的平均货币供应总量;V 表示货币流通速度,也就是单位货币在给定年份内的周转次数,这种周转次数就是单位货币用在生产名义 GDP 上(名义 GDP 对应于公式中的价格乘以总产出)的使用次数;P 表示给定年份内最终商品与服务的平均价格,也就是 GDP 对应的平均价格或者一个价格指数;y 表示最终商品与服务的产量或者真实 GDP 指数。

根据等式(4-1)的内容,$P \times y$ 就是给定年份的名义 GDP,$M^S \times V$ 表示与名义 GDP 相对应的总支出。根据等式(4-1)还可以把货币流通速度放在等式左侧,即 $V = P \times y / M^S$,这样就可以更直接地看出货币流通速度的定义和表达式。假定我们知道 2018 年中国的名义 GDP 是 90 万亿元人民币,货币总量 M2 是 180 万亿元人民币,那么货币流通速度就等于 0.5(90/180),也就是说为了生产 90 万亿元人民币的产出,单位货币在当年的周转次数是 0.5。

因为费雪交易等式只是描述了一个等式关系,所以在没有进一步假设条件的情况下,难以看出等式中几个变量彼此之间的因果关系或者驱动关系,这样就不能应用这个等式分析货币总量变化如何影响经济产出,或者分析经济产出变化如何影响货币总量。不过,通过假设一定条件我们仍然可以从交易等式中获得一定信息。例如,假设货币供应总量发生了变化,那么要么货币流通速度反向变化相应比例(不是等比例,如货币供应总量变为 2 倍,则货币流通速度变为原来的 1/2)而名义产出保持不变,或者货币流通速度保持不变而名义产出同比例同向变化。当然,如果名义产出增长,那么根据交易等式可以看出,货币总量或者货币流通速度会同比例增长。

如果我们假设货币流通速度 V 在短期内基本不变,那么交易等式说明名义产出完全由货币供应总量决定:如果货币总量增长 20%,那么名义产出也会增长 20%;同样道理,如果名义产出增长 20%,那么在货币流通速度不变的情况下货币总量必定增长 20%。但是如果货币流通速度剧烈变化,那么货币总量变化对名

义产出的影响就没有办法准确评估了。

（二）剑桥等式

费雪交易等式是从货币供应角度刻画货币与经济总量的关系，而剑桥学派货币需求等式（Cambridge Equation of Money Demand）则是从**货币需求**角度描述货币与经济总产出之间的关系，由于这方面研究起源于20世纪初剑桥大学的多位著名经济学家（如马歇尔、庇古等），所以这一等式还有一个很上口的名称——剑桥等式。

事实上，剑桥等式与费雪交易等式一脉相承，甚至更像是与费雪交易等式进行的一种等式变换游戏，只不过剑桥学派把费雪交易等式中的货币供应改变为货币需求，从而给出货币需求表达式：

$$M^d = kPy \qquad (4-2)$$

其中，M^d 表示一个经济体在给定年份的货币需求总量；$k = \dfrac{M^d}{Py}$，表示公众希望以货币形式持有的名义产出比例，或者说货币形式持有的收入占收入总额的比率，所以 k 实际上代表持币率。

从等式（4-1）和等式（4-2）不难看出，当经济处于均衡状态时，货币供应等于货币需求，此时持币率 k 等于货币流通速度的倒数，即 $k = \dfrac{1}{V}$。这样，如果公众的持币需求相对于经济产出上升，即 k 增加，那么货币流通速度 V 就会相应下降；反过来，如果公众持币需求下降，那么货币流通速度就会上升。这与现实情况也比较一致，毕竟如果公众都持有货币的话，货币就流通不起来了，流通速度自然就降下来了，反之则相反。

综合来看，基于货币供应分析的费雪交易等式和基于货币需求分析的剑桥等式都是从宏观视角考察货币总量，都是只单纯考虑商品市场，没有考虑任何金融市场，也就是说假定了货币总量在金融市场没有扮演重要角色，或者说金融市场对货币总量的影响可以忽略。这一隐含的假设是与当时的历史背景紧密联系的，因为在20世纪初，还没有形成成规模的发达现代金融市场，可投资的金融产品远不像今天这样丰富，金融市场对货币需求的影响自然也就并不那么明显。

而随着第一次和第二次世界大战的结束，以美国为代表的西方发达国家金融市场逐渐发展起来，金融市场对货币需求的影响逐渐显现。特别是1952年哈里·马柯维茨（Harry Markowitz）提出的投资组合理论和威廉·夏普（William Sharpe）基于此理论形成的资产定价模型，加速了现代微观金融产品和金融市场的发展。有意思的是，在微观金融理论发展之前的20年左右，从事宏观经济学和货币理论研究的约翰·梅纳德·凯恩斯就已经先见性地提出了微观视角的货币需求论，考虑了金融市场投资（或者投机）对货币需求的影响。

第2节 微观视角：货币需求动机与凯恩斯流动性偏好论

一、货币需求动机

正如前面所说，随着微观金融产品和微观金融市场的发展，影响货币需求的因素日益丰富，除了货币资产之外，还多了其他金融产品可以作为资产组合的选择，如可以选择持有债券和股票等金融产品。在这一背景下，1936年英国著名经济学家约翰·梅纳德·凯恩斯在他的《就业、利息和货币通论》中具有开创性地归纳了货币需求的三类动机，即**交易动机**、**预防动机**和**投机动机**。

交易动机是指人们为了购买商品和服务而进行支付交易需要货币；预防动机是指人们为了应对未来的不确定性（如收入下降、突然生病等意外情况）而需要持有货币；投机动机则是指人们为了在金融市场上随时准备投机获利而持有货币。凯恩斯认为，交易动机和预防动机的货币需求对利率不敏感，主要影响因素是名义收入；而投机动机则主要受预期利率（收益率）变化的影响。

根据以上说明，凯恩斯认为交易动机和预防动机的主要影响因素都是名义收入，因此交易和预防动机的货币需求 M_{tr}^d 可以概括为名义收入 Y 的函数，即

$$M_{tr}^d = M(Y) = kY \qquad (4-3)$$

其中，k 表示交易中货币余额的流通速度的倒数。不难看出，此时交易和预防的货币需求与古典货币数量论本质上是一样的。显然，凯恩斯认为交易和预防的货币需求只是受到名义收入影响，但不受利率影响。后来，鲍莫尔（Baumol）和托宾（Tobin）等经济学家在20世纪50年代拓展了交易和预防动机的货币需求分析框架，他们提出债券也可以用于交易和预防需求，所以交易和预防需求不仅与名义收入有关，还与债券收益率有关。

尽管凯恩斯对交易动机和预防动机没有给出复杂的分析框架，但是他基于投机动机提出的流动性偏好货币需求论，仍然为紧随其后的研究奠定了重要基础，具有开创性。我们下面介绍凯恩斯的流动性偏好货币需求论的基本框架。凯恩斯流动性偏好论也可以称为持币动机理论，其主要观点是认为在人们的持币动机中，交易和预防功能只是一部分，还有投机动机，同时强调货币流通速度并非恒定不变。

二、凯恩斯流动性偏好货币需求论

由于有了投机需求，从资产组合角度看，人们可以有两种选择，即货币和债券。货币的流动性高于债券；货币的收益率（利率）是零，债券则可以提供或高或低的不确定回报。在这样的分析框架下，影响人们货币需求的因素主要是市场利率 i，或者说是人们对未来利率的预期：如果人们预期未来利率会上升（也就是说时下的利率比较低），即未来用货币购买债券会获得更高的收益率，那么就会在当前持有流动性高的货

币，准备在未来投机于债券获利；反过来，如果人们预期未来利率会下降（也就是说时下的利率比较高），即未来用货币购买债券获得的收益率会下降，那么就会在当前抓紧时间用货币购买债券，此时货币需求下降。也就是说，投机性货币需求与利率呈反向关系，当利率低时货币需求高，当利率高时货币需求低。因为投机性需求分析中强调货币的流动性高于债券，因此投机性货币需求也称为流动性偏好货币需求。

对于流动性偏好货币需求论，凯恩斯在《就业、利息和货币通论》中的原文阐述比我们上面的分析要略微复杂一些，凯恩斯指出：人们之所以会有投机性货币需求，是因为债券市场上的未来利率存在不确定性。不同的人对债券市场的前景估计也不同，那些与市场主流意见不同的人有理由持有流动资产（即货币），准备用于投机获利……预测未来利率会更高的人就有理由持有流动性货币而不购买债券（如果手上持有债券那么就会卖出），而判断相反的另外一部分人则更愿意购买债券而不持有流动性货币（如果没钱会去借钱），这样债券市场的交易价格就由买卖双方共同决定。

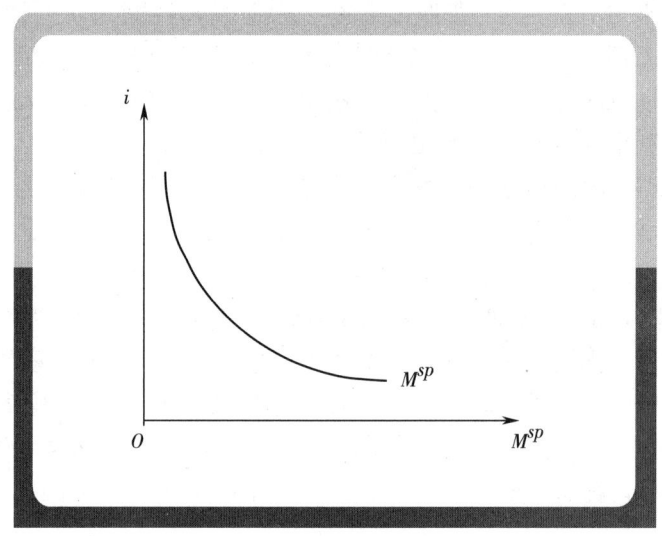

图 4-1　凯恩斯流动性偏好货币需求随利率下降而上升

凯恩斯认为，债券市场有大量投资者会随着市场利率变化而改变预期：利率越低，期望它上涨的投资者数量就越多，反之则相反。因此，如果利率很高，更多的投资者会预期未来利率下降，此时投资者会买进债券而减少货币持有数量。反过来，如果利率较低，预期未来利率下降的投资者数量会减少而预期利率上升的人会更多，这样更多的人会选择现在持有现金以便未来利率上升时好购买债券。因此，随着利率下降，货币总需求量会增加，在图 4-1 中显示为连续的向下倾斜曲线 M^{sp}。这意味着投机性货币需求与利率成反比，因此**投机性货币需求函数**或者说**流动性偏好货币需求函数**可以写成：

$$M_{sp}^{s} = L(i) \tag{4-4}$$

其中，M_{sp}^{d} 表示投机性货币需求，i 表示市场名义利率，凯恩斯把需求函数 $L(i)$ 称为流动性偏好程度，字母 L 代表流动性（Liquidity）。

凯恩斯的投机性货币需求分析框架本质上就是投资组合理论：投资者面对货币和债券两种资产进行资产组合，条件是货币收益率为零，而债券收益率由市场利率决定，投资者的目标就是最大化其投资组合回报率。对于投资者来说，用于投资货币和债券的资金总量是给定的，投资者关心的是在下一个决策期初投资组合的到期价值，即投资的资本加上累积利息。

凯恩斯给出的预期函数形式非常简单：在每个投资决策期初，投资者会根据他对市场未来利率走势的判断来估计未来债券价格，如果他判断未来债券价格加上投资债券的利息收入高于当前购买债券的价格，那么投资者就会将其所有资金购买债券，因为根据附息债券的现价、未来价格和到期收益率之间的关系（参见本节知识窗），此时投资债券的回报率大于零；相反，如果投资者按照市场利率走势的判断估计债券未来价格加上利息回报低于当前债券价格，那么他就会把所有资产都转变为货币，因为此时如果投资债券，则回报率为负。因此，市场上的投资者要么持有债券，要么持有货币，而不会同时持有债券和货币。

三、凯恩斯的总体货币需求论

基于交易、预防和投机三种持币动机的货币需求就是总体货币需求。 因为交易和预防动机的货币需求与名义收入正相关，投机需求与市场利率负相关，所以总体货币需求可以写成：

$$M^d = M^{tr} + M^{sp} = M(Y, i) \qquad (4-5)$$

如果交易和预防动机的货币需求与投机货币需求相对独立，那么总体货币需求函数还可以写成：

$$M^d = M^{tr} + M^{sp} = kY + L(i) \qquad (4-6)$$

知识窗

债券的收益率、价格与货币需求

在货币需求理论中，货币与债券是彼此替代的资产。本书将在第9章详细介绍债券的相关内容。这里介绍债券收益率、价格与市场利率之间的联系，进而说明货币需求如何变化。债券一般由交易价格 P、票面价格 F、息票 C 和到期收益率 r 等多个指标来刻画。债券的交易价格与到期收益率紧密联系。一般来说，对于附息债券，交易价格可以理解为到期总利得的折现，以10年期的债券为例，即

$$P = \frac{C}{1+r} + \frac{C}{(1+r)^2} + \cdots + \frac{C}{(1+r)^{10}} + \frac{F}{(1+r)^{10}}$$

如果只有1年期限，则等式关系就更加简明，即

$$P = \frac{C}{1+r} + \frac{F}{(1+r)} \text{ 或者 } r = \frac{C+F}{P} - 1$$

也就是说，到期收益率与债券价格成反比。因为当投资者购买的价格上升时，那么到期的票面价格与购买价值之间的价差就会缩小，收益相应减少。

从上述等式中可以看出，债券的到期收益率一般是隐含在现价与票面价格和息票等式关系中的，到期收益率并不是市场上存贷款或者资金拆借的利率。但是，债券的买卖价格（即现价）与市场利率却紧密联系。一般来说，当市场利率已经很高的时候（这句话等价于说当人们预期利率下降的时候），人们预期未来利率会下降（因为利率不可能一直居高不下），因此手上的资金如果现在不投资出去的话，那么未来再进行投资就会获得更低的回报率，所以大家今天马上会进行投资，也就是购买债券。此时由于债券的需求增加，因此价格上升，从而导致债券的到期收益率下降。

市场利率是市场资金借贷成本的真实反映，而能够及时反映短期市场利率的指标有银行间同业拆借利率、国债回购利率等。新发行的债券利率一般也是按当时的市场基准利率来设计的。一般来说，市场利率上升会引起债券类固定收益产品价格下降。债券的发行价格，是指债券原始投资者购入债券时应支付的市场价格，它与债券的面值可能一致也可能不一致。理论上，债券发行价格是债券的面值和要支付的年利息按发行当时的市场利率折现所得到的现值。因此，票面利率和市场利率的关系影响债券发行价格。当债券票面利率等于市场利率时，债券发行价等于面值；当债券票面利率低于市场利率时，企业仍以面值发行就不能吸引投资者，故要折价发行；反之，当债券票面利率高于市场利率时，企业仍以面值发行就会增加发行成本，故要溢价发行。

债券投资者的获利预期跟随市场利率发生变化，若市场利率升高，则投资者的获利预期就变得高涨，促使债券价格下跌（由于已发债券票面利率已固定，当市场利率上升时，新发债券票面利率随之提高，债券投资者会卖出旧债券买进新发债券，这种行为导致旧债券价格下跌）；若市场利率降低，则债券价格往往就会上涨。

所以，当人们预期未来利率上升时，现在持有债券要亏损，因此现在更愿意持有货币，此时货币需求增加。需要注意的是，预期未来利率上升的意思是说，当前利率水平较低（低于人们心目中的水平）。反之，当前利率如果较高，那么人们预期未来利率会下降，因此货币需求会下降。所以货币需求与当前利率水平负相关。类似地，利率的变动将带动流通速度的同向变动。因此，流动性偏好理论不同于古典货币数量论的一个内容，就是货币流通速度随利率变化而变化。

第3节　流动性陷阱

流动性陷阱（Liquidity Trap）是凯恩斯于20世纪30年代提出的一个术语，是指在经济不景气的环境下，市场利率水平已经很低，此时中央银行为了刺激经济向市场增加货币供应，但是却无法进一步降低利率（如利率已经接近0），也无法刺激消费和投资。因为不管增加多少货币或者说流动性，都没有办法刺激人们把货币从银行取出来进行消费和投资（即货币需求弹性无限大），人们只是把获得的流动性不断储存起来，此时货币就像陷进了一个无底洞一样，因此凯恩斯形象地称之为流动性陷阱。

为什么会出现流动性陷阱呢？当市场形成一致预期，认为证券投资或者实业投资（即固定资产投资）回报率很低，此时会囤积货币来应对未来的负面经济事件或者经济衰退。我们前面曾经分析过，从投机性货币需求角度看，市场利率与投机性货币需求呈反向关系：当市场利率低的时候，人们的投机性货币需求高。所以，如果市场利率非常低，比如接近于零，那么就可能出现所有投资者形成一致预期的情况，大家一致认为利率不会进一步下降但可能会上升（毕竟此时利率不能再低了），所以此时所有投资者都更愿意持有现金而卖出债券，以便未来利率果真上升的时候可以用货币来购买债券获利。

在这个利率水平上，投资者一致认为债券价格不会再上涨了，但可能会下跌，从而会给债券持有者造成资本损失，而现有利率又不能有力地弥补这种资本损失的风险。在这种情况下，公众更愿意以现行价格出售全部持有的债券，这样就会导致货币当局按现行价格和利率可以从公众手中购买任何数量的债券，相应就会增加公众持有货币数量。因此，一旦经济陷入流动性陷阱，货币当局增加的货币供应犹如掉进了无底洞，是没有办法降低利率的。

有意思的是，尽管凯恩斯提出了流动性陷阱的概念，但是他认为在现实中几乎没有发生过这样的情况。我们知道，凯恩斯提出流动性陷阱这个概念是在西方历史上最严重的大萧条时期，如果流动性陷阱在那个时期不存在，那么其他正常的经济活动时期它就更不可能出现。因此，凯恩斯认为，流动性陷阱是对货币经济学的一种好奇性的探索性分析，它并不具有直接的现实意义。

> 凯恩斯认为，在现实中流动性陷阱几乎很少发生。

但是，诸多经济学家仍然认为，流动性陷阱问题在现实中会出现。只要债券市场一致预期市场利率会上升，就可能出现流动性陷阱。而且，债券市场的这种一致性预期不一定只发生在利率水平贴近于零的时候，如果经济衰退迹象明显，造成债券市场预期极度悲观，那么在任何利率水平下流动性陷阱都可能发生。幸运的是，由于债券市场主流观点（市场预期）经常会随着利率的调整而发生变化，因此流动性陷阱即使发生，一般也只会存续较短的时间，而这段时间通常不足以影响到整个市场的投资和宏观经济。所以，流动性陷阱可能在债券市场的日常运行中经常出现,只不过时间短暂、影响范围也不大,所以整个宏观经济不一定能感受得到。

上述行文中提到的投资者既包括个人投资者也包括机构投资者,特别是商业银行。当利率很低而经济又持续下行的情况下,甚至有可能出现**银行流动性陷阱**:当利率达到某一低点时,商业银行超额准备金需求对于利率是完全弹性的,即在此利率水平下商业银行的超额准备金需求无穷大,此时中央银行增加基础货币也无法提高货币供应总量。也就是说,在特定经济环境下,当市场利率下降到一定程度时,即使中央银行通过政策操作增加基础货币,也无法实现货币供应总量的增加,因为此时商业银行将中央银行提供的基础货币都作为超额准备存储下来,而不进行发放贷款等信用货币创造业务,从而形成"宽货币—紧信用"的现象;宽货币是指中央银行提供的基础货币宽松,紧信用是指商业银行信用创造收紧。在现实中,如果经济不断下行、陷入衰退,甚至经济运行中出现流动性陷阱问题,应该如何应对呢?**凯恩斯主义和货币主义**①开出了截然不同的政策药方;凯恩斯主义建议运用**扩张性财政政策**进行应对,如增加政府的基础设施建设投资支出等措施;而货币主义则坚持认为货币政策才是带动经济走出衰退的主要政策(货币主义并不认为存在流动性陷阱问题),如运用**量化宽松的货币政策**。传统货币政策工具(如公开市场操作)的交易对象是短期证券产品,而量化宽松货币政策主要是指中央银行通过购买中长期证券来增加基础货币供给,降低中长期利率。

知识窗

约翰·梅纳德·凯恩斯的经济学贡献

凯恩斯是英国经济学家,是现代最有影响力的经济学家之一,他对现代经济学的贡献之多、影响之深、范围之广很少有人能够企及。他提出总产出的主要短期决定因素是总需求,这种思想对现代经济理论和政策具有深远影响。凯恩斯的主张对货币政策理念也具有重要影响,反映在中央银行通过调整货币供应或者利率来调整总需求进而实现通胀和产出等最终目标。凯恩斯在20世纪30年代的著作就提出了市场情绪、动物精神对预期的影响,是现代行为经济学的核心内容。

凯恩斯1906—1908年在英国财政部印度事务部工作,1908年任剑桥大学皇家学院的经济学讲师,1909年创立政治经济学俱乐部并因其最初著作《指数编制方法》而获"亚当·斯密奖",1911—1944年任《经济学期刊》(*Economic Journal*)主编,1913—1914年任皇家印度通货与财政委员会委员,兼任皇家经济学会秘书,

---

① 凯恩斯主义是指建立在凯恩斯著作《就业、利息和货币通论》的思想基础上的经济理论,主张国家采用扩张性的经济政策(特别是财政政策),通过提振需求来应对经济衰退;货币主义是指强调货币总量作为主观经济调控的主要中间目标的一系列宏观经济理论,主张通过扩张性货币政策来促进经济增长。

> 1919年任财政部巴黎和会代表，1929—1933年主持英国财政经济顾问委员会工作，1942年被晋封为勋爵，1944年出席布雷顿森林会议，并担任国际货币基金组织和国际复兴开发银行的董事。1946年去世，时年63岁。
>
> 凯恩斯在1936年出版了代表作《就业、利息和货币通论》，标志着个人学说的形成。这本著作是现代经济学领域的一座里程碑。凯恩斯认为，政府通过扩大支出，包括公共消费和公共投资，可以改善有效需求不足的状况，从而减少失业，促进经济的稳定和增长。市场中不存在一个能把私人利益转化为社会利益的看不见的手，资本主义危机和失业不可能消除，只有依靠看得见的手，即政府对经济的全面干预，资本主义国家才能摆脱经济萧条和失业问题。
>
> 在这部著作中，不仅含有20世纪90年代才提出来的货币政策规则论的核心内容，也有后来在微观金融领域备受关注的行为金融学内容。凯恩斯还对现实社会中的实物经济和货币经济进行了分析，建立了一套逻辑清晰的货币经济学理论，提出了著名的货币投机性需求论以及"流动性陷阱"假说。

第4节　弗里德曼的真实货币需求论

米尔顿·弗里德曼也是影响货币需求理论乃至货币经济学发展的重要人物，弗里德曼于1956年发表的巅峰之作《再论货币数量论》（*The Quantity Theory of Money—A Restatement*）提出了传统货币数量论的新模型。弗里德曼指出，货币数量论的初衷是货币需求理论而不是关于产出或者价格的理论。他认为，人们对货币的需求实际上是一种对真实货币余额（M/P）的需求，这种需求就像人们对商品或者资产的需求一样，是个人效用函数中的一个变量而已。对于个人来说，真实货币余额就是一种资产，它和债券以及实物资产都是财富持有人效用函数中的备选项；对于企业来说，真实货币余额与机器设备和厂房等实物资本类似，可以看成是企业生产函数中的投入品。总结起来，弗里德曼的货币需求论区别于其他货币需求理论的一个突出亮点是其强调真实货币需求而非名义货币需求。那么影响真实货币需求的因素有哪些呢？

首先，真实货币需求受到通货膨胀率的影响，这与弗里德曼的真实货币需求论区分真实与名义货币余额的概念有关：人们需求一单位货币是从货币的购买力角度出发的，也就是说货币的真实价值而不是名义价值，因此人们的货币需求是真实货币需求而不是名义货币需求。影响货币真实购买力的因素主要是通货膨胀，通货膨胀可以看成是持有真实货币资产的机会成本，所以真实货币需求的第一个影响因素是通货膨胀率或者预期通货膨胀率（用符号 π 或者 π^e 表示）。

其次，真实货币需求受到其他备选资产的回报率影响。由于弗里德曼把真实货币余额看成一项资产,强调其价值贮藏属性,因此对于货币资产的需求受到来自对其他备选资产需求的竞争,到底需求多少真实货币取决于其他备选资产的回报率高低(如债券的回报率、股票收益率);如果备选资产的回报率相对更高,那么真实货币需求自然会降低。注意,这些资产回报率同样是剔除了物价变动因素后的真实回报率。

最后,弗里德曼认为个人总财富水平(用 w 表示)会影响其对真实货币的需求,毕竟个人有多少财富直接决定了其可以用于配置不同资产的份额。同时,个人总财富可以划分为人力资本财富 HW(即劳动力收入的现值)和非人力资本财富 NHW(即金融和实物资产财富)。考虑到劳动力收入在未来具有不确定性,这种不确定性大小也会影响人们对真实货币的需求,因此弗里德曼用人力资本财富与非人力资本财富比率 HW/NHW 来度量财富不确定性。

基于以上说明,弗里德曼真实货币需求的主要影响因素可以归纳为四类:一是预期通胀率,二是备选资产的真实收益率,三是总财富水平,四是财富不确定性。因此,我们可以把弗里德曼真实货币需求论写成如下的形式

$$m^d = \frac{M^d}{P} = m^d(\pi^e, r_i, w, HW/NHW) \quad (4-7)$$

其中,$\frac{M_d}{P}$ = 对真实货币余额的需求;π^e = 预期通胀率;r_i = 备选资产的真实回报率;w = 用永久性收入衡量的总财富;HW = 人力资本财富;NHW = 非人力资本财富。需要说明的是,预期通胀率也可以被视为备选资产收益率指标,即实物这种备选资产的收益率指标,预期通胀率越高代表着实物资产的收益率越高。另外,所谓永久性收入,可以理解为长期平均收入,而不是某一个月或者某一年的收入。

至此,我们对货币需求理论进行了系统的阐释。可以看到,从古典货币数量论,到凯恩斯的流动性偏好需求论,再到弗里德曼的真实货币需求论,这些货币需求理论的发展折射出货币经济学的历史发展路径,也反映了微观金融市场不断发展对宏观经济学和货币经济学的影响。传统货币需求理论到 20 世纪 80 年代之后就没有更多的进展,而对此问题的实证研究到了 20 世纪 90 年代之后也基本没有出现过根本性的创新发展,这些都与 20 世纪 80 年代以后利率取代货币成为发达经济体调控宏观经济的核心变量这一大背景有着紧密和深刻的联系。尽管如此,对于读者来说,凯恩斯和弗里德曼的货币需求理论在今天仍然具有基础性参考价值。

从现代经济学分析角度看货币需求的影响因素,一般都会聚焦到利率上来。事实上,无论是交易和预防需求还是投机需求,都与利率有着紧密的联系。由于市场利率相比于其他诸多因素变化性更强,而且很多流动性比较高的金融工具(如货币市场工具)可以看成是货币很亲密的替代品,所以现在考虑货币需求的变化时,经常考虑的是利率对货币需求的影响。从之前的分析我们知道,持有货币资产获得的回报率一般要比非货币资产(如货币市场工具)回报率低,所以当利率上升的时候,持有货币的机会成本就会更高,因此无论货币需求来自哪个层次的持币动机,此时人们都会倾向

于减少货币需求,所以货币总需求与利率呈现一种反比关系,可以用图4-2来演示。

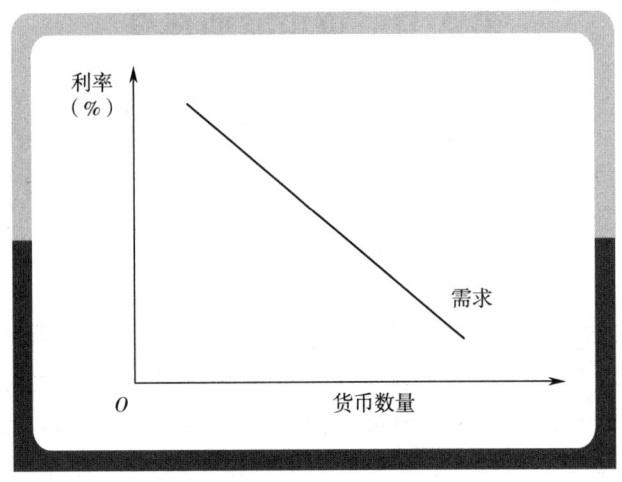

图4-2 利率与货币总需求的一般关系

 知识窗

米尔顿·弗里德曼生平

米尔顿·弗里德曼(Milton Friedman)1912年7月出生于美国纽约,2006年11月去世。弗里德曼1946年获得哥伦比亚大学经济学博士学位,之后一直在芝加哥大学任教。弗里德曼在经济学领域的贡献很多,包括1957年在居民消费函数理论研究中提出的永久性收入假说(即居民的消费与储蓄主要受到永久性收入影响)。弗里德曼在货币经济学领域的贡献影响更加深远。20世纪50年代之前,货币经济学领域受到凯恩斯思想的影响,认为财政政策在应对经济周期变化上更有效果,而弗里德曼则论证了货币对真实产出具有影响,而且开创性地提出,基于货币供应的货币政策在短期影响经济周期,在长期影响价格水平。1956年,弗里德曼出版了文集《货币数量论研究》,1963年出版了《美国货币史:1867—1960》,这些著作在货币经济学领域影响极其深远。弗里德曼并未就此停歇自己的研究,1967年他又开创性地提出了自然失业率的概念,这对传统菲利普斯曲线理论进行了重要拓展,而且为现代通货膨胀动态机制理论的发展奠定了基础。弗里德曼因在货币经济学和宏观经济学领域作出了卓越贡献,于1976年获得诺贝尔经济学奖。

第5节 货币流通速度

我们在本章第1节曾经提到过,**货币流通速度**是指单位货币在给定年份内的周转次数,度量了货币在经济运行中的流转快慢程度。对于总体经济而言,这种周转次数就是单位货币用在生产名义 GDP 上的使用次数,即

$$V = \frac{GDP}{M} \text{ 或者 } \frac{1}{V} = \frac{M}{GDP}$$

例如,中国 2017 年名义 GDP 是 84 万亿元人民币,2017 年货币供应总量 M2 是 168 万亿元人民币,那么 2017 年的货币流通速度就是 84/168 = 0.5。也就是说,为支撑 84 万亿元人民币的最终产品和服务的消费支出,平均来看公众或企业持有货币的周期是 1/0.5 = 2 年,货币流通速度相对比较低。我们根据中国 1990 年至 2022 年的货币供应和名义 GDP 年度数据,在图 4-3 中描绘了 M1 和 M2 货币流通速度以及流通速度的年度变化率。从图 4-3 中可以看出,中国自 20 世纪 90 年代开始至今,货币流通速度呈现不断下降的趋势,其中 M2 流通速度在 1990 年前后在 1.3 左右,到了 2022 年只有不到 0.5。

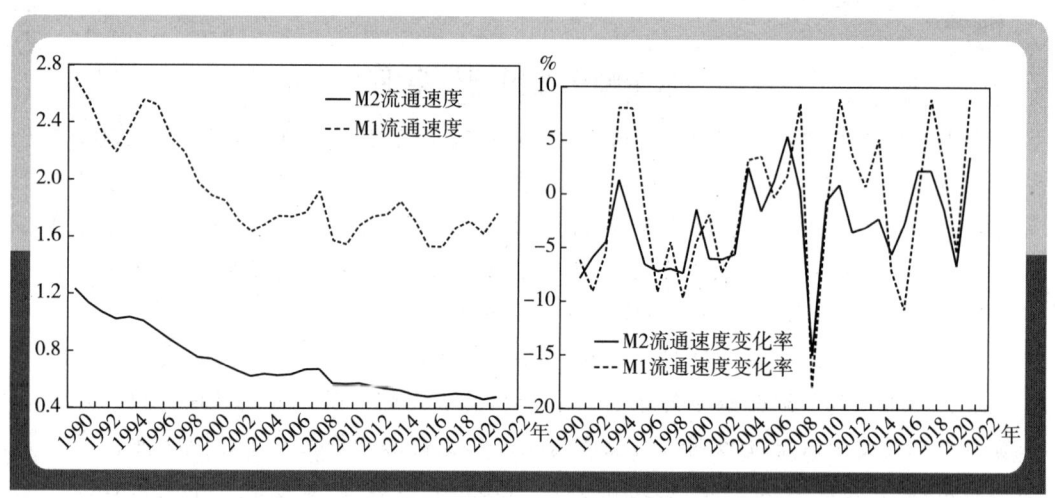

图 4-3 1990—2022 年中国 M1 和 M2 流通速度以及流通速度同比变化率

(原始数据来源:中国国家统计局和中国人民银行,经作者计算)

与中国的货币流通速度形成对比的是美国的货币流通速度。图 4-4 描绘的是美国 1960 年至 2022 年的货币流通速度。我们看到,无论是考察 M1 还是 M2,美国的货币流通速度自 1960 年开始都表现为逐渐上升的趋势,不过 M2 的流通速度在 2000 年前后达到最高值 2.1 左右,然后开始出现下降,特别是 2008 年以后下降的幅度非常明显,到 2020 年初 M2 流通速度回落到 1.4 左右;而 M1 的流通速

度在 1980 年初上升到 7 左右之后，这一水平持续了将近 20 年，到了 20 世纪 90 年代末又开始大幅增加，一直到 1998 年前后上升到 10.6 的峰值，此后开始回落，2020 年初降到 5.3 左右。注意，2020 年以后美国 M2 和 M1 的流通速度都出现了跳跃式的下降，M2 流通速度在 2022 年下降到 1.1 左右，而 M1 流通速度更是由此前的 5.3 左右骤降到 1.2 左右，其中 M1 流通速度的大幅骤降与 2020 年 3 月美联储调整美国 M1 和 M2 的统计口径有关。2020 年 3 月，美联储将原有 M2 口径中的存款类机构和货币市场存款账户中的活期储蓄存款划入 M1，从而使得 M1 的统计数字骤增。从货币流通速度的基本定义可知，M1 由于统计口径变化导致的骤增会对流通速度的计算结果带来影响。

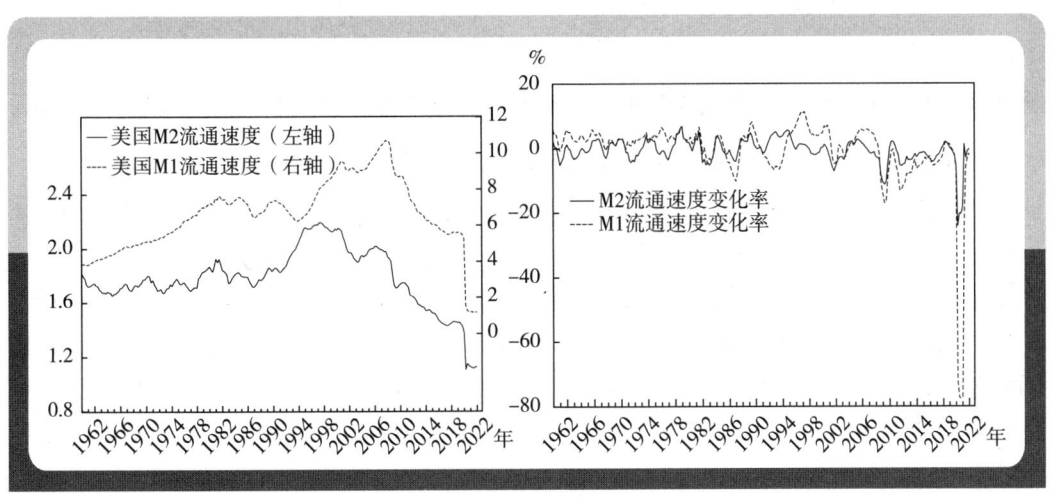

图 4-4　1960 年第一季度至 2022 年第二季度美国 M1 和 M2 流通速度以及流通速度同比变化率

（数据来源：美联储圣路易斯分行）

因为货币流通速度反映的是货币流转的快慢程度，所以从一定程度上可以反映出经济的活跃程度。但是，从之前的基本定义表达式（$V = Py/M$）不难看出，货币流通速度与真实产出 y、价格 P 和货币供应总量 M 都有关系，至多只能说明名义产出（分子）与货币供应量（分母）的相对变化情况，因此很难从货币流通速度自身得出关于经济增长趋势的明确结论。

图 4-5 分别刻画了中国和美国 M2 流通速度与真实 GDP 增长率的时序图，从中可以看出，对于中国来说，货币流通速度不断下降，与真实经济增长率没有表现出明显的相关性；对于美国而言，虽然有很多时期货币流通速度比较高的同时真实产出增长率也比较高（如美国 1991—2000 年期间），但是这种现象似乎并没有完全的规律，例如，2010 年至 2018 年美国真实经济产出一直处于稳健增长阶段，但是货币流通速度却出现了持续大幅下降。

既然货币流通速度并非稳定不变，那么哪些因素影响货币流通速度呢？经济学家从不同角度归纳了多种影响因素，包括制度设计（如支付体系设计、支付习惯等）、金

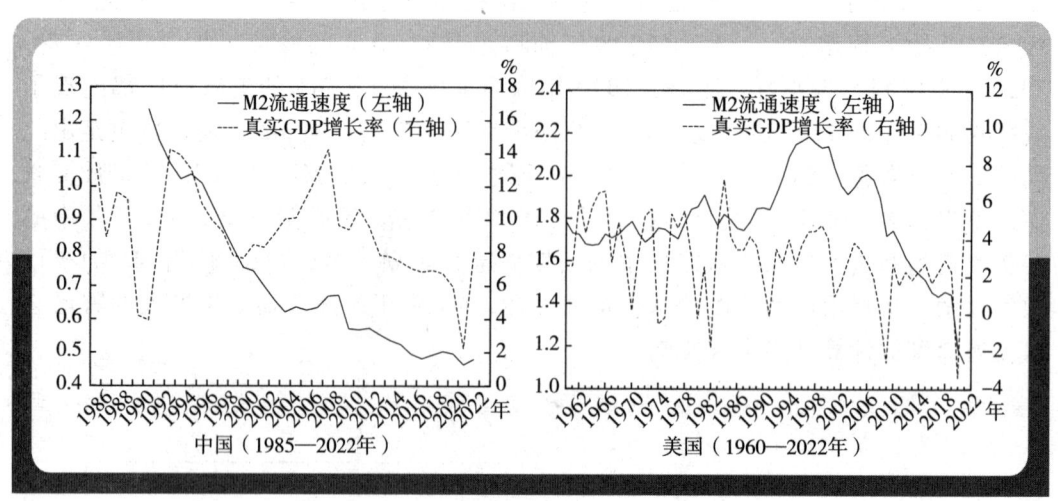

图 4-5　货币流通速度与真实 GDP 增长率时序图

融科技发展、经济不确定性、预期通胀率和收入等因素。例如，制度设计带来的快捷支付和金融科技发展（网银支付、创新型银行账户）可以提高货币流通速度，通胀预期增加会带来货币贬值，因此也会加快货币流通速度，而经济不确定性升高则会影响人们对风险资产的规避而偏好货币资产，所以可能会降低货币流通速度。不过需要说明的是，以上分析都是假定其他条件不变而只有这一种因素变化的情况下货币流通速度如何改变，而在现实经济运行中各种条件可能同时变化，因此结论也可能会发生变化。

 复习要点

1. 古典货币数量论。
2. 凯恩斯流动性偏好论。
3. 流动性陷阱的含义。
4. 弗里德曼真实货币需求论。
5. 货币流通速度的影响因素。

关键术语

费雪交易等式	剑桥等式	持币动机	流动性偏好
流动性陷阱	到期收益率	债券价格	债券现价
票面价格	债券息票	息票利率	平价发行
溢价发行	折价发行		

练习题

1. 市场利率变化如何影响债券到期收益率？
2. 凯恩斯流动性偏好论与弗里德曼真实货币需求理论有什么联系和区别？
3. 通过比较中美货币流通速度，能够得出哪些启示？
4. 如何判断经济运行中是否出现流动性陷阱问题？如果出现流动性陷阱，应该采取什么政策措施进行应对？

第4章
课后习题答案

第 5 章 货币创造的枢纽：商业银行

学完本章后，你将掌握：
1. 商业银行的资产负债表
2. 商业银行的经营与管理
3. 商业银行的表外业务
4. 商业银行的绩效
5. 商业银行的监管：巴塞尔协议

中国的现代化商业银行体系始于 1983 年前后。根据中国银保监会发布的《银行业金融机构法人名单》，截至 2021 年末，我国已经拥有包括 6 家大型商业银行、12 家股份制商业银行、128 家城市商业银行、1596 家农村商业银行、1651 多家村镇银行、23 家农村合作银行、3 家政策性银行、19 家民营银行和 41 家外资法人银行等的现代化银行体系。

本章重点介绍商业银行在货币创造和货币供给过程中扮演的重要角色，所以我们从商业银行资产负债表开始介绍，并基于商业银行资产负债表进一步阐明商业银行的经营与管理，其中资产和负债管理与货币创造和货币供给联系尤其紧密。事实上，商业银行可以通过发放贷款和购买证券创造存款货币。在此基础上，本章将进一步介绍商业银行的表外业务以及绩效表现的度量指标。

第 1 节 商业银行的资产负债表

商业银行资产负债表的内容与货币供应的层次划分（M1、M2）联系紧密，而且商业银行资产负债表最能够从本质上反映银行是货币创造的枢纽。关于货币创造的详细内容，我们将在第 6 章阐述。本节首先介绍商业银行资产负债表的基本内容，然后介绍商业银行的信贷收支表。

商业银行资产负债表与信贷收支表有着紧密的联系，其区别体现在统计标准上，但本质上都能反映商业银行的资产与负债信息。资产负债表是重要的财务报表，集中反映了商业银行的经营状况；而信贷收支表是重要的金融统计报表，集中反映了资金来源和运用情况。二者编制的准则和编制者存在差异：资产负债表遵循会计准则，由银行的计划财务部负责编制；信贷收支表遵循金融统计标准，由中央银行编制，所以二者在科目设置等方面有所不同。不过，基于资金来源与运用的信贷收支表更集中地反映了商业银行资金的流转情况，是我们之后学习存款货币创造和货币供应等内容的重要基础。

一、商业银行资产负债表

商业银行资产负债表是表现银行在给定时间范围内的资产、负债以及净值（即股东权益或称银行资本）等各项内容的报表，反映了商业银行的经营状况。从总体上看，商业银行的资产是指银行对外部单位（包括个人、企业、政府和其他银行等）拥有的债权，所谓拥有债权就是别人欠银行的债务，例如，银行对企业发放的贷款就是银行的债权，列在银行资产负债表的资产项下；商业银行的负债则是银行背负的债务，或者说外部单位对银行拥有的债权，例如，客户在银行的存款就是银行的负债。对于商业银行来说，总资产并不恒等于总负债。正常情况下，总资产一般要大于总负债，这样**总资产减去总负债的余额才是正数，这个余额叫做净值项或者资本项**，也就是银行的股东权益总额，即

$$总资产 - 总负债 = 净值 \quad (5-1)$$

银行的净值项（即资本项或称股东权益），一般列在资产负债表的负债项下面，这样总负债加上净值就恒等于总资产了。注意，股东权益并

> 总资产减去总负债的余额称为净值项或者资本项。

不是银行的负债，但是它却是商业银行运营的资金来源渠道之一。如果银行总负债大于总资产，那说明净值是负的，此时银行就会处于**资不抵债**（即总资产小于总负债）的境地。总之，商业银行的资产负债表一般会列出资产、负债和股东权益三大项，表 5-1 给出了中国工商银行 2022 年第一季度的合并资产负债表。为了帮助读者了解商业银行资产负债表中各项目的详细内容，我们在本章附录给出了表 5-1 中资产、负债和股东权益对应项下的各个科目内容的详细解释。

表 5-1　　　　　　2022 年 3 月中国工商银行资产负债表　　　　单位：亿元人民币

资产		负债	
现金及存放中央银行款项	35098.18	向中央银行借款	479.19
存放同业及其他金融机构款项	3403.13	同业及其他金融机构存放款项	27556.38
贵金属	3026.05	拆入资金	5069.11
拆出资金	4899.30	以公允价值计量的金融负债	812.48
衍生金融资产	1120.06	衍生金融负债	1175.90
买入返售款项	11376.87	卖出回购款项	5083.69
客户贷款及垫款	210095.78	存款证（CD）	2343.39
金融资产投资	95361.75	客户存款	279726.81
长期股权投资	649.87	应付职工薪酬	324.48

续表

资产		负债	
固定资产	2676.85	应交税费	1342.68
在建工程	178.02	已发行债务证券	8207.47
递延所得税资产	886.48	递延所得税负债	53.52
其他资产	4192.31	其他负债	7240.41
资产合计	372964.65	负债合计	339415.51
		股东权益：	
		股本	3564.07
		其他权益工具	3543.31
		资本公积	1484.86
		其他综合收益	-291.81
		盈余公积	3572.77
		一般准备	4390.82
		未分配利润	17103.84
		归属于母公司股东的权益	33367.86
		少数股东权益	181.28
		股东权益合计	33549.14
		负债及股东权益总计	372964.65

注：原始数据来源于中国工商银行。

商业银行资产负债表反映了商业银行的运营行为，我们下面演示一下当出现客户存款、发放贷款等业务时，商业银行的资产负债表如何变化。首先，我们假定张大明在中国银行开立了一个活期存款账户，存进100万元人民币。大明的存款显然是银行的负债，所以银行负债项下的活期储蓄存款增加100万元，与此同时，银行资产项下的库存现金也多了100万元，资产负债表保持平衡。用T式会计记账法可以记为如下形式：

中国银行

资产		负债	
库存现金	+100万	活期储蓄存款	+100万

在这个例子中，库存现金是商业银行存款准备的一部分（因为存款准备等于在中央银行存款+库存现金），所以库存现金增加100万元，等同于中国银行的存款准备增加100万元。对于存款准备，中央银行一般会有一个法定存款准备金率（Required Reserve Ratio）的要求，即商业银行对于存款有义务保留作为准备金部分的一个最低比例。假定法定存款准备金率是20%，那么中国银行需要保留100万元的20%作为法定存款准备金，即20万元。如果中国银行尚未对余下的80万元做任何其他业务，那么这个80万元就是超额存款准备金。在这一刻，中国银行的资产负债表可以重新写成如下

形式：

中国银行

资产		负债	
法定存款准备	+20 万	活期储蓄存款	+100 万
超额存款准备	+80 万		

第二天，中国银行恰好要利用超额存款准备发放贷款，假定 80 万元超额准备全部放贷出去，那么此时中国银行资产负债表变化为：

中国银行

资产		负债	
存款准备	+20 万	活期储蓄存款	+100 万
贷款	+80 万		

不难看出，中国银行在获得一笔活期存款之后，可以发放一笔固定期限的贷款，因为贷款的利率一般高于存款的利率，所以此时商业银行就有利可图。在现实中也许不是一笔活期，而是多笔活期存款，额度一共是 100 万元，银行仍然可以完成上述业务。这种情况经常被称为银行的"借短贷长"行为，该情况下有时会出现比较严重的期限错配问题。当然这里我们不对这些问题进行赘述。

事实上，商业银行的贷款发放并不是每时每刻都受到存款的约束，或者说商业银行在没有足够存款的情况下也可以发放贷款。还接着上面的例子，中国银行是否可以再发放 100 万元贷款呢？如果发放了，我们看资产负债表如何记录，即贷款再增加 100 万元，与此同时只要贷款客户不马上提走这 100 万元，这个客户必然要在中国银行开立一个存款账户并且先把这 100 万元存到账户上，以便接下来的转账汇款等。在客户转账或者提出现金之前，中国银行的资产负债表实现如下的平衡：

中国银行

资产		负债	
存款准备	+20 万	活期储蓄存款	+100 万
贷款	+80 万		+100 万
	+100 万		

当然，你可能也会看出问题：此时活期存款一共 200 万元，按照监管要求中国银行的法定存款准备金额度不足！没错，在这个时点上，法定存款准备金额度确实不足，但是现实中，一方面会有源源不断的存款客户把资金存进来，另一方面即使没有接续的存款，商业银行也可以通过同业拆借等形式，在增加负债项的同时增加资产项下的存款准备。所以，从动态的角度考虑，商业银行在单个时点上确实不需要存款也可以发放贷款。懂得了这个逻辑，我们就为理解第 6 章"贷款创造存款"的原理奠定了基础。

二、商业银行资金的来源和运用：信贷收支表

资产负债表是财务报表，遵循会计准则，对于经营状况的考察来说非常重要。但是如果从"货币创造的枢纽"这一角度来看商业银行，我们更关心的是商业银行资金（货币）的来源和运用，这就需要从金融统计角度归纳商业银行的资产和负债（如商业银行的存款货币创造过程就是从金融统计角度进行的）。因此，我们下面介绍商业银行的金融统计报表，即信贷收支表。

商业银行信贷收支表遵循金融统计标准，反映的是商业银行资金的来源和运用情况，为货币政策的制定和实施服务。信贷收支表可以看做商业银行资产负债表的另一种表现形式。由于编制所遵循的准则不同，所以二者在科目设置等方面存在一定的差异。但从总体上看，信贷收支表中的资金来源对应于负债项，资金运用对应于资产项。

从资金来源与运用角度看商业银行资产负债表：商业银行可以通过客户存款、出售金融资产、向其他银行或者中央银行借款以及股东资金来获得资金来源；同时，商业银行基于可用资

> 商业银行信贷收支表反映商业银行资金的来源和运用情况。

金，可以发放贷款、进行证券投资等金融投资并按货币当局要求持有存款准备，这些都是商业银行的资产。其中，发放贷款和证券投资都是银行的生息资产，所获得的收益是商业银行总收入的主要部分。图 5-1 归纳了商业银行资金来源与运用的流程。

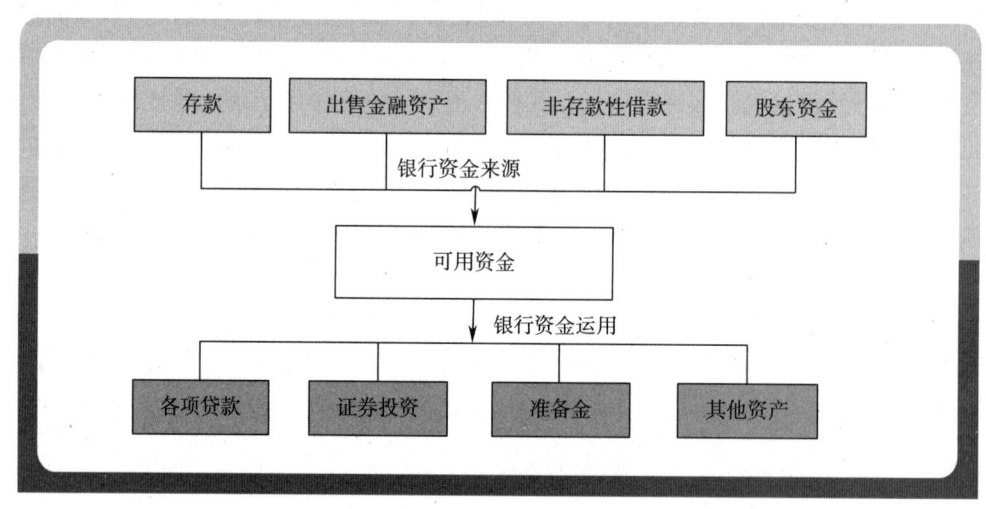

图 5-1　商业银行资金来源与运用流程

为了进一步说明商业银行资金来源与运用的实际情况，表 5-2 给出了中国人民银行统计的四家国有控股大型商业银行（中行、农行、工行、建行）2022 年 1 月的人民币信贷收支表，展示了商业银行资金来源和运用的现实情况。从表 5-2 中可以看到，商业银行通过四大渠道获得资金，分别是：客户存款、出售金融资产、各种借款（中央银行、同业）和股东资金。这四大渠道又可以细化为六个子类，即各种类型的储户

存款、出售金融债券、卖出回购资产、向中央银行借款、向同业银行借入资金以及从股东那里获得权益资金。

在获得资金以后，商业银行对资金的运用可以大致分为四大方面（六个子类）：一是各项贷款，二是证券投资（包括债券投资、股权及其他投资以及买入返售资产等），三是存放于中央银行的准备金，四是其他投资对应的资产（如同业存放等）。下面我们分别介绍商业银行的资金来源与运用项下的具体内容。

表 5-2　　四家国有控股大型商业银行人民币信贷收支表（2022 年 1 月）

单位：亿元人民币

来源方项目（负债）		运用方项目（资产）	
一、各项存款	881179	一、各项贷款	681834
（一）境内存款	875314	（一）境内贷款	680460
1. 个人存款	454488	1. 短期贷款	131923
其中：活期储蓄存款	199078	2. 中长期贷款	531892
定期储蓄存款	178980	3. 票据融资	15356
结构性存款	4093	4. 融资租赁	
2. 单位存款	356778	5. 各项垫款	1289
其中：活期存款	137417	（二）境外贷款	1373
定期存款	68407	二、债券投资	258758
保证金存款	7794	三、股权及其他投资	7990
结构性存款	10344	四、买入返售资产	26455
3. 国库定期存款	2267	五、存放中央银行存款	77179
4. 非存款类金融机构存款	61781	六、银行业存款类金融机构往来（运用方）	13442
（二）境外存款	5865		
二、金融债券	17150		
三、卖出回购资产	2694		
四、向中央银行借款	25146		
五、银行业存款类金融机构往来（来源方）	28865		
六、其他	110623		
资金来源总计	1065658	资金运用总计	1065658

注：本表来源于中国人民银行；自 2015 年起，"各项存款"含非存款类金融机构存放款项，"各项贷款"含拆放给非存款类金融机构款项。

知识窗

美国的商业银行资产负债表

美国商业银行资产负债表与中国的大同小异,统计口径中部分科目因为经济发展情况不同而有所不同。表5-3是根据美联储公布的美国商业银行统计数据加总整理的资金来源与运用平衡表,即信贷收支表。因为此处我们不太关注各个科目的具体数据,所以只给出了各个科目的名称内容。从表5-3中可以看到,美国商业银行的资金来源主要分为四大类:一是存款(包括交易性存款和非交易性存款),二是借款,三是其他负债,四是资本账户(即股东权益资本)。而从资金运用方来看,总体上分为四部分,分别是现金资产、贷款、证券投资和其他资产。进一步观察资产项中的现金资产,可以看到,商业银行库存现金、在美联储的存款以及同业存放和回收中现金都涵盖于现金资产项下。对于资产项下的贷款科目,美联储是按照贷款主体来统计用于报告的各种贷款,如工商贷款、房地产贷款、消费贷款和其他等几个分类,而中国人民银行则是按照贷款期限和业务类别进行统计和报告的(如短期、中长期、票据融资等)。实际上,无论按照贷款主体还是业务类别进行分类,相应的统计数据,美国和中国都是有统计的,只是各国根据需要选择了信贷收支表中报告出来的科目而已。

表 5-3   美国商业银行资金运用与来源(信贷收支加总表)

资金运用(资产)	资金来源(负债)

1 现金资产(Cash Assets):
  库存现金(Vault Cash)
  在联邦储备银行的存款(Deposits with Federal Reserve Banks)
  在其他银行存款和收款过程中的现金(Deposits with Other Banks and Cash Items in Process of Collection)
	1 存款(Deposits):
	  交易存款(Transaction Deposits)
	  非交易存款(Non-transaction Deposits)

2 贷款(Loans):
  工商业贷款(Commercial and Industrial)
  房地产贷款(Real Estate)
  消费贷(Consumer)
  其他(All Other)
	2 借款(Borrowings)
	 3 其他负债(Other Liabilities)
	
	 4 资本项(Capital Accounts)

3 证券(Securities):
  美国政府(U.S. Government)
  州、地方及其他政府(State, Local, and Other Government)	

4 其他资产(Other Assets)	
总资产(Total Assets)	总负债与资本(Total Liabilities and Capital)

资料来源:美联储,经作者整理。

(一)商业银行的资金来源(负债)

一般来说,商业银行负债主要是为了获取资金,以便发放贷款和购买证券。从表5-2(四家国有控股大型商业银行人民币信贷收支表)我们已经看到,商业银行的负债包括各种存款、金融产品的发行和出售以及非存款性借款等。图5-2描绘了我国四家国有控股大型商业银行自2009年1月至2022年3月资金来源的各个渠道变化情况。

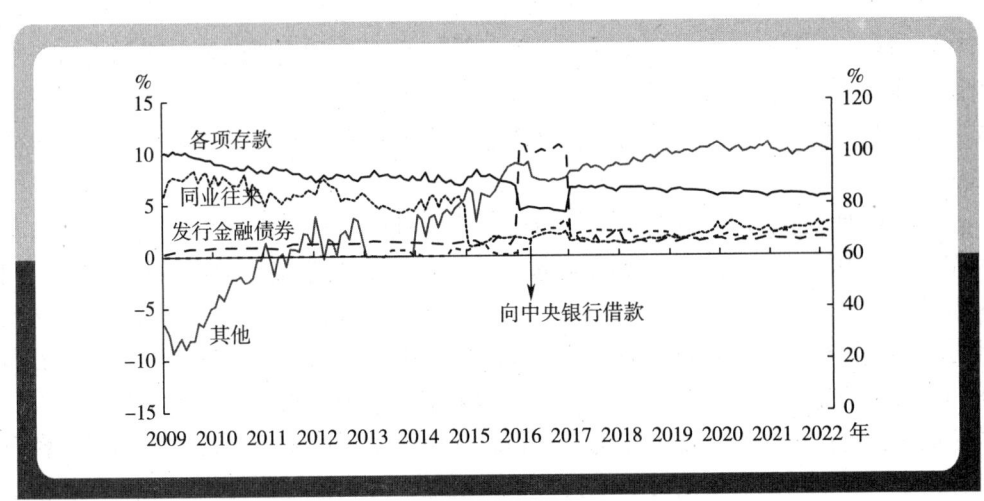

图5-2 中国四家国有控股大型商业银行资金来源渠道的变化
(存款占比为右轴,其他项为左轴,2009年1月至2022年3月)
(原始数据来源:中国人民银行,经作者计算)

商业银行的第一类负债可以归纳为各种存款。存款是商业银行最常见的负债项目。作为普通居民,我们个人存在商业银行的存款,就是商业银行的负债,同时也是我们个人的资产。就表5-1中国工商银行的资产负债表来说,我们的存款归纳在其负债项下的客户存款大类里面;如果就表5-2四家国有控股大型商业银行人民币信贷收支表来看,则对应于银行资金来源方项目下的个人存款项。对于存款项,我们参照表5-2中资金来源方所列的各种存款类型进行介绍。该表中的存款类型是按照存款人属于居民个人还是企业单位来进行划分的,在存款人分类下再按存款期限等标准进行子类划分。

个人存款:也称为储蓄存款,是指居民个人的存款,包括活期存款、定期存款和结构性存款。活期存款对应于随时可支取并且利率比较低的存款账户,定期存款对应于固定期限(如3个月、1年、3年等期限)的存款账户。按照中国商业银行的统计习惯,只要是居民的存款,无论活期还是定期都称为储蓄存款,当然也可以进一步用"活期储蓄存款"的表述来明确存款的形式。当我们回顾第2章的货币层次划分时就会发现,区分这些名称对于我们理解M1和M2的对应内容有所帮助。

另外需要说明的是:个人存款项下还有一类称为结构性存款,这是一种对应于相对比较新的存款账户的存款项。**所谓结构性存款**，是指投资者将合法持有的人民币或外币资金存放在银行，银行通过在普通存款的基础上嵌入金融衍生工具，将投资者收益与利率、汇率、股票价格、商品价格、信用、指数及其他金融类或非金融类标的物挂钩的一种具有一定风险的金融产品。这种存款账户的特点是银行承诺的预期利率一般高于同期限的定期存款，客户在开立这种存款账户时需要接受产品适合度评估，而且此类账户资金在产品到期之前一般不能支取。

单位存款：企事业单位和机关团体在商业银行的存款，按照期限也可以划分为活期和定期存款，同时还有一类保证金存款。保证金存款是企业向银行申请办理开立信用证、开立银行承兑汇票、贷款、担保等业务时按照银行风险管理的要求和授信条件存入的资金，银行对企业存入的这部分资金实行专项账户管理，该账户即保证金存款账户。

国库定期存款：国库定期存款是国库现金管理的一种方式，是指财政部将一部分国库现金自中国人民银行转存到商业银行，从而形成商业银行的财政资金定期存款。国库定期存款业务是从2006年10月开始实施的。国库现金存入商业银行这一举措对财政部和商业银行来说是双赢之举。从财政部的角度来说，可以实现国库现金余额最小化和投资收益最大化两个目标。国库现金如果闲置于中央银行，没有利息收入，而存放于商业银行的国库现金则可以生息获利。从商业银行的角度来说，增加了一条资金来源渠道，可以增加商业银行的信贷资金。不过，商业银行获得国库定期存款需要质押国债。因此，商业银行可获得的国库现金存款规模将取决于其自身的资产规模、效益及其所持有的国债数额。

非存款类金融机构存款：指非存款性金融机构在商业银行的存款。非存款性金融机构是指不以吸收存款为主要资金来源的金融机构。非存款性金融机构主要是通过发行证券或以契约性的方式聚集资金。非存款性金融机构一般包括：投资类金融机构（证券公司、基金管理公司）、保障类金融机构（各类保险公司和社会保障基金）和其他非存款性金融机构（信托投资公司、金融租赁公司、金融资产管理公司、金融担保公司、资信评估机构以及金融信息咨询机构等）。

交易性存款与非交易性存款的概念：在上文中，我们是基于中国人民银行对我国商业银行资产负债表的金融统计来对存款进行分类介绍的。事实上，存款类型还可以从存款期限、是否支付利息等角度进行划分（如表5-3美国商业银行资产负债表所示）。例如，一些发达国家（如美国）的商业银行存款分类，按是否支付利息划分为两大类，一类是不支付利息的交易性存款（Transaction Deposits），如个人活期储蓄存款，另一类是需要支付利息的非交易性存款（Non-transaction Deposits），如定期存款、商业银行发行的可转让存款凭证（Certificate of Deposit, CD，也叫存款证或存单）等。

我国商业银行也有CD业务，目前有两种形式：一种是大额存单，如果是个人购买计入储蓄存款项下，如果是单位购买则计入单位存款项下；还有一种是同业存单，计入金融债券（应付

> 交易性存款是指不支付利息的存款；非交易性存款是指支付利息的存款。

债券）项下。可转让定期存单在 1961 年由美国纽约花旗银行首次发行。当时的背景是美国利率市场化，投资者把资金从银行存款转到短期债券、商业票据和国债上去。因此，商业银行的经营方式需要革新。商业银行传统经营方式仅仅是管理资产，存款增加就增加贷款或其他形式的投资，资金不足就取回贷款或出售有价证券，对负债则没有主动管理。所以 CD 业务应运而生。

商业银行的第二类负债可以归纳为金融产品的发行和出售，包括发行金融债券、卖出回购资产等。其中，**发行金融债券**是指商业银行通过发行金融债券所获得的资金，包括一般金融债券、次级债券、二级资本债券、混合资本债券、可转换公司债券和存款证等。**卖出回购资产**是指商业银行按照回购协议先卖出再按规定价格买入票据、证券等金融资产时所融入的资金，对应于资金运用端（资产端）的买入返售金融资产。这一科目相当于有抵质押的拆入资金，一般以利率债或票据作为抵质押品。

第三类负债可以归纳为非存款性借款，包括向中央银行借款、同业存放（银行业存款类金融机构往来）等。向中央银行借款是指商业银行通过贴现贷款或者其他形式获得中央银行的借款。同业存放是指银行业存款类金融机构的资金存放。

（二）商业银行的资金运用（资产）

商业银行的经营目标之一是盈利，因此在获得资金之后，商业银行要考虑资金如何运用的问题。结合表 5－1 的资产项和表 5－2 的资金运用方项目，我们可以把商业银行的资产划分为三大类，**主要包括贷款、金融产品投资**（债券、股权和返售资产等）**以及现金资产**（存放中央银行存款、库存现金和同业存放）。图 5－3 刻画了 2009 年 1 月至 2022 年 3 月我国四家国有控股大型商业银行资金运用的变化情况。

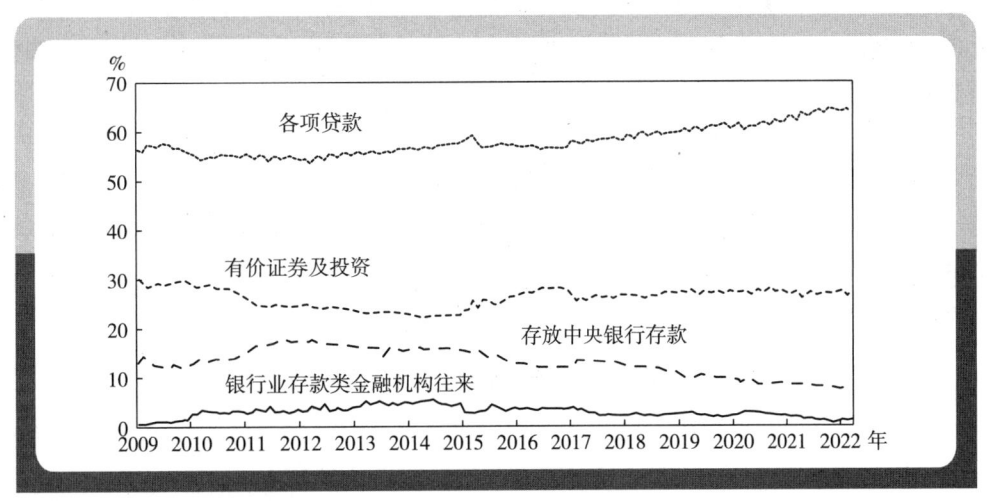

图 5－3 中国四家国有控股大型商业银行资金运用的变化（2009 年 1 月至 2022 年 3 月）
（原始数据来源：中国人民银行，经作者计算）

首先，贷款是商业银行第一大类资产，是最主要的资金运用渠道，占资金运用总额的比例超过 50%，这也是商业银行最主要的收入来源。各项贷款可以细分为短期、中长期、票据融资、融资租赁和各项垫款。（1）**长短期贷款**是按照贷款期限划分的常规贷款，比较容易理解。（2）**票据融资**是指银行作为付款人按约定向票据持有人支付资金，本质上是银行对出票人的一种授信，所以列在各项贷款科目下，如商业汇票的承兑和贴现业务都属于票据融资，即企业依托汇票向银行融资。（3）**融资租赁**是银行对企业提供的一种类似于有条件贷款的业务，即银行出资购买设备并租给企业使用，**银行获得租金和设备残值**，由于融资租赁业务目前是商业银行的金融租赁子公司在做，根据分业营业的原则尚未并表统计在商业银行的科目项下。（4）**各项垫款**是指银行先期垫付的一些款项，包括银行因办理承兑汇票、开出保函、开出信用证以及其他业务而发生的各项垫款。

其次，金融投资目前是商业银行的第二大类资产和资金运用渠道，包括债券投资、股权投资和买入返售资产。其中，买入返售资产是指银行按照返售协议的约定先买入、再按规定价格返售（卖回去）给卖出方的票据、证券、贷款、应收租赁款等金融资产时所融出的资金，也包括银行因证券借入业务而支付的保证金，本质上相当于有抵押的拆出资金，但不占用信用额度。买入返售业务的抵押品可以分为证券、贷款、票据等，交易对象可以分为银行同业和其他金融机构。

最后，商业银行第三大类资产是现金资产，包括商业银行存放中央银行的存款、库存现金（Vault Cash）和同业存放。其中，存放中央银行的存款和库存现金合计为商业银行的存款准备（Reserve），我们将在存款货币的创造和货币供给过程中再次使用这一概念；同业存放是指本行存放于其他银行的存款。注意，在我们国家，目前商业银行存放中央银行的存款准备和同业存款都是有利息的，因此这部分资产与贷款和金融投资的款项等都称为**生息资产**。与此相对的是**非生息资产**，如商业银行的库存现金和设备等都不会为银行获得利息收入。生息资产和非生息资产的概念在本章第4节中的商业银行盈利模式内容里会用到。

表5-1中资产项的最后一个科目"其他资产"，一般是指商业银行的应收利息、无形资产、其他应收款、商誉、长期待摊费用、抵债资产等。

知识窗

商业汇票、融资租赁、银行保函及信用证

商业汇票、融资租赁、银行保函和信用证是几种不同的金融业务，但是都可以统计在商业银行信贷收支表（资产负债表）下面的贷款项下。

第一，什么是汇票？商业汇票是出票人签发、委托付款人在指定日期无条件支付确定金额给收款人或者持票人的票据，分为商业承兑汇票和银行承兑汇票，其中商业承兑汇票由银行以外的付款人承兑，银行承兑汇票由银行承兑。银行承兑业务是指银行作为付款人根据承兑申请人（出票人）的申请向收款人支付汇票

款的行为。商业汇票贴现则是商业汇票的持票人将未到期的商业汇票转让给银行，银行按票面金额扣除贴现利息后，将余额付给持票人的一种融资行为。

第二，融资租赁业务，是指出租人根据承租人（用户）的请求，与第三方（供货商）订立供货合同，根据此合同，出租人出资购买承租人选定的设备；同时，出租人与承租人订立一项租赁合同，将设备出租给承租人，并向承租人收取一定的租金的业务。例如，目前中国商业银行的金融租赁公司，可以向需要设备的企业提供资金（类似于贷款，只不过是有条件的贷款）购买相应设备，但是企业并不拥有设备，而只是租用设备，银行通过出资获得租金以及最后处置设备的权利。

第三，银行保函又称银行保证书，也称银行信用，是指银行应申请人或委托人的要求向受益方开出的，担保申请人一定履行某种义务，并在申请人未能按规定履行其责任和义务时，由担保行代其支付一定金额或作出一定经济赔偿的书面文件。

第四，银行信用证是银行有条件的付款承诺，是开证银行应开证申请人的要求和指示，开给受益人的书面保证文件。开证行在一定期限和规定金额内，只要受益人交来的单据与信用证条款相符，开证银行一定付款。根据实际中的不同业务，有很多不同类型的信用证，在此不做赘述。

第2节 商业银行的经营与管理

商业银行作为金融性企业，必然需要努力赚取利润，所以需要进行针对性的经营与管理。商业银行经营与管理的目标是在稳健盈利的同时保证银行不会出现资不抵债的情况。因此，商业银行的经营与管理原则可以归纳为三个关键词，即**盈利性、流动性和安全性**（风险性），其中盈利性反映盈利能力，流动性反映到期偿付债务的能力，安全性反映防范风险的能力。这三个原则具有同等重要的地位，不能顾此失彼。为了实现稳健盈利，商业银行需要遵循经营管理的"三性"原则对四个方面进行有效管理，即流动性管理、资产管理、负债管理和资本管理。

一、流动性管理

商业银行的流动性是指银行到期偿付债务的能力，如应对现金支取、支票结算、债券到期偿付等的能力。银行需要保证持有足够的流动性资产（如现金）以确保能够满足到期债务的清偿。注意，金融中的**流动性**一词有多种相近但又不完全相同的含义。例如，流动性资产从狭义角度可以理解为现金资产，或者能够立即变现的资产，此时可以把流动性理解为现金或者货币。但是这一货币角度的定义只是从存款端来看，而贷款端同样可以涉及资金或者说流动性的出入。同时，很多票据虽然不是现金也不是货币，但是却能很快变为现金或者货币。这些票据也属于流动性，此处的流动性则是指货币或者类似货币的金融产品。

商业银行保持流动性非常重要，因为没有足够的现金等流动性资产，商业银行就可能无法应对客户取款等债务兑现问题，那银行就无法正常运营，甚至带来**银行挤兑**（Bank Run）问题。反过来，如果银行总是保留大量库存现金或者其他流动性资产，那么又可能缩减银行的盈利。我们下面通过客户从银行取走存款后，商业银行的资产负债表变化以及商业银行可以采取的应对措施来说明银行如何进行流动性管理。为方便说明，我们假定所有例子中各类存款的法定存款准备金率都是20%。

假设2022年1月1日，中国银行的资产负债表如下所示，其中负债项下的活期存款为100万元，对应资产项下的存款准备金恰好满足20%的存款准备金率要求，资产项下还有贷款80万元和证券投资20万元。

中国银行期初资产负债表

资产		负债	
存款准备	+20万	活期储蓄存款	+100万
贷款	+80万	银行资本	+20万
证券	+20万		
总资产	+120万	总负债与银行资本	+120万

此时，假定客户取走20万元存款，中国银行的负债项下活期存款减少20万元，相应的存款准备也减少了20万元，资产负债表变化为如下形式：

中国银行遇客户取款后的资产负债表

资产		负债	
存款准备	+0万	活期储蓄存款	+80万
贷款	+80万	银行资本	+20万
证券	+20万		
总资产	+100万	总负债与银行资本	+100万

此时中国银行的实际存款准备为0，而按照存款准备金率的要求中国银行需要保持法定存款准备金80×20%＝16万元。如果此时再有客户要求取款，中国银行也没有流动性可以使用。所以，中国银行必须对其流动性进行管理，采取措施增加存款准备。那么银行可以选择什么措施呢？

事实上，银行至少有五种措施来筹措流动性以增补存款准备。第一种措施是向其他银行借款，即同业拆借。如果中国银行从其他银行借入20万元，那么资产项下的存款准备相应增加20万元，因为法定存款准备是16万元（同业存款不计入存款准备缴存基数），所以超额存款准备有4万元。当然，中国银行需要为额外拆借的20万元资金支付利息。此时中国银行的资产负债表就可以写成如下形式：

中国银行通过同业拆借获得存款准备

资产		负债	
法定准备	+16 万	活期储蓄存款	+80 万
超额准备	+4 万	银行资本	+20 万
贷款	+80 万	同业存款	+20 万
证券	+20 万		
总资产	+120 万	总负债与银行资本	+120 万

第二种措施是获得客户存款。这种情况发生时，银行的客户经理可以打电话给老客户，以给予某些奖励的方式鼓励或者说服客户存进款项。作为回馈，银行可以提供一定的优惠利率，或者赠送一些赠品。不管怎样，这种情况下需要客户存进的额度应该高于 16 万元，因为新增存款的额度也要按照 20% 提取存款准备。假设新增客户定期储蓄存款 20 万元，此时负债项下总存款为 80 万 + 20 万 = 100 万元，对应法定存款准备额恰好也是 20 万元。大家可以设想一下，如果客户存款额度不是 20 万元而是 16 万元，这时负债项下的存款总额是 96 万元，对应存款准备需要 96 万 × 20% = 19.2 万元，但是此时资产项下的法定存款准备只能增加 16 万元，所以如果客户仅是新增存款 16 万元，银行仍然没能够满足法定存款准备金率的要求。

中国银行通过新增客户存款获得存款准备

资产		负债	
法定准备	+20 万	活期储蓄存款	+80 万
贷款	+80 万	银行资本	+20 万
证券	+20 万	定期储蓄存款	+20 万
总资产	+120 万	总负债与银行资本	+120 万

中国银行补充存款准备的第三种措施是卖出证券，此时资产项下的证券额度减少，而卖出证券获得的资金使得准备金增加。具体来说，中国银可以选择至少卖出 16 万元价值的证券（还剩余 4 万元），此时银行资产负债表变为：

中国银行通过卖出证券获得存款准备

资产		负债	
法定准备	+16 万	活期储蓄存款	+80 万
贷款	+80 万	银行资本	+20 万
证券	+4 万		
总资产	+100 万	总负债与银行资本	+100 万

如果卖出全部证券，那么资产项下多出 4 万元的超额准备金，负债项下内容不变。我们看到，卖出证券的行为，只改变中国银行资产负债表的资产结构，而对负债端没有影响。卖出证券的行为是否会带来损失需要看成交的具体价格和情况。

第四种措施仍然是考虑资产端的结构变化：回收 16 万元额度的贷款。这样回收的资金就可以充当存款准备。此时中国银行资产负债表变化为：

中国银行通过回收贷款获得存款准备

资产		负债	
法定准备	+16 万	活期储蓄存款	+80 万
贷款	+64 万	银行资本	+20 万
证券	+20 万		
总资产	+100 万	总负债与银行资本	+100 万

尽管减少贷款可以增加存款准备，但是这一做法不仅可能会带来贷款利息的损失，而且可能会失去贷款客户。因为很多贷款项目到期之后，相应客户还希望续约贷款，如果客户没有任何资质或者信用上的变化，而中国银行在没有理由的情况下不再给老客户续贷，这些客户很可能以后就会变成工商银行或者建设银行的客户。失去客户对于商业银行来说代价还是非常大的。

第五种措施是直接向中央银行借款，通过贴现贷款或者各种再贷款方式从中央银行借入款项并支付相应利息。假设向中央银行借入 16 万元，则资产负债表变为：

中国银行向中央银行借款获得存款准备

资产		负债	
法定准备	+16 万	活期储蓄存款	+80 万
贷款	+80 万	向中央银行借款	+16 万
证券	+20 万	银行资本	+20 万
总资产	+116 万	总负债与银行资本	+116 万

以上介绍了商业银行如何进行流动性管理。从中我们可以看到，尽管商业银行需要充分运用资金进行盈利，但是必须保持合理的法定存款准备和超额存款准备，以便有充沛的流动性来应对客户取款等业务。事实上，我们可以把超额准备看成商业银行为应对存款流失可能带来的损失而支付的保险费。不同的银行可以通过评估存款流失的可能性来决定到底保留多少超额存款准备金。

银行流动性如何，可以通过一些**流动性指标**来度量。例如，银行贷款占总资产比率和证券资产占总资产比率。**贷款占比**越低同时证券占比越高，则说明银行流动性越好，因为证券的市场流动性高于贷款。再如，**现金资产占总资产比率**，这个指标越高则说明银行流动性越好。

对于商业银行来说，**流动性与风险性、流动性与盈利性都存在此消彼长的关系**。特别是在负债情况类似的背景下，流动性越高风险性越低，同时流动性越高盈利性则越低。为了说明问题，我们观察下面两个不同银行的资产负债表，二者的负债端完全相同，资产端即资金运用端却表现出完全不同的运营风格。对于激进银行来说，只保留最低的法定存款准备金额度 20 万元，拥有高贷款占比 80/120 和低证券占比 20/120；

而保守银行则既保留20万元的法定准备又保留20万元的超额准备，同时贷款占比只有激进银行的一半，而证券占比则是激进银行的2倍。

不难看出，激进银行的流动性很低，而保守银行的流动性很高。可是，由于保守银行的贷款占比相对较低（贷款利率一般高于准备金利率也高于证券回报率），所以在正常时期其盈利大概率会低于激进银行。与此同时，如果两家银行同时遭遇大规模客户取款，激进银行很可能陷入流动性困境，这一问题甚至可能进一步演化为资不抵债的大问题；而保守银行因为拥有充沛的超额准备和随时可以变现的证券资产，在遇到这种问题时就会应对自如，但是它的代价则是盈利性比较低。现实中的银行经营与管理一般不会采取例子中激进和保守银行的极端做法，而是有所折中。

激进银行资产负债表

资产		负债	
存款准备	+20万	活期储蓄存款	+100万
贷款	+80万	银行资本	+20万
证券	+20万		
总资产	+120万	总负债与银行资本	+120万

保守银行资产负债表

资产		负债	
法定准备	+20万	活期储蓄存款	+100万
超额准备	+20万	银行资本	+20万
贷款	+40万		
证券	+40万		
总资产	+120万	总负债与银行资本	+120万

二、资产管理

商业银行的资产管理遵循盈利性、安全性和流动性三个原则。因为银行资产项下占比最高而且最重要的就是贷款，因此商业银行首先要通过各种渠道和方法来寻找优质的贷款客户，所谓优质就是既能支付利息又不太可能出现违约。当银行向客户发放贷款以后，需要通过动态追踪借款人的还款能力和还款情况来判断贷款的风险程度。商业银行一般实行**贷款五级分类制度**，即在动态监测的基础上，通过对借款人现金流量、财务实力、抵押品价值等因素的连续监测和分析，判断贷款的实际损失程度，然后将商业贷款划分为**正常、关注、次级、可疑、损失**五类。其中后三类统称为不良贷款。在对贷款质量进行分类的同时，商业银行还需要考虑贷款发放主体的分散性问题，包括行业分散性和借款人的分散性。如果借款人集中于某些行业，例如，一家银行多数借款人都是房地产开发商或者煤炭销售商，一旦这些行业出现大的起落，银行的贷款风险就会集聚。

同样，如果一家银行50%的贷款发放给了一家企业，那么银行的贷款风险也过于集中。所以，监管当局一般对商业银行的授信集中度有要求，如对**单一客户授信集中度**不应高于15%，这一指标根据最大一家集团客户授信总额与银行资本净额之比来计算。注意，授信的内容要比贷款宽泛，是指商业银行向非金融机构客户直接提供的资金，或者对客户在有关经济活动中可能产生的赔偿、支付责任作出的保证，包括贷款、贸易融资、票据融资、融资租赁、透支、各项垫款等表内业务，以及票据承兑、开出信用证、保函、备用信用证、信用证保兑、债券发行担保、借款担保、有追索权的资产销售、未使用的不可撤销的贷款承诺等表外业务。

> 贷款五级分类对应的是正常、关注、次级、可疑、损失五类。

除贷款之外，商业银行的资产项下还包括证券投资科目，所以资产管理也涉及证券投资的管理。为了分散风险，银行的证券投资要遵循多样化原则。另外，商业银行的资产管理还需要考虑不同资产配置对应的资产流动性情况，以便在任何情况下，银行都能满足存款准备金率的要求。关于这一点，我们在之前的商业银行流动性管理内容中已经做了详细阐释，这里不再赘述。

三、负债管理

提起商业银行的负债，我们首先想到的是存款。从我国四大国有控股商业银行的信贷收支（见表5-2）中我们已经看到，各项存款占总负债的80%以上。由于存款的主动行为方是存款客户，银行只能被动地接受，所以对于负债管理似乎银行能做的管理工作很少？确实，如果是在利率管制、同时银行间市场也不发达的情况下，商业银行争夺存款的竞争不强，银行间业务也不是很多，银行存款管理的工作空间也就不大。但是，随着利率市场化和银行间市场的快速发展，再加上衍生金融工具和回购协议产品的发展，银行的负债管理对盈利性的影响越来越大。

例如，中国石油总公司（信用很好的大型央企）向中国银行寻求1000万元人民币的贷款，假定当前中国银行的资产负债表如下：

中国银行

资产		负债	
法定准备	+200万	储蓄存款	+1000万
贷款	+800万	银行资本	+200万
证券	+200万	总负债与银行资本	+1200万
总资产	+1200万		

此时，如果中国银行要给中国石油发放贷款，那么其资产端增加贷款1000万元，负债端需要相应增加1000万元。也就是说，中国银行现在可以给中国石油放贷（此时银行的资产增加1000万元贷款，同时在中石油转账支取之前负债端的存款也增加1000万元），即

中国银行

资产		负债	
法定准备	+200 万	储蓄存款	+1000 万
贷款	+800 万	活期存款	+1000 万
贷款	+1000 万	银行资本	+200 万
证券	+200 万		
总资产	+2200 万	总负债与银行资本	+2200 万

但是在放贷之后的一定时间内，中国银行必须要找到相应的资产端内容，使得中国石油总公司从银行支取1000万元活期存款之后（即负债端减少1000万元活期存款），银行的资产负债表仍然能够平衡，即总资产是2200万元的同时总负债也保持2200万元。显然，如果中国银行拥有优秀的负债管理能力，就可以承接这个不错的贷款项目并获得盈利；相反，如果中国银行没有办法获得负债端等额的负债项目，那么它只能放弃这笔贷款项目。

事实上，负债管理的理念在20世纪60年代之后发生了微妙的变化，主要是美国当时推行的利率市场化使得银行间竞争加剧，美国的商业银行一方面要想尽方法在资产端寻找好的贷款项目，同时就需要在负债端找到资金来支撑贷款项目。随着银行间市场的发展和金融产品（如可转让存单CD）的不断丰富，在今天，商业银行可以通过多种渠道获得资金。

回顾商业银行资产负债表（表5-1或表5-2）可以看到，如果商业银行遇到好的贷款项目，除了传统的存款资金之外，它是可以通过负债端多种途径快速找到资金来源的。在上面中国银行的例子中，中国银行可以通过同业拆借获得1000万元资金来支撑中国石油总公司的贷款项目，此时它的负债端增加同业存放1000万元；中国银行还可以通过发行可转让存单CD获得1000万元资金，此时它的负债端增加"发行存款凭证"1000万元。

不管通过哪种途径，负债管理都可以为银行的盈利性提供重要支撑。当然，负债管理如果做得过于激进，也可能给银行带来风险甚至损失，特别是期限错配的风险。所谓期限错配，就是说银行放贷的项目一般都是长期的，而银行通过负债管理获得的资金可能是短期的，短期负债如果在期限上无法接续就会造成银行的流动性困境甚至更严重的结果。

商业银行的负债管理也会给中央银行的货币政策带来更多的复杂性。例如，中央银行在经济增长过快时会实行紧缩货币政策以限制企业过快扩张，但是如果银行精于负债管理来支撑贷款发放，就会减弱甚至抵消中央银行的紧缩政策效果。因此，中央银行需要通过更严格的存款准备要求来应对商业银行的这些行为。

四、资本充足性管理

商业银行的贷款减值需要足够的资本来吸收，从而避免银行出现资不抵债的困境。

资本充足率是总资本与总资产的比率。商业银行需要保持合适的资本充足率，从而应对各种风险。如贷款违约风险、利率风险（利率变动带来证券投资的波动）、流动性风险、外汇风险、管理风险、政治风险和国家风险等。监管当局对商业银行资本充足率也有一定要求（如巴塞尔协议要求最低资本充足率8%）。与此同时，资本存量过高又会影响银行的证券资本回报率。所以商业银行必须考虑如何管理资本充足性的问题。

在其他条件保持不变的情况下，资本充足率越高则银行抵御风险的能力越高，出现资不抵债的概率越低。我们通过对比两家资产结构相同但资本充足率不同的银行在出现不良贷款减值后的不同境况来进行说明。具体资产负债表如下所示，AAA银行的资本充足率是15%，BBB银行的资本充足率是10%。

AAA 银行

资产		负债	
存款准备	+18万	活期储蓄存款	+85万
贷款	+82万	银行资本	+15万
总资产	+100万	总负债与银行资本	+100万

BBB 银行

资产		负债	
存款准备	+18万	活期储蓄存款	+90万
贷款	+82万	银行资本	+10万
总资产	+100万	总负债与银行资本	+100万

假设两家银行都因为房地产贷款出现违约而损失价值11万元的贷款，这样银行资产都下降11万元，即资产变成100万－11万＝89万元。因为根据定义，银行资本＝资产－负债（本例中负债即活期存款），所以AAA银行此时资本变为89万－85万＝4万元，而BBB银行则是89万－90万＝－1万元。是的，你没有看错，此时BBB银行从定义上说处于资不抵债的境况。

AAA 银行

资产		负债	
存款准备	+18万	活期储蓄存款	+85万
贷款	+71万	银行资本	+4万
总资产	+89万	总负债与银行资本	+89万

BBB 银行

资产		负债	
存款准备	+18万	活期储蓄存款	+90万
贷款	+71万	银行资本	－1万
总资产	+89万	总负债与银行资本	+89万

当然，如果银行保持太高的资本充足率会带来绩效损失。我们在本章第 4 节将会看到，银行绩效的度量指标之一就是银行资本收益率（ROE），公式可以写成：

$$\frac{净收益}{总资本} = \frac{净收益}{总资产} \times \frac{总资产}{总资本} \tag{5-2}$$

公式右侧第一项是资产收益率（ROA），第二项是权益乘数（Equity Multiplier, EM），上述公式可以简写为：

$$ROE = ROA \times EM \tag{5-3}$$

也就是说，对于给定总资产额度，总资本越低权益乘数越大，则对于同样的 ROA，EM 越大意味着 ROE 越高。所以其他条件相同，资本低的银行 ROE 高。所以，银行的资本高低既与安全性相关，同时又会影响资本收益率，商业银行需要在安全性和绩效两方面进行权衡取舍，保持一个适当的资本充足率。

第 3 节 商业银行的表外业务

资产与负债管理是商业银行的传统重要内容。但是在利率市场化以后，不管在哪个国家，商业银行的存贷利差都大幅度收窄，此时商业银行的**表外业务**就显得尤为重要。近年来，随着我国利率市场化的发展，商业银行表外业务收入占比稳步增长，这与美国在 20 世纪 80 年代利率完全市场化以后商业银行表外业务出现大幅增长的规律类似。

表外业务包括担保和承诺等传统业务以及贷款出售、信贷资产证券化等新兴业务。与表外业务的内容有交叉的同时又存在一定微妙差别的术语是中间业务。中间业务是指商业银行不需动用自己的资金，而是作为中间人代客户办理各种委托事项、提供各种金融服务并据以收取手续费的业务。

> 表外业务是指不计入银行资产负债表但影响银行损益的业务。

中间业务形成银行非利息收入，但也不计入资产负债表。表外业务和中间业务是对不直接进入资产负债表业务的不同角度定义，"表外"是从会计准则上出发，"中间"是从业务类型上出发，二者都指向不直接体现在资产负债表上，但会影响当期损益的业务。中间业务一定是属于表外的，但是随着商业银行业务的创新发展，并不是所有表外业务都可以称为中间业务。如果非要对二者进行区别，那么关键看相关业务是否纯粹属于中间服务而不涉及银行自身。例如，商业银行贷款出售业务（也可称为信贷资产直接转让），是指商业银行在贷款形成之后，将贷款债权出售给第三方，重新获得资金来源并获取手续费收入的一种业务。虽然贷款出售业务并不直接影响资产负债表，属于表外业务，但是这个业务却依托于银行自身资产，并不属于单纯的中间服务业务，因此就不能归到中间业务范畴。

图 5-4 归纳了表外业务的分类，表外业务可以分为狭义中间业务和狭义表外业

务。狭义中间业务分为支付结算类、委托代理类、咨询服务类、银行卡业务和租赁与信托类。

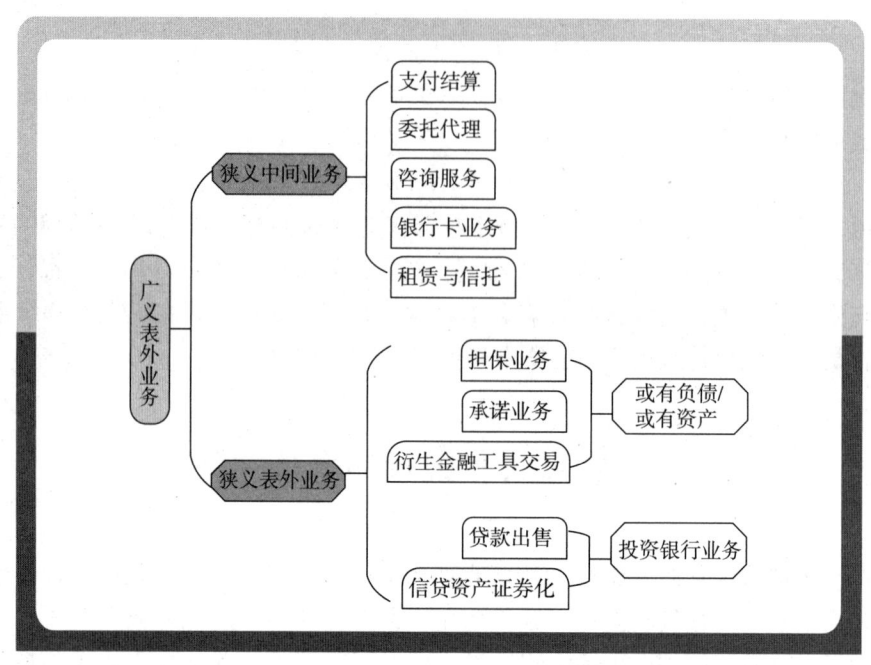

图 5-4 商业银行表外业务分类

委托代理业务是指商业银行以收取一定手续费等为目的，接受客户委托，利用自己的资源优势为客户提供代理、分销、代客理财等金融服务的业务，包括委托贷款、代理债券、代理资金清算、代收代付、代客理财、基金托管等业务。

咨询服务类业务是指以银行拥有的专营许可权或行业优势，为客户提供的纯咨询服务性质的业务，包括理财顾问、委托代保管等业务。

狭义表外业务因为经常会涉及银行自身，所以一般不能叫做中间业务。狭义表外业务包括**担保类**、**承诺类**、**衍生金融工具类**、**贷款出售和信贷资产证券化业务**。

担保类业务、承诺类业务和衍生金融工具类业务也称为或有负债（或有资产）类业务，因为此类业务有可能转变为银行的负债或资产。其中，担保类业务是指银行接受客户的委托对第三方承担连带付款责任的业务，包括担保、信用证、承兑等业务；承诺类业务是指银行在未来某一时期按照事先约定的条件向客户提供约定的信用的一种业务，如承诺贷款业务。承诺类业务还有信用额度工具（Credit Lines），如票据发行工具（Note Issuance Facility，NIF）和循环包销工具（Revolving Underwriting Facility，RUF）。票据发行工具是指银行同客户签订一个具有法律约束力的承诺，期限一般为 5~7 年，银行保证客户以自己的名义发行短期票据，银行则负责包销或提供没有售出部分的等额贷款。循环包销工具指的是银行保证证券承销机构在一定额度内可以循环承销，银行负责承销未能售出的全部证券或提供等额的备用信贷。

衍生金融工具业务是指建立在基础金融工具或基础金融变量之上，价格取决于后者价格变动的派生产品，是交易双方通过对利率、汇率、股价等因素变动趋势的预测，约定在未来某一时间按照某一条件进行交易或选择是否交易的合约。银行在办理衍生金融工具交易业务时，既可以是经纪人，又可以是自营商。银行作为经纪人时该业务属于表外业务，作为自营商时该业务属于表内的衍生金融工具项下的业务。

贷款出售和信贷资产证券化属于投资银行业务。贷款出售是指商业银行在贷款形成之后，将贷款债权出售给第三方，重新获得资金来源并获取手续费收入的一种业务。贷款出售首次出现在1983年，它是20世纪80年代国际金融市场走向证券化时大银行为了夺回它们失去的市场份额而进行的创新。贷款出售与贷款证券化最根本的区别在于贷款出售只是将贷款的全部或一部分所有权从发起银行转移出去，贷款资产本身不发生任何实质性变化；而贷款证券化则将贷款组合转变为可在资本市场上买卖的证券，创造出了新的投资工具，资产性质发生了变化。

就与表内业务的关系和银行承担的风险而言，传统的中间业务一般不会由表外业务向表内业务转化，承担的风险相对较小；而许多创新的表外业务，如票据发行便利、衍生金融工具交易等业务，都构成了银行的或有负债，即在一定条件下（如银行履行贷款承诺，或衍生工具交易对手违约），相应的表外业务就会向表内业务转化，成为银行的现实负债或者现实资产。因此，银行在办理这类具有或有负债性质的表外业务时，承担的风险相对大一些。

第4节 商业银行的绩效

一、商业银行的利润表

商业银行的资产负债表是资产和负债活动的记录，商业银行的利润表则是收入与支出的记录。商业银行进行经营，就会有营业收入和营业支出，营业收入抵减营业支出之后，就是营业利润，企业有了利润就需要依法纳税，因此营业利润减去所得税就是企业的净利润。

对于商业银行来说，营业收入主要来自利息收入，而营业支出则主要是利息支出，我们之前在商业银行资产负债表中就已经可以看到这方面内容了。表5-4给出的是中国工商银行2022年第一季度的利润表，共分营业收入、营业支出、营业利润、税前利润和净利润五大项。注意，由于会计记账的准则和习惯［中国按国际财务报告准则（IFRS），美国按一般公认会计准则（GAAP）］，中国的商业银行利润表习惯把利息支出放在营业收入项下，这样利息收入和利息支出就都被列在营业收入中了。不过，从会计科目的逻辑性上说，利息支出以及其他支出列在营业支出项下更合理，只不过我国商业银行按照相关部门的记账要求，习惯于表5-4这样的利润表记账方式。

表 5-4　　　　　中国工商银行 2022 年第一季度利润表　　　单位：百万元人民币

项目	额度	占比（占收入或支出；%）
利息净收入	177281	71.06
利息收入	305370	122.41
利息支出	-128089	-51.35
手续费及佣金净收入	41668	16.70
手续费及佣金收入	45649	18.30
手续费及佣金支出	-3981	-1.60
投资收益	8951	3.59
其中：对联营及合营企业的投资收益	552	0.22
公允价值变动净收益/损失	-4747	-1.90
汇兑及汇率产品净收益	747	0.30
其他业务收入	25567	10.25
营业收入	249467	100.00
税金及附加	-2220	1.58
业务及管理费	-43374	30.94
资产减值净损失	-70662	50.41
其他业务成本	-23920	17.06
营业支出	-140176	100.00
营业收入-营业支出=营业利润	109291	
加：营业外收入	1863	
减：营业外支出	-64	
税前利润	111090	
减：所得税费用	-19961	
净利润	91129	
净利润归属于：		
母公司股东	90633	
少数股东	496	

资料来源：中国工商银行季报；经作者计算。

二、商业银行的盈利模式

商业银行的绩效评估和度量与其盈利模式联系紧密，因此我们首先归纳一下商业银行的盈利模式。商业银行需要盈利才能正常运转。我们根据之前商业银行的利润表，可以把其盈利模式归纳在图 5-5 中。商业银行通过对资产和负债的管理获得**利差收益**或者称为**净利息收入**，即生息资产获得的利息收入减去付息负债对应的利息支出；同时，商业银行的中间业务可以为银行获得手续费和佣金收入以及其他非利息收入；净利息收入、佣金收入和其他非利息收入合计构成了银行的**营业收入**，即

营业收入 = 净利息收入 + 手续费和佣金收入 + 其他非利息收入 　　(5-4)

在此基础上，营业收入减去营业支出和减值亏损再减去所得税，就是银行获得的净利润。

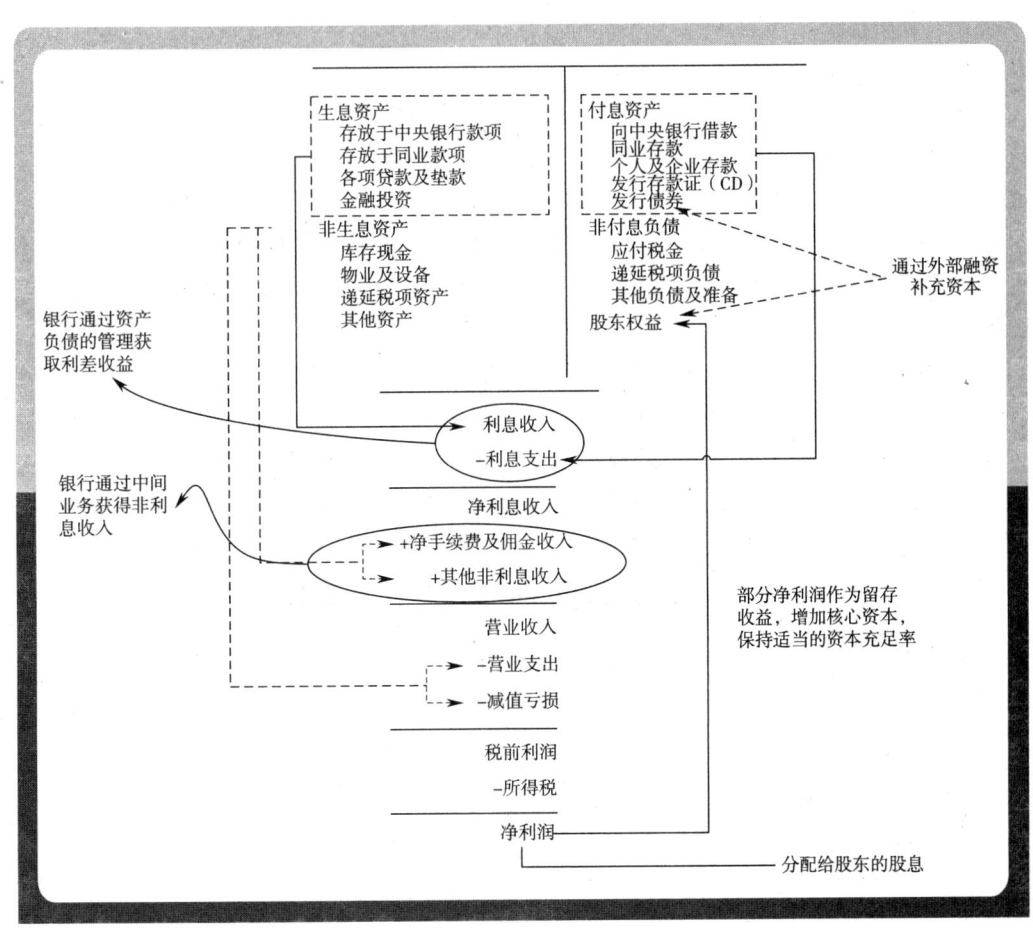

图 5-5　商业银行的盈利模式

从营业收入层面看，商业银行的收入分为利息收入和非利息收入。其中，利息收入占据盈利的主要部分。银行通过资产负债的管理获取利差收益，通过中间业务获得非利息收入。非利息收入包括为一些企业客户等提供服务所收取的手续费。银行的支出主要包括营业支出和一系列减值亏损等。净利润中分配到股东权益科目的利润可以增强银行的安全性，并能够提高资本充足率。

三、商业银行的绩效指标

要判断商业银行的绩效如何，单看净利润还无法获得准确信息，毕竟银行资产规模大小没有加以反映。因此，一般使用净利润与总资产的比值（即资产收益率 ROA，Return on Assets）作为商业银行的绩效指标之一，即

$$\text{ROA} = 净利润 / 总资产 \qquad (5-5)$$

对于股东来说，他们则更关注净利润占总股东权益（总资本）的比值，即资本收益率

ROE，基本定义可以写成

$$ROE = 净利润/总资本 \tag{5-6}$$

另外一个常用指标是净息差（Net Interest Margin，NIM），即净利息收入（利息收入减去利息支出）与总资产的比值，即

$$NIM = 净利息收入/总资产 \tag{5-7}$$

需要提醒的是，净息差是个比率概念，不要和简单利差的概念混淆。事实上，作为金融中介，商业银行的主要职能就是管理负债进而购买或者说投资于能够盈利的资产。因此，商业银行的资产负债管理工作做得怎么样，关键看是否能够获得高资产收入和负担低负债成本从而获得高盈利。而净息差反映的正是资产收入与负债成本的差占总资产的比率情况。

作为例示，表5-5给出了中国银行和中国工商银行自2004年至2021年三个绩效指标的历年记录。从表5-5中可以看到，自2004年开始，两家银行的绩效指标都逐渐上升，在2012—2013年，则开始下降。不过，两家银行进行对比的时候，不同绩效指标的高低有一定差别。例如，2006年中国银行的ROA高于工商银行，但是工商银行的ROE和NIM都高于中国银行。

表5-5　　　　中国银行和工商银行历年绩效比较：2004—2021年

年份	中国银行			工商银行		
	ROA	ROE	NIM	ROA	ROE	NIM
2004	0.612	9.7	2.03	0.646	—	2.5
2005	0.723	12	2.15	0.657	—	2.48
2006	0.937	12.46	2.32	0.707	15.01	2.53
2007	1.096	13.77	2.44	1.013	15.92	2.39
2008	1.005	14.64	2.76	1.205	19.33	2.8
2009	1.087	16.12	2.63	1.201	20	2.95
2010	1.142	18.68	2.04	1.315	22.68	2.26
2011	1.169	18.1	2.07	1.441	23.32	2.44
2012	1.189	17.99	2.12	1.446	22.93	2.61
2013	1.233	17.91	2.15	1.443	21.83	2.66
2014	1.217	17.15	2.24	1.398	19.86	2.57
2015	1.119	14.43	2.25	1.297	16.93	2.66
2016	1.053	10.92	2.12	1.204	15.11	2.47
2017	0.984	12.07	1.83	1.145	14.24	2.16
2018	0.905	11.17	1.90	1.119	13.17	2.30
2019	0.887	10.19	1.84	1.066	11.98	2.24
2020	0.870	10.61	1.85	1.000	11.95	2.15
2021	0.895	11.28	1.75	1.020	12.15	2.11

资料来源：原始数据来源于Wind资讯数据库；经作者计算。

 知识窗

银行竞争力评价方法

不同国家有着不同的机构，相应地对银行竞争力的评价系统也有所不同。美联储有 CAMELS 评级系统，该系统从资本充足率（Capital）、资产质量（Asset Quality）、管理能力（Management）、盈利能力（Earnings）和流动性风险（Liquidity）五个方面对一家银行的竞争力展开评价。我国的银行竞争力评价方法经历了两个阶段的发展。从 2001 年至 2010 年，我国采用的是股份制商业银行风险评级系统，具体内容包括资本充足状况、资产质量状况、管理状况、盈利状况、流动性状况和市场风险状况这些指标。2010 年后，我国采用了"腕骨"（CARPALS）指标体系，共包含了 7 组 13 项指标，涵盖了资本充足性、资产质量、风险集中度、拨备覆盖、附属机构、流动性和案件防控这些指标。

美联储提出的 CAMELS 评级系统在国际上被广泛用于度量银行竞争力。该评级系统对商业银行的盈利性、流动性和安全性进行了全方位的综合考量，涵盖了银行竞争力的六个方面，取其英文首字母组合得到 CAMELS（骆驼）。这六个方面是：资本充足率（Capital Adequacy），资产质量（Asset Quality），管理能力（Management），盈利能力（Earnings），流动性（Liquidity）和 1991 年加入的市场风险敏感度（Sensitivity of Market Risk）。

运用 CAMELS 评级系统进行评价的过程中，金融监管机构对以上六个方面逐一进行评分，分值为 1 到 5 五档，1 分或 2 分表示银行该项指标达标，3 分及以上则表明银行该项指标出现问题，需要引起相关方面的警惕。其中，资本充足率方面，CAMELS 评级系统要求资本充足率一项达到 6.5%~7%，同时考察的还有核心资本充足率和风险加权资产；资产质量方面要求不良贷款比率低于 15%，并考察准备金覆盖率、信用风险成本和不良贷款形成率；管理能力方面综合考察管理层的经验和战略眼光，银行内部 IT 系统的完善性和先进程度，产品创新性和品牌号召力，风险控制制度的有效性，还有员工培训与激励制度的有效性；盈利能力方面考察 ROA、ROE、NIM 及 NIS 是否达标，拨备前经营利润率，手续费收入占比和经营效率；流动性方面考察流动性比率、融资结构比率、流动性缺口和贷存比。最终将各项评级赋以权数进行加权平均得出最终的银行竞争力评级。

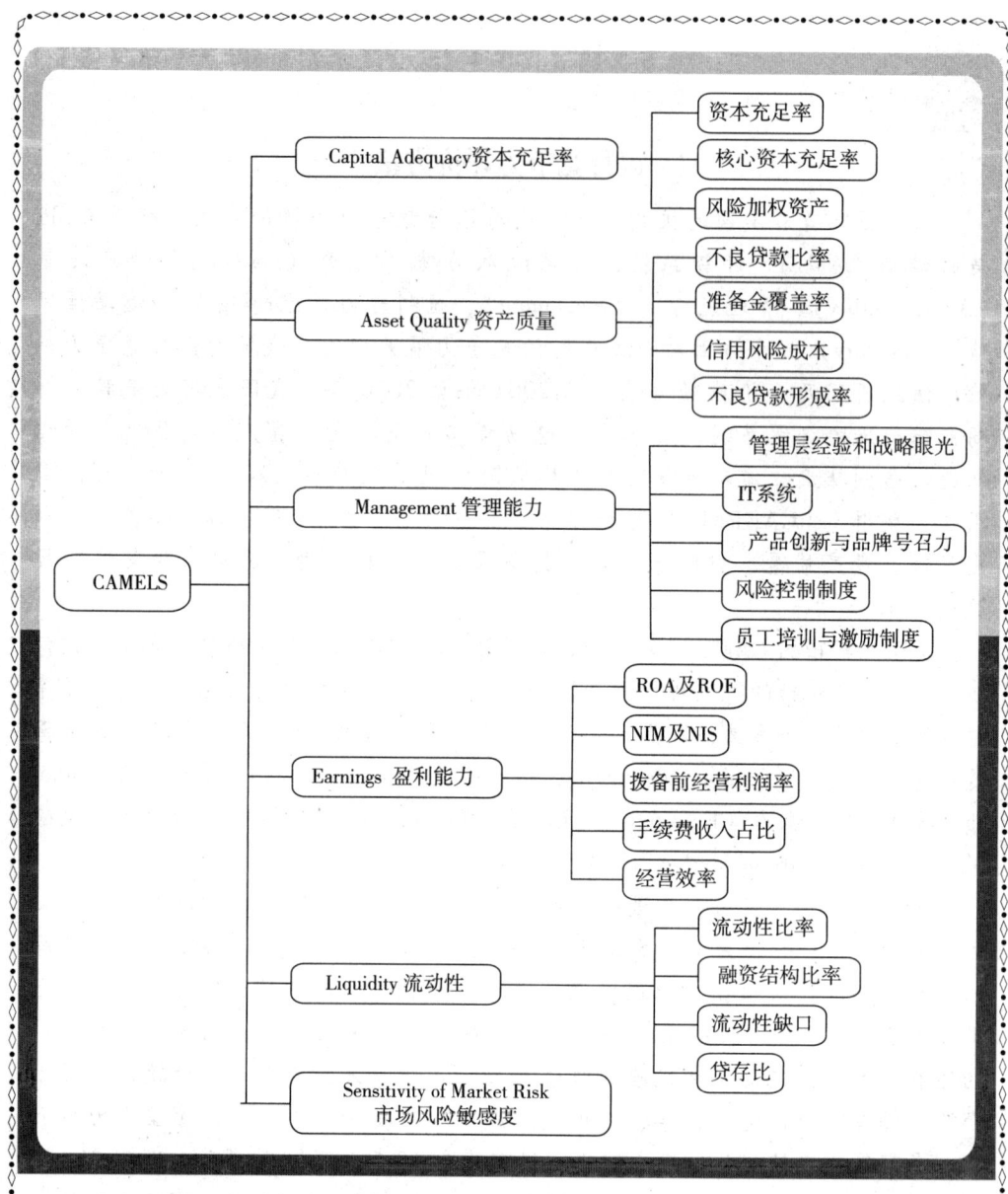

图 5-6 CAMELS 评价体系

在我国，2010 年中国银监会发布了"腕骨"（CARPALS）指标体系。"腕骨"指标体系包含了银行竞争力的七个方面 13 项指标。七个方面是资本充足率（Capital Adequacy）、资产质量（Asset Quality）、风险集中度（Risk Concentration）、拨备覆盖（Provisioning Coverage）、附属机构（Affiliated Institution）、流动性（Liquidity）和案件防控（Case Prevention Control）。该评价体系囊括的 13 项具体的监管指标是：资本充足率、杠杆率、不良贷款率、不良贷款偏离度、单一客户集中度、不良贷款拨备覆盖率、贷款拨备比率（拨贷比）、附属机构资本回报率、母行负债依存度、流动性覆盖率、净稳定融资比率、存贷比和案件风险率。13个指标中，备受关注的四大创新监管工具也在列，即资本充足率、杠杆率、拨备率和流动性，这体现出"腕骨"指标体系对于金融危机防控的重视。最低资本充足率的要求方面，"腕骨"体系的最低资本要求为8%，留存超额资本2.5%，反周期超额资本暂定为0，系统重要性银行附加资本1%，四者相加为11.5%并留有3%的上下浮动空间。拨贷比则要求达到2.5%。相比较而言，"腕骨"指标体系在对银行竞争力进行评级的基础上于量化方面的要求更为细致，对各个指标都有硬性的达标要求，其监管的意味似乎大于评级的意味。

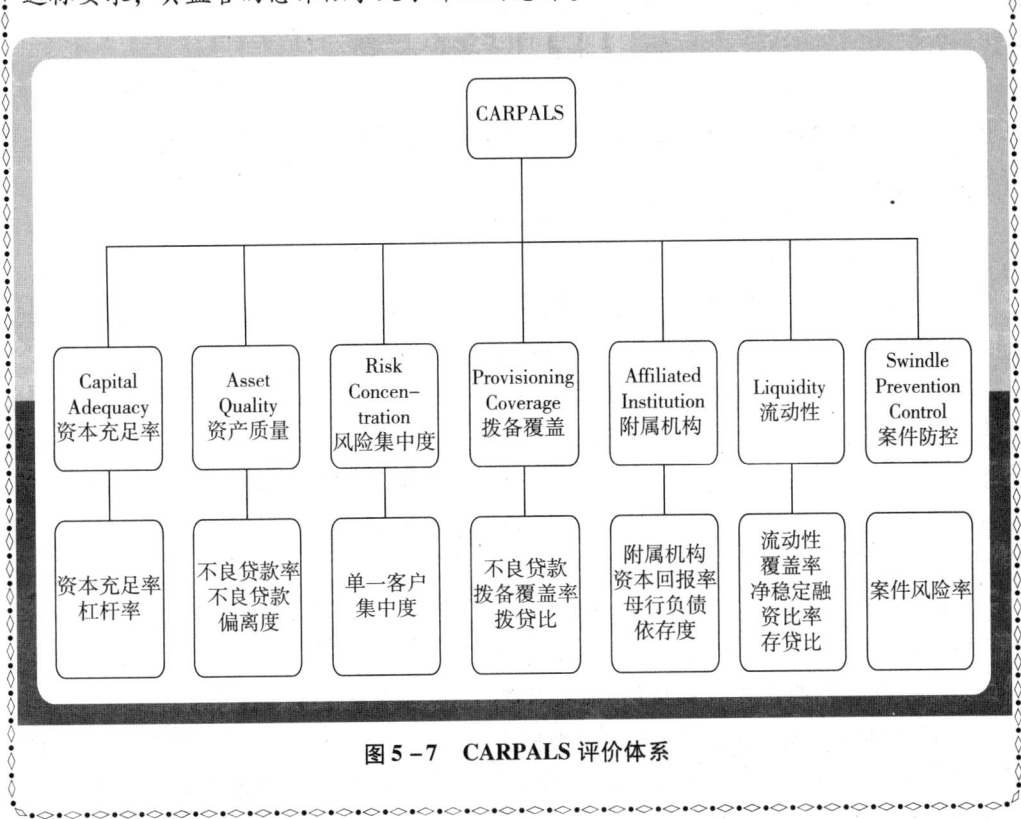

图5-7　CARPALS评价体系

第5节　商业银行的监管：巴塞尔协议

本章对商业银行监管方面的介绍，主要集中于国际监管规则，即巴塞尔协议。巴塞尔协议是国际清算银行（BIS）的巴塞尔银行业条例和监督委员会的常设委员会——巴塞尔委员会于1988年7月在瑞士巴塞尔通过的"关于统一国际银行的资本计算和资本标准的协议"的简称。该协议第一次建立了一套完整的、国际通用的、以加权方式衡量表内与表外风险的资本充足率标准，有效地遏制了与债务危机有关的国际风险。

从时间点上看，巴塞尔协议可以分为三个阶段，我们简称为 BⅠ、BⅡ 和 BⅢ。1988 年出台的协议内容是 BⅠ，BⅠ未涵盖信用风险以外的其他风险，而信用风险权数的级距区分比较粗略，容易扭曲银行风险全貌，加上法定资本套利的盛行以及近几年大型银行规模和复杂度的增加，都凸显出 BⅠ 的不足。

此后，1996 年修正案将市场风险纳入计算资本需求，于次年底开始实施。1999 年 6 月，巴塞尔委员会公布了新的资本适足比率架构咨询文件，对 BⅠ 做了大量修改。2001 年 1 月公布新巴塞尔资本协定草案，修正之前的信用风险评估标准，加入了操作风险的参数，将三种风险纳入银行资本计提，以期规范国际型银行的风险承担能力。2004 年 6 月该草案正式定案，我们可以将此内容称为 BⅡ。经过近十年的修订和磨合，BⅡ 于 2007 年在全球范围内实施。**BⅡ强调三大支柱**，即

（1）最低资本要求（Minimum Capital Requirements）：最低资本充足率达到 8%，而银行的核心资本充足率应至少为 4%。目的是使银行对风险更敏感，使其运作更有效。

（2）监察审理程序（Supervisory Review Process）：监管者通过监测决定银行内部能否合理运行，并提出对其进行改进的方案。

（3）市场制约机能，即市场自律（Market Discipline）：要求银行提高信息的透明度，以使外界对它的财务、管理等有更好的了解。

2007 年之后，经过不断修订，巴塞尔协议更加完善，对银行业的监管要求也明显提高，如为增强银行对非预期损失的抵御能力，要求银行增提缓冲资本，并严格监管资本抵扣项目，提高资本规模和质量；为防范类似贝尔斯登的流动性危机，设置了流动性覆盖率监管指标；为防范"大而不能倒"的系统性风险，从资产规模、相互关联性和可替代性评估大型复杂银行的资本需求。

2007 年巴塞尔委员会修订和颁布一系列监管规则后，2010 年 9 月 12 日，由 27 个国家银行业监管部门和中央银行高级代表组成的巴塞尔银行监管委员会就 BⅢ 的内容达成一致，全球银行业正式步入 BⅢ 时代。BⅢ 的主要内容包括：

（1）提高资本充足率要求。BⅢ 对于核心一级资本充足率、一级资本充足率的最低要求有所提高，引入了资本留存缓冲，提升银行吸收经济衰退时期损失的能力，建立与信贷过快增长挂钩的反周期超额资本区间，对大型银行提出附加资本要求，降低"大而不能倒"带来的道德风险。

（2）严格资本扣除限制。对于少数股权、商誉、递延税资产、对金融机构普通股的非并表投资、债务工具和其他投资性资产的未实现收益、拨备额与预期亏损之差、固定收益养老基金资产和负债等计入资本的要求有所改变。

（3）扩大风险资产覆盖范围。提高"再资产证券化风险暴露"的资本要求，增加压力状态下的风险价值，提高交易业务的资本要求，提高场外衍生品交易和证券融资业务的交易对手信用风险的资本要求等。

（4）引入杠杆率指标。为弥补"资本充足率要求下无法反映表内外总资产的扩张情况"的不足，减少将资产通过加权系数转换后计算资本要求时带来的漏洞，提出了

杠杆率要求,并逐步将其纳入第一支柱。

(5)加强流动性管理,降低银行体系的流动性风险,引入了流动性监管指标,包括流动性覆盖率和净稳定资产比率。同时,巴塞尔委员会提出了其他辅助监测工具,包括合同期限错配、融资集中度、可用的无变现障碍资产和与市场有关的监测工具等。

 复习要点

1. 商业银行的资产负债业务。
2. 商业银行经营原则:盈利性、安全性和流动性。
3. 商业银行的流动性管理、资产管理、负债管理和资本管理。
4. 商业银行的表外业务分为狭义中间业务和狭义表外业务。
5. 商业银行的绩效评估指标包括 ROA、ROE 和 NIM。
6. 巴塞尔协议的基本内容。

 关键术语

结构性存款　　交易性存款　　非交易性存款　　资不抵债
资本收益率　　资产收益率　　净利息收入　　　净息差
巴塞尔协议

练习题

1. 举例说明商业银行流动性管理的重要性。
2. 从特定的某个时点来看,商业银行即使没有足够的存款也可以发放贷款,或者说没有存款也可以发放贷款,如何理解这一表述?
3. 计算并比较我国不同规模商业银行的绩效情况。
4. 巴塞尔协议Ⅱ和巴塞尔协议Ⅲ的主要内容有什么区别?

第5章
课后习题答案

附录

商业银行资产负债表各科目详细解释

科目	科目解释
资产：	
现金及存放中央银行款项	主要由库存现金和存放中央银行款项两部分构成。存放中央银行款项主要包括三项：法定存款准备金、超额存款准备金和财政性存款。财政性存款指商业银行缴存中央银行的财政性存款。
存放同业及其他金融机构款项	指存放于境内外商业银行和非银行金融机构的款项，以活期款项和一年以内的定期款项为主。
贵金属	包括黄金、白银和其他贵重金属。非交易性贵金属按照取得时的成本进行初始计量，以成本与可变现净值较低者进行后续计量。交易获得的贵金属按照取得时的公允价值进行初始确认，并以资产负债表日的公允价值进行后续计量，相关变动计入当期损益。
拆出资金	指拆借给境内外商业银行和非金融机构的款项。大部分银行向自身发起设立的非保本理财产品（即表外理财业务）拆出的资金也会反映在该科目中，也有部分银行，如招商银行等，将向自身发起设立的非保本理财产品拆出的资金反映在买入返售交易科目中。
衍生金融资产	指其价值随特定利率、金融工具价格、商品价格、汇率、价格指数、费率指数、信用等级、信用指数或其他类似变量的变动而变动的金融工具。如远期、掉期及期权等。
买入返售款项	指按协议约定先买入再按规定价格返售给卖出方的票据、证券、贷款、应收租赁款等金融资产时所融出的资金，也包括本行因证券借入业务而支付的保证金。其本质上相当于有抵押的拆出资金，但不占用信用额度。
客户贷款及垫款	主要包括发放的各种贷款，因办理承兑汇票、开出保函、开出信用证以及其他业务而发生的各项垫款，办理商业票据的贴现、转贴现等业务所融出的资金等。可分为公司贷款、个人贷款和票据贴现贷款等。
金融资产投资	商业银行的金融资产投资，具体包括以下6类。
－以公允价值计量且其变动计入当期损益的金融资产	包括持有作交易用途的金融资产以及指定为以公允价值计量且其变动计入当期损益的金融资产。交易性金融资产最大的特点是以赚取差价作为管理目的，包括债券投资、股票投资、基金投资等。为了会计处理（计量准则）的一致性，银行自身发行的保本理财产品投资的存放同业款项及信贷类资产一般也会被计入交易性金融资产。
－以公允价值计量且其变动计入其他综合收益的金融资产	金融资产同时符合下列条件的，应当分类为以公允价值计量且其变动计入其他综合收益的金融资产：(i) 企业管理该金融资产的业务模式既以收取合同现金流量为目标又以出售该金融资产为目标；(ii) 该金融资产的合同条款规定，在特定日期产生的现金流量，仅为对本金和以未偿付本金金额为基础的利息的支付。
－以摊余成本计量的金融资产	金融资产同时符合下列条件的，应当分类为以摊余成本计量的金融资产：(i) 企业管理该金融资产的业务模式是以收取合同现金流量为目标；(ii) 该金融资产的合同条款规定，在特定日期产生的现金流量，仅为对本金和以未偿付本金金额为基础的利息的支付。

续表

科目	科目解释
资产：	
-可供出售金融资产	指初始确认时即被指定为可供出售的非衍生金融资产，或除下列各类资产以外的金融资产：（i）以公允价值计量且其变动计入当期损益的金融资产；（ii）持有至到期投资；（iii）贷款及应收款项。可供出售金融资产介于交易性金融资产和持有到期资产之间，要求存在活跃市场报价，投资目的包括交易和配置。包括股票、债券、基金等。
-持有至到期投资	指到期日固定、回收金额固定或可确定，且有明确意图和能力持有至到期的非衍生金融资产，但不包括：（i）初始确认时被指定为以公允价值计量且其变动计入当期损益或可供出售的非衍生金融资产；（ii）符合贷款及应收款项定义的非衍生金融资产。持有至到期投资最主要的是债券，一些银行也将买入的同业存单纳入该科目。
-应收款项类投资	主要包括非上市中国凭证式国债及其他债权投资，此类资产在境内外没有公开市价，具体可分为标准债权投资和非标准债权投资两大类。其中标准类投资主要包括政府债券、金融机构债券和公司债券等（如特别国债、不可转让专项央票、四大国有资产管理公司定向债券、金融机构次级债）；非标类投资又可分为信贷类和非信贷类，主要包括信托受益权、券商资产管理计划、保险资产管理计划、购买他行理财产品、受益权转让计划等。
长期股权投资	指投资方对被投资单位实施控制且有重大影响的权益性投资，以及对其合营企业的权益性投资。
固定资产	指同时具有下列特征的有形资产：（i）为生产商品、提供劳务、出租或经营管理而持有的；（ii）使用寿命超过一个会计年度。
在建工程	指企业固定资产的新建、改建、扩建，或技术改造、设备更新和大修理工程等尚未完工的工程支出。
递延所得税资产	指对于可抵扣暂时性差异，以未来期间很可能取得用来抵扣可抵扣暂时性差异的应纳税所得额为限认的一项资产。
其他资产	包括应收利息、无形资产、其他应收款、商誉、长期待摊费用、抵债资产及其他。
资产合计	全部资产合计。
负债：	
向中央银行借款	指商业银行向中央银行借入的款项，主要包括国家外汇存款、再贷款、再贴现（回购式再贴现在向中央银行卖出回购票据中统计）、SLF、MLF、PSL等。
同业及其他金融机构存放款项	指商业银行吸收的境内外金融机构的存款，对应于资产端的存放同业和其他金融机构款项。
拆入资金	指商业银行从境内、境外金融机构拆入的款项，对应于资产端的拆出资金。
以公允价值计量且其变动计入当期损益的金融负债	已发行理财产品、结构性存款、与贵金属相关的金融负债、已发行债务证券及其他。
衍生金融负债	远期、掉期及期权等衍生金融工具负债。

续表

科目	科目解释
负债：	
卖出回购款项	指商业银行按照回购协议先卖出再按固定价格买入票据、证券、贷款等金融资产时所融入的资金，以及为证券借出业务而收取的保证金。
存款证	也叫 CD（Certificate of Deposit），是一种可提供固定收入的投资，是证明其持有人可收取利息的存款证书。
客户存款	包括活期存款和定期存款，客户包括公司客户和个人客户。
应付职工薪酬	指企业为获得职工提供的服务而给予的各种形式的报酬以及其他相关支出。
应交税费	指企业根据在一定时期内取得的营业收入、实现的利润等应交纳的各种税费。
已发行债务证券	指商业银行为筹集资金而发行的债券本金及利息。
递延所得税负债	指根据应纳税暂时性差异计算的未来期间应付所得税的金额。
其他负债	应付利息、其他应付款及其他。
负债合计	全部负债合计。
股东权益：	
股本	指股东在公司中所占的权益，多用于指股票。
其他权益工具	主要包括优先股、永续债。
资本公积	企业收到的投资者的超出其在企业注册资本所占份额的资本，直接计入所有者权益的利得和损失等。
其他综合收益	主要包括权益法下在被投资单位不能重新分类进损益的其他综合收益中享有的份额、可供出售金融资产公允价值变动净损失、出售／减值转入当期损益净额的所得税影响、权益法下在被投资单位以后将重新分类进损益的其他综合收益中享有的份额、外币财务报表折算差额。
盈余公积	指企业按照规定从净利润中提取的各种积累资金，包括法定公积和任意公积。
一般准备	商业银行按照贷款余额的一定比例提取的贷款损失准备金。
未分配利润	企业未作分配的利润。它在以后年度可继续进行分配，在未进行分配之前，属于所有者权益的组成部分。
归属于母公司股东的权益	反映公司集团的所有者权益中归属于母公司所有者权益的部分。
少数股东权益	反映除母公司以外的其他投资者在子公司中的权益。
股东权益合计	股东权益合计。
负债及股东权益总计	负债及股东权益总计。

第6章 货币创造的源头：中央银行

学习目标

学完本章后，你将掌握：
1. 中央银行结构与职责
2. 中央银行资产负债表
3. 货币政策目标
4. 货币政策工具
5. 货币政策传导机制

第1节 中央银行结构与职责

中央银行是特殊的银行，不以营利为目的，在国家经济发展中扮演着重要角色和职责。从总体上看，**中央银行是政府的银行**，负责管理政府的金融业务和宏观调控；**中央银行还是银行的银行**，负责对银行进行宏观监管，扮演最后贷款人的角色，并负责建设和管理国家的支付清算体系。如果把一个国家的金融体系比喻成一个人的机体，那么中央银行就是这个机体的心脏，货币好比这个机体中的血液，血液能否正常运转，首要的决定条件就是心脏功能是否强盛。

> 中央银行是政府的银行，也是银行的银行，负责制定和实施货币政策。

因为不同国家的历史发展背景不同，所以各国中央银行的起源和结构有所不同。例如，美国的中央银行是美国联邦储备系统（简称为**美联储**），于1913年成立，由12家联邦储备银行构成，覆盖全美12个大区，每个大区的城市还有联储支行。12家联储分行由美联储理事会领导，共同确定联邦公开市场委员会，指导美联储公开市场操作业务（Open Market Operations，OMO）。

中国的中央银行是**中国人民银行**，1948年12月1日，以华北银行为基础，合并北海银行、西北农民银行，在河北省石家庄市组建了中国人民银行，并发行人民币，成为中华人民共和国成立后的中央银行。中国人民银行成立至今70多年，特别是改革开放以来，在体制和职能等方面都发生了深刻的变化。归纳起来，中国人民银行的职能经历了大致四个阶段的变化：第一个阶段是 1948—1952 年，是中国人民银行的创建与国家银行体系的建立时期；第二个阶段是 1953—1978 年，是计划经济体制的国家银行时期；第三个阶段是 1979—1992 年，是从国家银行过渡到中央银行体制时期；第四个阶段是 1993 年之后，是逐步强化和完善现代中央银行制度时期。

不难看出，中国的**现代化中央银行体系**建设在 1978 年改革开放以后才开始加速发展。1983 年 9 月，国务院作出决定，由中国人民银行专门行使中央银行的职能。1995 年《中国人民银行法》颁布，进一步明确了中国人民银行作为中央银行的法律地位。

如今，中国人民银行已经发展成为拥有 25 个内设部门，1 个上海总部，16 家直属机构和 36 个分支机构的现代化中央银行。表 6-1 给出了中国人民银行的组织架构。

表 6-1　　中国人民银行组织架构

中央纪委国家监委驻中国人民银行纪检监察组				
内设部门				
办公厅（党委办公室）	条法司	货币政策司	宏观审慎管理局	金融市场司
金融稳定局	调查统计司	会计财务司	支付结算司	科技司
货币金银局（保卫局）	国库局	国际司（港澳台办公室）		内审司
人事司（党委组织部）	研究局	征信管理局	反洗钱局	金融消费权益保护局
党委宣传部（党委群工部）	机关党委	离退休干部局	参事室	工会
团委				
上海总部				

直属机构

中国人民银行机关服务中心（http://www.pbc.gov.cn/jiguanshiwuguanliju/798372/index.html）

中国人民银行集中采购中心（http://www.pbc.gov.cn/jizhongcaigouzhongxin/148054/index.html）

中国反洗钱监测分析中心（http://camlmac.pbc.gov.cn）

中国人民银行征信中心（http://www.pbccrc.org.cn）

中国外汇交易中心（全国银行间同业拆借中心）（http://www.chinamoney.com.cn）

中国金融出版社（http://www.chinafph.com）

金融时报社（http://www.financialnews.com.cn）

中国人民银行清算总中心（http://www.cncc.com.cn）

中国印钞造币总公司（http://www.cbpm.cn）

中国金币总公司（http://www.chngc.net）

中国金融电子化公司（http://www.icfcc.com）

中国人民银行党校（http://www.pbc.gov.cn/dangxiao/135390/index.html）

中国金融培训中心（http://www.chinacft.org）

中国人民银行郑州培训学院（http://www.pbcti.cn）

中国钱币博物馆（http://www.cnm.com.cn）

中国人民银行金融信息中心（http://www.pbc.gov.cn/jinrongxinxizhongxin/148526/index.html）

续表

分支机构				
上海分行	天津分行	沈阳分行	南京分行	济南分行
武汉分行	广州分行	成都分行	西安分行	营业管理部（北京）
重庆营业管理部	石家庄中心支行	太原中心支行	呼和浩特中心支行	长春中心支行
哈尔滨中心支行	杭州中心支行	福州中心支行	合肥中心支行	郑州中心支行
长沙中心支行	南昌中心支行	南宁中心支行	海口中心支行	昆明中心支行
贵阳中心支行	拉萨中心支行	兰州中心支行	西宁中心支行	银川中心支行
乌鲁木齐中心支行	深圳市中心支行	大连市中心支行	青岛市中心支行	宁波市中心支行
厦门市中心支行				

资料来源：中国人民银行网站。

从职能上看，各个国家的中央银行有诸多共同点。例如，根据美联储公布的资料，**美联储的职能**可以概括为以下五点：（1）执行国家的货币政策；（2）帮助维持金融体系稳定；（3）监督和管理金融机构；（4）提升支付清算体系的安全与效率；（5）促进消费者保护和社会发展。

在我们国家，1995 年颁布的《中国人民银行法》（2003 年 12 月第一次修订、2020 年第二次修订草案征求意见稿发布）明确列出了我国中央银行的 19 条职责，中国人民银行网站也设有专栏对"中国人民银行职责"进行详细阐释。综合来看，中国人民银行的职责内容可以归纳为五个主要方面，即制定金融法规、执行金融政策、监管金融机构、维护金融稳定与安全和提供金融服务，其中提供金融服务的职责包括建设和维护金融基础设施、负责金融统计、发行人民币和经理国库以及促进消费者保护和推动建立社会信用体系等具体内容。

根据《中国人民银行法》的相关规定，中国人民银行的职责包括以下内容：

（1）拟订金融业重大法律法规草案，制定审慎监管基本制度，发布与履行职责有关的命令、规章；

（2）制定和执行货币政策、信贷政策，负责宏观审慎管理；

（3）负责金融控股公司等金融集团和系统重要性金融机构基本规则制定、监测分析与并表监管，牵头交叉性金融业务的基本规则制定和监测评估；

（4）牵头负责系统性金融风险防范和处置，组织实施存款保险制度，根据授权管理存款保险基金；

（5）牵头国家金融安全工作协调机制，组织实施国家金融安全审查工作；

（6）监督管理银行间债券市场、货币市场、外汇市场、票据市场、黄金市场及上述市场有关场外衍生产品；

（7）牵头负责重要金融基础设施建设规划并统筹实施监管；

（8）制定和实施人民币汇率政策，负责人民币跨境管理；

（9）管理国家外汇管理局，实施外汇管理和跨境资金流动管理，维护国际收支平衡，持有、管理和经营国家外汇储备和黄金储备；

（10）负责金融业综合统计、调查、分析和预测；

（11）负责金融标准化和金融科技工作，指导金融业网络安全和信息化工作，指导监督金融业关键信息基础设施安全保护工作，制定金融数据安全监管基本规则；

（12）发行人民币，管理人民币流通；

（13）统筹国家支付体系建设并实施监督管理；

（14）经理国库；

（15）牵头负责全国反洗钱和反恐怖融资工作；

（16）管理征信业和信用评级业，推动建立社会信用体系；

（17）制定金融消费者保护基本制度，牵头建立金融消费者保护协调机制；

（18）作为国家的中央银行，从事有关国际金融活动，开展国际金融合作，会同其他金融监督管理部门推进金融业对外开放；

（19）党中央、国务院规定的其他职责。

第2节 中央银行资产负债表

一、中央银行资产负债表基本内容解析

中央银行资产负债表是其开展货币发行业务和货币政策业务所形成的债权债务存量报表。中央银行资产负债业务的种类、规模和结构，都综合地反映在一定时点的资产负债表上。各国中央银行在编制资产负债表时主要参考国际货币基金组织的格式和口径，从而使各国中央银行资产负债表的主要项目与结构基本相同。

表6-2展示了2022年3月中国人民银行资产负债表。可以看到，人民银行资产负债表的资产端包括国外资产、对政府债权、对其他存款性公司债权、对其他金融性公司债权、对非金融性部门债权和其他资产。其中"债权"是一个比较概括（抽象）的说法，如人民银行持有的国债以及人民银行给政府部门的贷款都属于"对政府债权"的一种。其他国家（如美国）的中央银行负债表中资产项目名称并不使用"债权"（即 Claims）这样的说法，而是直接列出具体资产项目名称，这样相对更加具体而且比较清晰。

表6-2　　　　中国人民银行资产负债表（2022年3月）

资产项目	亿元	占比（%）	负债项目	亿元	占比（%）
A1 国外资产	226202.31	56.73	L1 储备货币	335458.34	84.13
A1a. 外汇	213494.82	53.54	L1a. 货币发行	100737.77	25.26
A1b. 货币黄金	2855.63	0.72	L1b. 金融性公司存款	215231.70	53.98
A1c. 其他国外资产	9851.87	2.47	L1c. 非金融机构存款	19488.86	4.89

续表

资产项目	亿元	占比（%）	负债项目	亿元	占比（%）
A2 对政府债权	15240.68	3.82	L2 不计入储备货币的金融性公司存款	7090.10	1.78
A3 对其他存款性公司债权	129348.52	32.44	L3 发行债券	950.00	0.24
A4 对其他金融性公司债权	4118.03	1.03	L4 国外负债	1188.03	0.30
A5 对非金融性部门债权	0	0	L5 政府存款	42002.79	10.53
A6 其他资产	23816.35	5.97	L6 自有资金	219.75	0.06
			L7 其他负债	11816.88	2.96
总资产	398725.89	100	总负债	398725.89	100

说明：(1) 自 2017 年起，对国际金融组织相关本币账户以净头寸反映。(2) "非金融机构存款"为支付机构交存人民银行的客户备付金存款。(3) 金融性公司存款包括其他存款性公司存款和其他金融性公司存款。

下面具体解释一下人民银行资产负债表中的资产端和负债端各项内容。**首先，资产端**包括 6 个科目，我们在表中使用资产的英文单词首字母 A 作为标识，将 6 个科目从 A1 列到 A6，具体解释如下：

A1（国外资产）：主要包括外汇、黄金储备和其他国外资产（对外国政府和国外金融机构贷款、未在别处列出的其他官方国外资产、在国际货币基金组织中的储备头寸、特别提款权持有额等）。其中外汇项就是指中央银行口径的外汇占款，外汇占款是中央银行用本国货币购买外汇形成的人民币资金额度，按历史成本计价。注意，这里的外汇项只反映中央银行的购汇行为，并不反映商业银行的购汇行为。如果把中央银行的购汇行为和商业银行的购汇行为加总到一起，就形成了所谓的外汇储备，外汇储备科目统计在"金融机构人民币信贷收支表"中。"黄金"项下记录的是中央银行在国内和国际市场上购买黄金所投放的人民币。在国内市场直接用人民币购买黄金，在国际市场利用外汇储备购买（换算成人民币）。"其他国外资产"则主要记录中央银行持有的国际货币基金组织头寸、特别提款权（SDR）等。

A2（对政府债权）：即对中央政府债权，1995 年《中国人民银行法》规定"中国人民银行不得对政府透支，不得直接认购、包销国债和其他政府债权"，所以既有"对政府债权"项余额为历史沉淀。这一项统计的实际上是历史上中央政府批准财政部发行的特别国债金额。所谓特别国债就是指特殊用途的国债（不经常发行），中央政府通过财政部在 1998 年向传统四大国有银行发放 2700 亿元人民币的长期国债，经由人民银行购买后为四家商业银行补充资本金；在 2007 年，中央政府批准财政部第二次发行特别国债 1.55 万亿元人民币，用于向中国人民银行购买 2000 亿美元的外汇储备，为**中国投资有限公司**注资。表 6-2 中对政府债权额度并不完全等于上述两次的金额总和（即 1.524 万亿元≠1.55 万亿元+0.27 万亿元），是因为部分特别国债到期后进行兑付，同时财政部还采取滚动发行的方式继续向商业银行定向发行特别国债，然后人民银行通过公开市场操作再买入特别国债抵补到期了的特别国债，从而使得人民银行资产项下的特别国债金额保持相对稳定。

另外需要注意，"对政府债权"项不包括普通国债。这主要是由于我国国债发行规模相对经济总量较低（中国不足20%，而美国则是70%以上），而且期限结构集中于中期，一年以内的短期国债和10年以上的长期国债发行量很少，中国人民银行的公开市场操作中很难开展国债现券交易，而是采取回购协议的方式进行买卖（质押式回购）。由于质押式回购的债券所有权并没有发生改变，只是作为质押品，所以不体现在"对政府债权"科目，而是根据人民银行的交易对手是存款性公司还是金融性公司进行相应记账。例如，人民银行与中国银行进行逆回购操作，标的资产是普通国债100万元，那么此时人民银行的资产端"对其他存款性公司债权"增加100万元，同时负债端"其他存款性公司存款"增加100万元，即基础货币增加100万元。

A3（对其他存款性公司债权）：中国人民银行对这些存款性金融机构（包括商业银行、信用合作社、政策性银行和外资银行等）发放的信用贷款、再贴现、持有的其他存款性公司发行的金融债券等。注意，这里的"其他存款性公司"就是指商业银行等存款性公司，相对于人民银行，它们都被称为"其他……"。

A4（对其他金融性公司债权）：其内容与对其他存款性公司的债权基本相同，主要是对这些公司提供的再贷款，差别在于债权对象是两类不同的金融机构。其他金融性公司包括证券公司、保险公司、信托投资公司、金融租赁公司、养老基金公司、资产管理公司、期货公司、担保公司和各类金融交易所等。

A5（对非金融部门债权）：指中国人民银行为支持老少边穷地区经济开发所发放的专项贷款。

A6（其他资产）：在表中未作分类的资产。

其次，人民银行资产负债表的**负债端**包括7个大类科目（从L1到L7），具体解释如下：

L1（储备货币）：该项目反映的是中央银行投放的基础货币存量。所谓**基础货币**，就是指中央银行发行的现金（离开中央银行发行库的现金）与各机构在中央银行的准备金存款之和。在我们国家，各机构在中央银行的准备金存款包括存款性公司在中央银行的准备金和非金融机构存款，其中非金融机构存款是指第三方支付机构向中央银行缴存的客户备付金存款。我们在下一章将会看到，因为它们是货币供应的基础，所以称为基础货币（Base Money）或者货币基础（Monetary Base），有时也称为高能货币（High Power Money）。

> 基础货币指中央银行发行的现金与其他存款性公司在中央银行的准备金存款之和。

L2（不计入储备货币的金融性公司存款）：这一项主要是指证券公司、信托公司等非存款性金融机构在人民银行的存款，2011年之后人民银行按照IMF的标准不再纳入基础货币而单列此项。

L3（发行债券）：中国人民银行发行的债券，是人民银行为了回收流动性而发行的票据。近年来人民银行逐步减少了中央银行票据的发行。

L4（国外负债）：主要包括国际金融机构在中国人民银行的存款。

L5（政府存款）：各级政府在中国人民银行的财政性存款。

L6（自有资金）：中国人民银行的资本金数额。

L7（其他负债）：不包含在以上各负债内容中的负债。

在中央银行资产负债表中，负债项下的储备货币尤其值得关注，因为储备货币就是指的基础货币，"储备货币"的说法多少有些误导，本质上就是基础货币。基础货币的构成一般划分为两部分，即"流通中的现金"加"存款准备"。流通中的现金是指公众持有的现金，而存款准备则包括商业银行（及其他金融机构）存放在中央银行的存款以及商业银行的**库存现金**（Vault Cash），库存现金也是按照中央银行存款准备金率的要求计提的存款准备，只不过物理意义上存放在银行的保险柜中（即 Vault）以方便银行使用。

为方便说明，我们在后面的解释中，将统一用 C_p 表示流通中的现金（下标 p 表示 Public），R 表示存款准备（R 包括存放中央银行的存款 F_b 和商业银行库存现金 C_b；R 还可以分为法定存款准备 RR 和超额存款准备 ER），MB 表示基础货币，这样就有

$$R = C_b + F_b \tag{6-1}$$

$$MB = C_p + R = C_p + C_b + F_b \tag{6-2}$$

$$R = RR + ER \tag{6-3}$$

对应于人民银行的资产负债表中储备货币项下，"货币发行"包括了两部分，即公众持有的现金 C_p 和商业银行库存现金 C_b，"金融性公司存款"是金融机构存放于中央银行的准备金存款 F_b。注意，**非金融机构存款**科目是支付机构缴存人民银行的客户备付金存款，其源头是消费者在网上购物时留在第三方支付机构（如支付宝、微信等）的余额，自2017年开始，这些第三方支付机构按人民银行要求缴存"备付金"。"非金融机构存款"本属于基础货币中"流通中的现金"，但只要一笔资金被划入"非金融机构存款"，则意味着这笔资金的属性从"流通中的现金"变为"非金融机构存款"项。因此，支付机构上缴客户备付金的机理与商业银行上缴存款准备非常类似：当支付金的缴纳基数上涨时，一定量资金会从中央银行资产负债表的"货币发行"项转移到"非金融机构存款"项。另外还需要注意，中国人民银行对存款准备金的定义口径不包括银行库存现金，但这并不影响基础货币的构成，我们在第8章还会进一步进行阐释。

另外，从表6-2中资产项和负债项各个科目的占比来看，中国人民银行的资产项目中，国外资产占比相当高，对其他存款性公司债权占比排名第二，这暗示出人民银行在公开市场操作业务中可以发挥的空间比较小。作为对比，我们在知识窗中介绍了美联储的资产负债表各项占比，可以看到美联储的资产项下，各种可交易债券占比达到98%，国外资产只占0.49%，凸显了公开市场操作的证券产品买卖在美联储货币政

策调控中的主导地位。事实上，资产占比的结构性特征，决定了或者说反映了不同国家货币政策调控的结构性安排。当然，这种安排也是受到国家经济发展模式和货币的国际化程度影响的。美元作为世界货币，美联储的国外资产占比自然很小。

 **知识窗**

美国联邦储备银行合并资产负债表（2022年4月）

资产	百万美元	占比（%）	负债	百万美元	占比（%）
黄金证券账户	11037	0.12	联储票据	2220968	24.85
特别提款权账户	5200	0.06	逆回购协议	2091563	23.40
硬币	1281	0.01	存款	4557884	50.99
持有证券、未摊销证券溢价和折扣、回购协议和贷款	8824041	98.71	存款机构定期存款	0	0
持有证券：合计	8481372	94.88	存款机构其他存款	3327551	37.22
美国国债	5764013	64.48	美国财政部一般账户	957419	10.71
短期债券	326044	3.65	外国官方	9905	0.11
中长期名义债券	4975463	55.66	其他存款	263010	2.94
中长期通胀指数债券	380862	4.26	延迟入账现金项目	727	0.01
通胀补偿债券	81644	0.91	财政部对信贷的贡献	21258	0.24
联邦机构债券	2347	0.03	其他负债和应计股息	5539	0.06
抵押贷款支持债券	2715012	30.37	总负债	8897939	99.54
当前持有的未摊销证券溢价	341098	3.82	资本账户	41259	0.46
当前持有的未摊销证券折扣	-23140	-0.26			
正回购协议	0	0			
其他贷款	24711	0.28			
持有贝尔斯登（Maiden-Lane）投资组合净额	37656	0.42			
托收中项目	75	0.00			
银行不动产	621	0.01			
中央银行流动性互换	214	0.00			
外币计价资产	18630	0.21			
其他资产	40443	0.45			
总资产	8939199	100			

数据来源：美联储。

二、中央银行的资产与负债业务的关系

从总体关系上看，负债加上资本等于资产。在自有资本一定的情况下，中央银行的资产持有额增减，必然导致其负债的相应增减；同样道理，如果中央银行的负债总额增加了，则其必然扩大了等额的债权。值得注意的是，与商业银行不同，对中央银行而言，其资产业务并不受到负债业务的约束，本质上是由中央银行的最终目标决定的。中央银行的资产业务对负债业务以及由此引致的货币供应有决定性作用。基础货币的投放是中央银行实施相应资产业务的结果。

> 中央银行资产业务不受负债业务的约束。

为了理解中央银行资产和负债的变化关系，我们把表6-2的中央银行资产负债表简化为如下形式：

中央银行的简化资产负债表　　　　单位：10亿元人民币

资产		负债	
国外资产	+60	流通中现金	+20
证券	+30	银行存款	+80
贴现贷款	+10		

如果中央银行与一级交易商进行公开市场操作业务而从商业银行买入10亿元国债，此时其资产项下的有价证券（对应于原始资产负债表中的"对政府债权"项）增加10亿元，而由于中央银行支付了10亿元给商业银行，商业银行在中央银行的存款就会相应增加10亿元，此时中央银行资产负债表变为

中央银行的简化资产负债表　　　　单位：10亿元人民币

资产		负债	
国外资产	+60	流通中现金	+20
证券	+30 +10	银行存款	+80 +10
贴现贷款	+10		

在这一公开市场操作业务中，商业银行的资产负债表也发生了变化，其资产端的存款准备增加了10亿元，同时有价证券减少了10亿元，即

商业银行资产负债表　　　　单位：10亿元人民币

资产		负债
存款准备	+10	
有价证券	-10	

在这个过程中，由于中央银行购买证券，导致中央银行资产和负债同时增加10亿元，具体来说，中央银行的资产增加10亿元债券，同时带动基础货币增加了10亿元。

类似地,如果中央银行为商业银行提供贴现贷款 10 亿元,则中央银行的资产端贴现贷款增加 10 亿元,同时负债端银行存款也增加 10 亿元,即

中央银行的简化资产负债表　　　　　单位:10 亿元

资产		负债	
国外资产	+60	流通中现金	+20
证券	+30	银行存款	+80 +10
贴现贷款	+10 +10		

当然,除了公开市场操作和贴现贷款业务之外,中央银行还可以开展更多的资产业务,进而影响其负债端各项,特别是基础货币。例如,中央银行从商业银行购买外汇,则其资产项的国外资产增加,与此同时其负债端商业银行的存款准备(即"其他存款性公司存款"项)也相应增加。图 6-1 演示了中央银行资产负债表各项之间的部分关系。其中以下几点值得注意:

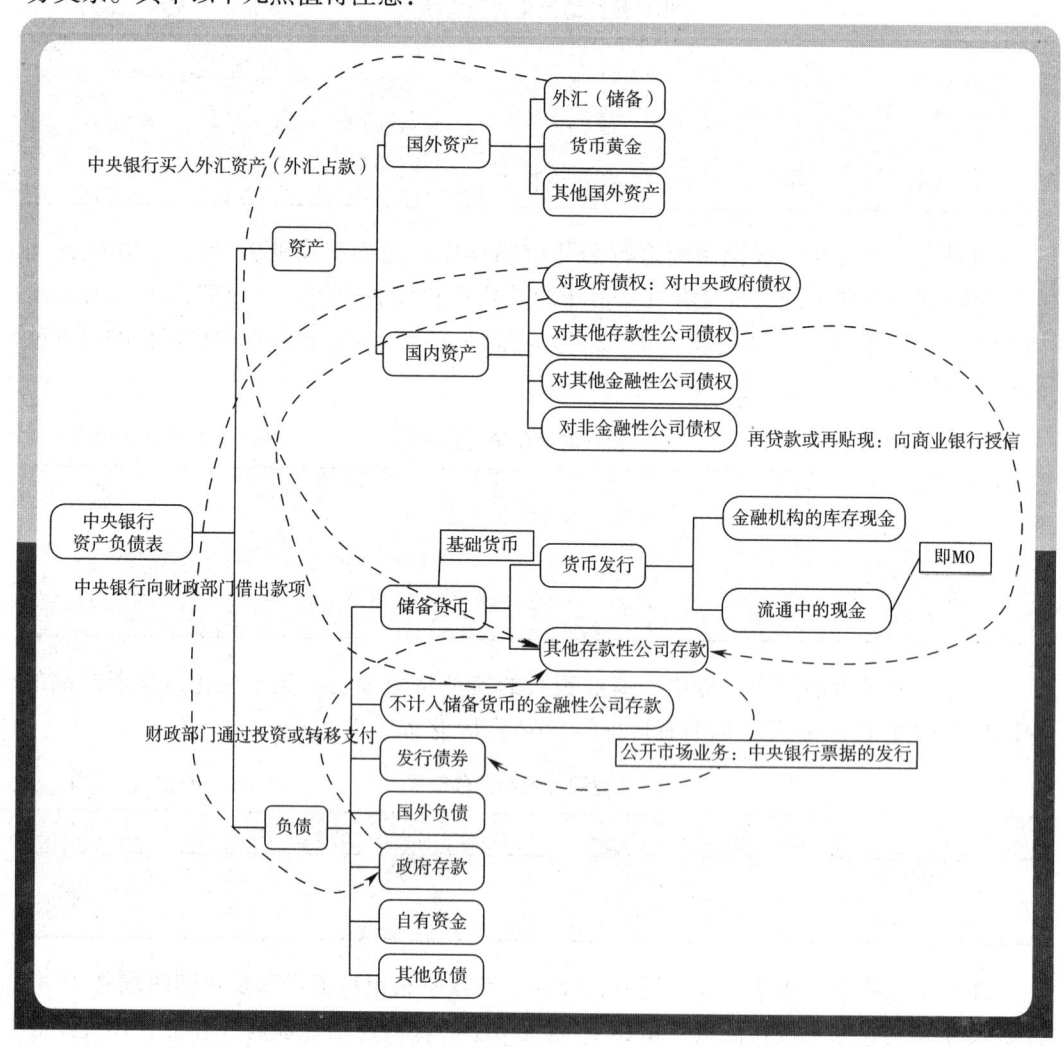

图 6-1　中央银行(中国人民银行)资产负债表关系

(1) 对金融机构债权和对金融机构负债的关系：这两种项目反映了中央银行对金融系统的资金来源与运用的对应关系。两者相等时，不影响资产负债表的其他项目；当债权总额大于负债总额时，若其他对应项目不变，其差额部分通常用货币发行来弥补；反之，会减少货币发行量。

(2) 对政府债权和政府存款的关系：这两种项目属于财政收支的范畴，反映了中央银行对政府的资金来源与运用的对应关系。两者相等时，对货币供应影响不大；若因财政赤字过大而增加的中央银行对政府的债权大于政府存款时，在其他对应项目不变情况下，会出现财政性的货币发行；反之，会消除来自财政方面的货币发行压力。

(3) 国外资产和债券发行及自有资本的关系：若中央银行在增加国外资产的同时，相应增加债券发行或自有资本，一般不会引起中央银行货币发行的变化；反之，将导致货币发行的增减。

当然，项目之间不可能完全机械地一一对应，中央银行可以在各有关项目之间进行灵活调整。

三、中央银行基础货币投放形式

基础货币是货币供应总量的基础，基础货币的投放最终将影响货币供应总量。因此，理解中央银行基础货币的投放形式非常重要。通过以上关于中央银行资产负债表的资产与负债业务关系，我们其实已经初步理解了中央银行的基础货币投放形式，归纳起来可以通过**四种形式进行基础货币投放**：一是通过公开市场操作业务买入证券或者进行逆回购交易，二是以再贷款或再贴现等形式向商业银行授信，三是买入外汇资产，四是财政支出。

第一，中央银行可以通过公开市场操作业务买入证券等业务。所谓公开市场操作，是指中央银行为了调控货币供应总量进而影响市场利率而与一级交易商进行证券买卖的业务。由于中央银行的公开市场业务以金融机构为交易对方，买卖标的可以是国债，所以在货币当局的资产负债表中，这将表现为资产项下"对政府债权"增加以及负债项下"储备货币（其他存款性公司存款）"或"不计入储备货币的其他存款性公司存款"增加。

第二，中央银行以再贷款或贴现等形式向商业银行授信。这部分基础货币经由商业银行的信贷投放、转账存款等周而复始的存款货币派生过程，最终成一定倍数地转化为货币供应的组成。在中央银行的资产负债表中，这将表现为资产项下"对其他存款性公司债权"的增加以及负债项下"储备货币（其他存款性公司存款、货币发行）"的增加。另外，中国人民银行还可以通过公开市场操作进行逆回购交易，人民银行逆回购交易中的第一次交易表现为负债项下"储备货币（其他存款性公司存款）"的增加以及"其他负债"的增加。

第三，我们之前提到过，中央银行从商业银行买入外汇资产也会影响货币投放。这部分基础货币也将经由商业银行的信贷投放派生为货币供应。事实上，这个过程在中国一般是商业银行代理结售汇业务对应的过程。例如，外贸企业到商业银行进行100

万美元结汇，对于商业银行来讲实际是代理结售汇业务，银行按照外汇牌价给企业换汇，然后把外汇上缴人民银行并得到人民银行发放的一笔资金。这个过程中，商业银行的资产端增加了人民银行发放的与外汇对应额度的人民币库存现金，或者简单地说就是银行的资产端存款准备增加，同时负债端企业存款增加。而对于人民银行，这将表现为资产项下对"国外资产（外汇）"的增加以及负债项下"储备货币（其他存款性公司存款）"的增加。中央银行买入外汇资产形成外汇占款，外汇占款也一度已经成为中国人民银行基础货币投放的主要方式。注意，外汇占款反映在人民银行资产负债表中，而外汇储备则反映在全部金融机构信贷收支表中。在金融机构信贷收支表里，不仅记录中国人民银行持有的、反映在资产负债表中的外汇占款，还包括其他金融机构持有的外汇资产。

第四，财政款项的支出也会带来基础货币的投放。在货币当局的资产负债表中，政府存款项是中央和地方政府存放于中央银行的预算内财政存款。中央银行负责经理国库，形成以国库集中收付为主要形式的国库单一账户体系。中央和地方政府的财政存款绝大部分存放于中央银行，存放于中央银行以外的部分主要包括国库定期存款、预算外存款和未结算上缴国库款项，这些存放于商业银行。当财政支出款项时，中央银行负债项下的"政府存款"减少，而支出的款项变为社会公众存款，所以中央银行负债项下的储备货币（其他存款性公司存款）增加，即基础货币增加。

知识窗

中国金融机构信贷收支表（2022年1月数据）

项目	额度（亿元）	占比（%）
来源方项目（Funds Sources）		
一、各项存款（Total Deposits）	2360690.54	81.80
（一）境内存款（Domestic Deposits）	2345674.55	81.28
1. 住户存款（Deposits of Households）	1079150.1	37.39
（1）活期存款（Demand Deposits）	366449.49	12.70
（2）定期及其他存款（Time & Other Deposits）	712700.61	24.70
2. 非金融企业存款（Deposits of Non-financial Enterprises）	681644.41	23.62
（1）活期存款（Demand Deposits）	229653.82	7.96
（2）定期及其他存款（Time & Other Deposits）	451990.6	15.66
3. 机关团体存款（Deposits of Government Departments & Organizations）	305890.46	10.60
4. 财政性存款（Fiscal Deposits）	56447.88	1.96
5. 非银行业金融机构存款（Deposits of Non-banking Financial Institutions）	222541.69	7.71
（二）境外存款（Overseas Deposits）	15015.99	0.52

项目	额度（亿元）	占比（%）
二、金融债券（Financial Bonds）	125313.79	4.34
三、流通中货币（Currency in Circulation）	106188.87	3.68
四、对国际金融机构负债（Liabilities to International Financial Institutions）	5.37	0.0002
五、其他（Other Items）	293664.84	10.18
资金来源总计（Total Funds Sources）	2885863.42	100
运用方项目（Funds Uses）		
一、各项贷款（Total Loans）	1966521.17	68.14
（一）境内贷款（Domestic Loans）	1960174.53	67.92
1. 住户贷款（Loans to Households）	719427.70	24.93
（1）短期贷款（Short-term Loans）	174189.32	6.04
消费贷款（Consumption Loans）	92648.75	3.21
经营贷款（Operating Loans）	81540.57	2.83
（2）中长期贷款（Mid & Long-term Loans）	545238.38	18.89
消费贷款（Consumption Loans）	460852.22	15.97
经营贷款（Operating Loans）	84386.16	2.92
2. 企（事）业单位贷款（Loans to Non-financial Enterprises and Government Departments & Organizations）	1237888.94	42.89
（1）短期贷款（Short-term Loans）	339579.08	11.77
（2）中长期贷款（Mid & Long-term Loans）	766100.65	26.55
（3）票据融资（Paper Financing）	100301.05	3.48
（4）融资租赁（Financial Leases）	29288.19	1.01
（5）各项垫款（Total Advances）	2619.97	0.09
3. 非银行业金融机构贷款（Loans to Non-banking Financial Organizations）	2857.9	0.10
（二）境外贷款（Overseas Loans）	6346.64	0.22
二、债券投资（Portfolio Investments）	512109.62	17.75
三、股权及其他投资（Shares and Other Investments）	187037.61	6.48
四、黄金占款（Position for Bullion Purchase）	2855.63	0.10
五、中央银行外汇占款（Foreign Exchange）	213200.55	7.39
六、在国际金融机构资产（Assets with International Financial Institutions）	4138.85	0.14
资金运用总计（Total Funds Uses）	2885863.42	100

注：1. 本表机构包括中国人民银行、银行业存款类金融机构、银行业非存款类金融机构。2. 银行业存款类金融机构包括银行、信用社和财务公司。银行业非存款类金融机构包括信托投资公司、金融租赁公司、汽车金融公司和贷款公司等。3. "各项存款"含非银行业金融机构存放款项，"各项贷款"含拆放给非银行金融机构款项。

第 3 节 货币政策目标

中央银行作为政府的银行或者说国家的银行,主要职能之一就是制定和实行国家的货币政策。货币政策要实现一定的最终目标（Ultimate Goals），为了实现最终目标需要通过一些中间目标（Intermediate Targets）的调整,而调整这些中间目标,需要运用操作目标变量（Operating Targets,也称为短期目标 Short – range Objectives）。

因此,货币政策目标可以分为最终目标、中间目标和操作目标,中间目标是中央银行用于调整的中间变量,目的是实现货币政策最终目标,而操作目标则是为了实现中间目标的调整而设定的可操作变量,这些操作目标的实现则是以货币政策工具的调整为开始的。图 6 – 2 归纳了从货币政策工具到操作目标再到中间目标进而实现最终目标的流程,能够帮助理解货币政策各个层级目标之间的逻辑关系。

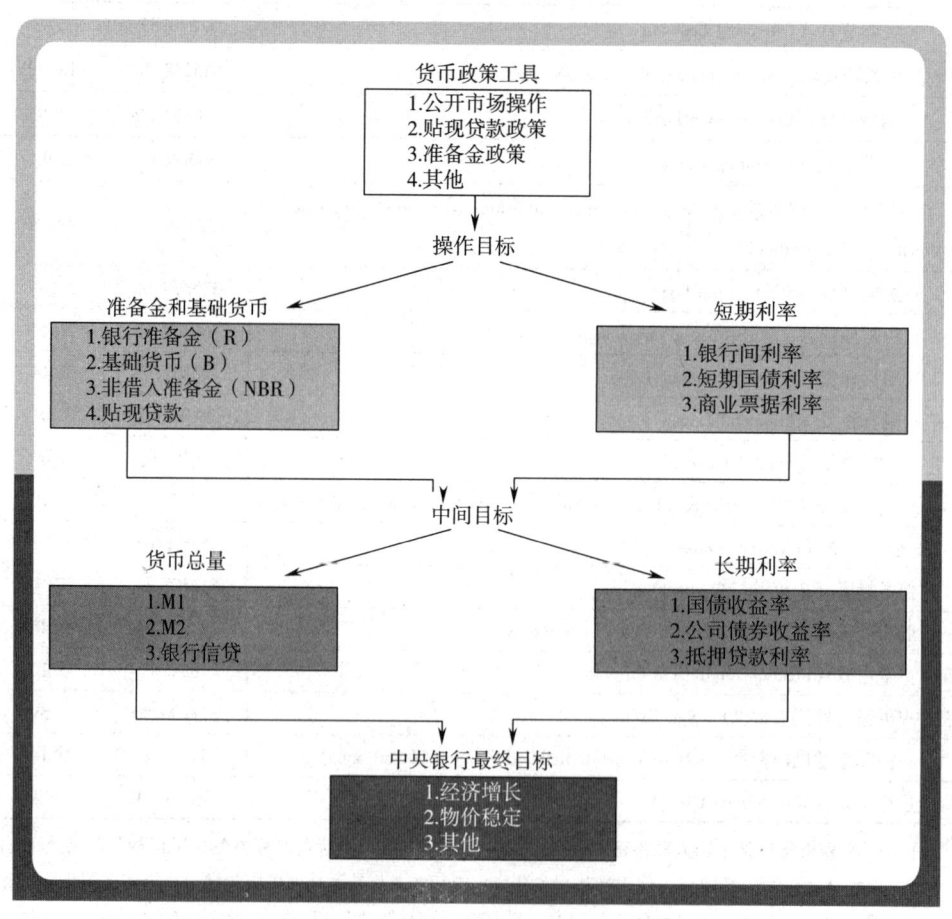

图 6 – 2　货币政策工具以及各层级目标之间的逻辑关系

一、货币政策最终目标

对于货币政策最终目标，不同国家的中央银行法条中的表述有所不同，但是对于大多数国家来说，货币政策的最终目标一般都会包括两项：一是稳定物价，二是促进经济增长。例如，美国联邦储备法中关于美联储货币政策的最终目标陈述是："最大化就业，稳定物价，保持较低的长期利率"（maximum employment, stable prices, and moderate long-term interest rates）；其中最大化就业的意思就是促进经济增长，因为经济学中著名的**奥肯定律（Okun's Law）**指出，失业率（就业率的反面）和经济增长之间存在一一对应的负向关系，所以促进就业就等同于促进经济增长；同时，较低的长期利率是为了保持长期经济增长，因为长期利率决定了企业生产投资的融资成本，所以较低的长期利率有助于企业生产进而有助于经济增长。

我国《中国人民银行法》规定，货币政策最终目标是"保持货币币值的稳定，并以此促进经济增长"。虽然表述中没有稳定物价，但是"保持币值的稳定"包括对内稳定和对外稳定，对内稳定就是稳定物价，对外稳定则是稳定人民币汇率。

因此，稳定物价和促进经济增长是最常见的货币政策最终目标，另外稳定汇率也是比较常见的货币政策最终目标。

首先，稳定物价是货币政策最主要目标。稳定物价的含义是保持通货膨胀率在平稳较低的水平。所谓**通货膨胀（Inflation）**，是指一国总体物价水平持续上涨。与通货膨胀相对的概念是**通货紧缩（Deflation）**，即总体物价水平持续下降。不过，无论通货膨胀还是通货紧缩，其测度水平都是总体物价的变化率，因此可以统称为通货膨胀率或者通胀率，即

$$通胀率 =（当前物价 - 上期物价）/ 上期物价$$

一般来说，代表一国总体物价水平的指标有消费者价格指数（Consumers' Price Index，CPI），GDP 平减指数（GDP Deflator）等（名义 GDP 与真实 GDP 的比值），前者主要测度了一国国民消费篮子的物价水平，后者则涵盖了与 GDP 相关的所有行业的物价水平。图 6-3 给出了 1993 年第一季度至 2022 年第一季度中国 CPI 通胀率与 GDP 平减指数通胀率的时序走势图，从中可以看到，两个指标在多数时期走势是一致的，不过在某些年份（如 2010 年、2015 年）二者的水平值差别比较明显，主要原因在于二者的统计口径（包含的成分）不同。

高通胀率意味着物价上涨的速度很快，会扭曲价格信号，给市场带来很高的不确定性，造成资源分配的市场效率损失，同时还可能造成收入分配的失衡等负面效应。当然，过低的通胀率甚至负通胀率（即通货紧缩）又不利于企业生产，本质上是因为企业的真实融资成本是由名义利率减去通胀率，如果通胀率很低（其他条件不变），则企业的真实融资成本会上升，这样会抑制企业扩张动机，不利于经济增长。因此，中央银行必须时刻关注通胀率的变化，在必要时进行货币政策调整来稳定物价。当然，多高的通胀率水平是平稳较低呢？一般认为，发达国家在 2%~3% 比较合适，发展中国家可以略高于这一范围，如 3%~5% 也是不错的通胀率水平。

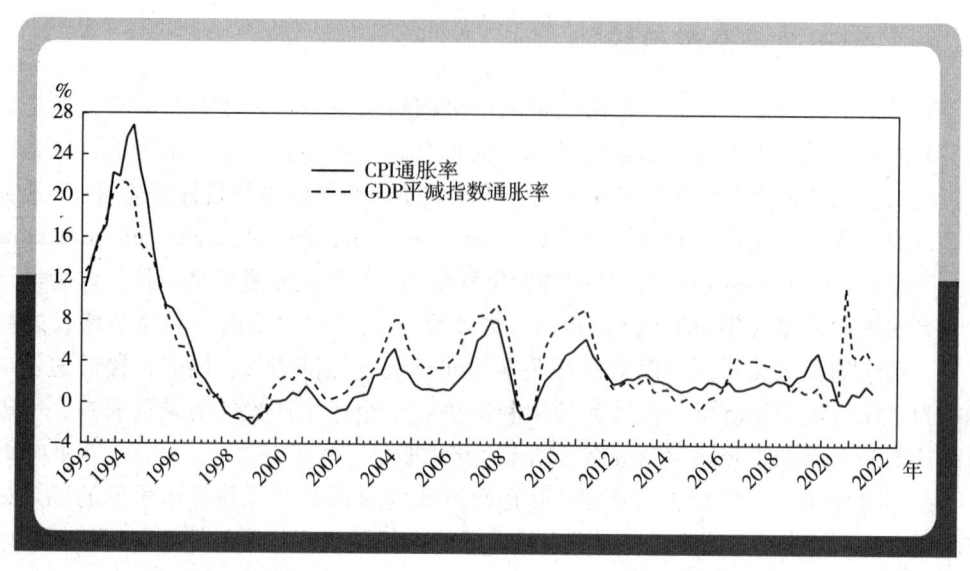

说明:原始数据来源于中国国家统计局,经作者计算;1993 年第一季度至 2022 年第一季度。

图 6-3 中国 CPI 通胀率与 GDP 平减指数通胀率(基于同比增长率计算)

其次,促进经济增长也是货币政策重要的最终目标。稳定的经济增长与高就业率紧密联系,奥肯定律的核心内容就是当经济增长强劲的时期,商业活动和企业生产都会比较活跃,企业需要雇更多的员工,全社会的失业率就会下降,就业率上升。

再次,汇率稳定也是货币政策常见的最终目标。事实上,汇率稳定对于任何国家的经济发展都很重要,特别是随着国际贸易的不断增加,各国之间的贸易会受到汇率变化的影响。如果汇率大幅波动,会导致进出口贸易商的成本和收入发生剧烈变化,不仅会带来一国净出口额(出口减去进口)的剧烈变化,而且因汇率变化而造成进口商品售价上升或下降会带来国内物价变化。也就是说,如果汇率不稳定,那么国家的经济增长(净出口是经济增长的一部分)和物价稳定都会受到影响,因此很多国家的货币政策最终目标都明确包括汇率稳定。

另外,货币政策最终目标还可以包括利率稳定和金融市场稳定等,这些都多少与经济增长和物价稳定存在内在联系。因此,稳定物价和促进经济增长是货币政策最终目标的核心。

二、货币政策中间目标

为了实现货币政策最终目标,中央银行需要选择一些能够对政策工具进行快速反应的中间变量,也就是中间目标。中间目标按照反应的快慢可以进一步细分为短期中间目标和中期中间目标(见图 6-2)。而且,**中间目标的选择需要遵循三个标准,即可测性、可控性和相关性。**

可测性是说中间目标应该很容易准确及时地测度,如果中间目标都无法准确测度,那么要想通过中间目标调控最终目标就更困难。例如,名义利率变量的数据不仅非常容易获得，而且每日都有准确及时的利率水平信息，所以就适合作为中间目标。相反，真实利率变量（等于名义利率减去通胀预期）就不适合作为中间目标，因为人们的通胀预期实际上是不容易准确获知的。

可控性是说中间目标应该是中央银行很容易掌控的，所谓容易掌控，就是中间目标的主要影响因素不能过多，用经济学术语讲就是内生性不能太强，例如，长期利率会受到经济周期和通胀预期等诸多因素强烈影响，就不适宜做中间目标；而短期利率相对容易受到中央银行的调控，就可以作为中间目标使用。

相关性又可以称为重要性或者预测性，即中间目标对最终目标来说是重要的影响变量，或者说中间目标对最终目标具有预测效应，总之中间变量一定要与最终变量具有紧密的相关性。即使中央银行能够很好控制一些变量，但是如果这些变量与货币政策最终目标没有紧密联系，这些变量作为中间调控目标也就没有意义。

中间目标可以划分为短期和中期，短期的是中央银行可以通过货币政策工具快速进行调控的目标，也可以称为操作目标，中期目标则是通过短期操作目标进一步影响的变量。当然，货币政策中间目标还按照数量型和价格型进行分类，数量型包括货币供应量（如M2），价格型包括利率（如银行间利率、国债利率）等。

三、货币政策操作目标（短期的中间目标）

货币政策操作目标是距离货币政策工具最近的反应变量，是短期的中间目标变量。一般来说，货币政策工具变化以后，货币政策操作目标首先反应，然后才会影响中期的中间目标，进而传导到最终目标。如果非要对比中期的中间目标和操作目标（即短期的中间目标），那么操作目标在可测性和可控性方面程度更高，而中期的中间目标则在与最终目标的相关性层面更强。

具体来说，操作目标也可以分为数量型和价格型，数量型包括存款准备、基础货币和非借入准备金等，价格型包括联邦基金利率等。其中**非借入准备金**（NBR：Non-borrowed Reserve）与**借入准备金**（Borrowed Reserve）相对，借入准备金是指商业银行通过贴现贷款等形式从中央银行直接借入的准备金，而非借入准备金是指商业银行通过与中央银行的公开市场操作业务获得的准备金，因为是否进行贴现贷款由商业银行决定，所以中央银行对借入准备金没有主动控制力，而对非借入准备金的控制力更高。

> 借入准备金是指商业银行通过贴现贷款等形式从中央银行直接借入的准备金。

> 非借入准备金是指商业银行通过与中央银行的公开市场操作业务获得的准备金。

注意，美国的**联邦基金利率**（Federal Funds Rate）是联邦基金的拆借利率，是美国货币政策的操作目标。联邦基金实际上不是传统的基金，而是美国的商业银行在联邦储备银行的存款准备金，有的银行存款准备充沛而有的银行则可能短缺，因此各商业银行彼此之间可以进行拆借，这就形成了联邦基金拆借市场，对应的隔夜拆借利率就叫联邦基金利率。

四、货币政策目标的历史演进

需要注意的是,不同国家拥有不同的金融体系,因此政策工具、操作目标以及中间目标对应的变量或有不同。例如,短期市场利率既可以是中间目标又可以是政策工具:在官定利率体系下,基准利率由中央银行直接决定,中央银行可以直接宣布利率调整幅度,这时利率就是货币政策工具;而在市场利率背景下,中央银行可以通过存款准备金率和公开市场操作等工具来调控市场利率,这时利率又成为了政策操作目标。

即使同一个国家,不同时期的政策工具和政策目标也会发生变化。例如,20世纪70至80年代,美联储采纳货币主义学派的主张,主要盯住货币供应总量作为中间目标;而在20世纪80年代中后期以后,凯恩斯和新凯恩斯主义的政策主张更为盛行,因此美联储改为盯住利率作为中间目标。

这种转变既折射出经济和金融学科的理论发展历程,也反映了政策实践的现实比较结果:在20世纪80年代以前,货币主义学派主张通过总量指标进行政策调控,这一主张也得到了世界很多国家的认可;但是随着经济发展和货币形态极易发生的丰富和变化,总量指标的精准统计和测度越来越不容易,而且20世纪80年代之后新凯恩斯主义经济学家经过不断的学术研究证明,货币总量指标作为中间目标进行政策调控带来的经济波动率远高于利率作为中间目标进行调控对应的结果。另外,美联储主席保罗·沃尔克(Paul Volker)1979年至1982年抛弃利率而采纳货币总量作为中间目标时带来的经济波动,也成为利率在货币政策目标诸多变量中胜出的重要动因。

因此,20世纪80年代中后期开始,以利率为代表的价格型指标在货币政策传导机制中扮演日益重要的角色。美国自2006年之后停止了统计广义货币M3,也从一个侧面反映出货币总量指标在货币政策传导机制中的作用和地位日渐下降。事实上,20世纪90年代以后,美联储就不再公布货币供应增长率目标,而是完全采取联邦基金利率作为操作目标。

对于中国来说,自1995年《中国人民银行法》实施以来,人民银行的中间目标主要是货币供应量。不过,发达国家的理论发展和政策实践对中国也带来明显的影响。例如,人民银行自2007年开始主导设立上海银行间同业拆借利率(SHIBOR),目标就是增强利率指标在货币政策传导机制中的作用。随着中国利率市场化的不断发展,利率在中国货币政策目标中扮演的角色日益增强。

第4节 货币政策工具

通过第3节的介绍,我们看到货币政策最终目标的实现需要借助中间目标和操作目标作为桥梁,而操作目标和中间目标的实现,则需要中央银行直接运用货币政策工具进行调整。从现代中央银行业务来看,货币政策工具主要包括三种:一是公开市场操作,二是贴现贷款,三是存款准备金。这三种工具被世界各国中央银行普遍使用,尽管不同国家的具体名称可能有所不同,但是本质上大同小异。

一、公开市场操作

公开市场操作是指中央银行与其指定的一级交易商在公开市场进行证券的买卖业务。一般来说,中央银行在这个市场上具有权威地位,可以要求一级交易商(如主要商业银行)与其进行国债、银行汇票或者其他证券的买卖业务。具体交易的规模和时间节点都完全由中央银行来安排。中央银行通过公开市场进行证券的买卖可以影响商业银行的银行间利率、存款准备、基础货币和货币总量指标。

我们来看一个具体的例子。假定中央银行在公开市场从商业银行买入10亿元人民币的金融债券,那么中央银行的资产端增加10亿元证券,负债端增加10亿元商业银行存款(在中国就是"其他存款性公司存款"项增加10亿元),而商业银行的资产端增加存款准备10亿元,同时资产端减少证券10亿元,即

中央银行		商业银行	
资产	负债	资产	负债
有价证券　+10亿	银行存款　+10亿	存款准备　+10亿 有价证券　-10亿	

可见,中央银行通过购买证券可以新增存款准备,与此同时,中央银行的基础货币(现金+存款准备)也就增加了。因为基础货币通过货币乘数效应生成货币供应(将在第7章第4节详细介绍),所以中央银行通过公开市场买入证券可以带动货币供应扩张。因此也成为现代中央银行吞吐基础货币、调节市场流动性的非常有威力的政策工具。

当然,从历史发展脉络来看,公开市场操作并不一定在各国中央银行成立之初就扮演重要角色。例如,美联储在1913年成立之后一直到20世纪20年代都是主要采用贴现贷款作为主要货币政策工具。由于美联储不是完全公立机构,所以有一定盈利需要,但是20世纪20年代初其贴现贷款数量大幅下降导致其利息收入下降,美联储各支行为了应对这种状况开始在市场上买入美国国债。让美联储颇感意外的是,买入国债的交易竟然使市场利率很快开始下降而且信贷环境得到好转,这才让美联储意识到公开市场操作可以作为一个新的货币政策工具。

对于中国的中央银行来说,公开市场操作正在逐渐成为主要政策工具之一。中国的公开市场操作包括人民币操作和外汇操作两部分。外汇公开市场操作1994年3月启动,人民币公开市场操作1998年5月恢复交易,规模逐步扩大。1999年以来,公开市场操作发展较快。中国人民银行从1998年开始建立公开市场业务一级交易商制度,选择了一批能够承担大额债券交易的商业银行作为公开市场业务的交易对象。近年来,公开市场业务一级交易商制度不断完善,一级交易商的机构类别也从商业银行扩展至证券公司等其他金融机构。

公开市场操作业务内容非常丰富,如果从中央银行的交易目的来看,**公开市场操**

作可以分为**防御型操作和主动型操作**两类。防御型操作主要是运用公开市场操作去应对（冲销）市场其他因素带来的银行存款准备金和基础货币变化。例如，财政在中央银行的存款（即财政存款）突然增加，这会导致商业银行在中央银行存款增加，从而基础货币增加，并会影响货币供应总量。或者，出口贸易换取的外汇存入商业银行，商业银行上缴中央银行后也会导致基础货币和货币供应增加。不管哪种情况，都不是中央银行针对宏观经济进行主动调控的结果。此时，为了冲销外部因素带来的基础货币等变化，中央银行可以进行公开市场操作（如卖出证券）从而对冲这些影响。而主动型公开市场操作则是中央银行针对宏观经济运行状况变化而动态调整公开市场操作业务，所以主动型也称为动态公开市场操作。

如果从公开市场交易的产品形式来看，则可以分为**现券交易**（Outright Transaction）和**回购协议**交易。一般情况下，中央银行运用现券交易可以永久性影响商业银行的存款准备和货币总量。现券交易分为现券买断和现券卖断两种（所谓买断或者卖断就是一次性交易的意思，与回购交易相对），前者为中央银行直接买入债券，一次性地投放基础货币；后者为中央银行直接卖出持有债券，一次性回收基础货币。

而中央银行的回购协议交易则是为了对冲上面所讲的由于外部因素造成存款准备和基础货币变化的临时影响。**回购协议**可以分为**正回购和逆回购**两种。

在公开市场操作中，对于中国人民银行来说，正回购操作是中央银行向一级交易商卖出证券并约定在未来特定日期买回证券的交易行为，正回购是中央银行从市场回收流动性的操作，正回购到期则为中央银行向市场重新释放流动性的操作；逆回购是中央银行向一级交易商买入证券并约定在未来特定日期将证券卖回交易商的交易行为，逆回购是中央银行向市场释放流动性的操作，逆回购到期则为中央银行从市场回收流动性的操作。

> 对中国人民银行来说，正回购协议是卖出证券并约定在未来特定日期将该笔证券买回的交易行为。

> 对中国人民银行来说，逆回购则是买入证券并约定在未来特定日期将证券卖回交易对手的交易行为。

注意，回购协议是个很广的概念，银行之间也有很多回购协议交易，只是交易方是银行而非中央银行。因此，正回购和逆回购的定义是相对的，中国是从中国人民银行角度定义的，美联储的回购协议是从交易商角度定义的，所以美联储所说的正回购与逆回购与中国人民银行的定义是相反的。因此，美联储的逆回购操作是美联储回收流动性的操作，而美联储的正回购则是释放流动性的操作。

回购交易对于中央银行进行防御性干预具有重要作用。例如，当财政部的融资增加（发行国债）时，由于国债供给量增加，价格下降，收益率相应上升（因为债权价格与收益率成反比）。为了缓解国债收益率的上扬压力，中央银行可以进行回购交易，即临时买入一级交易商的证券，此时银行临时获得更多的存款准备，对国债需求会相应增加，这样就可以冲销财政发债带来国债收益率短时大幅波动的影响。

中央银行与一级交易商进行回购交易时，双方资产负债表的记账规则与现券交易情形下有所不同。举例来说，假设中央银行与商业银行开展回购业务、签订回购协议，商业银行将价值100万元的有价证券质押给中央银行，协议到期后商业银行按照约定价格（如105万元）回购。这笔业务本质上相当于商业银行通过质押形式从中央银行获得100万元的贷款，到期后以105万元的价格偿还。回购协议之初，中央银行与商业银行的资产负债表变化如下：

中央银行				商业银行			
资产		负债		资产		负债	
对商业银行债权	+100万	银行存款	+100万	存款准备	+100万	向中央银行借款	+100万

从上面例子中可以看到，中国人民银行开展回购业务会带来中央银行资产负债表的相应变化。事实上，对于中央银行来说，在回购业务的两次操作中，正回购和逆回购的第一次操作带来的中央银行资产负债表变化规则有所不同：逆回购首次操作是中国人民银行的资产项下增加对金融机构借款（如对商业银行债权），同时在负债下增加储备货币（金融机构在中央银行的准备金增加）；而正回购首次操作则只影响中国人民银行的负债项下科目，即减少储备货币，增加其他负债。当回购业务进行第二次操作时，逆回购带来中国人民银行资产项下减少对金融机构借款，同时在负债项下减少储备货币；正回购则带来中国人民银行负债项下增加储备货币，减少其他负债。

从实践操作来看，在债券市场和银行间市场发达的背景下，公开市场操作作为货币政策工具有很多优点，首先是调控具有精准性，其次是调控具有灵活性，再次是调控具有主动性。当然，如果债券市场不发达（如交易范围窄、交易不活跃等），银行间金融产品也匮乏，那么公开市场操作要发挥理想的工具作用就会困难重重。事实上，美国在20世纪50—60年代，由于一级交易商的地域性限制（大部分交易商集中于纽约），公开市场操作效果曾经一度陷入僵局。

如今，公开市场操作是美联储最主要的货币政策工具之一，而且公开市场操作能够快速有效地影响美国市场基准利率，即美联储的货币政策操作目标**联邦基金利率**。当美联储在公开市场买入证券或者其他产品时，商业银行会新增存款准备金，而这些新增存款准备大部分都是超额准备，即超出法定存款准备金率要求的额度。这样，商业银行第一反应就是把超额准备在联邦基金市场上放贷出去。此时联邦基金的供应增加，其他条件不变的情况下，联邦基金利率就会相应下降，如图6-4所示。相反，如果美联储在公开市场上售出证券，此时就会减少银行间可拆借资金的供给，联邦基金利率应声上升。这样，美联储就可以通过公开市场操作快速有效地调整联邦基金利率，进而调控货币政策中间目标和最终目标。

因为美联储的正回购和逆回购交易方向与中国人民银行的定义恰好相反，所以美联储开展逆回购操作时其资产负债表中资产和负债两侧同时发生变化，正回购操作时则只有负债侧变化。美联储在其资产负债表两侧有明确的正回购和逆回购科目，所以美联储逆回购的第一次操作是在资产侧增加回购余额，同时在负债侧增加基础货币。美联储正回购的第一次操作则是在负债侧增加逆回购余额，同时在负债侧减少基础货币。

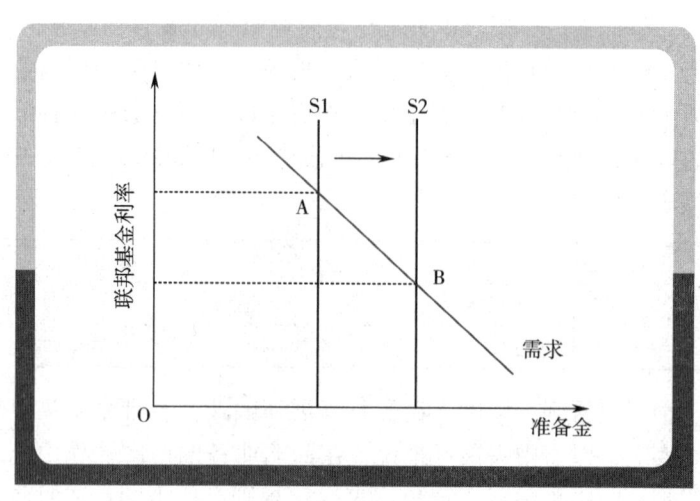

图 6-4 联邦基金供给与需求影响联邦基金利率

中国公开市场操作的具体形式也在不断丰富。例如，2013 年 1 月，中国人民银行创设了短期流动性调节工具（Short-term Liquidity Operations，SLO），作为公开市场常规操作的补充，在银行体系流动性出现临时性波动时相机使用。2014 年 9 月，中国人民银行创设了中期借贷便利（Medium-term Lending Facility，MLF），也属于一种公开市场操作工具。MLF 是中央银行提供中期基础货币的货币政策工具，对象为符合宏观审慎管理要求的商业银行、政策性银行，一般通过招标方式开展交易。MLF 采取质押方式发放，金融机构提供国债、中央银行票据、政策性金融债、高等级信用债等优质债券作为合格质押品。MLF 的利率发挥中期政策利率的作用，通过调节向金融机构中期融资的成本来对金融机构的资产负债表和市场预期产生影响，引导其向符合国家政策导向的实体经济部门提供低成本资金，促进降低社会融资成本。

 知识窗

中央银行票据互换工具（CBS）

2019 年 1 月 24 日，中国人民银行发布公告，创设中央银行票据互换工具（Central Bank Bills Swap，CBS），公开市场业务一级交易商可以使用持有的合格银行发行的永续债从中国人民银行换入中央银行票据。1 月 25 日，中国银行发行 2019 年第一期无固定期限资本债券，我国首单商业银行永续债正式落地。

这说明，中国人民银行支持我国商业银行发行永续债补充资本，为加大金融对实体经济的支持力度创造有利条件；也有利于疏通货币政策传导机制，缓解小微企业、民营企业融资难问题，进而实现稳定经济增长。

> 有观点认为商业银行可以通过 CBS 实现出表，降低风险占用，甚至与银行永续债的风险实现隔离。但是从实际交易机制来看，商业银行永续债仍然由商业银行持有，所有权没有发生转移，因此商业银行不能通过 CBS 实现出表，信用风险仍由银行承担，中央银行只对银行永续债的流动性提供支持，不承担信用风险，而且银行换入的中央银行票据不能自动从中央银行获得基础货币。
>
> 一方面，中央银行票据的互换操作提高了永续债的流动性，持有永续债的银行可以把永续债换成中央银行票据，中央银行票据的流动性和信用等级比永续债要高，所以提高了永续债的流动性；另一方面，中央银行推出的中央银行票据互换操作和银保监会所公布的允许保险公司投资永续债的这些政策信号，体现了管理部门对银行补充资本的支持，实际上是改善了预期。从本质上看，中央银行尝试通过货币政策工具创新去建立一个正向的激励机制，鼓励商业银行主动增大对实体经济的支持力度。

二、贴现贷款工具

贴现贷款也是中央银行的重要货币政策工具。贴现贷款的标准说法是贴现窗口政策（Discount Window Policy），本质上就是中央银行向商业银行提供贷款，由于早期商业银行向中央银行申请贴现贷款需要通过中央银行开放的特定窗口进行业务办理，所以才得名"贴现窗口"。发放贴现贷款可以直接增加商业银行的存款准备，从而增加基础货币，进而也会增加商业银行的可贷资金。

不同国家贴现贷款工具的具体形式和要求不尽相同。美联储的贴现贷款分为三级，分别称为一级信贷、二级信贷和季节性信贷，贷款条件按照级别不同有所差异。一级信贷又称为常备信贷工具（Standing Credit Facility），运营良好的商业银行可以向美联储申请任意额度的贴现贷款，但是贴现贷款利率要高于联邦基金目标利率 100 个基点（即 1%）。不难看出，商业银行一般情况下不会选择贴现窗口的一级信贷，因为成本明显高于银行间市场。美联储设立一级信贷工具的目的主要是确保联邦基金的市场利率不要大幅高于设定的目标利率水平。

贴现窗口的二级信贷工具主要面向出现流动性困难的商业银行，相应的利率高于联邦基金目标利率 50 个基点（即 0.5%）。而季节性信贷工具则面向一些受季节性因素影响贷款需求非常大的商业银行，尤其是那些客户对象是农民群体以及旅游景点的小银行。

事实上，美联储的贴现利率在 2003 年之前并不是像现在这样明确要求高于市场利率，而是略低于联邦基金市场利率。此前中央银行认为商业银行通过贴现窗口进行借款，除了贴现利率的成本还要承担一些隐性成本，例如，银行客户会把银行的贴现贷款解读为这家银行财务状况有问题进而影响银行的业务发展，而且申请贴现贷款意味着今后再次申请被中央银行拒绝的概率更高。

在 2003 年之前，美联储对贴现贷款的申请设置许多行政限制，希望商业银行确实有需要才进行贴现贷款，而不是因为寻求贴现利率与市场利率之间的利差利润。然而，银行到底是"真需要"还是为了"利润"，这个标准实在过于模糊。因此，美联储于 2003 年采取了英格兰银行等其他一些中央银行一直使用的伦巴体系①（Lombard System）。核心是中央银行在设定贴现利率时要显著高于货币市场利率，要把贴现贷款视为商业银行的一种权利（Right）而不是特权（Privilege），也就是说任何商业银行只要满足条件都可以借，而且可以连续借款，中央银行通过设定更高的贴现利率就大大限制了商业银行利用贴现窗口政策工具进行套利。

对于中国来说，中国人民银行的再贷款、再贴现以及近年来出现的所谓"常备借贷便利"②（Standing Lending Facility，SLF）都可以看成贴现贷款工具的不同版本。首先，再贷款工具是中央银行向商业银行直接进行贷款，其产生具有历史原因，主要是早期商业银行的存款准备金率要求比较高，而债券市场和银行间市场不够发达，所以商业银行需要中央银行通过再贷款的形式提供流动性。

近年来，随着金融市场和现代化银行体系的发展，再贷款占基础货币的比重逐步下降，结构和投向发生重要变化。新增再贷款主要用于促进信贷结构调整，引导扩大县域和"三农"信贷投放。其次，再贴现是中央银行对金融机构持有的未到期已贴现商业汇票进行贴现从而发放贷款的行为。因为商业银行用来贴现的票据实际上已经是再次被用来贴现获得贷款（首次是银行对企业提供贴现贷款），所以称为再贴现。最后，我国的常备借贷便利是借鉴发达国家的贴现贷款工具。

中国人民银行于 2013 年初创设了常备借贷便利（SLF）等工具，其实更准确的名称应该是常备借贷工具。常备借贷工具是中国人民银行正常的流动性供给渠道，主要功能是满足金融机构期限较长的大额流动性需求，对象主要为政策性银行和全国性商业银行，期限为 1~3 个月，利率水平根据货币政策调控、引导市场利率的需要等综合确定，常备借贷便利以抵押方式发放，合格抵押品包括高信用评级的债券类资产及优质信贷资产等，因此这种工具有点类似中央银行向商业银行发放抵押贷款。

中国人民银行的再贴现工具

中国人民银行通过适时调整再贴现总量及利率，明确再贴现票据选择，达到吞吐基础货币和实施金融宏观调控的目的，同时发挥调整信贷结构的功能。自 1986 年人民银行在上海等中心城市开始试办再贴现业务以来，再贴现业务经历了试点、推广到规范发展的过程。再贴现作为中央银行的货币政策工具之一，在完

---

① 伦巴街是伦敦金融中心的有名大街，伦巴的名字来源于意大利的伦巴区，是最早的银行诞生之地。
② "借贷便利"的这种中文翻译存在误导性，Facility 其实就是国际上标准的用法"工具"的意思，并非新术语。

善货币政策传导机制、促进信贷结构调整、引导扩大中小企业融资、推动票据市场发展等方面发挥了重要作用。

1986年,针对当时经济运行中企业之间严重的货款拖欠问题,人民银行下发了《中国人民银行再贴现试行办法》,决定在北京、上海等十个城市对专业银行试办再贴现业务。这是自人民银行独立行使中央银行职能以来,首次进行的再贴现实践。

1994年下半年,为解决一些重点行业的企业货款拖欠、资金周转困难和部分农副产品调销不畅的状况,中国人民银行对"五行业、四品种"(煤炭、电力、冶金、化工、铁道和棉花、生猪、食糖、烟叶)领域专门安排100亿元再贴现限额,推动上述领域商业汇票业务的发展。再贴现作为选择性货币政策工具为支持国家重点行业和农业生产开始发挥作用。1995年末,人民银行规范再贴现业务操作,开始把再贴现作为货币政策工具体系的组成部分,并注重通过再贴现传递货币政策信号。

1998年以来,为适应金融宏观调控由直接调控转向间接调控,加强再贴现传导货币政策的效果、规范票据市场的发展,人民银行出台了一系列完善商业汇票和再贴现管理的政策。改革再贴现、贴现利率生成机制,使再贴现利率成为中央银行独立的基准利率,为再贴现率发挥传导货币政策的信号作用创造了条件。适应金融体系多元化和信贷结构调整的需要,扩大再贴现的对象和范围,把再贴现作为缓解部分中小金融机构短期流动性不足的政策措施,提出对资信情况良好的企业签发的商业承兑汇票可以办理再贴现。将再贴现最长期限由4个月延长至6个月。

2008年以来,为有效发挥再贴现促进结构调整、引导资金流向的作用,人民银行进一步完善再贴现管理:适当增加再贴现转授权窗口,以便于金融机构尤其是地方中小金融机构法人申请办理再贴现;适当扩大再贴现的对象和机构范围,城乡信用社、存款类外资金融机构法人、存款类新型农村金融机构,以及企业集团财务公司等非银行金融机构均可申请再贴现;推广使用商业承兑汇票,促进商业信用票据化;通过票据选择明确再贴现支持的重点,对涉农票据、县域企业和金融机构及中小金融机构签发、承兑、持有的票据优先办理再贴现;进一步明确再贴现可采取回购和买断两种方式,提高业务效率。

三、存款准备金工具

因为大多数国家的超额存款准备由商业银行自主决定(自愿),所以存款准备金工具主要指的是法定存款准备金率(Required Reserve Ratios),有时也简称存准率。

商业银行并不需要每时每刻都满足存款准备金率的要求,而是要在结算期或者考核期之前达到存准率的要求。例如,中国人民银行针对金融机构的人民币存款,按上旬末一般存款余额来确定计提基数并考核存款准备金额度，美联储则是以两周为周期对商业银行进行考核。另外，美联储还允许商业银行的存款准备金额度跨期结转（最高为存款准备金额度的2%），从而缓解存款准备的刚性考核。

> 法定存款准备金率是指中央银行以法律规定的形式要求商业银行等金融机构对其存款提取的准备金额占存款总额的比率。

中央银行通过调整法定存款准备金率可以影响货币乘数，进而实现货币供应总量的调控。但是需要注意，法定存款准备金率的调整并不必然影响基础货币。例如，假定中央银行现行存款准备金率是10%，商业银行现有储蓄存款10亿元，那么它在中央银行的法定存款准备金至少应该达到1亿元标准，最多可以发放贷款9亿元。假定商业银行并没有把9亿元都发放贷款，也就是说商业银行很可能保持一定的超额存款准备，比如说1亿元，那么此时中央银行和商业银行的简化资产负债表可以写成如下形式：

中央银行		商业银行	
资产	负债	资产	负债
	货币发行　+1亿 银行存款　+2亿	存款准备　+1亿 超额准备　+1亿 贷款　　　+8亿	储蓄存款　+10亿

如果中央银行上调存准率至15%，其他条件不变，那么中央银行和商业银行的资产负债表将发生如下变化：

中央银行		商业银行	
资产	负债	资产	负债
	货币发行　+1亿 银行存款　+2亿	存款准备　+1.5亿 超额准备　+0.5亿 贷款　　　+8亿	储蓄存款　+10亿

此时，我们发现法定存款准备金率的调整并没有影响中央银行资产负债表中的基础货币数量（即 $C+R=1+2=3$ 亿元）。是的，法定存款准备金率的调整一般并不影响基础货币！原因就在于商业银行经常保持一定的超额存款准备，因此存准率的些许变化只会影响存款准备的结构而不改变基础货币的数量。

那么存款准备金率的变化会如何影响货币供应量呢？我们需要回顾一下货币乘数的概念，其定义为货币供应量与基础货币的比值，即

$$m = MS/MB = (C+D)/(C+RR+ER) \quad (6-4)$$

其中，MS 表示货币供应总量（如 M1、M2），MB 表示基础货币。根据定义，货币总量由现金 C 加上存款 D，即 $C+D$；基础货币由现金 C 加上法定存款准备 RR 和超额存款准备 ER。我们把等式（6-4）的分子分母同时除以 D，得到

$$m = MS/MB = (c+1)/(c+rr+er) \quad (6-5)$$

其中，$c = C/D$ 称为现金比率，rr 是法定存准率，er 是超额存准率。从公式（6-5）可以看出，假定其他条件不变，那么法定存款准备金率上升，会降低货币乘数，反之则会提高货币乘数。

存款准备金率作为货币政策工具有三个优点：一是影响速度快，因为中央银行调整存准率之后各大商业银行和其他存款机构马上需要调整它们的存款准备金额度；二是等同性，也就是说存准率对银行和其他存款机构的影响是等同的；三是可以与公开市场操作反向组合使用，比如，中央银行公开市场操作买入证券会提高基础货币，为了避免货币扩张效果太大，中央银行可以同时提高存准率，这样可以降低货币乘数，因为货币供应总量 $MS = MB \times m$，所以 MB 的提高和 m 的减小就可以使得 MS 变化不大。

存款准备金率作为货币政策工具也有缺点：一是太粗放，由于存款数量一般比较大，所以存准率百分数的调整容易造成货币供应量的大起大落；二是缺乏灵活性，主要是说存准率只有上调和下调两个方向，如果本期中央银行上调存准率，但是发现经济运行了一段时间之后遇到外部负面冲击而面临下行压力，此时中央银行如果又下调存准率，会让公众和市场认为中央银行的调控策略存在失误，而且如果存准率忽高忽低，那会给商业银行和其他存款机构带来太大的不确定性。因此，随着公开市场操作业务的发展，美联储现在几乎很少使用存准率工具，而澳大利亚、加拿大等国家的中央银行已经废弃了存准率工具。

另外还需要注意，发达国家的中央银行一般不对商业银行的存款准备支付利息，因此存款准备工具主要就是存款准备金率的要求。而在另外一些国家（如中国），中央银行对存款准备支付利息，这样存款准备金利率也可以成为一种货币政策工具。

知识窗

中国的存款准备金制度改革

1998 年 3 月，中国人民银行依照国务院决定，对存款准备金制度进行改革，主要内容有以下七项。

（一）将原各金融机构在人民银行的"准备金存款"和"备付金存款"两个账户合并，称为"准备金存款"账户。

（二）法定存款准备金率从 13% 下调到 8%。准备金存款账户超额部分的总量及分布由各金融机构自行确定。

（三）对各金融机构的法定存款准备金按法人统一考核。

（四）对各金融机构法定存款准备金按旬考核。

1. 各商业银行（不含城市商业银行）和中国农业发展银行，当旬第五日至下旬第四日每日营业终了时，各行按统一法人存入的准备金存款余额，与上旬末该行全行一般存款余额之比，不低于 8%。

2. 城市商业银行和城乡信用社、信托投资公司、财务公司、金融租赁公司等非银行金融机构法人暂按月考核，当月 8 日至下月 7 日每日营业终了时，各金融机构按统一法人存入的准备金存款余额，与上月末该机构全系统一般存款余额之比，不低于 8%。

从 1998 年 10 月起，上述金融机构统一实行按旬考核。

3. 各商业银行（不含城市商业银行）和中国农业发展银行法人按旬（旬后 5 日内）将汇总的全行旬末一般存款余额表报送人民银行。

4. 现在执行按月考核存款准备金的城市商业银行和非银行金融机构，暂按月（月后 8 日内）将汇总的全系统旬末一般存款余额表报送人民银行。自 10 月起统一执行按旬（旬后 5 日内）报送一般存款余额表。

5. 各金融机构按月将汇总的全系统月末日计表报送人民银行。人民银行定期对金融机构上报的有关数据进行稽核。

6. 从 2001 年 1 月 1 日起，各金融机构法人每日应将汇总的全系统一般存款余额表和日计表报送人民银行。

（五）金融机构法人统一存入人民银行的准备金存款低于上旬末一般存款余额 8% 的，人民银行对其不足部分按每日万分之六的利率处以罚息。金融机构分支机构在人民银行准备金存款账户出现透支，人民银行按有关规定予以处罚。金融机构不按时报送旬末一般存款余额表和按月报送月末日计表的，予以处罚。上述处罚可以并处。

（六）金融机构准备金存款利率由缴来一般存款利率 7.56% 和备付金存款利率 7.02%（加权平均 7.35%）统一下调到 5.22%。

（七）调整金融机构一般存款范围。将金融机构代理人民银行财政性存款中的机关团体存款、财政预算外存款划为金融机构的一般存款。金融机构按规定比例将一般存款的一部分作为法定存款准备金存入人民银行。

2015 年 9 月 15 日之后，存款准备金考核由之前的时点法改为平均法（即在维持期内金融机构按法人存入的存款准备金日终余额算术平均值与准备金考核基数之比不得低于法定存款准备金率）；2016 年 7 月 15 日之后，进一步调整为交存基数平均法（即考核期内一般存款日终余额的算术平均值）。

第 5 节 货币政策传导机制

一般来说，中央银行通过货币政策的调整可以影响总需求，进而实现货币政策的最终目标。从总体上看，中央银行增加货币供给降低市场利率会推动总需求曲线向右移动，从而促进真实产出增加、物价上升；中央银行减少货币供给提高市场利率，总供给曲线向左移动，此时真实经济产出减少、物价下降。中央银行通过政策工具的调整来影响中间目标进而传导到最终目标，这个过程叫做货币政策的传导机制。

货币政策传导机制的实现，可以通过多种不同的渠道，根据货币政策影响的关键性指标可以归纳为三类：一是利率传导渠道，二是银行信贷传导渠道，三是资产价格传导渠道。无论哪个渠道，最终影响的都是宏观经济指标（货币政策的最终目标），即经济增长和通货膨胀。从经济增长角度看，主要指标是真实GDP（Real GDP）的增长率。从支出法来看，GDP的组成包括四个部分，即消费支出（C）、投资支出（I）、政府支出和净出口（即出口额减去进口额）。货币政策的传导机制主要就是中央银行通过货币政策工具调整中间目标进而影响最终目标的过程。图6-5归纳了三大类货币政策传导渠道。

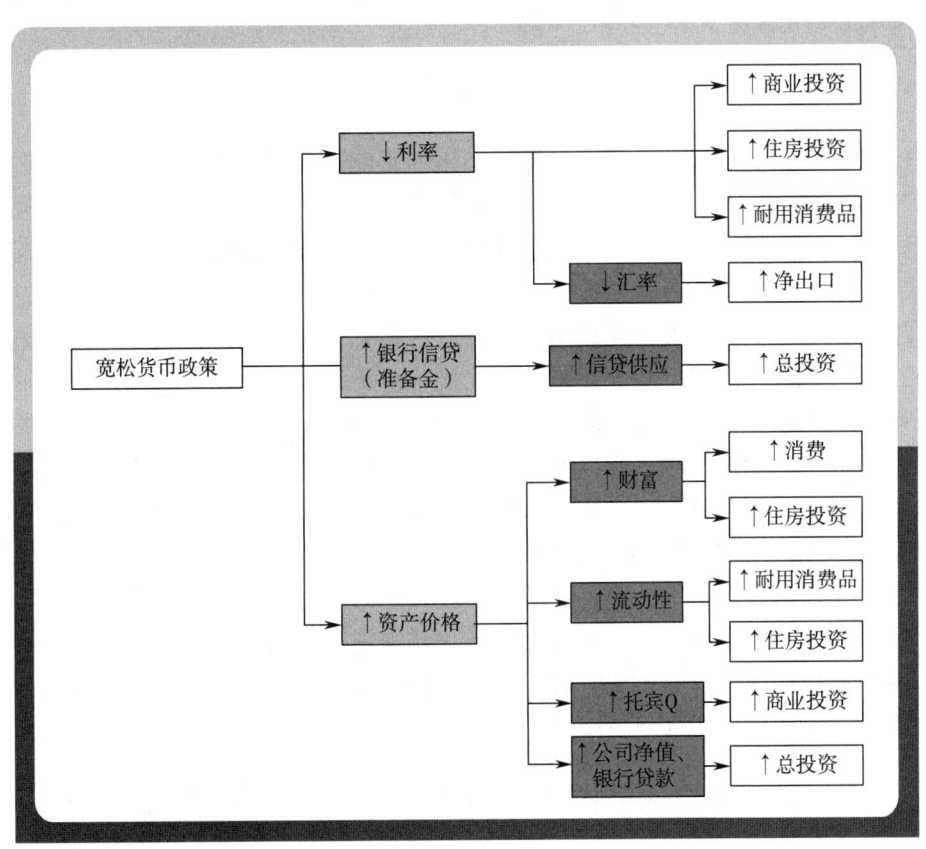

图6-5 货币政策传导渠道

一、利率传导渠道

中央银行运用货币政策工具，通过利率这个桥梁（中间目标），一方面可以直接影响企业投资支出（扩建厂房、购买机器设备等）、居民投资支出和耐用消费品支出，最后传导到总体经济产出（GDP），另一方面还可以由利率的变动影响汇率变化，进而影响净出口,最后也传导到总体经济产出。

对于第一方面,利率对 GDP 组成中的各类支出影响的逻辑非常容易理解。例如,利率变化以后会直接影响企业的投资支出动机,进而影响企业产出和经济总产出:当名义利率升高时,其他条件保持不变,企业如果融资进行生产扩张,其融资成本就会上升,因此就会缩减生产以应对上升的融资成本,这样就会导致总产出下降;反之利率下降可以刺激企业扩大生产以增加库存,这样就会带动总产出上升。类似地,宽松货币政策降低利率会使居民投资购买住房的成本下降,主要是按揭贷款的还款成本下降,这样就会带来居民投资支出的增加。同样道理,宽松货币政策降低利率会降低消费者购买耐用消费品(特别是家用汽车)的还款成本,因为不管在美国还是中国,都有相当数量的消费者通过贷款购置小汽车,利率下降就意味着贷款的还款成本降低。我们可以用下面的图示来归纳以上内容,即宽松货币政策 M 导致利率 i 下降,投资 I 上升、经济总产出上升:

$$M \uparrow \longrightarrow i \downarrow \longrightarrow I \uparrow \longrightarrow GDP \uparrow$$

对于第二方面,利率变化对总体经济产出的影响主要通过汇率变化实现。那利率变化如何影响汇率进而影响净出口的呢?我们以中美两国为例,假定中国实施宽松货币政策降低利率,那意味着资金在中国的收益率下降。如果此时美国的利率没有太大变化或者是上升,那么资金就会更倾向于流入美国进行投资(购买金融资产等),这些资金在美国进行投资自然要首先兑换成美元,这样就会造成外汇市场上美元的需求增加,而人民币需求下降,导致的结果就是人民币对美元表现为贬值,也就意味着中国出口到美国的商品以美元标价出售会更有价格优势(标价下降),而从美国进口的商品在中国市场则会有价格劣势,所以就有可能促进中国的出口而减少对国外的进口,进而提高净出口额。通过这样一个传导机制最后影响经济总产出。当然,这一影响渠道是否奏效,一是要注意我们讨论的是短期均衡(一年以内)而不是长期均衡,长期均衡下利率与汇率的关系是从利率平价理论出发讨论的,利率变化对汇率走势的影响与短期均衡下的方向恰恰相反;二是需要看国外对国内商品的价格需求弹性,即国际贸易中 J 曲线效应的前提条件(马歇尔—勒纳条件)。利率通过汇率影响国内经济总产出变化的传导渠道可以归纳为

$$M \uparrow \longrightarrow i \downarrow \longrightarrow 汇率 \downarrow \longrightarrow 净出口 \uparrow \longrightarrow GDP$$

二、银行信贷传导渠道

银行信贷传导渠道也可以称为银行准备金传导渠道(信贷与准备金紧密联系)。以宽松货币政策为例,例如,中央银行从商业银行买入证券,商业银行的存款准备增加,可贷资金随之增加,商业银行就可以更多地发放银行信贷,带动企业和个人的投资支出(投资用字母 I 表示),进而推动真实经济总产出(GDP)。在这样一个传导渠道内,即使商业银行对大型企业的融资影响不大(因为大型企业可以选择直接通过股票和债券等市场融资),但是在小企业或者是私人寻求贷款的过程中扮演着非常重要的角色。

只要银行贷款与企业和私人的经营行为有所联系，那么中央银行就可以通过公开市场操作等工具增加或者减少银行存款准备金（R），从而调控银行的信贷能力，进而影响实体经济。归纳起来，银行信贷传导渠道可以表示为

$$M \uparrow \longrightarrow R \uparrow \longrightarrow 信贷 \uparrow \longrightarrow I \uparrow \longrightarrow GDP$$

三、资产价格渠道

这一渠道主要表现为货币政策调整对居民的资产价格产生影响，进而影响个人财富、个人金融资产流动性、企业市场价值（托宾 Q 理论）和企业净值四个层面，最后影响总体经济产出。

首先，宽松货币政策会提升资产价格（如股票价格等），此时个人财富会增加，那么就会推动个人消费和居民投资，进而推动经济产出。

其次，资产价格上升会使得个人金融资产流动性提高，同样会推动个人消费和居民投资，进而推动经济产出。

再次，资产价格上升对于企业来说意味着企业的市场价值上升，根据托宾 Q 理论，即用 Q 来定义企业的市场价值与资本置换成本的比率，其中企业市场价值用企业的股票价格乘以股票数量来体现，企业资本指的是厂房、设备等资产，所以资本置换成本就是指重新添置或者更新设备等需要消耗的成本。当资产价格上升时，则 Q 值上升，企业的市场价格相对于置换资本的成本就比较高，换句话说，企业置换资本的成本低于企业的市场价值。此时，企业就愿意以扩大发行股权的方式来购买和置换厂房设备等，从而使企业投资支出规模扩大，最后促进总体经济产出。

最后，资产价格上升还可以影响企业净值，此时企业的逆向选择和道德风险问题就会下降，这样银行就更愿意放贷给企业，企业的投资支出随之增加，进而带动总体经济产出增加。

我们用下面的图示归纳货币政策的资产价格传导机制：

$$M \uparrow \longrightarrow i \downarrow \longrightarrow 资产价格 \uparrow \longrightarrow I \uparrow \longrightarrow GDP$$

总结一下货币政策传导机制，我们可以看到，中央银行通过货币政策工具的调整影响操作目标和中间目标，进而影响最终目标。在这个过程中，可以有很多渠道实现中央银行的最终调控目标。归纳来看，当中央银行实行宽松货币政策降低利率时，居民的耐用消费和住房投资支出会增加，企业的商业投资支出也会增加，短期内本国货币也会倾向于弱势（疲软）而可能会增加净出口，而消费支出、投资支出和净出口都是真实经济产出（GDP）的核心组成成分，所以中央银行实行宽松货币政策最终会传导并反映在总体经济指标上。

不同学派对货币政策传导机制的各个环节有着不同的看法：早期的凯恩斯主义学派完全从利率传导渠道审视货币政策的传导效应，认为投资支出的利率弹性有时候比较低，所以货币政策对宏观经济的影响不如财政政策更有效。早期的货币主义学派把

货币看做公众持有的金融资产组合中的一个成分,货币政策的传导机制是从货币变化直接影响投资支出的。现代货币主义学派和新凯恩斯主义学派对于货币政策传导机制的看法更加包容,尽管各自强调的调控机制不尽相同。

在实践当中,究竟哪一个传导渠道最为有效或者说最为明显,还需要根据一国经济结构特征、金融结构特征等诸多因素来判断。一般情况下,货币政策传导渠道不是非此即彼的,而更可能是多种渠道同时起作用。

四、货币政策反应函数与泰勒规则

货币政策传导机制中的利率传导渠道,刻画了中央银行为了实现最终目标,通过货币政策工具来调整利率。也就是说,利率的调整是为了对最终目标的变化而不断进行反应。1993 年,斯坦福大学的约翰·泰勒教授(John Taylor)对中央银行通过利率对真实经济产出和通胀率进行反应的过程进行了系统研究,提出了著名的货币政策反应函数,即货币政策反应函数的泰勒规则(Taylor Rule of Monetary Policy Reaction Function,以下简称泰勒规则)[①]。简单地说,泰勒规则可以用下面等式进行归纳:

$$i_t = \rho_0 i_{t-1} + \rho_1 \pi_t + \rho_2 g_t \tag{6-6}$$

其中,i_t 表示 t 时刻的短期名义利率,π_t 表示 t 时刻的通胀率(即物价增长率),g_t 表示 t 时刻的真实产出缺口(Real Output Gap),真实产出缺口的计算公式是:

$$\text{Real Output Gap} = \frac{\text{Real GDP} - \text{Real Potential GDP}}{\text{Real Potential GDP}} \tag{6-7}$$

注意,等式(6-6)右侧的 i_{t-1} 表示名义利率的滞后项,用来捕捉中央银行进行利率调整过程中存在的平滑性,也就是说,中央银行上调利率或者下调利率不会一次性大幅调整,而是会小幅多次地进行调整,如每次调整 25 个基点(即 0.25%)。这也是为什么每当中央银行宣布调整利率时,各大金融机构的经济学家就会纷纷"预测"中央银行还会在后续进行多次调整,事实上这是金融学的基本常识。

泰勒规则的模型还可以有多种略微不同的设定形式。例如,强调货币政策的前瞻性特征时,可以把等式(6-6)中的通胀率和产出缺口下标设置为 $t+1$ 的形式,即

$$i_t = \rho_0 i_{t-1} + \rho_1 \pi_{t+1} + \rho_2 g_{t+1} \tag{6-8}$$

也就是说,利率的调整不是对当期经济指标进行反应,而是具有前瞻性地对预期通胀和预期产出进行反应。当然,如果强调历史信息的重要性,那么通胀率和产出缺口的时间下标则可以设定为 $t-1$ 的形式,即

$$i_t = \rho_0 i_{t-1} + \rho_1 \pi_{t-1} + \rho_2 g_{t-1} \tag{6-9}$$

[①] Taylor, John B. (1993), Discretion Versus Policy Rules in Practice. *Carnegie - Rochester Conference Series on Public Policy*, Vol. 39, No. 1, pp. 195 - 214.

复习要点

1. 中央银行结构与职能。
2. 中央银行资产负债表。
3. 货币政策目标（短期和中期的中间目标、最终目标）。
4. 货币政策工具（公开市场操作、贴现贷款、存款准备金）。
5. 货币政策传导机制（利率渠道、信贷渠道、资产价格渠道、泰勒规则）。

关键术语

储备货币	基础货币	外汇占款	存款准备
法定存款准备	超额存款准备	借入准备	非借入准备
银行库存现金	公开市场操作	联邦基金利率	银行间利率
操作目标	中间目标	最终目标	一级交易商
回购协议	正回购	逆回购	贴现贷款
再贷款	利率渠道	信贷渠道	托宾Q
泰勒规则			

练习题

1. 中央银行从一级交易商那里买入10亿元的证券，中央银行资产负债表如何变化？一级交易商如果是商业银行，商业银行资产负债表如何变化？

2. 比较公开市场操作和存款准备金两种不同的货币政策工具在宏观经济调控中的利弊。

3. 中央银行可以通过哪些渠道对最终目标进行调控？

4. 利率是重要的市场价格信号，中央银行通过利率对核心经济指标进行反应，可以用泰勒规则进行刻画。如果中央银行对通胀率的反应具有前瞻性，而对真实产出缺口的反应具有后顾性（Backward Looking）特征，尝试写出这一反应特征的泰勒规则表达式。如果需要对此等式进行检验，应该注意的统计事项有哪些？

第6章
课后习题答案

第7章 存款创造与货币供应

学完本章后,你将掌握:
1. 商业银行的存款创造
2. 基础货币与货币供应
3. 基础货币的影响因素
4. 货币乘数的影响因素
5. 中央银行在货币供应中的角色

第1节 商业银行的存款创造

一、存款创造的基础

商业银行和其他存款性金融机构能够发放贷款,发放的贷款可以形成新增存款,周而复始,形成了存款创造(Deposit Creation)。通过第2章介绍的货币定义我们知道,货币定义和层次都是从银行的存款端界定的,存款实际上是一种准货币,因此也可以把银行的存款创造称为货币创造或者信用货币创造。现代信用货币包括现金和存款,不过流通中的现金并不能进行自我扩张和派生,所以信用货币创造的核心是存款货币的创造。

下面我们介绍银行存款创造模式。银行体系能够不断创造新增存款,需要一定的前提假设。第一,需要假设中央银行规定的法定存款准备金率(简称法定存准率)不是100%,即部分存款准备金制度。如果法定存准率是100%则是完全准备金制度,这种制度下银行吸收的存款必须全部存入中央银行作为准备金,也就无法进行放贷从而创造新增存款。第二,需要假设银行发放的贷款经过经济个体的使用之后(转账、交易等),最终还会被存入银行体系,也就是说现金比率(或者称为提现率、现金流出率或现金漏损率)不是100%。

在以上前提假设下,归纳银行的存款创造过程并不复杂:当银行获得**初始准备金**之后可以发放贷款,贷款在经济体运行中经过周转又会存入银行体系,此时银行体系获得新增存款,而新增存款又可以作为贷款基数继续发放贷款,周而复始,这样银行资产负债表中的存款项就会不断增加,也就形成了存款的创造过程。因此,某一时刻银行体系的存款总量并不代表货币当局印刷了多少货币,而是统计了一定数量的初始准备金在经济运行到这一时刻相当于承担了对应额度的货币的功能。

我们先举一个简单的例子说明商业银行发放贷款为什么会增加经济体系中的货币总量(狭义货币 M1 以及广义货币 M2)。假设万科房地产开发公司进行房地产开发需要 10 亿元人民币的资金,于是向中国银行申请贷款并获得批准,当万科公司获得贷款的瞬间,这笔贷款还仍然以活期存款的形式存放于中国银行,此时中国银行的资产负债表可以写成:

中国银行:发放贷款创造存款

资产		负债	
贷款	+10 亿	活期存款	+10 亿

因为 M1 和 M2 都包括活期存款,所以中国银行发放贷款后,整个国家的货币总量增加 10 亿元。如果万科公司花费这笔贷款去购置建筑材料,那么这笔资金终归还是转账到银行中来(建材公司在银行的账户),此时虽然中国银行的活期存款减少 10 亿元,但是建材公司开立账户的银行活期存款增加 10 亿元,所以无论如何这笔新增的 10 亿元资金仍然存在于整个银行体系中。因此,从整个银行体系来看,一家银行发放贷款就会有货币的创造。

除了发放贷款可以创造存款之外,银行从非银行金融机构购买证券也会创造存款货币,因为非银行金融机构卖出证券会获得资金,这笔资金终归会存放于一家银行。为了便于理解,我们来看一个例子:假定中国银行从银河证券购买了一笔 10 亿元的债券,此时中国银行的资产项下存款准备减少 10 亿元,持有的证券增加 10 亿元,负债端暂时没有变化,即

中国银行:从银河证券买入债券

资产		负债	
存款准备	-10 亿		
证券	+10 亿		

因为银河证券是证券公司不是存款机构,所以紧接着银河证券将出售债券获得的这笔 10 亿元资金又存进中国银行(当然还可以选择存放于工商银行),此时中国银行负债项下增加了 10 亿元活期存款,在资产项下就相应增加存款准备 10 亿元,即

中国银行:银河证券存入 10 亿元

资产		负债	
存款准备	-10 亿	活期存款	+10 亿
存款准备	+10 亿		
证券	+10 亿		

当然，如果银河证券将这笔资金存放于工商银行，那么中国银行的活期存款就没有变化，而工商银行的活期存款和存款准备各自增加10亿元。因此，不管银河证券将资金存放于中国银行还是工商银行，在中国银行从银河证券购买10亿元的债券之后，整个银行体系新增存款10亿元，相应的货币总量M1和M2也各增加10亿元。

从以上过程可以看到，一家商业银行发放贷款或者购买非银行金融机构的证券之后，可以创造出新增存款。也就是说，商业银行发放贷款或者购买证券都可以创造存款。只要有超额准备，即使只有一家商业银行也可以反复进行存款货币的创造，直到超额准备金用光为止。

二、银行体系存款货币创造的简化模型

如果考虑整个金融体系中有多个银行时，即使每个银行都用尽了超额准备，存款的创造过程仍然可以不断循环下去。下面我们以金融体系拥有多个银行为例说明存款创造的过程。为了简化说明，除了假定部分存款准备金制度和提现率不是100%以外，我们进一步假设各银行的超额准备金为0，而且所有存款都是活期存款，法定存款准备金率都是10%。

注意，商业银行的存款创造是个周而复始的循环过程，如果从存款被创造出来的这个过程看，发放贷款或者向非银行金融机构买入证券是存款创造的开始，而银行发放贷款或者买入证券的前提都是获得**初始准备金**。也就是说，商业银行的多倍存款创造源于银行的初始准备金。

那么商业银行如何获得初始准备金呢？常见的有两种形式：第一种形式是收到客户存款，银行在负债项下增加存款的同时在资产项下增加与存款等额的准备金，这一准备金额度就是接下来存款创造的初始准备金；第二种形式是中央银行向商业银行注入资金而形成商业银行的初始准备金，中央银行注入资金可以通过各种业务形式实现，如中央银行向商业银行购买证券、银行向中央银行借款（贴现贷款或者再贷款）等业务，具体业务取决于中央银行或商业银行的需要，不过无论通过以上哪个业务，都可以给商业银行带来初始准备金。

由于商业银行从客户处获得存款需要按照法定存准率计提法定存款准备，而从中央银行获得资金则全部成为超额准备金，因此银行下一步发放贷款的基数在两种形式下略有不同。不过我们将会看到，商业银行无论通过两种形式中的哪一种获得初始准备金然后进行存款创造，对于新增存款总量和新增计提存款准备总量都没有影响，而且**新增存款总量与初始准备金的比值（即存款乘数）**也完全相同。

第一种形式的存款创造过程源于商业银行收到客户存款形成初始准备金，然后开始发放贷款。假设A银行收到客户存款100万元，此时资产负债表变化为：负债端增加活期存款100万元，资产端增

> 存款乘数等于新增存款总量与初始准备金的比值。

加初始准备金 100 万元，即

A 银行：收到 100 万元存款后获得初始准备金

资产		负债	
存款准备	100 万	活期存款	100 万

A 银行获得初始准备金 100 万元之后，便可以开始发放贷款创造存款的过程。

A 银行按照法定存准率要求计提存款准备 10%，即 10 万元，然后向中国石化集团发放贷款 90 万元，此时 A 银行资产负债表变化如下表所示。至此，A 银行在收到一笔 100 万元存款形成初始准备金并发放贷款后，A 银行新增计提存款准备 10 万元，新增贷款 90 万元，新增活期存款为 100 万元。

A 银行：收到一笔 100 万元存款后发放 90 万元贷款

资产		负债	
存款准备	+10 万	活期存款	100 万
贷款	+90 万		

中国石化集团获得 90 万元贷款用于支付设备费用，假设支付给设备经销商，也就是转给经销商指定的其在 B 银行的账户，此时 B 银行收到经销商存入的活期存款 90 万元，在获得这笔 90 万元存款以后，B 银行为了最大化利润，即刻又将这 90 万元按照法定存准率 10% 计提准备金 9 万元，其余 81 万元发放贷款给一家小型煤矿企业。经过这几步以后，B 银行的资产负债表如下表所示。

B 银行：收到 90 万元存款之后发放 81 万元贷款

资产		负债	
存款准备	+9 万	活期存款	90 万
贷款	+81 万		

现在，银行系统又增加了活期存款 90 万元，新增存款准备 9 万元，新增贷款 81 万元。也就是说，自从 A 银行获得 100 万元初始准备金之后进行贷款发放至今，银行体系已经新增存款 100 + 90 = 190（万元），新增计提存款准备 10 + 9 = 19（万元），新增贷款 90 + 81 = 171（万元）。

接下来，从 B 银行获得 81 万元贷款的小型煤矿企业会将这笔资金进行使用，资金进入另外一家企业在 C 银行的活期账户，此时 C 银行的活期存款就相应增加 81 万元，C 银行和 A 银行、B 银行类似，再计提 10% 的存款准备（8.1 万元）之后发放 72.9 万元（81×90%）的贷款。这样的过程不断进行下去，就形成了多倍存款创造过程。

表 7-1 归纳了 A、B、C、D 等银行的新增存款 ΔD_i、新增计提存款准备 ΔR_i 和新增贷款 ΔL_i 的情况（各符号中的下标 i 表示第 i 个银行）。为方便说明，新增存款合计、新增计提存款准备合计以及新增贷款合计分别用 D、R 和 L 表示，即 $D = \Delta D_1 + \Delta D_2 +$

$\Delta D_3 + \cdots = \sum \Delta D_i$,$R$ 和 L 的定义类似。同时，表 7-1 的第二列还给出了整个银行体系的初始准备金 R_0。注意，A、B、C、D 等银行共同构成了整个银行体系，所以在上述起始于 A 银行的存款创造过程中，整个银行体系初始准备金就是最初 A 银行获得的初始准备金 100 万元。

表 7-1　　　　　　　　　　源于客户存款的银行存款创造过程

银行	初始准备金 (R_0)	新增存款 (ΔD_i)	新增计提存款准备 (ΔR_i)	新增贷款 (ΔL_i)
A	100	100	10	90
B		90	9	81
C		81	8.1	72.9
D		72.9	7.29	65.61
……		……	……	……
合计	$R_0 = 100$	$D = \sum \Delta D_i = 1000$	$R = \sum \Delta R_i = 100$	$L = \sum \Delta L_i = 900$

注：法定存准率为 10%，新增初始存款为 100 万元，对应初始准备金为 100 万元。

注意，虽然以上是从客户存入存款开始说明存款创造过程，但是这并不意味着商业银行必须要先有存款才能发放贷款，因为从整个金融体系来看，商业银行即使在没有存款的极端情形下，还可以与中央银行进行金融交易获得发放贷款的基础。例如，假定一家商业银行 A 没有任何存款，只有债券 100 万元，此时就不需要有法定存款准备。当中央银行通过公开市场操作从 A 银行买走 100 万元债券时，此时 A 银行资产项下证券减少 100 万元，同时增加中央银行支付的 100 万元存款准备。显然，因为 A 银行还没有新增存款，因此新增的 100 万元存款准备都是超额准备金，理论上 A 银行接下来可以将这 100 万元全部用于发放贷款。这个例子说明，即使商业银行没有收到客户存款，也可以从中央银行那里获得初始准备金，进而开始存款创造过程，这就是接下来介绍的第二种形式的存款创造过程。

第二种形式的存款创造源于中央银行向商业银行注入资金而形成银行的初始准备金，然后银行开始不断发放贷款创造存款。这种形式的存款创造过程本质上体现了中央银行对货币供应的调控能力。例如，商业银行 A 向中央银行借款或者中央银行向商业银行 A 购买证券，A 银行获得 100 万元款项，即初始准备金为 100 万元。在获得 100 万元准备金之后，A 银行将此笔资金用于发放贷款 100 万元。在这一步，A 银行可以不计提法定存款准备，所以新增计提存款准备为 0，新增贷款为 100 万元，新增存款为 0。

接下来，这 100 万元贷款经过周转进入 B 银行的活期存款账户，B 银行则按照法定存准率 10% 的要求计提存款准备 10 万元，并发放 90 万元贷款。此时，B 银行新增存款 100 万元，新增计提存款准备 10 万元，新增贷款 90 万元。接下来的存款创造过程与第一种情形完全一致。表 7-2 归纳了源于中央银行注资这一形式的存款创造过程中的新增存款、新增计提存款准备以及新增贷款情况。

表 7-2   源于中央银行注资的银行存款创造过程

银行	初始准备金 (R_0)	新增存款 (ΔD_i)	新增计提存款准备 (ΔR_i)	新增贷款 (ΔL_i)
A	100	0	0	100
B		100	10	90
C		90	9	81
D		81	8.1	72.9
E		72.9	7.29	65.61
……		……	……	……
合计	$R_0=100$	$D=\sum \Delta D_i=1000$	$R=\sum \Delta R_i=100$	$L=\sum \Delta L_i=1000$

注：法定存准率为10%，初始准备金为100万元。

对比表7-1和表7-2可以看到，在整个银行体系的初始准备金源于中央银行注资的情况下，初始准备金 R_0、新增存款合计 D、新增计提存款准备合计 R 与源于客户存款获得初始准备金的情形完全相同，只有新增贷款合计比表7-1的情形多了100万元。由于新增贷款合计并不影响新增存款总量，所以两种情形下的存款总量创造结果完全相同。

我们在前面介绍过，基于初始准备金派生出来的新增存款总量与初始准备金的比值定义为存款乘数。通过表7-1和7-2可以看到，在整个存款创造过程中，银行体系初始准备金是100万元，新增存款（即创造出来的总存款）合计是1000万元。也就是说，由初始准备金创造出来的存款总量是初始准备金的10倍，所以存款乘数是10。

根据存款乘数的基本定义，我们可以把存款乘数 K 的计算公式写成：

$$K = \frac{D}{R_0} \tag{7-1}$$

其中，D 和 R_0 分别表示存款创造过程中新增存款总量（即 $\sum \Delta D_i$）和初始准备金规模。在上述例子中，存款乘数是10，正好是法定存款准备金率的倒数，这并不是一种巧合，本质上是因为初始准备金 R_0 与新增计提存款准备合计 R 相等，即

$$R_0 = \sum \Delta R_i = R \tag{7-2}$$

从而可以根据等式（7-1）获得 K 与法定存准率 rr 之间的倒数关系。

我们下面简要说明一下等式（7-2）的推导过程。在整个银行体系的存款创造过程中，A 银行新增计提存款准备为 $\Delta R_1 = 10\% \times R_0$，B 银行新增计提存款准备为 $\Delta R_2 = 10\% \times [(1-10\%)R_0]$，C 银行新增计提存款准备为 $\Delta R_3 = 10\% \times [(1-10\%)^2 R_0]$，以此类推。可以看出，新增计提存款准备加总实际上是一个首项为 $\Delta R_1 = 10\% \times R_0$、公比为 0.9（即 $1-10\%$）的无穷等比数列求和。根据公比小于1的无穷等比数列求和公式 $S = \frac{a_1}{1-q}$（S、a_1 和 q 分别表示数列和、首项和公比），则有

$$R = \sum \Delta R_i = \frac{10\% \times R_0}{1 - 0.9} = R_0 \qquad (7-3)$$

在获得了上述 R 与 R_0 相等的关系之后,接下来就可以推导出存款乘数与法定存准率之间的倒数关系。具体过程如下:

因为每个银行基于新增存款 ΔD_i 来计提存款准备 ΔR_i,法定存准率 rr 保持不变,则有

$$\Delta R_i = \Delta D_i \times rr \qquad (7-4)$$

根据等式(7-4),容易写出加总等式关系,即

$$\sum \Delta R_i = rr \times \sum \Delta D_i \qquad (7-5)$$

将等式(7-2)或者等式(7-3)与等式(7-5)相结合,则可以获得初始准备金 R_0 与新增存款总量 D 以及法定存准率 rr 之间的关系,即

$$R_0 = rr \times \sum \Delta D_i = rr \times D \qquad (7-6)$$

因此,存款乘数 K 的计算公式(7-1)可以化简为

$$K = \frac{D}{R_0} = \frac{1}{rr} \qquad (7-7)$$

基于公式(7-7)可以写出存款创造总量 D 与存款乘数和初始准备金的关系式:

$$D = K \times R_0 = \frac{1}{rr} \times R_0 \qquad (7-8)$$

可见,在多倍存款创造过程中,如果没有现金流出并且超额准备金为 0,则存款乘数 K 正好是法定存准率 rr 的倒数。而且,在简化模型条件下,rr 越低则存款乘数 K 越大,从而存款创造总量 D 就越大。也就是说,根据简化模型假设,公式(7-8)意味着中央银行通过调整法定存准率和初始准备金规模,能够完全掌控存款货币创造的规模。

然而,在现实中,银行体系获得一笔初始准备金之后,在发放贷款创造存款的过程中,很可能会有一部分初始准备金转化为现金形式流出银行体系,同时很多银行为谨慎起见也会持有超额准备金。因此,虽然简化模型为理解多倍存款创造过程提供了便利,但是可能没有全面刻画出现实中中央银行对存款创造的掌控情况。为此,下面将在简化模型基础上进行拓展分析。

三、存款货币创造的拓展模型

存款创造的简化模型有两个重要假设,即假设各商业银行都没有保留超额准备金,同时没有现金从银行体系流出形成现金漏损。但是在现实中,银行往往会保留一定的超额准备金用于应对临时流动性需求,同时存款创造过程中还经常会有现金流出银行体系形成现金漏损。超额准备金不使用或者现金流出银行体系都不会进行存款创造。因此,现实中的存款乘数可能要比简化模型中给出的结果小很多。在考虑存在超额准备金和现金流出等情况时,之前的存款创造简化模型需要进行拓展,对应的模型称为多倍存款创造的拓展模型。

(一) 存在超额准备金的拓展模型

我们首先考虑存在超额准备金但没有现金漏损的情形。用 er 表示超额准备金率，此时相当于总的准备金率是 $rr + er$。在这种情形下，整个银行体系在存款创造过程中新增计提存款准备合计包含两部分，一部分是新增计提法定准备（用 RR 表示），另一部分是新增计提超额准备（用 ER 表示）。根据存款准备的基本定义，新增计提法定准备合计可以写成：

$$RR = D \times rr \tag{7-9}$$

新增计提超额准备合计可以写成：

$$ER = D \times er \tag{7-10}$$

接下来，通过与等式（7-2）类似的推导过程，不难得到初始准备金与 RR 和 ER 的关系，即

$$R_0 = RR + ER \tag{7-11}$$

这样，就可以获得存在超额准备金情形下的存款乘数：

$$K = \frac{D}{R_0} = \frac{D}{RR + ER} = \frac{D}{D \times (rr + er)} = \frac{1}{rr + er} \tag{7-12}$$

相应可以写出此种情形下新增存款总量的表达式

$$D = K \times R_0 = \frac{1}{rr + er} \times R_0 \tag{7-13}$$

通过比较等式（7-12）与等式（7-7）可以看到，在法定存准率相同的条件下，如果银行体系在存款创造过程中增加超额准备金，则存款乘数与简化模型下的乘数相比会下降。同时，通过比较等式（7-13）与等式（7-8）还可以看到，超额准备金的存在会降低新增存款总量。需要说明的是，超额准备金率与法定准备金率完全不同，法定准备金率是由中央银行设定的，而超额准备金率并不是中央银行设定的。事实上，超额准备金是银行根据金融市场和经济运行情况自主决定的，所以中央银行对超额准备金的影响比较弱。这就说明，银行体系的存款货币创造过程并非完全由中央银行所掌控，商业银行的意愿和行为也会影响存款货币创造规模。

(二) 既有超额准备金又有现金漏损的拓展模型

下面，我们进一步考虑既有超额准备金又有现金流出银行体系的情形，即在存款创造过程中，存在超额准备金，同时某些贷款发放之后以现金形式存在，没有被存入银行。假设现金比率为 c（即银行体系新增现金总量 C 相对于新增存款总量 D 的比例），法定存准率和超额准备金率分别为 rr 和 er，则 $C = D \times c$，$RR = D \times rr$，$ER = D \times er$。

在上述条件下，初始准备金 R_0 在存款创造过程中有一部分转化为现金流出银行体系转化为新增现金总量 C，其余部分在存款创造过程中表现为 RR 和 ER。所以有如下关系：

$$R_0 = C + RR + ER \tag{7-14}$$

下面，根据存款乘数的定义（即由初始准备金而创造的新增存款总量除以初始准

备金），则有

$$K = \frac{D}{R_0} = \frac{D}{C + RR + ER} = \frac{D}{D \times (c + rr + er)} = \frac{1}{c + rr + er} \quad (7-15)$$

相应可以获得新增存款总量 D 的表达式，即

$$D = \frac{1}{c + rr + er} \times R_0 \quad (7-16)$$

假设在存款创造过程中，现金流出比率为 5%，整个银行体系的超额准备金率是 5%，法定存款准备金率仍然是 10%。根据公式（7-16），此时存款乘数为 1/（0.05 + 0.1 + 0.05）=5。显然，在银行体系存在现金漏损和超额准备金的拓展模型下，银行体系的存款派生能力相较简化模型情形明显减弱。在上述例子中，存款乘数由简化模型中的 10 下降到 5，下降幅度达到 50%！

第 2 节　基础货币与货币供应

我们通过上一节的学习，了解了商业银行发放贷款或者购买证券可以创造存款。存款是货币供应（Money Supply）或者说货币总量（Monetary Aggregates）M1 和 M2 的主要成分：根据定义，货币总量等于现金加上各类存款（简记为 C + D）。因此，存款创造是货币供应的重要部分，商业银行自然成为货币供应的主要参与者之一。同时，公众（包括企业）通过与商业银行的存款和贷款等业务进行生产和生活，所以公众也是货币供应过程中的参与者。当然，货币供应中最重要的主导者是中央银行，中央银行通过货币政策工具来决定国家的货币供应总体情况。

根据上一节的介绍，商业银行存款创造是基于存款准备金 R 而派生出存款 D。根据第 6 章介绍的标准定义，**基础货币**等于流通中的现金（即公众持有的现金）与存款准备金之和，而货币供应等于现金与各类存款之和，即

$$MB = C_p + R \quad (7-17)$$
$$MS = C_p + D \quad (7-18)$$

因为存款 D 是存款准备 R 派生而来，所以货币供应 MS 本质上是由基础货币 MB 扩张而来的，我们可以用图 7-1 形象地刻画 MB 派生出 MS 的情况。

通过图 7-1 可以看到，货币供应来自基础货币，基础货币经过派生最后形成货币总量。因此，货币供应与基础货币的关系表达式可以写成：

$$MS = MB \times m \quad (7-19)$$

其中，m 称为货币供应乘数。等式（7-19）还可以写成货币乘数的表达式，即

$$m = \frac{MS}{MB} \quad (7-20)$$

基础货币包括银行的存款准备（银行存放于中央银行的存款 F_b 及银行的库存现金 C_b）与流通中的现金（即公众持有的现金 C_p）。因为货币供应指标可以分为 M1 和 M2，因

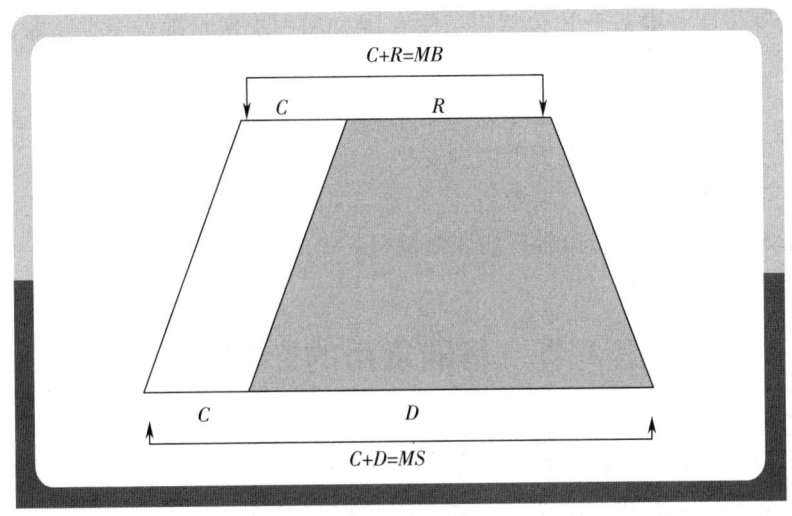

图7-1 基础货币与货币供应的关系

此每一个货币供应指标对应于一个货币乘数。货币乘数反映了基础货币派生为货币供应总量的能力。图7-2描绘了1998年1月至2022年1月中国的基础货币与货币供应总量M2的时序走势图。

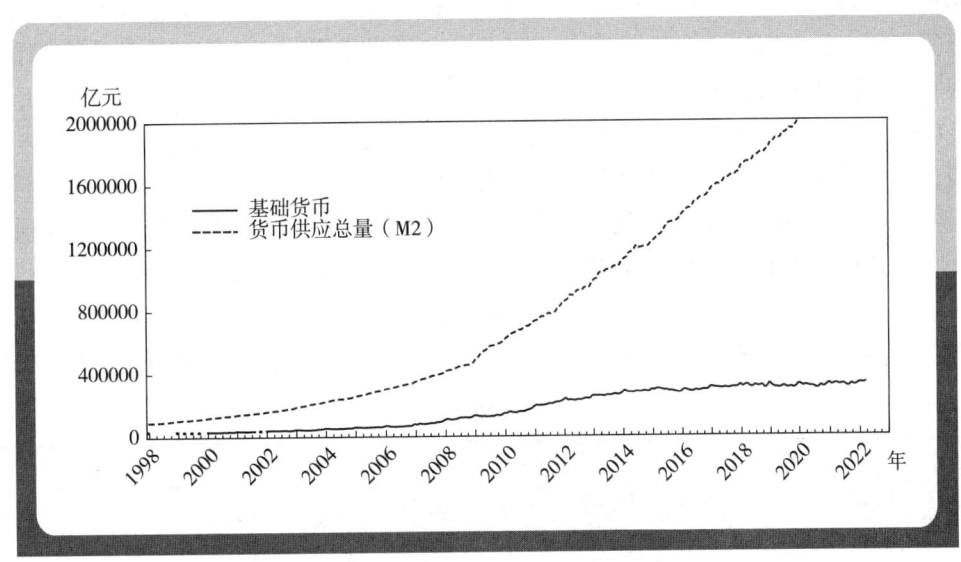

图7-2 中国的基础货币与货币供应总量M2

（资料来源：Wind资讯数据库）

注意，中国人民银行对于存款准备金的定义口径是以缴存到中国人民银行准备金存款账户为标准，所以**银行库存现金**并不纳入中国人民银行的准备金统计口径，这种定义口径与美联储等其他一些中央银行不同。不过，这种准备金定义口径上的差异并不影响基础货币的构成，因为各国对基础货币的定义都包含流通中的现金、银行库存现金和中央银行准备金存款账户的准备金存款，中国人民银行也不例外。一般情况下，如果未作特殊说明,准备金 R 包括银行库存现金和中央银行准备金存款账户中的准备金存款。

事实上,从基础货币与货币乘数的角度观察货币供应,有助于理解国家货币供应总量的变化来源。事实上,当货币供应发生变化时,要么是基础货币发生变化,要么是货币乘数发生变化,或是二者都发生变化。因此,我们可以通过分析基础货币和货币乘数的影响因素来探索货币供应的变化情况。

第3节 基础货币的影响因素

基础货币的影响因素在第 6 章第 2 节已经有所涉及(即"中央银行基础货币的投放形式"),这里我们详细介绍影响基础货币的各个因素,说明各因素变化之后基础货币如何变化。归纳起来,影响基础货币的因素有以下四点:一是中央银行的公开市场操作,二是中央银行向金融机构发放贷款,三是中央银行买入外汇资产,四是财政部门收支款项。

第一,中央银行的公开市场操作(OMO),即与其一级交易商进行证券买卖,会立即影响到基础货币。 中央银行的一级交易商是指具备一定资格、可以直接承销国债和投标国债的交易商团体,在我国是由中国人民银行批准设立、具有独立法人资格的商业银行、政策性银行以及证券公司等主要金融机构。

OMO 是发达国家中央银行影响基础货币的最主要工具,在我国也日益重要。一般来说,当中央银行从一级交易商买入价值为 100 万元的证券时,中央银行的资产项下"证券"(Securities)增加 100 万元,银行体系获得中央银行支付购买证券的款项后,资产项下证券减少 100 万元的同时存款准备增加 100 万元。因为银行体系增加的存款准备对应于中央银行负债项下商业银行的存款,所以此时中央银行负债项下增加 100 万元商业银行存款。上述过程在中央银行和银行体系的资产负债表具体表现为如下形式:

商业银行

资产		负债
存款准备	+100 万	
证券	−100 万	

中央银行

资产		负债	
证券	+100 万	银行存款	+100 万

在我国,由于历史原因,人民银行在公开市场操作中买入的国债主要是特别国债(参见第 6 章的介绍),一般是人民银行原来持有的特别国债到期后,财政部会以滚动发行的方式向商业银行发行特别国债,然后人民银行在公开市场操作中买入特别国债,

从而保持人民银行资产项下"对政府债权"相对稳定。这样，特别国债到期与买入特别国债很快相互抵补，基础货币几乎不会受到影响。

当然，如果人民银行在公开市场操作中买卖其他金融机构发行的金融债券，人民银行资产负债表中的资产项对相应类型公司的债权就会增加或者减少，负债项下的基础货币相应增加或者减少。例如，当人民银行在公开市场操作中买入的交易标的是银行发行的金融债券 100 万元时，人民银行的资产项下的具体科目"对其他存款性公司债权"增加 100 万元，与此同时负债项下"储备货币（其他金融性公司存款）增加 100 万元。

通过上述分析可以看出，当人民银行买入 100 万元证券时，存款准备增加 100 万元，因此基础货币相应也增加 100 万元。当然，如果人民银行公开市场操作是卖出价值 100 万元的证券，那么商业银行资产项下的证券增加 100 万元而存款准备减少 100 万元，此时商业银行的资产项下证券减少 100 万元，同时负债项下的银行存款也减少 100 万元。此时，人民银行卖出证券的操作减少了商业银行的 100 万元存款准备，基础货币相应减少 100 万元。

在公开市场操作中，人民银行除了直接买卖证券会影响基础货币之外，**还可以通过回购协议交易影响基础货币**。回购协议就是交易双方在进行证券买卖的同时签订协议，约定卖方在一定时期后（如 7 天、14 天等）按照协议价格回购此笔证券。例如，当中国人民银行通过公开市场操作进行逆回购交易时（注意，人民银行的逆回购定义与美联储的定义正好相反），人民银行在逆回购交易中的第一次交易是买入证券（并签订协议约定在一定期限后卖出），此时人民银行资产负债表中的资产项下对交易对手的债权增加（因为回购质押品的所有权不发生改变），负债项下"储备货币"（其他存款性公司存款）等额增加；对于人民银行的交易对手，如商业银行，则负债项下"卖出回购款项"增加，同时资产项下存款准备增加。第一次交易完成后，基础货币增加。人民银行在逆回购的第二次交易是卖出证券，此时人民银行资产项下对商业银行的债权减少，负债项下储备货币也相应等额减少；相应地，商业银行负债项下"卖出回购款项"减少，同时资产项下存款准备减少，此时基础货币下降。

第二，**中央银行向金融机构发放贷款会影响基础货币。中央银行可以贴现或者直接贷款等多种形式向商业银行发放贷款**。当中央银行向商业银行发放 100 万元贷款之后，中央银行的资产负债表中资产项下"对银行发放贷款"（人民银行的科目是"对其他存款性公司债权"）增加 100 万元，负债项下同时增加 100 万元"银行存款"（人民银行的科目是"储备货币"（其他存款性公司存款））；与此相对应，商业银行资产端增加 100 万元存款准备，负债端增加 100 万元借入款项。中央银行与商业银行的资产负债表内容变化演示如下：

中央银行

资产		负债	
发放贷款	+100 万	银行存款	+100 万

商业银行

资产		负债	
存款准备	+100 万	从中央银行借款	+100 万

因为商业银行在中央银行的存款既包括在存款准备 R 中，又包括在基础货币 MB 中，所以中央银行向金融机构发放贷款会带动基础货币等额增加。反过来，当金融机构返还借款时，存款准备和基础货币都相应减少。中央银行可以通过调整向金融机构贷款的利率（贴现利率、再贷款利率等）并设立具体的贷款规章制度来调控金融机构的借款动机，进而影响基础货币。

第三，中央银行从商业银行买入外汇资产也会影响基础货币。在我国的结售汇制度下，这个过程实际上主要表现为银行客户到银行进行结售汇，银行代理结售汇业务，把外汇上缴人民银行（相当于人民银行购买），然后人民银行给商业银行发放一笔对应的人民币资金，形成商业银行的库存现金。例如，人民银行收到（买入）价值 100 万元人民币的外汇时，资产负债表中的资产项下对"国外资产"（外汇）增加 100 万元，同时负债项下"银行存款"（中国人民银行的科目为储备货币项目下的其他存款性公司存款）增加 100 万元。与此相对应，商业银行资产项下的存款准备增加 100 万元，同时负债项增加存款 100 万元（如果是企业则是企业存款，如果是居民则为储蓄存款）。以上过程对应的中央银行与商业银行资产负债表变化如下：

中央银行

资产		负债	
国外资产	+100 万	银行存款	+100 万

商业银行

资产		负债	
存款准备	+100 万	活期存款	+100 万

中国人民银行收到或者买入外汇资产就形成了所谓的外汇占款，外汇占款额度是以人民币按历史成本进行计价的。在我国贸易顺差比较高的时期，外汇占款在中国人民银行基础货币总投放中的占比就会比较高。这是一种被动的基础货币投放，因此如果占比太高会影响中央银行主动调整基础货币的空间。中国人民银行曾经一度发行央票对外汇占款进行对冲，就是为了动态调整由于外汇占款占据的基础货币投放。

第四，财政部门支出或者存入款项（即政府存款变化）也影响基础货币。中央银行负责经理国库，财政部门在中央银行的存款账户变化，基础货币相应发生变化。当财政部门支出款项时，中央银行资产负债表负债项下"政府存款"减少，减少的资金在实际支付之前要流入银行的准备金账户，此时中央银行负债项下的"储备货币（其他存款性公司存款）"——基础货币——相应增加。反之，当财政部门存入款项时（如税收等收入），中央银行资产负债表的负债项下"政府存款"增加，基础货币相应减少。

注意，公众从银行存款账户提现这种行为，虽然影响银行的存款准备，但是并不影响基础货币，因为这只是 C_p 和 R 的此消彼长，因此中央银行对基础货币的控制能力高于对存款准备的影响能力。

另外，从中央银行对存款准备的影响能力上，可以把**存款准备 R** 分为两类，一类是非借入存款准备 NBR，另一类是借入存款准备 BR，即

$$R = NBR + BR \tag{7-21}$$

其中，NBR 表示中央银行能够通过公开市场操作主动影响的**非借入存款准备**，因为此类存款准备对于商业银行来讲不是通过向中央银行借贷形式获得的，所以称为非借入存款准备；BR 是中央银行没有主动控制权的**借入存款准备**，此类存款准备是商业银行通过再贷款或者贴现贷款等形式借来的存款准备，由于这类存款准备的"借"与"不借"的主动权在于商业银行，因此称为借入存款准备。

基于以上定义，可以进一步引入**非借入基础货币**(MB_n) 和**借入基础货币**(MB_b) 的概念，从而把基础货币分为两类，即

$$MB = MB_n + MB_b \tag{7-22}$$
$$MB_n = NBR \tag{7-23}$$
$$MB_b = Cp + BR \tag{7-24}$$

事实上，中央银行对于基础货币的主动调控主要在于对 MB_n 的调节，而对于 MB_b 则没有主动调控权。结合之前介绍的基础货币的影响因素可以看出，贴现贷款、外汇占款以及财政收支等因素对基础货币的影响都不是中央银行主动调控，这些因素也经常会给基础货币带来短暂的冲击。不过，这些被动影响因素比较容易判断和预测，只要具有完备的现代化金融体系，中央银行就可以通过公开市场操作进行反向**冲销干预**（Sterilization Intervention），用于抵消这些因素带来的基础货币被动变化。

例如，当外汇资产经由商业银行上缴中央银行时，基础货币被动增加，此时中央银行可以在公开市场卖出金融债券，从而及时冲销被动增加的基础货币。所以，中央银行对于基础货币具有较为精准的控制力。事实上，货币供应总量等于基础货币乘以货币乘数，既然中央银行对于基础货币具有较高的控制能力，那么中央银行对于货币供应的调控，主要挑战还是来自货币乘数的变化。

知识窗

中国人民银行的一级交易商制度

中国人民银行从1998年开始建立公开市场业务一级交易商制度，选择了一批能够承担大额债券交易的一级交易商。中央银行的一级交易商是指具备一定资格、可以直接承销国债和投标国债的交易商团体，在我们国家是由中国人民银行批准设立、具有独立法人资格的商业银行、政策性银行以及证券公司等主要金融机构。这些交易商可以运用国债、政策性金融债券等作为交易工具与中国人民银行开展公开市场业务。

> 从交易品种看，中国人民银行公开市场业务债券交易主要包括回购交易、现券交易和发行中央银行票据等。回购交易分为正回购和逆回购两种，正回购为中国人民银行向一级交易商卖出有价证券，并约定在未来特定日期买回有价证券的交易行为，正回购为中央银行从市场收回流动性的操作，正回购到期则为中央银行向市场投放流动性的操作；逆回购为中国人民银行向一级交易商购买有价证券，并约定在未来特定日期将有价证券卖给一级交易商的交易行为，逆回购为中央银行向市场上投放流动性的操作，逆回购到期则为中央银行从市场收回流动性的操作。
>
> 现券交易分为现券买断和现券卖断两种，前者为中央银行直接从二级市场买入债券，一次性投放基础货币；后者为人民银行直接卖出持有债券，一次性回笼基础货币。中央银行票据即中国人民银行发行的短期债券，人民银行通过发行中央银行票据可以回笼基础货币，中央银行票据到期则体现为投放基础货币。

第4节 货币乘数的影响因素

一、货币乘数的公式

根据第3节的介绍，货币乘数是货币供应与基础货币的比率，即

$$m = \frac{MS}{MB} \qquad (7-25)$$

我们知道，货币供应总量 MS 等于现金加存款，基础货币等于现金加存款准备，为了保持一致，我们沿袭之前定义的字母表示符号：银行体系总存款为 D，总存款准备为 R，法定存款准备为 RR，超额存款准备为 ER，流通中现金为 C，即

$$MS = C + D$$
$$MB = C + R = C + RR + ER$$

这样，等式（7-25）可以写成

$$m = \frac{C + D}{C + RR + ER} \qquad (7-26)$$

同时，根据之前的定义，法定存款准备金率 rr、超额准备金率 er 和现金比率 c 与总存款之间的关系如下：

$$rr = RR/D$$
$$er = ER/D$$
$$c = C/D$$

因此，货币供应和基础货币都可以写成总存款与各个比率之间的乘积形式，再代入等式（7-26）可以得到货币乘数基于各比率的表达形式，即

$$m = \frac{c \times D + D}{c \times D + rr \times D + er \times D} = \frac{1+c}{c + rr + er} \quad (7-27)$$

作为例示，我们可以运用相关数据计算一下货币乘数。假定流通中的现金为1万亿元，存款总量为5万亿元，存款准备金率为15%，超额存款准备金率为5%，那么

$$m = \frac{1+c}{c + rr + er} = (1 + 0.2)/(0.2 + 0.15 + 0.05) = 3$$

根据上面的数据，货币乘数计算得到3。这意味着，当基础货币增加1万元，广义货币M2增加3万元。显然，基础货币通过货币乘数实现了货币供应的放大功能。

根据货币乘数的基本定义公式（7-25），图7-3描绘了1998年第一季度至2022年第一季度中国货币供应总量M1和M2对应的货币乘数。从图7-3可以看到，M1的货币乘数相对稳定一些，一般在1~2之间，1998年第一季度至2022年第一季度多数时期靠近1.5左右，2008年之后有所下降，下降趋势一直持续到2014年才扭转为上升态势。M2的货币乘数总体走势（包括上涨和下降的时点等）与M1的货币乘数基本一致，但是M2的货币乘数波动性明显更大，特别是2014年之后M2的乘数增长较快，到2022年M2的乘数已经由2014年的4上升到接近8的水平。

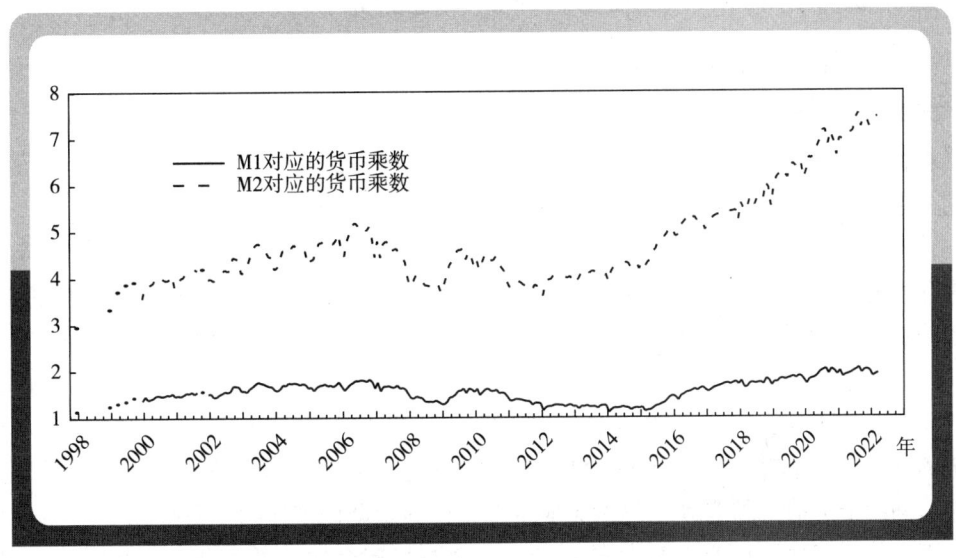

图7-3 中国货币供应量M1和M2分别对应的货币乘数

（原始数据来源：中国人民银行，经作者计算）

二、影响货币乘数的变量

等式（7-27）表明，货币乘数的影响因素有三个：一是现金比率，二是法定存款准备金率，三是超额存款准备金率。那么这三个因素主要受谁的影响呢？简单地理解，现金比率取决于公众，法定存款准备金率取决于中央银行，超额存款准备金率则取决于商业银行。因此，公众、银行和中央银行的行为都会影响货币乘数。

我们下面详细分析一下每个因素变化如何影响货币乘数。首先，我们考察现金比率增加会如何影响货币乘数。假定在刚才的例子中，现金比率由0.2增大到0.4，那么

货币乘数的计算结果为

$$m = \frac{1+c}{c+rr+er} = (1+0.4)/(0.4+0.15+0.05) = 2.3$$

其次，我们考察法定存款准备金率变化对货币乘数的影响。仍然延续刚才的例子，法定存款准备金率从15%下降到10%，那么货币乘数的计算结果为

$$m = \frac{1+c}{c+rr+er} = (1+0.2)/(0.2+0.1+0.05) = 3.4$$

再次，我们考察超额存款准备金率变化如何影响货币乘数。仍然延续刚才的例子，超额存款准备金率从5%下降到1%，此时，货币乘数的计算结果为

$$m = \frac{1+c}{c+rr+er} = (1+0.2)/(0.2+0.15+0.01) = 3.3$$

在以上例子中，超额存款准备金率从5%下降到1%，也就是说商业银行的放贷策略比较激进，保留的超额存款准备金较少，尽可能寻找机会将超额存款准备金充分运用。

三、现金比率和存款准备金率的决定因素

（一）现金比率的决定因素

因为现金比率的定义是现金占存款的比率，所以现金比率的变化是由公众对存款的需求和对现金的需求变化而导致的，而存款需求和货币需求会受到可选金融产品的变化、存款利率水平、收入变化以及电子货币发展程度等的影响。

首先，随着金融市场的不断发展，股票、债券和基金等各种金融产品日益丰富，成为存款的可选替代品。这些可选金融产品的增加，可能会降低存款需求，从而在其他条件不变的情况下抬升现金比率。

其次，存款利率水平直接决定公众对存款和现金的需求变化，因为存款可以得到利息而现金得不到，所以存款利率是持有现金的机会成本。当存款利率下降时，持有现金的机会成本下降，如果其他条件没有太大变化，则现金比率倾向于上升。反过来，当存款利率上升时，持有现金的机会成本上升，则现金比率倾向于下降。

再次，居民收入以及财富水平的变化也会决定现金比率的变化。一般来说，居民购买日常消费品会使用现金（当然也可以使用信用卡或微信等进行电子支付），但是购买大件商品或者说耐用消费品则更多的是使用银行存款进行转账支付。当收入和财富水平上升时，居民对耐用消费品的需求相对增加，此时对存款需求也就相对上升，从而倾向于降低现金比率。

另外，电子货币的发展程度也日益影响现金比率。随着银行活期存款账户关联的借记卡、信用卡以及我国今天极为普及的微信和支付宝等支付途径的发展，居民对现金的需求受到很大影响。事实上，中国电子货币的发展极为迅速，造成现金需求在2010年之后大幅下降。在其他条件不变的情况下，会进一步导致现金比率下降。

当然，地下经济规模以及城市化进程等其他因素，也会影响现金的需求量，进而

影响到现金比率。地下经济规模越大，现金需求就越多。与此不同，城市化程度越高，则现金需求倾向于越少，因为城镇居民要比农村居民接触到金融服务的便利度更高，在城市中日常消费可以很方便地使用银行存款账户关联的电子转账支付，而不必持有太多现金。

（二）存款准备金率的决定因素

首先，法定存款准备金率是由中央银行决定的。因为法定存款准备金率本身就是中央银行的货币政策工具，因此法定存款准备金率完全由中央银行根据货币政策的中间目标和最终目标等进行设定，各个商业银行和其他存款机构遵照执行。从货币政策的最终目标来看，当宏观经济出现下行迹象时，中央银行可以考虑下调法定存款准备金率，从而提高货币乘数。因为存款准备金率变化一般并不影响基础货币（只是调整法定存款准备和超额存款准备的结构），所以下调法定存款准备金率可以增加货币供给（在其他条件不变的前提下）。

其次，我们分析超额存款准备金的决定因素。超额存款准备金是商业银行自愿存放于中央银行的，所以超额存款准备金率的决定主体是商业银行。如果仅从商业银行的盈利角度看，超额存款准备金率似乎应该为0。但是在现实中，商业银行的经营与管理不仅需要考虑盈利性，还需要考虑安全性和流动性，因此银行一般都会留有一定的超额存款准备，以备不时之需。那么什么因素会影响商业银行持有超额存款准备金的额度呢？一般情况下，很多国家的中央银行对于商业银行的超额存款准备并不支付利息，即使支付利息也相对较低。因此，当市场利率上升时，持有超额准备的机会成本就会上升，所以市场利率上升倾向于降低超额存款准备金率。当然，如果金融市场动荡则银行会更加关注经营的安全性，所以此时银行也会考虑提高超额存款准备金率。

第5节　中央银行在货币供应中的角色

通过以上内容的学习我们看到，货币供应乘数把中央银行控制的基础货币与货币供应总量联系起来。货币乘数的大小又取决于现金比率、法定存款准备金率和超额存款准备金率的影响。无论现金比率还是存款准备金率，最终还是受到经济运行状况的影响（真实经济增长率、就业率、通胀率和利率水平等），所以货币供应也会受到经济运行状况的影响，而不是完全由中央银行决定的，中央银行只是根据现实经济运行指标的变化，对货币供应进行调控。因此，货币供应具有经济学意义的内生性特征。

对于货币供应，从中长期看，中央银行可以通过调节基础货币来调控货币供应总量。而从相对短期来看（如周度、月度或者季度），货币乘数受到现金比率、存款准备金率的变化影响，也会造成货币供应的上下波动。

从发达国家的经验来看，作为总量调控指标的货币供应的重要性日益下降。例如，20世纪80年代之后，美国就将联邦基金利率作为货币政策调控的中间目标，取代货币供应总量指标。然而，美国的经验是建立在利率完全市场化以及发达的金融体系基础上的。

从我国现实情况看，货币供应指标仍然是中国人民银行调控的核心变量之一。当然，未来随着利率市场化的全面施行和现代化金融市场的建设完成，我国的利率指标可能会变得更加重要。

 复习要点

1. 存款创造与存款乘数。
2. 存款创造的前提假设。
3. 基础货币的定义。
4. 基础货币的影响因素。
5. 货币乘数的解析表达式。
6. 货币乘数的影响因素。

 **关键术语**

部分存款准备金制度	存款乘数	现金比率	法定存款准备金率
超额存款准备金率	基础货币	货币乘数	回购协议
现券交易	一级交易商	借入存款准备	非借入存款准备
借入基础货币	非借入基础货币		

练习题

1. 推导并比较狭义货币供应总量 M1 和广义货币总量 M2 的货币乘数。
2. 影响现金比率的因素有哪些？
3. 如果中央银行希望在不改变 M1 的规模的情况下降低货币乘数，中央银行可以采取什么措施？
4. 如果中央银行取消所有存款准备要求，货币乘数会如何变化？
5. 通过哪些途径（网络或者数据库）可以获得中国的货币供应总量历年数据？
6. 找到并下载中国的相关数据，计算中国的现金比率时间序列，并根据时序图的变化解释现金比率变化的逻辑。

第 7 章
课后习题答案

第 8 章 货币流转的媒介：金融机构

学完本章后，你将掌握：
1. 金融机构的定义与分类
2. 银行业机构
3. 证券业机构
4. 保险业机构
5. 金融管理部门与金融基础设施

第 1 节 金融机构的定义与分类

一、金融机构的定义

在货币的创造和供应内容中，我们已经看到，商业银行是货币流转的主要机构。当然，货币的流转不仅可以通过商业银行，还可以通过很多其他金融机构。有些机构是资金流转的直接载体（如商业银行、证券公司、保险公司等），还有一些机构虽然不是货币流转的直接载体（如金融监管机构），但是与货币流转直接相关。

不管通过哪些机构，在现代金融体系中，货币（或者说资金）总是从供给方流向需求方。由于供给方资金盈余，需求方资金短缺，所以也可以说成是从资金盈余方流向资金短缺方（短缺方也称为赤字方），这个流转的过程发生在不同的金融市场，经由各类金融机构，并受到金融管理部门的监督与管理。

为了说明货币（资金）的流转过程，我们在图 8 – 1 中将资金盈余方和资金短缺方通过直接融资市场和间接融资市场两类连接起来，**其中直接融资是指借贷双方直接进行资金融通，间接融资则是指借贷双方通过金融机构（也称为金融中介）实现资金融通。**

在图 8 – 1 中，最左侧是资金盈余方，包括可以借出资金的居民、企业和政府部门；最右侧是资金短缺方，包括的则是需要借入资金的居民、企业和政府部门。另外，图 8 – 1 还描述了资金盈余方所产生的盈余款项（储蓄）可以通过两个不同的渠道提供给资金短缺方，一个是图中上半部分的直接融资渠道，另一个是图中下半部分的间接融资渠道。

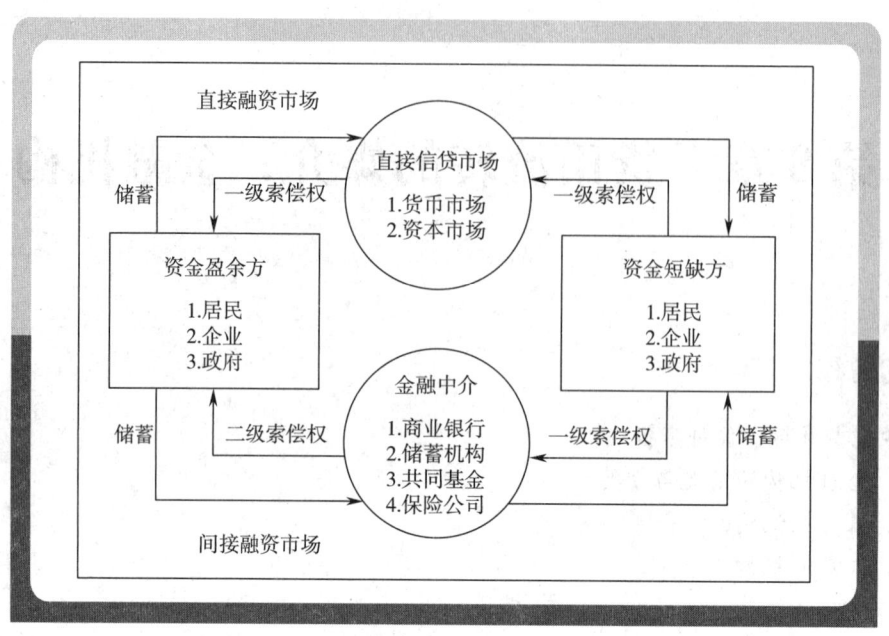

图 8-1　货币的流转：从资金盈余方到资金短缺方

在直接融资渠道中，资金短缺方与资金盈余方直接对接，短缺方发行股票、债券等金融索偿权（Financial Claims），这些金融索偿权是由资金短缺方直接发行的，所以称为一级索偿权（Primary Claims），并通过经纪人（Brokers）和自营商（Dealers）卖给资金盈余方，从而实现资金的流转。一般来说，**证券经纪人**指的是具有规定资质代理客户买卖证券并收取佣金的个人或证券公司，经纪人只是遵照客户指令进行买卖，但不承担价格风险；自营商则不同，证券自营商指的是从证券发行机构或筹资单位购买证券后自行与客户进行证券买卖的证券经营机构，通过买卖差价赚取利润。

在间接融资渠道中，**金融机构是货币流转过程中资金所依附的载体和桥梁，是资金供给与需求方的中间人，所以也可以称为金融中介（Financial Intermediaries）**。事实上，金融机构、金融中介和金融中介机构这三种表述经常交替使用，意思基本相同。在图 8-1 中，由于金融中介并不是直接的资金需求方，因此我们把金融中介用来获取资金的工具称为二级索偿权（Secondary Claims），如银行发给储户的存款凭证、保险公司卖给客户的保单等。

知识窗

什么是金融索偿权？

金融索偿权是指金融产品的购买方持有的权利凭证。**金融产品、金融工具**或者说**金融资产**都代表着某种**金融索偿权**。因此，金融产品、金融工具或者说金融

资产的交易本质上就是金融索偿权的交易。金融产品、金融工具、金融资产和金融索偿权的联系可以概括如下：商业企业、金融机构和政府部门都可以在特定条件下发行金融产品，以其作为金融工具来承载特定性质的金融索偿权，从而完成相应的资金流转活动，这些金融产品相应成为持有方（买入方）的金融资产。

金融索偿权产生于金融交易中的契约（合同）关系，金融索偿权持有方可以依据合同规定条件从债务人那里获得付款，或者合同具体规定双方之间的某些金融属性的权利或义务关系。因此，金融索偿权可以用来指**债务索偿权**（Debt Claims），即债权。如公司债券、国债等，这些债券以契约（合同）的形式明确规定投资者与被投资企业的权利与义务，无论被投资企业有无利润，投资者（即债券的持有者）均享有定期收回本金、获取利息的权利。再如，客户到银行存款，银行开具的存单、存折或其他储蓄凭证都是一种储蓄合同，银行是债务人，储户是债权人，存单和存折等就是一种债务索偿权。类似地，银行向企业发放贷款，企业与银行签订的贷款合同也是一种债务索偿权。

金融索偿权还包括**股权索偿权**（Equity Claims），也称为权益索偿权或者所有权索偿权。例如，股票就是一种股权索偿权的表现形式。股票持有者与发行方不是简单的债务债权关系，股票持有者一般拥有在股东大会上的表决权和领取股利的权利，还可能具有对上市公司资产现金流的索取权和对公司权益的索取权等权利。但权益类证券一般无还本日期的要求，持有者若无意继续持有，可依法转让而收回投资。

金融索偿权还可以是债权和股权的混合索偿权（Hybrid Claims）。例如，可转让债券是一种兼有债券和股票性质的混合索偿权，在不可转让条件下是一种债权，当满足可转让条件后又成为一种股权，所以是股债混合索偿权。

从资金融通的狭义角度看，金融机构或者金融中介可以定义为发行二级索偿权获得资金并使用所获资金购买一级索偿权从而实现资金流转的机构。例如，商业银行给存款客户发行存款凭证，相当于银行卖出二级索偿权，储户的存款是银行的负债，储户持有的存折就是债权凭证；然后银行将所获资金以贷款形式发放给企业，此时银行对企业拥有债权（一级索偿权），这笔贷款成为银行的资产、企业的负债。

> 狭义金融机构可以定义为发行二级索偿权获得资金并使用所获资金购买一级索偿权从而实现资金流转的机构。

如果从资金流转的整个金融体系的广义角度看，金融机构或者金融中介的含义更为宽泛，是指所有从事金融服务业有关的机构，既包括商业银行、证券公司和保险公司等金融性公司，也包括中央银行和各类金融监管局等金融管理部门，还包括金融交易所和金融登记结算

> 广义金融机构指所有从事金融服务业有关的机构。

机构。

对于具体的公司类机构，如何判别其是否属于金融机构呢？一般来说，如果公司要从事金融业务，一般需要获得金融牌照（Financial Charters）或者说金融许可。所以，要判别一个公司是否属于金融机构，可以看其是否具有金融牌照。例如，在我国，金融机构运营需要拥有金融牌照。金融牌照是国务院授权机构向从事金融业的企业法人颁发的营业许可证，也就是金融许可证。目前在我国需要审批的金融牌照主要包括12种：银行、保险、信托、券商、金融租赁、期货、基金、基金子公司、基金销售、第三方支付、小额贷款、典当。

金融机构的存在，为资金融通等金融活动提供了极大便利，解决了市场上的信息不对称而引发的逆向选择和道德风险问题。因此，无论是对于资金需求方还是资金供给方来说，金融机构的存在都降低了它们的交易成本，这也是金融机构存在的经济学基础。

从我国目前的金融机构组成情况看，现代型的金融中介机构与传统的非现代型金融中介机构并存。前者如各类银行，主要集中于大中城市，后者如小规模钱庄、贷款公司、当铺等，普遍存在于小市镇和农村地区。从整个金融体系来看，我国目前是以银行机构为主导的金融体系，即以间接金融市场为融资主体，与美国等市场主导型金融体系形成鲜明对比。当然，不管从学术研究还是现实情况来看，并不能得出间接金融主导与直接金融主导哪个体系更好的明确结论，而是要看具体国家的经济运行阶段和运行特征。

二、金融机构的分类

金融机构可以按照不同的标准进行分类。从金融机构在整个金融体系中的管理地位和级别可以分为两大类：一是国家金融管理机构，包括中央银行和其他金融监管部门；二是接受监管的金融机构，包括商业银行、证券公司和保险公司等各类金融企业。注意，我国的金融管理机构在2017年7月还新增了一个**金融稳定发展委员会**，管理级别在中央银行和其他金融监管部门之上，主要负责统筹协调金融稳定和金融改革发展等重大问题，具体事务由中国人民银行负责统一协调。

（一）各种分类标准

对于接受监管的公司类金融机构，又可以从功能和属性等方面再进行细分。例如，基于银行作为传统重要金融中介的特殊地位，可以将金融机构按照是否属于银行系统划分为**银行金融机构和非银行金融机构**。在这一分类标准下，所有的商业银行都属于银行金融机构，而证券公司、保险公司等则都划为非银行金融机构。

再如，按照是否能够接受公众存款，可以将接受监管的金融机构划分为**存款性金融机构与非存款性金融机构**。存款性金融机构主要通过存款形式向公众举债（发行二级索偿权）从而获得资金来源，如商业银行、村镇银行、合作储蓄银行和信用合作社等；非存款性金融机构则是那些根据监管要求不得吸收公众的储蓄存款的机构，如保险公司、信托金融机构以及各类证券公司、财务公司等。

还可以按照是否担负国家政策性融资任务,划分为**政策性金融机构和非政策性金融机构**。政策性金融机构是指由政府投资创办、按照政府意图与计划从事金融活动的机构。非政策性金融机构则不承担国家的政策性融资任务。当然,还可以按照出资的国别属性,分为内资金融机构、外资金融机构和合资金融机构;或者按照所属国家划分为本国金融机构、外国金融机构和国际金融机构。

另外,还可以从金融机构的主要功能进行区分,划分为**存款类机构**(银行等)、**合约储蓄类机构**(保险公司和养老金管理公司等)以及**投资类金融机构**(基金管理公司、投资银行或证券公司等)。

(二) 中国的官方分类标准

在我国,中国人民银行在2009年首次提出并于2014年9月正式发布的《金融机构编码规范》中,提供了一套中国的金融机构分类标准,明确了中国金融机构的涵盖范围,界定了各类金融机构具体组成,规范了金融机构统计编码方式与方法。为了全面掌握金融业务的相关情况,中国人民银行的行业标准中也将部分非金融机构纳入了金融机构编码体系的编码范围,主要是新兴的**准金融机构**,如小额贷款公司、珠宝行、拍卖行、典当行和担保公司等。注意,之所以称这些机构为准金融机构,是因为这些机构目前还不具有金融牌照,所以还不是严格意义上的金融机构,不过在准入层面仍然需要获得监管许可。

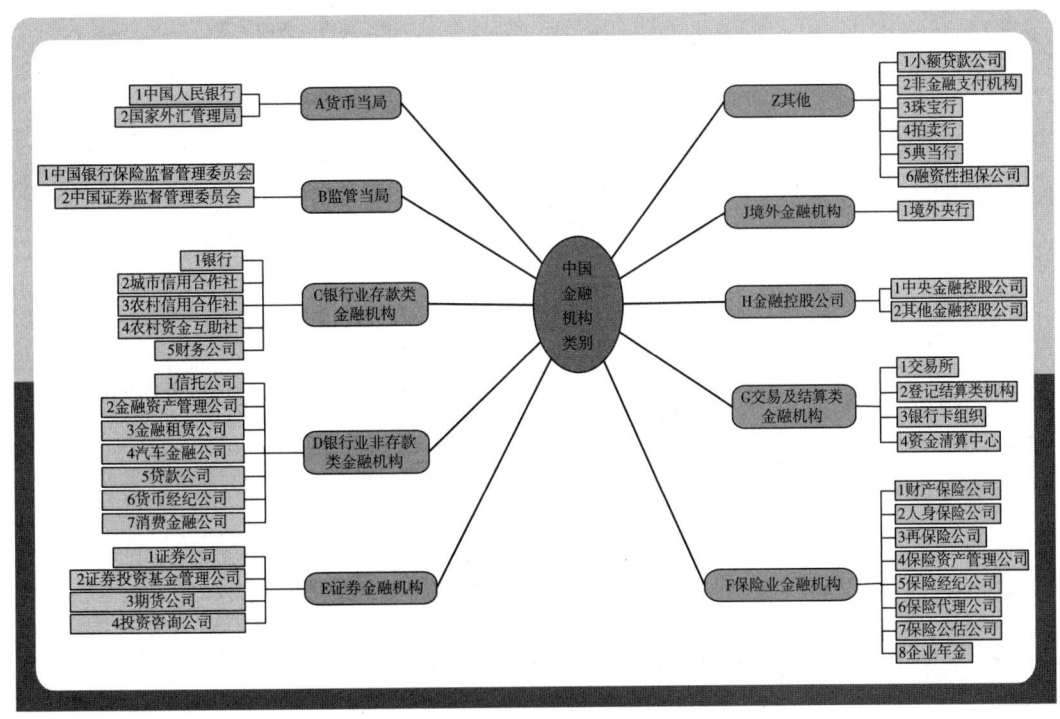

图8-2 中国金融机构分类示意

[资料来源:《金融机构编码规范》(JR/T 0124-2014)]

按照 2014 年发布的《金融机构编码规范》制定的标准，中国的金融机构可以分为十大类，分别用字母 ABCDEFGHJZ 表示，具体分类归纳在图 8-2 中。在以上金融机构分类中，货币当局和监管当局属于国家金融管理部门，也属于广义的金融机构（金融中介）范畴。其中，货币当局包括中国人民银行与国家外汇管理局，监管当局在 2018 年之前分设中国证券监督管理委员会（简称证监会）、中国银行业监督管理委员会（简称银监会）和中国保险监督管理委员会（简称保监会），2018 年之后银监会和保监会合并为中国银行保险监督管理委员会（简称银保监会）。①

知识窗

中国金融机构编码规范中的术语与定义

名称	代码	机构定义
货币当局	A	代表国家制定并执行货币政策、金融运行规则，管理国家储备，从事货币发行与管理，与国际货币基金组织交易及向其他存款性公司提供信贷，以及承担其他相关职能的金融机构或政府部门。
监管当局	B	对金融机构及其经营活动实施全面的、经常性的检查和督促，实行领导、组织、协调和控制，行使实施监督管理职能的政府机构或准政府机构。
银行	C1	依法设立的吸收公众存款、发放贷款、办理结算等业务的企业法人。
城市信用合作社（含联社）	C2	依照有关规定在城市市区内由城市居民、个体工商户和中小企业法人出资设立的，主要为社员提供服务，具有独立企业法人资格的合作金融组织。
农村信用合作社（含联社）	C3	经相关国家部门批准设立，由社员入股组成、实行社员民主管理、主要为社员提供金融服务的农村合作金融机构。
农村资金互助社	C4	经中国银行业监督管理机构批准，由乡（镇）、行政村农民和农村小企业自愿入股组成，为社员提供存款、贷款、结算等业务的社区互助性金融机构。
财务公司	C5	以加强企业集团资金集中管理和提高企业集团资金使用效率为目的，为企业集团成员单位提供财务管理服务的金融机构。
农村合作银行	—	由辖内农民、农村工商户、企业法人和其他经济组织入股组成的股份合作制社区性地方金融机构。
农村商业银行	—	由辖内农民、农村工商户、企业法人和其他经济组织共同发起成立的股份制地方性金融机构。
村镇银行	—	经中国银行业监督管理委员会依据有关法律、法规批准，由境内外金融机构、境内非金融机构企业法人、境内自然人出资，在农村地区设立的主要为当地农民、农业和农村经济发展提供金融服务的金融机构。
信托公司	D1	依照《中华人民共和国公司法》和《信托公司管理办法》设立的主要经营信托业务的金融机构。

---

① 银保监会于 2018 年 4 月 8 日正式挂牌。

续表

名称	代码	机构定义
金融资产管理公司	D2	经国务院决定设立的,收购、管理和处置金融机构、公司及其他企业(集团)不良资产,兼营金融租赁、投资银行等业务的金融机构。
金融租赁公司	D3	经中国银行业监督管理委员会批准,以经营融资租赁业务为主的金融机构。
汽车金融公司	D4	经中国银行业监督管理委员会批准设立的,为中国境内的汽车购买者及销售者提供金融服务的金融机构。
贷款公司	D5	经中国银行业监督管理委员会依据有关法律、法规批准,由境内商业银行或农村合作银行在农村地区设立的专门为县域农民、农业和农村经济发展提供贷款服务的金融机构。
货币经纪公司	D6	经中国银行业监督管理委员会批准在中国境内设立的,通过电子技术或其他手段,专门从事促进金融机构间资金融通和外汇交易等经纪服务,并从中收取佣金的金融机构。
消费金融公司	D7	指不吸收公众存款、以小额分散为原则、为中国境内居民个人提供以消费为目的的贷款的非银行金融机构。
证券公司	E1	依照《中华人民共和国公司法》规定设立的并经国务院证券监督管理机构审查批准而成立的专门经营证券业务,具有独立法人地位的金融机构。
证券投资基金管理公司	E2	经中国证券监督管理委员会批准,在中华人民共和国境内设立,从事证券投资基金管理业务的企业法人。
期货公司	E3	依照《中华人民共和国公司法》和《期货交易管理条例》规定设立的经营期货业务的金融机构。
投资咨询公司	E4	经中国证券监督管理委员会批准设立,为证券、期货投资人或者客户提供证券、期货投资分析、预测或者建议等直接或者间接有偿咨询服务的金融机构。
财产保险公司	F1	经中国保险监督管理委员会批准设立,依法登记注册,从事经营财产损失保险、责任保险、信用保险、短期健康保险和意外伤害保险等财产保险业务的保险公司。
人身保险公司	F2	经中国保险监督管理委员会批准设立,依法登记注册,从事意外伤害保险、健康保险、人寿保险等人身保险业务的保险公司。
再保险公司	F3	经中国保险监督管理机构批准设立,并依法登记注册的,专门从事再保险业务、不直接向投保人签发保单的保险公司。
保险资产管理公司	F4	经中国保监会会同有关部门批准,依法登记注册、受托管理保险资金的金融机构。
保险经纪公司	F5	经中国保险监督管理委员会批准设立,基于投保人的利益,为投保人与保险人订立保险合同提供中介服务,并依法收取佣金的金融机构。
保险代理公司	F6	经中国保险监督管理委员会批准设立,根据保险公司的委托,向保险公司收取代理佣金,并在保险公司授权的范围内代为办理保险业务的金融机构。

续表

名称	代码	机构定义
保险公估公司	F7	经中国保险监督管理委员会批准设立的,接受保险当事人委托,专门从事保险标的的评估、勘验、鉴定、估损、理算等业务的单位。
企业年金	F8	指企业及其职工在依法参加基本养老保险的基础上,自愿建立的补充养老保险制度。
交易所	G1	经国家有关主管部门批准设立的,提供证券、商品、期货等集中竞价交易场所,不以营利为目的的法人。
登记结算类机构	G2	经国家有关主管部门批准设立的,为金融交易提供集中的登记、托管与结算服务,不以营利为目的的法人。
银行卡组织	G3	负责建设和运营跨行交易清算系统基础设施,推广统一银行卡标准规范,为商业银行、特约商户、持卡人提供跨行信息交换、清算数据处理、风险防范等银行卡基础服务。
资金清算中心	G4	提供支付清算及相关服务的金融机构。
金融控股公司	H	依据《中华人民共和国公司法》设立,拥有或控制一个或多个金融性公司,并且这些金融性公司净资产占全部控股公司合并净资产的50%以上,所属的受监管实体应是至少明显地在从事两种以上的银行、证券和保险业务独立企业法人。
境外金融机构	J	
小额贷款公司	Z1	由自然人、企业法人或其他社会组织依法设立,不吸收公众存款,经营小额贷款业务的有限责任公司或股份有限公司。

资料来源:《金融机构编码规范》(JR/T 0124—2014)。

第2节 银行业机构

在我国,银行业金融机构的分类主要是依据监管条线来划分的,银行业金融机构都是由中国银行保险监督管理委员会(2018年4月以前是中国银行业监督管理委员会)进行监管的。银行业金融机构根据是否吸收存款又可以划分为两大类,一是银行业存款类机构,二是银行业非存款类机构。从图8-2中可以看出,银行业存款类机构包括各类银行和信用合作社等其他非银行存款机构,因为这些机构都具有吸收存款的功能,所以统称为存款类机构。银行业存款类金融机构是非常重要的金融中介,其主要负债或者说资金来源是客户存款,主要资产或者说资金运用是发放各类贷款以及购买有价证券等。

一、银行业存款类金融机构

银行业存款类金融机构中的各类银行可以根据其功能和属性进一步细分为政策性银行和商业银行。对于商业银行，可以按照资产规模简单划分为大型和中小型银行。但是，我国商业银行的分类要略微复杂一些，因为我国各类商业银行的所有权（股权）结构比较复杂，而且商业银行所属的行政级别也不同，因此不宜使用资产规模等单一指标进行分类。

按照所有权结构、资产规模、行政级别和经营范围等综合标准，我国商业银行可以大致划分为以下几类，即大型商业银行、全国性股份制商业银行、地方性商业银行（即城商行和农商行）、村镇银行和民营银行等。在本节知识窗表 8-1 中归纳了包括政策性银行和各类商业银行在内的银行业机构列表。

（一）政策性银行

政策性银行是指由政府创立、不以营利为主要目的、为履行国家相关经济政策而在特定领域开展金融业务的专业性金融机构。 1994 年，我国成立了国家开发银行[①]、中国进出口银行和中国农业发展银行三大政策性银行，分别在开发型政策性金融业务、大型机电设备进出口融资业务和农业政策性扶植业务领域开展金融业务。从图 8-3 给出的股权结构上看，政策性银行全部都是国有，其中农业发展银行直接归财政部所有，国家开发银行由财政部和财政部全资子公司中央汇金公司共同持股，进出口银行则由财政部和国家外汇管理局共同持股。

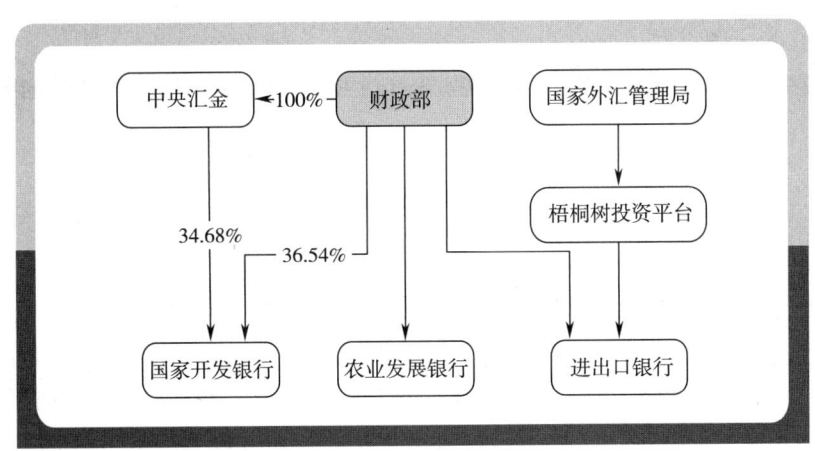

图 8-3 中国政策性银行与开发性金融机构的股权结构（截至 2022 年第一季度）

---

① 国务院于 2015 年明确国家开发银行的定位是开发性金融机构（以开发性业务为主，辅以商业性业务）。所以，**从严格意义上说，2015 年之后国家开发银行不再属于纯粹意义上的政策性银行，介于商业银行与政策性银行之间**。

(二) 大型商业银行

大型商业银行是指由国家主要控股的大型商业银行。这些银行的主要特点是国家通过财政部或财政部全资子公司主要控股,并且资产规模大(占据银行业 40% 左右)、经营地域广,在我国银行业金融机构中具有特殊重要的地位。截至 2022 年,我国大型国有商业银行共有六家,包括中国工商银行、中国农业银行、中国银行、中国建设银行、交通银行和中国邮政储蓄银行①。六家大型国有商业银行都是由财政部或者财政部下属的中投公司及其全资子公司中央汇金公司主要控股,财政部是大型国有商业银行的实际所有人,国有六大行的股权结构参见图 8-4。

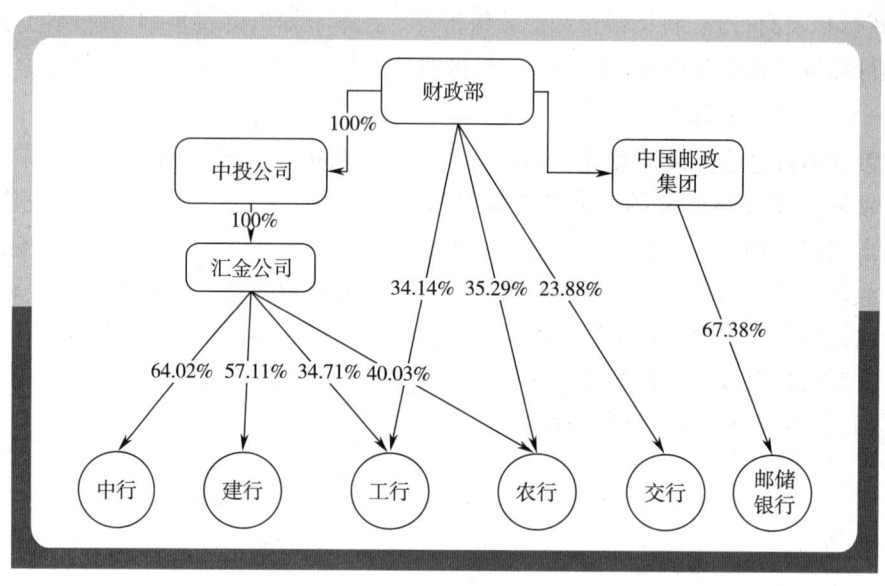

图 8-4 国有六大行的股权结构(截至 2022 年第一季度)

(三) 全国性股份制商业银行

全国性股份制商业银行是指以股份制形式成立的全国性商业银行,在我国特指 12 家股份制商业银行,即中信银行、光大银行、招商银行、上海浦东发展银行、民生银行、华夏银行、平安银行、兴业银行、广发银行、渤海银行、浙商银行和恒丰银行。从股权结构上看(见图 8-5),除了民生银行和平安银行之外,其他股份制商业银行本质上仍然属于国有商业银行,只不过是由央企控股和地方政府控股,这也是为什么我们很难简单地用国有银行和非国有银行作为标准来对我国商业银行进行分类。大型商业银行和全国性股份制商业银行根源上都属于国有银行,这也是我国商业银行的主要特色。

---

① 中国邮政储蓄银行在 2019 年之后被正式纳入大型国有商业银行。

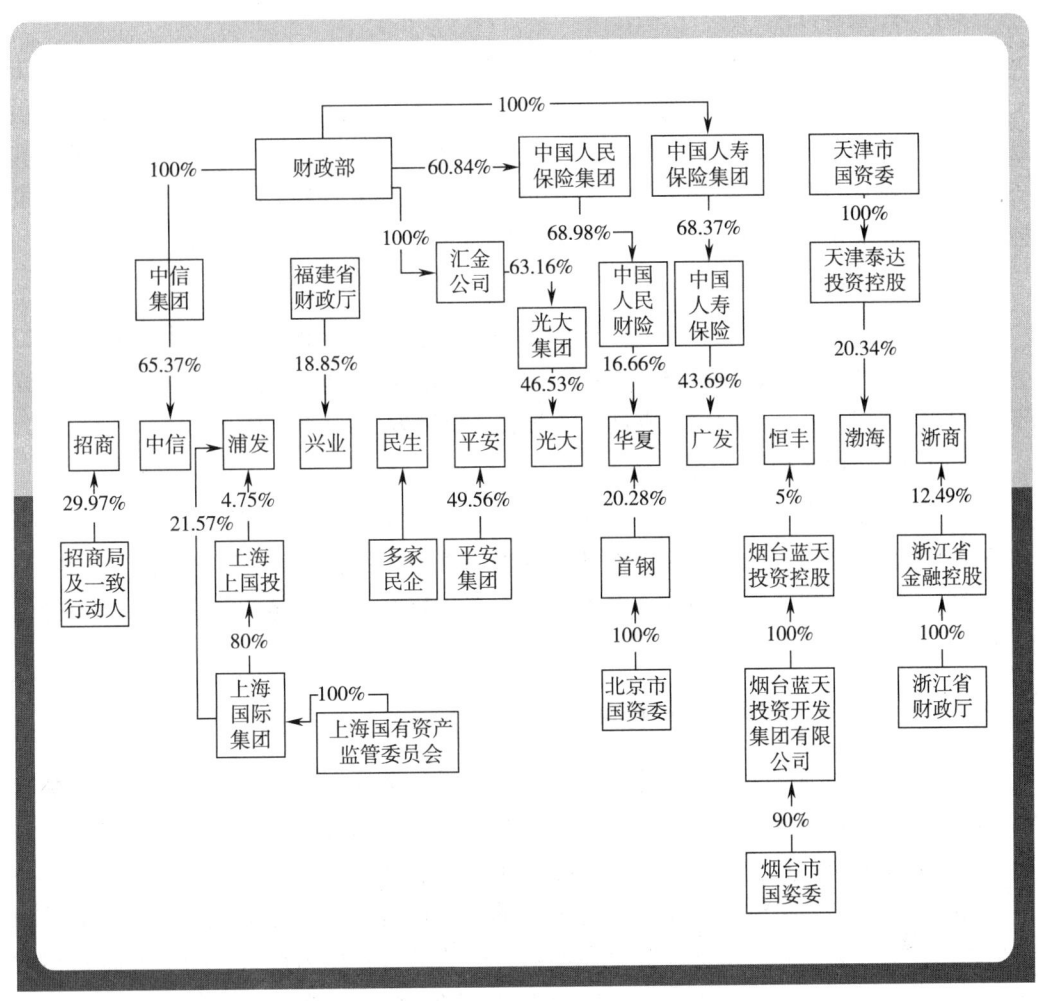

图 8-5　全国性股份制商业银行股权结构（截至 2022 年第一季度）

（四）地方性商业银行

在我国，地方性商业银行主要包括城市商业银行和农村商业银行。之所以称为地方性商业银行，主要是因为这些银行大多是各城市或农村在本地原有城市信用合作社或农村信用合作社基础上重组改制建立的地区性商业银行。现在我们看到的以各个城市命名的商业银行（如北京银行、北京农商银行、上海银行等），一般都属于地方性商业银行。其中，**城市商业银行**是以各个城市的信用合作社为基础改制组建形成的地方性银行业金融机构，截至 2022 年 6 月，中国的城市商业银行超过 120 家。

农村商业银行则是以农村信用合作社为基础，由辖内农民、农村工商户、企业法人和其他经济组织共同入股组成的股份制地方性银行业金融机构。中国的农村商业银行截至 2022 年 6 月有 1500 多家，还有一些农村合作银行也在改制为农村商业银行的过程中。和村镇银行相比，农商银行的经营范围略微宽广一些。

（五）村镇银行

村镇银行是指经相关监管部门批准，由境内外金融机构、境内非金融机构企业法人或境内自然人出资，在农村地区设立的主要为当地农民、农业和农村经济发展提供金融服务的银行业金融机构。村镇银行也是商业银行的一种，但是属于有限牌照，其经营区域和业务范围都有严格限制。我国的村镇银行一般规模较小，而且按监管要求必须由现有商业银行作为主发起行。截至2022年6月，中国村镇银行超过1600家。

（六）民营银行

民营银行是指由民间资本控股，主要为民营企业提供金融服务的银行。截至2022年6月，中国共有19家民营银行，设立于上海、北京、天津、重庆、广东、浙江、江苏、山东、四川、安徽、湖北、湖南、吉林和辽宁等地。

（七）非银行存款类金融机构

银行业存款类金融机构还包括非银行存款机构，主要是农村信用合作社、农村资金互助社和财务公司。农村信用合作社以及农村资金互助社正在逐步改制重组为农村商业银行。财务公司的资金来源主要是对口企业的资金，资金运用则可以参与各类金融产品的交易。

二、银行业非存款类金融机构

银行业非存款类金融机构，是指非存款类公司但是具有银行业的某些特征并且由中国银保监会监管的金融机构，**主要包括信托公司、金融资产管理公司、金融租赁公司、汽车金融公司、贷款公司、货币经纪公司和消费金融公司**。

信托公司是指依法设立并获得信托牌照的金融机构。从名称上可以看出，信托公司是以信任委托为基础，以货币资金和实物财产的经营管理为形式，融资和融物相结合的多边信用行为。截至2022年6月，中国共有68家信托公司，其中接近80%为国企或地方政府主要控股，其余则由民营企业控股。

金融资产管理公司是经营各类金融业务的综合性金融机构，具体业务范围按照其所取得的金融牌照为基准。从广义角度上看，金融资产管理公司在国际金融市场上可以分为两类，一类是从事优良资产管理业务的，另一类（至少成立之初的目的）是从事不良资产管理业务的。前者外延较广，涵盖商业银行、证券公司等设立的资产管理子公司，面向个人和企业提供各类金融资产管理服务；后者则是专门为处置银行剥离的不良资产而设立的金融资产管理公司。

我国传统的金融资产管理公司是指经国务院决定设立的收购、管理和处置国有独资商业银行不良贷款的非银行金融机构。我国在1999年组建了华融、长城、东方和信达四家由国家投资的特定政策性金融资产管理公司，分别负责收购、管理和处置从工、农、中、建这四家当时的国有独资商业银行剥离出来的不良资产。当然，随着业务的拓展，金融资产管理公司的业务范围已经不仅限于不良贷款处置，多数金融资产管理公司如今都取得了金融全牌照，意味着其业务范围涵盖各类金融业务。

金融租赁公司是指经监管机构（中国银保监会）批准、以经营**融资租赁**业务为主的非银行金融机构。在资金来源方面，金融租赁公司可以通过自有资金、向其他金融机构借款以及发行金融债券等形式获得资金来源；在资金运用方面，主要从事融资租赁及其相关业务。截至2022年6月，中国有金融租赁公司71家。

下面举一个简单的例子来说明融资租赁业务的过程：

一家小型石油勘探企业的传统业务是承接各类小型的勘探业务。近来，公司陆续接到大中型勘探业务订单，但是现有设备无法满足勘探需要，为此，该公司需要购买一台大型勘探设备。现在，如果企业购买该设备需要花费资金1000万元，这会使得企业资金出现困境，如果不购买则会失去诸多业务机会。为此，企业找到金融租赁公司，从金融租赁公司租用这一大型设备，以合同约定形式每年支付租金，租期4年，年租金350万元，到期后设备归使用企业所有。当然，金融租赁公司本身并不生产设备，而是按照企业需要出资购买指定设备。为了方便理解，图8-6给出了勘探企业、金融租赁公司和设备销售商之间的联系。

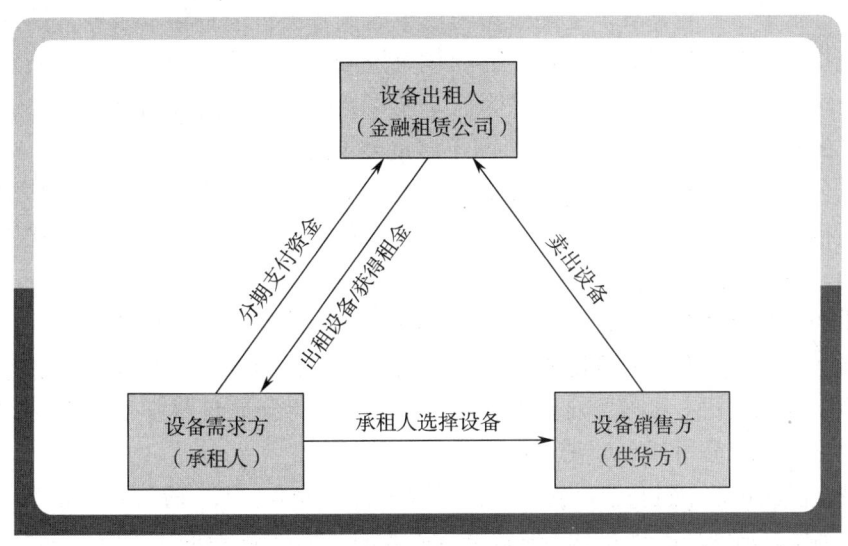

图8-6 金融租赁业务流程示意

在这个过程中，金融租赁公司作为出资人和设备出租方为设备使用企业（即承租人）提供了融资和租赁服务，按照承租人选定的设备从供货方进行购买。设备使用企业相当于从金融租赁公司获得融资用于购买设备，然后以分期付款的形式偿还资金。这个过程有些类似于居民通过银行办理住房抵押贷款的过程。通过融资租赁业务，设备使用企业通过分期付款（租赁）的形式解决了一次性支付巨额资金的困境，通过期初的融资获得设备，设备投入使用就会不断带来营业收入，不仅可以按期偿还租金，而且可以获得净利润；出资方（金融租赁公司）则通过期初的资金投入获得了未来的利息收入（租金总额超过设备原值）等回报。不难看出，融资租赁业务本质上体现了货币的时间价值。

另外，我国还有**融资租赁公司**也从事融资租赁业务。由于融资租赁和金融租赁在英文名称上完全相同（Financial Leasing），因此容易引起混淆。我国的金融租赁公司和融资租赁公司之间在业务模式上比较类似，但是二者在产业划分和监管等方面存在本质差别：金融租赁公司属于金融业，是金融机构，接受中国银保监会的监管，而融资租赁公司属于租赁和商务服务业，属于非金融机构，主管部门是商务部。另外，金融租赁公司作为金融机构，不仅可以通过吸收股东存款还可以进行同业拆借和发行金融债券等获得资金，而融资租赁公司资金来源除了资本金外主要是银行借款，不能吸收股东存款，也不能进入银行间同业拆借市场。同时，二者在租赁标的物、风险管理指标、计提呆坏账准备金、租赁资产登记以及对外开放程度等方面也都存在较大差异。

汽车金融公司是指经监管机构（中国银保监会）批准、为中国境内汽车购买和销售提供金融服务的非银行金融机构。汽车金融公司的资金主要来自银行的资金拆借，资金使用则必须与汽车买卖业务相关。我国汽车金融业务以汽车消费信贷为主，截至2022年6月，共有25家汽车金融公司，按贷款对象可以分为零售性和批发性信贷两类。零售性信贷主要是指汽车金融公司为汽车购买者提供消费信贷服务，批发性信贷则主要是指汽车金融公司为汽车经销商提供融资服务。随着盈利模式的不断发展，汽车金融公司的业务不断拓宽，如可以为汽车购买者提供汽车融资租赁服务，这种融资租赁业务的基本流程与图8-6类似，只不过资金规模要小得多。

贷款公司在我们国家是指由监管机构（中国银保监会）依据相关法律法规批准、由境内银行在农村地区设立的专门为县域农民、农业和农村经济发展提供贷款服务的金融机构。不难看出，贷款公司一般是银行的子公司。

货币经纪公司是指经监管机构（中国银保监会）批准在中国境内设立的、通过电子技术或其他手段、专门从事促进金融机构间资金融通和外汇交易等经纪业务并从中收取佣金的金融机构。我国目前要求货币经纪公司不得开展自营业务，截至2022年6月，国内货币经纪公司共有6家。

消费金融公司是指经监管机构（中国银保监会）批准、不吸收公众存款、以小额分散为原则为中国境内居民个人提供消费贷款服务的非银行金融机构。由于主要业务是提供贷款但又依法不能吸收存款，所以很多消费金融公司是由银行或其他金融集团注册成立的全资子公司。截至2022年6月，中国有30家消费金融公司。

知识窗

中国银行业金融机构名单

根据中国银保监会发布的中国银行业金融机构名单，截至2021年12月底，中国银行业共有机构4600多家，具体构成如表8-1所示。

表8-1 中国银行业金融机构法人名单（2021年12月）

机构名称	数量（家）	具体机构
开发性金融机构和政策性银行	3	国家开发银行、中国进出口银行、中国农业发展银行
国有大型商业银行	6	工行、农行、中行、建行、交行和邮储银行
股份制商业银行	12	中信、光大、招商、浦发、民生、华夏、平安、兴业、广发、渤海、浙商、恒丰
金融资产管理公司	5	华融、长城、东方、信达、银河
城市商业银行	128	北京银行、上海银行、河北银行等
住房储蓄银行	1	中德住房储蓄银行
民营银行	19	天津金城、上海华瑞、浙江网商、深圳前海微众、湖南三湘、重庆富民、四川新网、北京中关村、吉林亿联、武汉众邦、福建华通、威海蓝海、江苏苏宁、梅州客商、安徽新安、辽宁振兴、温州民商、无锡锡商、江西裕民
农村商业银行	1596	北京农商行、天津滨海农商行、延边农商行等
村镇银行	1651	北京密云汇丰村镇银行、天津市蓟州村镇银行等
贷款公司	13	天津市静海区兴农贷款公司、大连瓦房店花旗贷款公司等
农村信用社	577	内蒙古自治区农村信用社联合社、北川羌族自治县农村信用合作联社等
农村资金互助社	39	海东市乐都区雨润镇兴乐农村资金互助社等
外资法人银行	41	大华银行、星展银行、花旗银行等
农村合作银行	23	二连浩特农村合作银行、广西百色右江农村合作银行等
信托公司	68	中信、重庆、平安、华润、安信、中融、华能、建信等
金融租赁公司	71	中国金融租赁、中铁建金融租赁等
企业集团财务公司	255	中广核财务、上汽财务等
汽车金融公司	25	北京现代汽车金融公司、上汽通用汽车金融公司等
消费金融公司	30	北银、锦程、中银等
货币经纪公司	6	上海国利货币经纪有限公司、上海国际货币经纪有限责任公司、平安利顺国际货币经纪有限责任公司、中诚宝捷思货币经纪有限公司、天津信唐货币经纪有限责任公司、上田八木货币经纪有限公司
其他金融机构	33	中国信托业保障基金有限责任公司、建信金融资产投资有限公司、中国信托登记有限责任公司、农银金融资产投资有限公司、工银金融资产投资有限公司、中银金融资产投资有限公司、交银金融资产投资有限公司、中信百信银行股份有限公司、山东省城市商业银行合作联盟有限公司、建信养老金管理有限责任公司、工银理财、建信理财、交银理财、中银理财、农银理财、中邮理财、汇华理财、贝莱德建信理财、光大理财、招银理财、兴银理财、信银理财、平安理财、华夏理财、杭银理财、宁银理财、徽银理财、南银理财、苏银理财、青银理财、渝农商理财、广银理财、中邮邮惠万家银行

第3节 证券业机构

证券业机构都接受中国证券监督管理委员会的监管,包括证券公司、证券投资基金管理公司、期货公司和投资咨询公司。

证券公司是指依照《中华人民共和国公司法》规定设立的并经国务院证券监督管理机构审查批准而成立的专门经营证券业务、具有独立法人地位的金融机构,在我国也称为券商。证券公司的业务范围比较广泛,包括投资银行、资产管理、证券经纪、投资管理(自营投资、另类投资、私募股权投资)、研究与机构销售业务、金融产品销售业务、资本中介业务、资产托管业务和国际业务等。我国目前对于券商的业务实行牌照管理,一家证券公司具体能够从事上述哪些业务,取决于其获得的业务牌照。

投资银行业务包括证券承销、企业并购与资产重组、财务顾问和资产证券化等,图8-7概括了各类业务的具体内容。

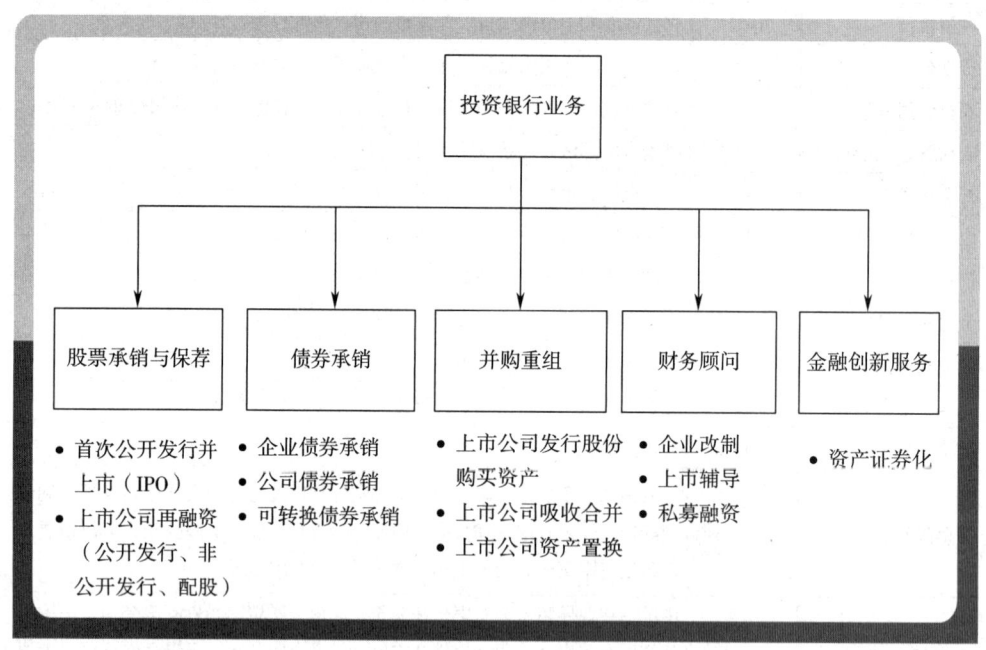

图8-7 投资银行业务内容

证券经纪业务是指证券公司接受客户委托、代理客户买卖证券并收取佣金的业务。

投资管理业务包括自营业务、另类投资业务和私募股权投资业务,其中自营业务是证券公司使用自有资金或合法募集的资金进行股票、债券和衍生品等金融资产买卖的业务;另类投资业务是证券公司进行自营投资品种以外的非标准化金融产品投资的业务;私募股权投资业务也称直投业务,是证券公司对非公开发行公司的股权进行投资，投资收益通过以后公司上市或并购时出售股权兑现的业务。

研究与机构销售业务是指证券公司为客户提供专业化研究服务，通过推广和销售各类研究及金融产品获取服务收入的业务。

金融产品销售业务包括证券公司向客户提供各种金融产品销售服务和资产配置服务，其中的相关金融产品由证券公司和其他金融机构管理。

资本中介业务包括融资融券、股权质押等信用业务，场外期权、利益互换等场外衍生品业务以及股票、债券、衍生品的做市业务等。资产托管业务包括为私募基金、公募基金等各类资管机构提供资产托管和基金服务的业务。国际业务是指证券公司通过设立境外分支机构开展投资银行、证券经纪、资产管理、自营投资等业务拓展海外业务收入的业务。当然，证券公司各种业务的分类和具体内容并非一成不变，也会随着市场发展和法规变化动态变化。

证券投资基金管理公司，简称基金公司，是指经中国证券监督管理委员会批准，在中国境内设立，从事证券投资基金管理业务的金融机构。基金公司对基金募集、基金份额的申购与赎回、基金财产的投资和收益分配等基金运作活动进行管理。基金公司按照资金募集方式还可以分为公募和私募，目前中国的公募基金公司只允许投资股票或债券，不能投资非上市公司股权、房地产，私募基金则无此类限制。

期货公司是指依法设立的、接受客户委托、按照客户指令、以期货公司的名义为客户进行期货交易并收取佣金的金融机构。期货公司是客户和交易所之间的纽带，其职能包括根据客户指令代理买卖期货合约、办理结算和交割手续，对客户的期货账户进行管理，为客户提供期货市场信息和咨询等。由于期货公司代理客户进行交易，所以代理交易所向客户收取保证金。

投资咨询公司是指依法成立、向客户提供投资咨询业务的金融机构。证券投资咨询公司在中国证监会备案后可以在全国股权转让系统开展公司挂牌推荐和做市业务，所谓做市业务就是指投资咨询公司利用自有资金对接股权买卖双方从而赚取差价收入。

第4节　保险业机构

我国的保险业金融机构可以分为八类，分别是财产保险公司、人身保险公司、再保险公司、保险资产管理公司、保险经纪公司、保险代理公司、保险公估公司和企业年金基金管理机构。

财产保险是指以财产及其有关利益为保险标的的保险，包括财产损失保险、责任保险、信用保险、保证保险等。截至2022年1月，我国财产保险公司有88家。此外还有3家农村保险互助社（联社）。

人身保险是指以人的寿命和身体作为保险标的的保险，包括人寿保险、年金保险、健康保险和意外伤害保险。截至2022年1月，我国人身保险公司有91家。

再保险也称"分保"，是指保险人在原保险合同基础上，通过签订分保合同，将其所承保的部分风险和责任向其他保险人进行保险的行为。再保险的基础是原保险，再保险的产生正是基于原保险人经营中分散风险的需要。在再保险交易中，分出业务的公司称为原保险人或分出公司，接受业务的公司称为再保险人或分保接受人。再保险转嫁风险责任支付的保费称为再保险费；原保险人在招揽业务过程中支出了一定的费用，由再保险人支付给原保险人的费用报酬称为分保佣金。

保险资产管理公司是指经中国银保监会会同有关部门批准，依法登记注册、受托管理保险资金的金融机构。从实质上来看，保险资产管理公司是指主要股东或母公司为保险公司的资产管理机构，即保险系资产管理机构。

保险经纪公司是指依法成立的保险中介机构，针对客户需求为客户提供专业的保险规划和风险管理方案。一方面，保险经纪公司代表被保险人的利益，为被保险人设计保险方案，与保险公司商议达成保险协议。另一方面，为保险公司承揽业务，向保险公司收取佣金。保险经纪公司还可以向投保人提供防灾防损、风险评估、风险管理、保险咨询或顾问服务，等等。

保险代理公司是指依据《公司法》《保险法》法律法规设立的专门从事保险代理业务的有限责任公司和股份有限公司。它属于专业保险代理人。保险代理机构的设立必须经过中国银保监会的批准，取得经营保险代理业务经营许可证，并办理工商登记手续，领取营业执照后，方可从事保险代理业务活动。

保险公估机构是指依照《保险法》等有关法律、行政法规，经中国银保监会批准设立并接受保险当事人委托专门从事保险标的的评估、勘验、鉴定、估损和理算等的机构。

企业年金基金管理机构是指从事企业年金基金管理业务的法人受托机构、账户管理人、托管人和投资管理人等补充养老保险经办机构。从事企业年金基金管理业务的机构必须取得相应的企业年金基金管理资格。我国目前由人力资源和社会保障部会同中国银保监会和中国证监会负责企业年金基金管理机构的资格认定，机构从事企业年金基金管理业务则需要获得中国银保监会的相应业务牌照，并接受银保监会的监管。

第5节 金融管理部门与金融基础设施

我们在前面小节中重点介绍了我国的银行业、证券业和保险业金融机构，这些金融机构都是金融体系中最传统也是最重要的组成。当然，除了银行、证券和保险业金融机构之外，金融机构中还包括国家金融管理部门和提供金融基础设施服务的机构（即交易结算类机构）。

一、货币当局

我国的**货币当局**专指中国人民银行和国家外汇管理局。中国人民银行是中国的中央银行,在国务院领导下,负责制定和执行货币政策,并承担宏观金融监管职责(防范和化解金融风险、维护金融稳定)。从行政职能上看,国家外汇管理局直属于国务院,归中国人民银行管理,中国人民银行副行长一般兼任国家外汇管理局局长。

二、金融监管机构

我国的**金融监管机构**的设立是与我国金融体系特征相对应的,2018年4月之前,监管机构包括三家,分别监管银行业、保险业和证券业;2018年4月之后,为顺应金融监管改革,银行业与保险业的监管机构合并,从而监管机构变为2家,即中国银行保险监督管理委员会和中国证券监督管理委员会,分别监督管理银行与保险业和证券业。当然,除了银保监会和证监会,人民银行及金融稳定发展委员会也承担重要的监管职能,因此也可以视为金融监管体系中的成员。

三、交易结算类机构

交易结算类机构是为金融交易提供交易和结算服务的基础设施类金融机构,在现代金融活动中扮演重要角色。我国目前的交易结算类机构主要由中央银行和两大监管委员会主管,其中证监会主管中国证券登记结算有限责任公司(中证登)和固定收益证券综合交易平台,中国银保监会主管银行业信贷资产登记流转中心有限公司;中国银保监会与中国人民银行共同主管中央国债登记结算有限责任公司(中债登);中国人民银行主管中国人民银行清算总中心、上海清算所、上海票据交易所、中国银联、网联清算、中国外汇交易中心暨全国银行间同业拆借中心、上海黄金交易所和北京金融资产交易所等(各中心、清算所和交易所均为股份有限责任公司形式)。

表8-2归纳了以上主要交易结算类金融机构名称、主要业务及其主管部门。在这些交易结算类金融机构中,**中证登和中债登分别是中国证券交易和债券交易的登记结算枢纽,而中国人民银行清算总中心则是全社会资金流动的主动脉与中心枢纽**。**中证登**是为证券交易提供集中登记、存管与结算服务且不以营利为目的的法人机构,上海和深圳证券交易所分别是中证登的两个股东,各持50%的股份;**中债登**是财政部授权主持建立、运营全国国债托管系统并为全国债券市场提供国债、金融债券、企业债券和其他固定收益证券的登记、托管、交易结算等服务的国有独资金融机构,是中国人民银行指定的全国银行间债券市场债券登记、托管、结算机构和商业银行柜台记账式国债交易一级托管人。

中国人民银行清算总中心负责运行、维护和管理全国各主要支付清算系统,包括大额实时支付系统(HVPS)、小额批量支付系统(BEPS)、全国支票影像交换系统(CIS)、境内外币支付系统(CDFCPS)、电子商业汇票系统(ECDS)和网上支付跨行清算系统(IBPS),是我国货币流转最重要的金融基础设施。

表8-2　中国交易结算类金融机构及其主管部门

机构名称	成立时间	主管部门	主要业务	涉及品种/类型
中国证券登记结算有限公司（中证登）	2001年3月	证监会	证券账户开立，资产管理、证券结算、存管、登记等	国债、地方政府债、企业债、公司债等
上海证券交易所	1990年11月	证监会	债券的发行和交易	国债、地方政府债、企业债、公司债、ABS
深圳证券交易所	1990年12月	证监会	债券的发行和交易	国债、地方政府债、企业债、公司债、ABS
机构间私募产品报价与服务系统	2013年2月	证监会	私募债发行、转让、登记、结算	私募公司债、ABS
中国金融期货交易所（中金所）	2006年9月	证监会	国债期货的交易和登记结算	国债期货
中央国债登记结算有限责任公司（中债登/中央结算公司）	1996年2月	银保监会、财政部、中国人民银行	债券发行，登记托管，交易结算，付息兑付，企业债券评估，柜台债券，公开市场、国库现金管理支持等	利率债、部分信用债、ABS、熊猫债等
银行业信贷资产登记流转中心（银登中心）	2014年6月	银保监会	信贷资产等的登记、托管、流转、结算，代理本息兑付，交易管理和市场监测等	商业银行表内信贷资产
中国信托登记有限公司（中信登）	2016年12月	银保监会	信托登记、发行、交易、转让、结算、估值等各项业务	信托产品
银行间市场清算所（上海清算所）	2009年11月	中国人民银行	金融产品交易的登记、托管、清算、结算、交割、保证金管理、抵押品管理等	非金融企业债务融资工具、同业存单等
中国外汇交易中心暨全国银行间同业拆借中心	1994年4月	中国人民银行、国家外汇管理局	为银行间市场提供交易系统，组织交易，履行市场监测职能	利率债、信用债、场外衍生品、外币等
上海黄金交易所	2002年2月	中国人民银行	黄金交易的竞价、询价、清算、交割、集中定价等	黄金、白银、铂金等贵金属
上海票据交易所（票交所）	2016年12月	中国人民银行	票据报价交易、登记托管、清算结算、信息服务，承担中央银行货币政策再贴现操作等	商业汇票
中国银行间市场交易商协会	2007年9月	中国人民银行	非金融企业债务融资工具的准入和监管	非金融企业债务融资工具

续表

机构名称	成立时间	主管部门	主要业务	涉及品种/类型
北京金融资产交易所	2010年5月	中国人民银行	债券的发行与交易、债权融资计划、委托债权投资计划、企业股权、债权和抵债资产交易等	非金融企业债务融资工具
中国人民银行清算总中心	1992年11月	中国人民银行	运行、维护、管理支付清算系统	各类支付活动
中国银联	2002年3月	中国人民银行	建设运营银行卡跨行交易清算系统	银行卡
中国网联	2017年8月	中国人民银行	处理非银行支付机构发起的涉及银行账户的网络支付业务	网络支付

知识窗

非标准化债权资产

在中国,除了大家所熟知的银行、证券公司、信托公司、保险公司以外还有大量为社会大众提供金融服务的类金融机构,如融资租赁公司、小贷公司等,这些机构进行着资金融通,也创立了很多期限不一、规模不等的金融产品,这类产品被称为非标准化债权资产(非标资产)。所谓非标资产是指未在银行间市场或者证券交易所市场交易的债权性资产,包括但不限于信贷资产、信托贷款、委托债权、承兑汇票、信用证、应收账款、各类受(收)益权、带回购条款的股权型融资等。非标资产的性价比和安全系数相对较高,产品透明度更高,规范性更强,在市场的议价能力也比较强。所以,非标资产的流转市场想象空间巨大。

在我国以间接融资为主的市场体系中,非标业务客观上丰富了银行金融服务的方式和内容,是银行支持实体经济的探索和创新,当然也存在一定的风险性。在我国,非标资产受到一定的限制管理:首先是比例上限,要求规范商业银行理财产品所有非标准化债权类投资,并设定理财产品余额为35%的上限,且不得超过银行上年度总资产的4%;其次还要求名单制管理,即每个理财产品与所投资资产(标的物)应做到一一对应,做到每个产品单独管理、建账和核算。

现存的非标资产流转交易平台包括由金融监管部门批准和推动的金融资产登记流转平台,这种平台与现有登记结算平台整合和协作较多,但是很少全面覆盖,基本与所监管领域保持一致。另外,还有地方政府批准的非标资产流转平台,以及市场机构自主发起设立的非标资产流转平台,如信托、证券等非标资产的创设机构以及部分互联网金融机构也在尝试搭建自己的非标资产的流转平台。

> 不过，由于基础资产法律关系差别较大、监管政策要求不一、交易流转市场基础设施发展程度不一、估值定价难度较大、市场投资主体较为单一等问题，非标资产的流转面临着困难。

复习要点

1. 金融机构的分类。
2. 直接融资与间接融资的定义。
3. 银行业金融机构及其业务范畴。
4. 证券业金融机构及其业务范畴。
5. 货币当局与监管机构。
6. 我国的重要金融基础设施。

关键术语

金融机构	金融中介	直接融资	间接融资
大型银行	股份制银行	政策性银行	开发性金融机构
投资银行	金融租赁	融资租赁	信托业务
证券公司	保险公司	财务公司	贷款公司
货币经纪公司	汽车金融	消费金融	

练习题

1. 阐述中国金融机构的分类及其内容。
2. 阐释中国的金融监管体系。
3. 中国的商业银行体系与美国有什么异同点？
4. 查找资料，说明中国各类金融机构的发展历程。
5. 比较直接融资与间接融资模式的优劣。

第 8 章
课后习题答案

第9章 货币流转的场所：金融市场

学习目标

学完本章后，你将掌握：
1. 金融市场概论
2. 货币市场（短期资金市场）
3. 资本市场（长期资金市场）
4. 衍生品市场
5. 有效市场假说

第1节 金融市场概论

一、金融市场的内涵

我们在第8章介绍过，金融机构是货币流转的主要机构，而金融市场则是货币流转的场所（资金从供给方流转到需求方），也是金融机构进行交易、企业和个人进行投融资等活动的场所。显然，金融市场的参与者不仅包括金融机构（包括银行、证券公司、保险公司、投资基金公司等），也包括非金融企业和个人等经济主体。

既然金融机构等主体的金融活动在金融市场上进行交易，就必然联系到金融工具（也可以称为金融产品），如股票、债券、衍生品等。事实上，金融机构、金融市场和金融工具共同构成了金融体系的核心要素。本章在金融机构的基础上，介绍金融市场的各个子市场，主要介绍各类金融市场的特征和各个市场交易的金融产品。

二、金融市场的职能

从全球范围看，金融市场已经发展成为最大的市场之一，金融市场承载着各种各样的金融交易和金融活动，从而满足不同部门、不同群体和不同个人的金融需求。归纳来看，金融市场发挥以下几大职能：一是投融资的场所，即借贷交易的场所，或者说资金集聚与流转的场所；二是提供流动性的场所；三是发挥资产价格决定和价格发现的职能；四是提供风险分散和风险定价的场所。

三、金融市场的分类

金融市场的职能体现在各类不同的金融市场中。金融市场的分类也可以有很多标准。例如，根据交易期限，可以分为货币市场和资本市场；根据交割方式，可以分为现货市场和期货市场；根据交易场所，可以分为银行间市场和交易所市场；根据金融资产品种，则可以分为信贷市场、债券市场、股票市场、保险市场、黄金与外汇市场和衍生品市场等；还可以根据地理区域，分为国内金融市场与国际金融市场。

另外，按照金融工具的性质和金融工具要求权的特点，金融市场还可以分为债务和权益市场，债务工具是一种契约协议，而权益则给予持有人对发行公司的所有权；按照金融产品发行与认购的方式及对象，可以分为一级市场（即发行市场）和二级市场（即流通市场）：一级市场是新发行证券的交易场所，二级市场是已经发行后的债权进行交易的流通市场；按照市场组织形式可以分为场内交易市场（即交易所交易市场）和场外交易市场（OTC市场），交易所交易有固定交易场所，场外交易没有固定场所。为了方便记忆，图9-1按照不同分类标准，给出了金融市场的分类情况。

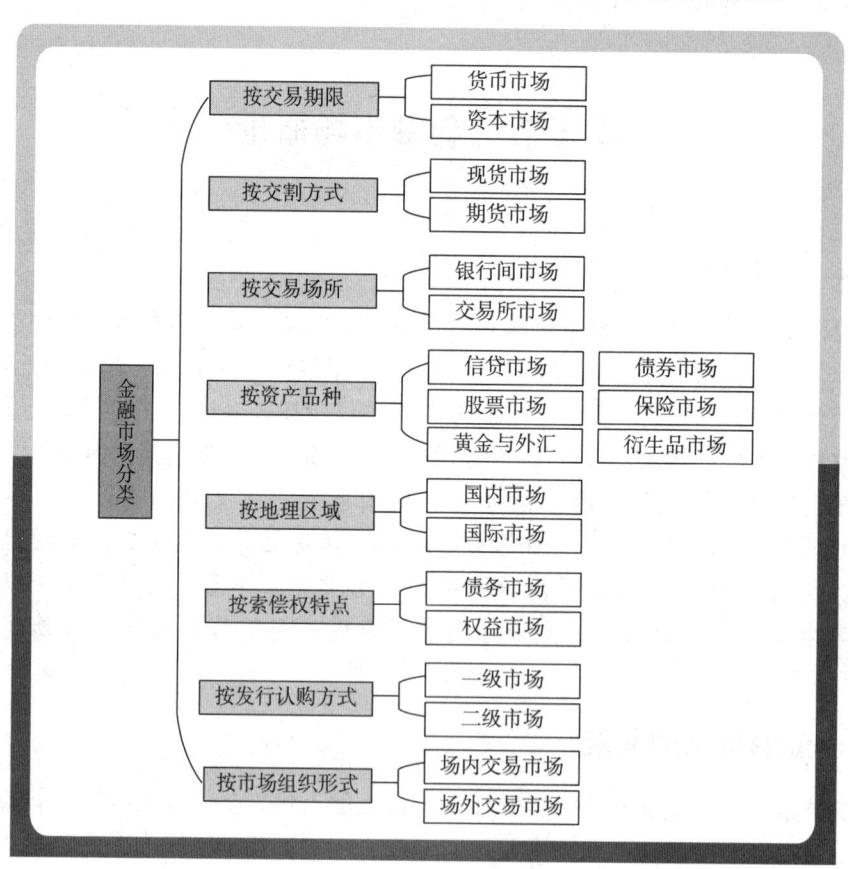

图9-1 金融市场不同维度的分类

 知识窗

银行间市场

银行间市场是以合格机构投资者为主体的金融市场的集合,从交易产品类别划分,包括银行间债券市场、银行间同业拆借市场、银行间外汇市场、银行间票据市场和银行间黄金市场等子市场。显然,这些子市场只是从交易产品的类别进行划分,而不是从产品的期限进行划分。例如,银行间债券市场,既包括短期债券市场(属于货币市场),也包括长期债券市场(属于资本市场)。因此,银行间市场与货币市场以及资本市场彼此之间并不是包含和被包含的关系,而是定义的角度不同。

(1) **银行间债券市场**。我国银行间债券市场始建于1997年6月,主要依托全国银行间同业拆借中心、中央国债登记结算有限责任公司和银行间市场清算所股份有限公司运行,参与主体包括商业银行、农村信用联社、证券公司和保险公司等金融机构,主要进行债券买卖和回购业务。如今,银行间债券市场是我国债券市场的主体部分,记账式国债和政策性金融债券均在该市场发行并上市交易,银行间债券市场还有第三方回购交易。银行间债券市场参与者通过询价方式逐笔达成交易。

(2) **银行间同业拆借市场**。同业拆借市场是指除中央银行以外的金融机构进行短期资金融通的市场,属于货币市场,能够为准备金不足的非中央银行金融机构提供融资需求,形成的同业拆借利率不仅影响其他货币市场,对资本市场和衍生品市场也有重要影响。我国银行间同业拆借市场主要依托全国银行间同业拆借中心运行,主要提供银行间外汇交易、人民币同业拆借等业务。

(3) **银行间外汇市场**。我国银行间外汇市场是指经国家外汇管理局批准的可以经营外汇业务的境内金融机构间进行人民币与外币交易的市场。银行间外汇市场依托中国外汇交易中心运行,市场的参与主体包括商业银行、非银行金融机构和外资金融机构,主管机构包括中国外汇交易中心上海总部、北京备份中心和其他分中心。

(4) **银行间票据市场**。我国银行间票据市场是指由各商业银行间进行票据交易与交割的场所,也属于货币市场。票据市场主要进行短期资金融通,交易主体广泛,在整个货币体系中处于基础地位。银行间票据市场的交易产品是交易资金往来过程中产生的本票(即我国的银行本票和企业融资券)、汇票和支票等,并进行发行、担保、承兑、贴现、转贴现和再贴现等操作,以实现短期资金的融通。

(5) **银行间黄金市场**。国际上成熟的黄金市场包括实物黄金市场和衍生品黄金市场,我国目前形成了由上海黄金交易所、二级黄金交易中心、银行柜台和首饰金店组成的三级实物黄金交易体系。上海黄金交易所是我国唯一的黄金场内交易所,随着黄金期货等衍生品的逐渐推出,上海黄金交易所的黄金现货交易和金融交易趋于活跃。人民银行在上海黄金交易所基础上对其交易系统加以改进和扩展,建立起银行间黄金市场。

第 2 节 货币市场

一、货币市场的定义与特点

货币市场虽然以"货币"命名,但却并非是用来交易货币的市场。不过,货币市场上交易的金融产品具有较高流动性和安全性,这些产品的这些特性类似货币的特性,因此被称为货币市场。货币市场的功能主要体现在:一是为机构提供短期流动性,如商业银行通过同业拆借获得短期资金以满足中央银行存准率的要求;二是可以为投资者对冲机会成本的同时解决短期投资愿望,如投资者可以买入货币市场产品后静观市场变化,随时可以卖出然后出手股票市场。

> 货币市场属于短期资金市场,是金融体系流动性的提供场所,一般指1年以下期限的资金借贷及有价证券的交易市场,交易金额大,属于机构参与的批发市场。

货币市场可以根据具体交易的金融产品类型划分为如下子市场:

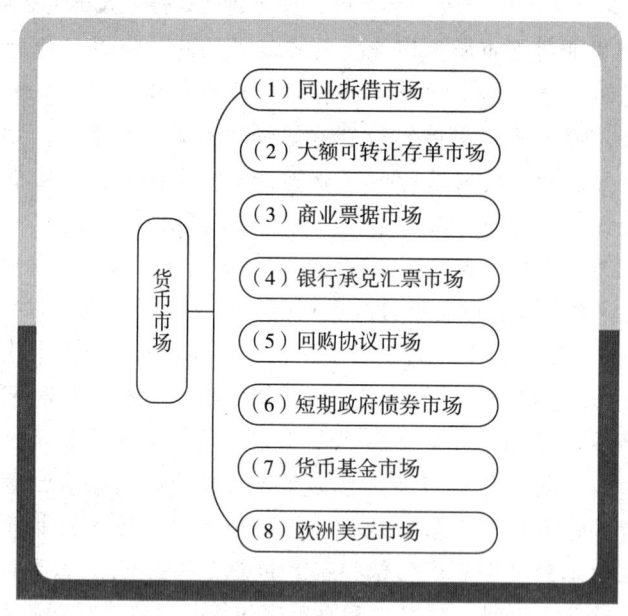

图 9-2 货币市场分类

这些子市场的发行方、交易产品和交易方归纳在图 9-3 中。从货币市场这些子市场所交易的金融产品的发行机构和交易主体来看,同业拆借对应的是银行间资金或者说同业资金(本质上是商业银行的超额准备金),交易主体也是银行;大额存单的发行机构是银行,交易主体是各类金融机构;商业票据的发行机构是大型企业,交易主体是各类金融机构；回购市场的交易主体包括中央银行和其他金融机构；短期政府债券的发行部门则是财政部和地方政府，交易主体是各类金融机构；货币基金的发行方是各类基金公司，交易主体是个人投资者；而欧洲美元市场则是各国金融机构都可以参与的离岸货币市场的典型代表。

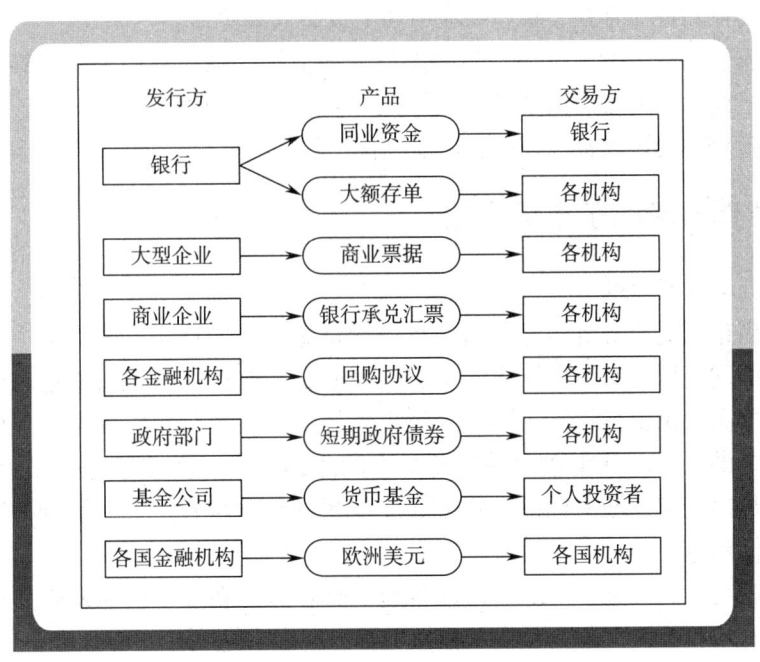

图 9-3 货币市场的产品类型与交易主体

尽管货币市场的子市场很多（有多少货币市场产品就可以有多少个子市场），但是货币市场上交易的产品或者说工具都具有相近的几个特点，即额度大、期限短、流动性强、安全性高。

> 货币市场交易的产品特征是额度大、期限短、流动性强、安全性高。

第一，货币市场工具一般以大额批发为主。 例如，我国商业银行发行的 100 万元额度大额存单，美国市场上常见的 100 万美元面额存单等。大额批发的特点加上没有存款准备要求和相对较低的监管负担，使得货币市场成为机构筹集和存放短期资金的青睐之地。大额批发的特点也决定了货币市场主要是供机构投资者使用。个人参与货币市场，一般都是作为资金供给者，由于货币市场单笔交易数额较大以及监管的需要，个人一般不能直接参与货币市场的交易，主要通过投资货币市场基金间接参与货币市场的交易，但也有个人持有短期政府债券和大面额可转让存单的情况。货币市场上的批发借贷机构包括商业银行和其他存款机构、中央银行、证券公司以及其他金融性公司等大型金融机构，美国还有房地美和房利美这样的政府支持型企业（Government-Sponsored-Entities，GSEs）。除了货币市场共同基金份额以外，货币市场工具很少在个人投资者进行交易的零售市场上使用。不过，随着创新型证券产品和交易方式的发展，个人投资者也可以通过不同形式参与到货币市场的交易中。

第二，货币市场工具期限短，一般在 1 年以内，期限品种从隔夜到 1 年不等，多见的是 3 个月以内的品种。

第三，流动性强。货币市场工具的品类期限短，同时有活跃的二级市场，使得货币市场产品的流动性非常强，很容易在市场上被买入和卖出。

第四，安全性高。货币市场工具的发行主体信用等级高，因为只有具备高资信等级的企业或机构才有资格进入货币市场来发行产品筹集短期资金。因此，货币市场产品的价格风险和违约风险都比较低，即安全性比较高。

二、货币市场的子市场介绍

（一）同业拆借市场

同业拆借市场是金融机构同业间进行短期资金融通的市场，其参与主体仅限于金融机构，我国同业拆借市场主体包括所有类型的金融机构，但是机构进入同业拆借市场仍须经过中国人民银行批准。同业拆借市场的形成主要源于中央银行对商业银行法定存款准备金的要求。如果缴存的准备金未能达到要求，商业银行会受到相应处罚；当然，如果超出法定存准率标准，超出部分即超额存款准备，中央银行一般不支付利息或支付较低利息。

在特定时间点，准备金不足（即准备金低于存款准备金率标准或需要更多准备金应对客户临时取款等）的银行便向其他银行拆入资金以达到法定存款准备金率的要求，拆出银行获得相应利息收益。同业拆借资金的划转通过银行在中央银行的准备金账户进行。可见，同业拆借市场上交易的主要是商业银行等存款性金融机构存放于中央银行的超额存款准备。

同业拆借的期限有隔夜、1 周、2 周、3 周、1 个月至 1 年不等，最主要的形式是隔夜拆借。在我国，中国人民银行对不同金融机构可拆入资金的最长期限有不同规定。例如，政策性银行、中资商业银行等拆入资金最长期限为 1 年；金融资产管理公司、保险公司、金融租赁公司、汽车金融公司等最长期限为 3 个月，而信托公司、证券公司等则最长期限为 1 周。

一般情况下，同业拆借市场是中央银行调控市场利率的主要市场。中央银行通过公开市场操作或者再贷款等政策工具的调整，可以直接影响商业银行可贷资金的规模，也就是影响同业拆借市场上的资金供求状况，进而影响市场上的拆借利率。如果同业市场的利率具有示范和引领效应，则整个市场利率将会发生同向变化。美联储的货币政策调整（主要是公开市场操作）本质上也是影响美国商业银行同业拆借市场的利率，即联邦基金利率，进而实现货币政策的最终目标。不过，美国的同业拆借市场经常被称为"联邦基金市场"（Federal Funds Market），"联邦基金"实质上是商业银行在美联储的超额存款准备金，而不是一般意义上的"基金"。

(二) 大额可转让定期存单市场

大额可转让定期存单的英文名称实际上是 Negotiable Certificates of Deposit, 简写为 NCD, 直译是"可转让存款凭证"。不过 NCD 一般面额较大, 期限固定, 因此我们在中文语境下称为"大额可转让定期存单"。实际上, 大额定期存单也有不可转让的, 即 Non-negotiable Certificates of Deposit, 由于货币市场中多见的是可转让品类, 因此经常用 CD 指代大额可转让定期存单。如未做特殊说明, 我们下面提及的 CD 都是指可转让存单。

CD 是商业银行发行的一种定期存款凭证, 是银行存款的证券化产品, 凭证上印有一定的票面金额、存入和到期日以及利率, 到期后可按票面金额和规定利率提取全部本利, 逾期存款不计息。顾名思义, 大额可转让定期存单 (即 CD) 可以在二级市场上流通转让, 但是不能提前支取。CD 按标准单位发行, 面额较大, 不同国家的面额区间有所不同, 在美国一般最低面额为 10 万美元, 更常见的是 100 万美元及以上面额; 中国的 CD 业务与美国大同小异, 主体是银行同业存单, 不过我国曾经对个人投资者发行面额 500 元及 500 元倍数面额的普通存单 (不可转让)。CD 的期限一般是 1 年以内 (也有 1 年以上的 CD), 收益率略高于国债利率。

从世界范围看, CD 的发展历史实际上折射了金融产品和金融市场的发展变化。特别是在 20 世纪 60 年代之后, 随着美国利率市场化的不断发展, 诸多企业为了增加临时闲置资金的利息收益, 纷纷将资金投资于安全性较好又具有一定收益的货币市场基金、国债等货币市场产品, 从而使得资金从传统金融媒介 (商业银行) 不断流出, 即**"金融脱媒"**。所以, 金融脱媒是指资金脱离传统金融媒介 (特别是商业银行) 的现象。

为了留住资金, 商业银行开始发行高于同期限存款利率的可转让大额定期存单产品。1961 年, 当时美国的纽约国立城市银行 (今天的花旗银行) 率先设计了大额可转让定期存单这种短期的有收益票据来吸引企业的短期资金, 而且当时的美国证券交易商——贴现证券公司 (Discount Security Corporation)——同意为此产品设立一个二级交易市场, 这为 CD 的流通交易提供了巨大帮助, 美国的 CD 市场自此快速发展。

不过, 到了 1966 年, 由于美国的公开市场利率不断攀升, 达到了美国商业银行法中 Q 条例规定的上限 (Q 条例是指美联储禁止会员银行向活期储户支付利息并同时规定定期存款支付利息的最高限额的条例[①]), 限制了 CD 发行银行的利率支付上限, 投资者又迅速从 CD 市场撤离到其他市场, 导致 CD 市场大幅萎缩。为了应对这种局面, 美国的商业银行又开始开发商业票据和欧洲美元市场, 特别是花旗银行率先在伦敦发行了欧洲美元 CD, 即以美元为标的在国外发行的 CD。1970 年之后, 美国逐渐取消了

---

① 1929 年美国经历了经济大萧条, 金融市场随之进入了一个管制时期, 美国联邦储备委员会颁布了一系列金融管理条例, 并且按照英文字母顺序为这一系列条例进行排序, 其中对存款利率进行管制的规则正好是第 Q 项, 因此该项规定被称为**Q 条例**。后来, Q 条例成为对存款利率进行管制的代名词。Q 条例规定, 银行对于活期存款不得支付利息, 并对储蓄存款和定期存款的利率设定最高限度, 当时上限规定为 2.5%, 此利率一直维持至 1957 年, 此后频繁调整。Q 条例对银行资金的来源去向都产生了显著影响。

对 CD 利率上限的规定，促使 CD 市场再度活跃起来。

以美国为例，**CD 按照发行者的不同可以分为四类**，即国内存单（CD）、外国存单（Foreign CD）、欧洲美元存单（Euro CD）和储蓄机构存单（Thrift CD）。其中国内存单是由美国国内银行发行的 CD；外国存单（也叫扬基存单）是外国银行在美国的分支机构发行的一种可转让定期存单，其发行者主要是西欧和日本等地的著名国际性银行在美国的分支机构；欧洲美元存单是由美国境外银行（外国银行和美国银行在外的分支机构）发行的 CD，欧洲美元存单的中心在伦敦，但欧洲美元存单的发行范围不仅仅限于欧洲；储蓄机构存单是由一些非银行机构（储蓄贷款协会、互助储蓄银行、信用合作社）发行的 CD。

> Q 条例是指美联储禁止会员银行向活期储户支付利息并同时规定定期存款支付利息的最高限额的条例。

知识窗

中国大额存单市场发展历程

与美国等国家相比，中国的 CD 业务发展比较晚。我国第一张 CD 面世于 1986 年，最初由交通银行和中国人民银行发行，1989 年经中国人民银行审批，其他的专业银行也陆续开办了此项业务，大额存单的发行者仅限于各类专业银行，不准许其他非银行金融机构发行。存单的投资者主要是个人，企业为数不多。中国人民银行当时规定：对个人发行的存单面额为 500 元及其整数倍，对单位发行的存单面额为 50000 元及其整数倍，存单的期限分别为 1 个月、3 个月、6 个月及 1 年。

基于各专业银行在发行 CD 时出现的由于利率过高引发的存款"大搬家"、增加银行资金成本的弊病，中国人民银行曾一度限制大额定期存单的利率，加之我国还未形成完整的二级流通市场，从 20 世纪 80 年代大量发行 CD 到 1996 年以后 CD 发行基本停滞。

不过，随着 2013 年 7 月中国人民银行宣布全面放开金融机构贷款利率管制，各银行为了拓宽筹资渠道，经中国人民银行批准，一度曾停止发行的大额可转让定期存单又开始在各银行发行。

（三）商业票据市场

所谓本票（Promissory Note）就是指出票人在见票时无条件支付确定金额给持票人的票据凭证。本票是和汇票相对的一个概念，在我国由于政策法规的原因，暂时还不存在商业本票，因此下面内容主要以发达国家的市场发展为例进行介绍，之后会介绍我国商业票据市场的基本情况。

早期的商业本票是为确保债权且有实质交易基础的**交易性商业本票**。例如，企业 A 向企业 B 购买一套设备，B 为指定收款人，A 在 3 个月后需要支付 100 万美元。企业

A 可以开出一张本票，标明支付额度和日期，然后交给企业 B，这样企业 B 相当于持有企业 A 发行的债券凭证，在到期日即可获得付款。

> 商业票据是指由金融公司或某些信用较高的企业开出的、有确定面额和到期日的无担保短期本票，又称商业本票或一般本票。

不过，有交易做基础的商业本票往往由于金额不整齐等原因而造成票据交易上的不便，因此随着时间推移和市场需求的发展，工商企业为筹集短期资金而经由银行等金融机构保证程序发行的**融资性商业本票**逐渐兴起。融资性商业本票不仅具有整数金额、方便交易的优点，而且有金融机构保证，所以跃升为市场交易的主流品种。如今，发达国家市场上的商业票据多是融资性商业本票，因此对于企业来说发行商业票据类似于发行短期债券，属于短期融资工具。

商业票据的发行一般需要经过金融机构保证，不过取得银行授信承诺的上市公司、政府事业机构等可以不经过金融机构保证，具体要求还要看具体国家的相应票据法如何规定。商业票据可以由企业直接发售，也可以由经销商（Dealer）代为发售。监管部门（如证监会）对出票企业信誉审查十分严格，如由经销商发售，则经销商实际担保了售给投资者的商业票据。

对于融资企业来说，**发行商业票据的主要优点**是融资成本低于从银行直接获得贷款的成本。以美国为例，信用度高的大型企业发行商业票据进行融资，其成本可以比从银行贷款低 2%~3%。商业票据在到期之前可以在货币市场上转让、贴现。在美国，商业票据是一种以融资为目的、由公司直接发行或通过经纪商向投资者发行的一种无担保的本票，期限一般在 270 天以下。商业票据是美国货币市场产品的重要组成部分，其市场规模多年来保持在 1 万亿美元以上（见图 9-4）。

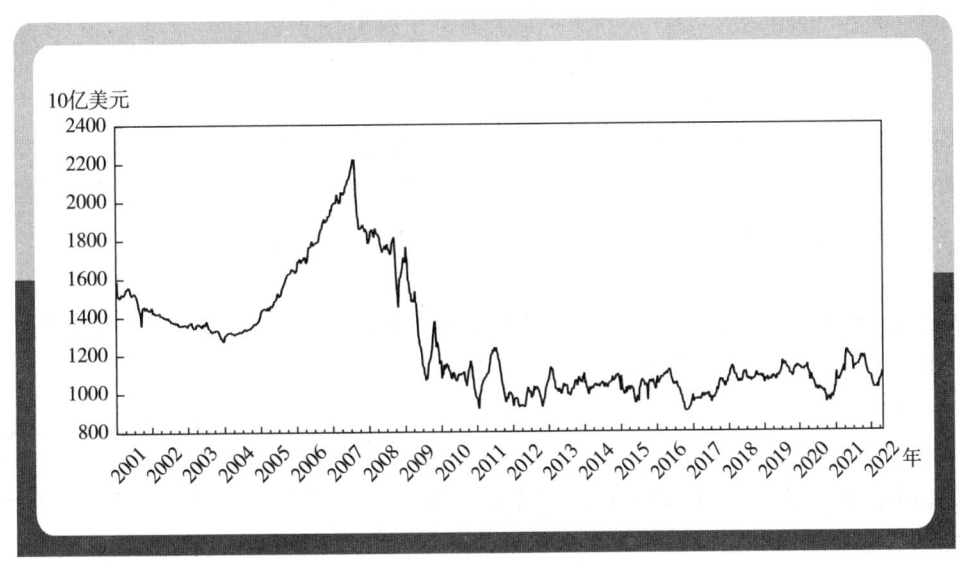

图 9-4 美国商业票据规模：2001—2022 年

（原始数据来源：美联储圣路易斯分行）

与发行其他证券产品相比，企业发行商业票据的主要动力是可以避免来自监管部门的各种烦琐的信息披露要求，而信息披露既要花费时间又要消耗人力物力。根据美国的金融法律要求，美国货币市场受到美国证监会的监管，企业发行各种证券产品需要在证监会注册并按要求进行信息披露。但是，期限在 270 天以下的大面额商业票据发行则不需要注册。美国市场上大部分商业票据期限在 5~45 天，平均在 30 天左右，最低面额一般在 10 万美元，常见的是 100 万美元的倍数面额。根据美国证券法，商业票据的融资用途只能用于当期交易（Current Transactions）或者建筑项目融资。

从**商业票据的融资主体**来看，相当比例的商业票据是由非银行金融公司发行的，最多见的是大型企业集团的财务公司。财务公司融资之后，再使用这些资金开展消费贷款业务。当然，除了财务公司以外，保险公司、证券公司、银行控股公司以及政府部门也通过发行商业票据进行融资。根据各类公司的经营特点，筹集来的资金可以用于购买存货、管理应收账款或者用于其他当期支出。

商业票据市场的发展和运转依靠完善的**信用评级体系**。而在货币市场上发行商业票据的公司，90% 以上获得的是评级公司给予的最高信用评级，因此几乎没有出现票据到期不能偿付的现象。由于商业票据的期限短、信用好，多数投资者以持有到期为目的，因此，其二级市场并不十分活跃。对于那些财务状况不好、不能获得高评级的公司，它们一般是以支付更高的利息为代价从银行获得贷款。

从**融资功能**角度看，中国商业票据市场的发展仍然处于初级阶段。事实上，中国的票据和美国的票据在含义上有着非常大的差别。"票据"传统上被定义为有价证券的一种。但目前中国的票据仅限于商业汇票、银行本票和支票等交易性票据。由于银行本票和支票在银行直接兑现，目前市场上交易的票据仅限于商业汇票，按照承兑主体分为银行承兑和商业承兑两种，其中银行承兑汇票占绝大部分。

在我国，**贴现和转贴现**是票据业务的主要方式。此类票据的签发和流通转让必须具有真实的贸易往来背景。因此，商业票据在中国首先是一种结算工具和支付手段，其次才具有融资功能。而我国在银行间市场发行的企业短期融资券，其发行方式和功能与美国货币市场上商业票据类似：在银行间市场上发行和交易，为企业实现短期融资的目的。从一定程度上说，中国的企业短期融资券事实上是真正意义上的"商业票据"。

（四）银行承兑汇票市场

银行承兑汇票在国际贸易支付活动中具有相当长的历史。因为银行接受付款义务，所以银行承兑汇票的英文是 Bankers' Acceptance。我们可以把银行承兑汇票想象成一种商业公司开出的类似支票的金融工具，其票面特征是明确标明具体哪家银行在什么日期负责兑现多少额度等相关信息。常见的到期日从 30 天到 270 天不等（图 9-5 给出了一份银行承兑汇票样图）。一般情况下，开出银行承兑汇票的公司多是对应银行熟悉的客户。对于银行来说，承诺到期见票付款是一种服务，所以相应会向出票公司收取一定佣金。当然，银

> 银行承兑汇票是银行应其商业客户的申请在汇票到期后接受付款或者保证付款的一种凭证。

行一般也不会凭空对某家公司提供承诺付款服务，会要求公司在汇票到期日前按汇票上对应的资金额度将资金存放到银行。例如，一家进出口公司因为进口货物而要支付款项，就可以发给对方货款额度对应的银行承兑汇票，因为银行承兑汇票有具体银行承诺兑现，从而为收款方提供了支付保证。

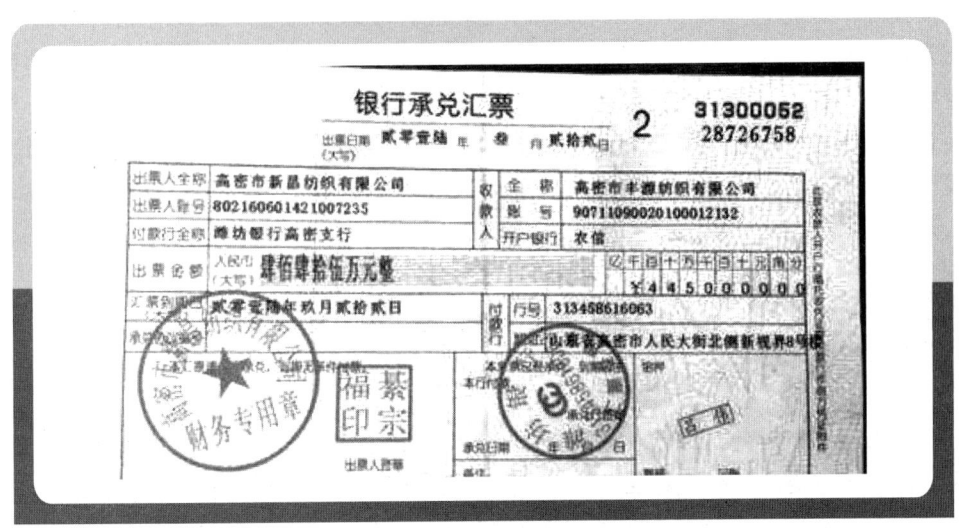

图 9-5　银行承兑汇票样图

正是因为银行承兑汇票拥有银行的支付保证，银行的信誉度一般都比较高，因此**银行承兑汇票常被视为接近无风险的金融工具，具有较高的市场流动性**（当然与国债相比还是会有些许违约风险的）。例如，在上面的货物进出口例子中，当收款方收到银行承兑汇票以后，可以不用等到汇票到期就可以马上在市场上把这张汇票卖出。因为汇票上已经明确写明到期后的金额，因此卖方可以按面值折价卖出（类似债券交易），从而马上兑现；买方则可以在到期后获得价差收益。在发达的票据市场上，银行承兑汇票通过交易商在二级市场上进行交易。这种交易机制与商业票据和短期国债的交易类似。

美国虽然不是银行承兑汇票的发源地，但是其银行承兑汇票市场的发展历程比较具有代表性，其市场可以回溯到 1913 年美联储成立之时。当时，美联储允许银行参与银行承兑汇票市场，美联储自身也定期参与该市场的交易，以帮助银行承兑汇票市场实现稳定性和流动性。到了 20 世纪 70 年代末，美国的银行承兑汇票市场已经发展得比较成熟，同时美联储也能通过短期国债市场的交易实现存款准备金的管理，美联储开始停止参与银行承兑汇票的现券买卖（回购交易则持续到 1984 年）。根据相关统计数据，美国银行承兑汇票市场交易规模从 1960 年的 20 亿美元增长到 1984 年的 750 亿美元，20 年左右增长了近 40 倍。

不过，20 世纪 80 年代之后，多方面因素导致美国的银行承兑汇票市场逐渐萎缩。第一，随着跨国公司的日益增多和信息技术的发展，国际贸易的结算手段更加多元化；第二，其他各种金融工具不断出现，特别是资产支持型商业票据和欧洲商业票据的发展，对银行承兑汇票起到了替代作用；第三，银行承兑汇票收益率与欧洲美元存款利率的利差不断缩小;第四,银行承兑汇票的政策红利逐渐消失,例如,美国20世纪90年代末对存款准备金征缴对象的调整,使得银行承兑汇票在一定限额内免除存款准备金的相对优势消失。因此,2008年以后,美国的银行承兑汇票市场规模回落到不足50亿美元。

在我国,各类企业发行的银行承兑汇票也有二级市场上的贴现和转贴现交易。2016年底上海票据交易所(以下简称票交所)成立,进一步推动了银行承兑汇票市场的发展。在票交所成立以前,银行承兑汇票的转贴现是各个银行以及一些财务公司自己一对一沟通成交。票交所成立以后,各机构则只能通过票交所进行交易。参与方除了银行、财务公司之外,券商也可以通过自有资金参与,另外也有一些资管产品参与。

知识窗

票据市场

我们以上介绍的商业票据市场和银行承兑汇票市场可以统称为票据市场。事实上,票据市场按票据发行主体来划分,可以分为银行票据市场和商业票据市场;按交易方式来划分,可以分为票据发行市场、票据承兑市场和票据贴现市场;按照票据的种类划分,有商业银行票据市场、银行承兑汇票市场、银行大额可转让定期存单市场、短期以及融资性票据市场。

票据市场(Paper Market)是指在商品交易和资金往来过程中产生的以汇票、本票和支票的发行、担保、承兑、贴现、转贴现、再贴现来实现短期资金融通的市场。票据市场是短期资金融通的主要场所,是直接联系产业资本和金融资本的枢纽,作为货币市场的一个子市场,在整个货币市场体系中票据市场是最基础、交易主体最广泛的组成部分。票据市场可以把"无形"的信用变为"有形",把不能流动的挂账信用变为具有高度流动性的票据信用。票据市场的存在与发展不仅为票据的普及推广提供了充分的流动性,还集中了交易信息,极大地降低了交易费用,使得票据更易为人所接受。

票据市场也是中国货币市场的组成部分,商业汇票的承兑、贴现、再贴现是目前我国票据业务的主要形式。近年来,以银行承兑汇票为主的商业票据业务发展较快。2000年11月,我国在上海开办了内地第一家专业化票据经营机构——中国工商银行票据营业部,标志着票据市场的发展进入了专业化、规模化和规范化的新阶段。票据业务的发展,可以拓宽企业融资渠道,缓解企业间债务拖欠问题,改善商业银行信贷资产质量,加强中央银行间接调控功能。

票据市场还可以按照交易品种划分为商业票据和银行承兑票据市场。有真实交易背景的商业票据称"真实票据";无真实交易背景的商业票据称"融通票据"。我国现行立法强调票据应有真实交易背景;当今发达市场经济国家的票据主要是融通票据。票据市场的交易采用"贴现"方式,因而这个市场也称贴现市场。

融通票据与企业信誉相关。在美国,诸多企业中仅有不到2000家发行过商业票据。融通票据又称金融票据或空票据,是指一种既没有原因债务也没有对价的授受,专门为取得金钱的融通而发出的票据,不是以商品交易为基础发生的票据。对价是指可以支持一项简单交易(或合约)之物,如货物、劳务、金钱等。

银行承兑票据一是指经银行允诺票据到期履行支付义务也即"承兑"的商业票据;二是指银行本身签发用于筹集资金的票据。我国银行承兑票据仅指前者,而发达市场则主要交易后者。

(五) 回购协议市场

从交易模式上来看,货币市场交易可以分为现券交易和回购交易,所以回购交易是相对于现券交易来说的。**回购市场**是指对回购协议进行交易的短期融资市场。回购交易实际上是以有信用的金融工具作为质押的资金拆借活动。凡是金额确定的标准金融合约,如国库券、银行承兑票据、大额定期存单等,均可作为回购协议的对象。回购可以从交易双方的角度分为正回购与逆回购。

> 回购交易是以金融工具作为质押的资金拆借交易。

为了说明回购交易的具体过程,我们依据图9-6举一个例子进行说明。假定少少公司现有1000万元国债,离到期日还有一年时间,但它急需1000万元的流动资金,3个月后可获得相应现金;与此同时,多多公司有1000万元的剩余资金。双方进行回购交易的条件基本具备。

回购交易的整个过程可以归纳为两步。第一步:两个公司签一份回购协议,少少公司将1000万元国债出让给多多公司;多多公司向少少公司转让相应数额的现金。第二步:3个月后,少少公司按当时约定的价格向多多公司买回1000万元国债。

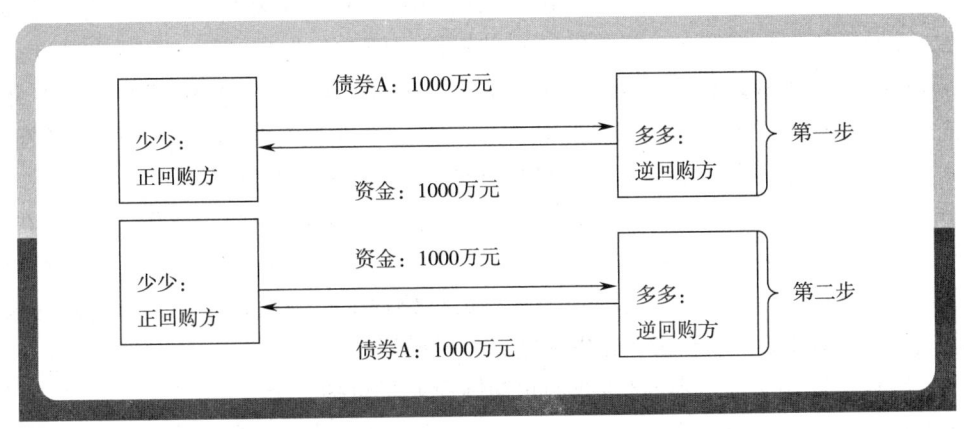

图9-6 债券回购交易示范

在以上交易中，少少公司是正回购方，多多公司是逆回购方。另外，回购交易的交易双方不仅可以是普通金融公司，也可以是中央银行与其他金融机构，关于这方面内容，我们在第6章已经介绍过。

随着我国银行间债券市场的发展，债券回购交易也得到了迅速的发展。为了规范管理，1995年8月9日，人民银行、财政部、证监会联合发布了《关于重申进一步规范证券回购业务有关问题》的通知，严禁回购交易中的买空卖空行为和非金融机构参与回购市场，证券交易所开办回购交易必须经人民银行批准，回购证券限于国债和金融债券，并且还确立了参与者登记和交易情况申报制度。目前，参加银行间债券市场回购业务的市场成员已包括中资商业银行及授权分行、在华外资银行分行、中外资保险公司、证券公司、基金公司、农村信用社联社。

由于参加银行间债券市场的机构比参加拆借市场的机构更为广泛，债券回购的风险又低于信用拆借，因此回购交易与拆借相比逐渐发展得更为活跃，回购利率也更加稳定，在反映金融市场流动性松紧方面的代表性也更加充分。另外，由于拆借和回购已成为商业银行等金融机构流动性管理的主要方式，银行间市场的同业拆借和回购利率从一定程度上反映了货币市场的基准利率水平。

（六）短期政府债券市场

广义上的政府债券不仅包括国家财政部门发行的债券，还包括地方政府及政府代理机构发行的债券。但从狭义上说，政府债券多指国家财政部发行的债券。短期政府债券市场中最典型的工具是1年以内的短期国债，英文以T–bill（Treasury Bill）表示。

> 短期政府债券是一国政府部门为满足短期资金需求而发行的一种期限在1年以内的债务凭证。

目前中国的短期政府债券主要有两大类，即**短期国债和中央银行票据**。短期国债是指国家财政部发行的短期债券；中央银行票据是指由人民银行发行的短期债券。我国目前国债按照发行方式分为记账式国债和储蓄国债两大类，其中记账式国债又分为贴现国债和附息国债两大类，贴现国债就是通过贴现方式发行（即没有利息、折价发行）的短期国债，分为91天、182天和273天三个品种；附息国债则有1年、3年、5年、7年、10年、15年、20年、30年和50年等期限品种。对于储蓄国债，一般是长期国债，通过商业银行柜台向个人投资者发行，分为凭证式（到期一次性还本付息）和电子式（每年付息、到期还本）。

中央银行票据期限一般不超过1年（但也有长至3年的品种），其发行主体为中央银行，是为调节货币发行量面向中央银行的一级交易商（在我国主要是商业银行以及部分证券公司）发行的债务凭证。我国中央银行票据通过人民银行公开市场操作系统发行，在银行间债券市场交易，在中央结算公司托管。

在美国等发达国家，财政部发行的短期国债期限包括1个月、3个月、6个月以及12个月期限。美国短期国债流动性特别高，由于有美国政府信誉支持，通常被视为无风险投资工具。1998年以前，美国短期国债的标价最低是10000美元，1998年之后出现了最低标价为1000美元的短期国债，而且美联储设立了个人可以直接通过网络购买短期国债的选项，这使得美国短期国债受众面更加广泛。另外，美联储不仅可以通过公开市场操作从一级交易商（选定的大型金融机构）购买国债，也可以直接向财政部认购国债。

在我国，《中国人民银行法》明确规定人民银行不得向政府直接提供融资，因此人民银行不能直接认购、包销国债和其他政府债券，人民银行购买国债需要借道商业银行间接购买。这种特定法律要求具有特定的历史背景（20世纪90年代中期），包括人民银行与商业银行分离、人民银行与财政部资金分离和促使政府融资走向市场等历史背景。

另外，中国目前短期国债市场规模相对较小，也尚未成为货币市场的主力品种，而且人民银行参与的短期国债交易也主要以回购协议而不是现券交易的形式进行。一般来说，人民银行进行短期国债的现券购买可以引导利率长期趋势，而债券回购交易主要是调整短期利率波动。我国的利率趋势目前并不是通过货币市场的债券买卖引导，所以回购交易仍然是主体。未来随着人民银行引导市场基准利率的重要性提升可能会逐渐发生变化。

（七）货币基金市场

货币基金也称为**货币市场基金**，在美国称为货币市场共同基金（Money Market Mutual Funds，MMMF），本质上都是一样的。货币基金的发行方主要是各金融机构（基金公司），产品购买方是个人投资者。货币市场产品的交易一般来说都是大额交易，这就使得个人投资者望而却步。而货币基金的出现，使得个人投资者可以通过购买基金份额的形式直接参与到货币市场产品的交易当中。货币基金由基金管理人运营，专门投资于货币市场工具（如国债、中央银行票据、商业票据、银行定期存单、政府短期债券、高评级企业债券、同业存款等）。

货币基金只有一种分红方式——红利转投资。货币基金的单位基金资产净值一般是固定不变的，每份单位始终保持在1元，超过1元后的收益会按时自动转化为基金份额，拥有多少基金份额即拥有多少资产。例如，一位投资者以100万元人民币投资于某个货币基金，可拥有100万个基金份额；一年后，若投资回报率是5%，那么该投资者就多了5万个基金份额，总价值105万元。

从货币基金市场的发展来看，美国20世纪70年代货币基金的出现，直接导致了利率上限规定（即美联储的Q条例）的废除，加速金融脱媒（Disintermediation），即存款从传统金融媒介（银行）中流出转而在金融市场上直接购买金融产品，并且催生了商业银行的货币市场账户等的出现。中国的货币基金发展时间相对短一些，但是规模自2010年之后快速增长（见图9-7），2013年之后超过2万亿元，2022年突破了10万亿元规模。

（八）欧洲美元市场

欧洲美元市场实际上说的是离岸美元的拆借市场。所谓**欧洲美元**，是指美国本土以外的美元资产（存款、可转让存单等），因为历史原因这些离岸美元最初出现在欧

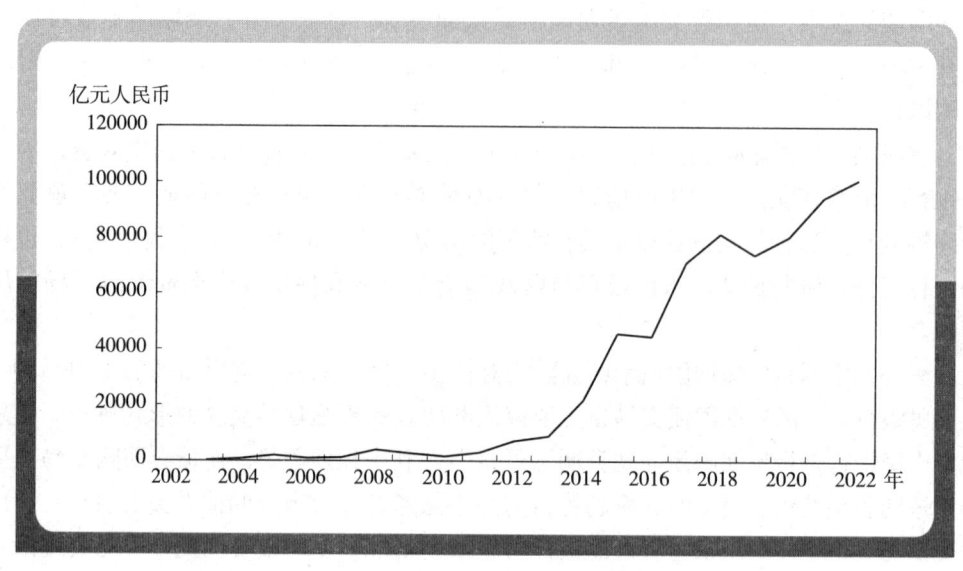

图 9-7 中国货币基金市场规模：2003 年至 2022 年

（原始数据来源：Wind 资讯数据库）

洲，故而得名。一直以来，世界范围内的众多交易合同都是以美元进行交割结算，因此许多大型跨国企业以及各国政府部门都会持有一定规模的美元资产备用。在第二次世界大战之前，这些美元资产一般都存放在纽约的大型银行。二战以后，冷战的爆发使得各界（特别是苏联）担心美元资产存放在美国会遭受罚没或者其他威胁，便开始寻求新的国际存放地。位于欧洲的一些大银行（主要是英国伦敦）抓住了这一机会，承接了世界各国的美元资产存放业务，欧洲美元也因此而得名。

> 欧洲美元是指美国本土以外的美元资产，最早出现在欧洲，故而得名。

欧洲美元市场发展迅速，其中主要原因是存放收益一般高于在国内的存放收益，而借款利率又要比国内市场更加优惠。之所以能够做到这一点，是因为欧洲美元市场是离岸市场，存放欧洲美元的跨国银行与美国本土的银行所受监管不同，所以可以接受更窄的存贷利差。

欧洲美元是伦敦银行间市场交易的活跃产品。伦敦的一些大型银行（如巴克莱、HSBC 等）在伦敦银行间欧洲美元市场扮演经纪人的角色。来自世界各国的银行在这一市场上买卖隔夜资金，买方银行支付的利率是伦敦银行间拆入利率，卖方银行提供的利率则是伦敦同业拆借利率。由于诸多银行参与这一市场的交易，所以欧洲美元的买卖价差一般比较小。当然，欧洲美元存款是定期存款，不同期限的对应利率各不相同。另外，通过对比欧洲美元的隔夜 LIBOR 与联邦基金利率可以看到（见图 9-8），二者走势非常接近，说明二者存在替代关系，也就说明联邦基金市场与伦敦银行间欧洲美元市场是彼此竞争的。

通过以上对货币市场各个子市场的介绍，我们可以总结出货币市场的参与者和主要产品。**参与货币市场交易的包括如下各类机构：**

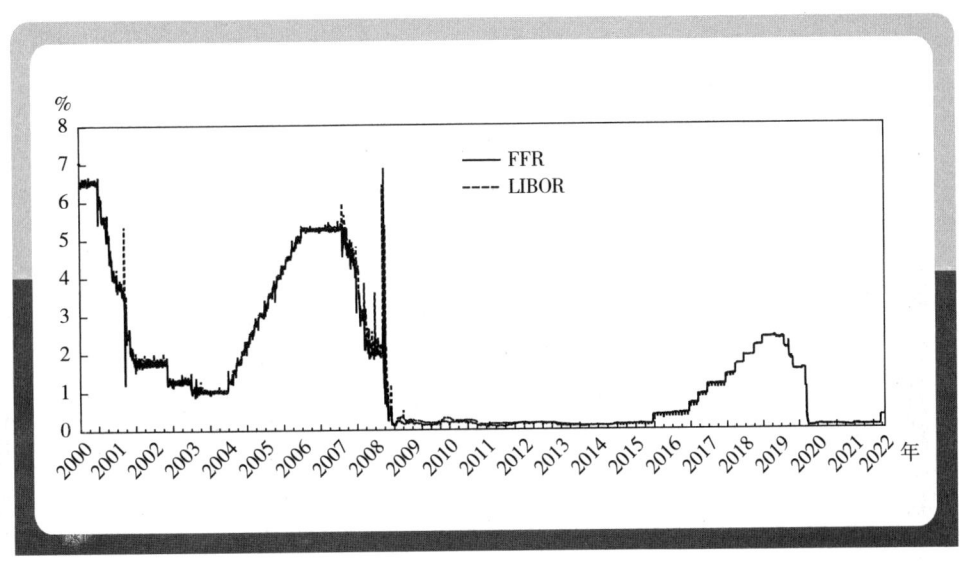

图 9-8 隔夜 LIBOR 利率与联邦基金利率：2000 年 1 月—2022 年 4 月

（原始数据来源：美联储圣路易斯分行）

(1) 中央银行

(2) 商业银行（及储蓄机构）

(3) 政府及政府支持型企业

(4) 各类商业企业及金融公司

(5) 养老金与保险公司

(6) 证券公司（经纪商与交易商）

(7) 货币市场基金公司

(8) 个人投资者

货币市场产品可以归纳如下：

(1) 银行间资金（Interbank Funds）

(2) 大额可转让定期存单（NCDs）

(3) 商业票据（Commercial Papers）

(4) 银行承兑汇票（Bankers' Acceptance）

(5) 回购协议（Repos）

(6) 短期政府债券（Short-term Government Bonds）

(7) 货币基金

(8) 欧洲美元（Eurodollars）

根据货币市场交易的各个品种分类，图 9-9 给出了 1998 年至 2021 年中国各个货币子市场交易量的变化情况。不难看到，我国目前货币市场中回购协议市场规模占据主导地位。

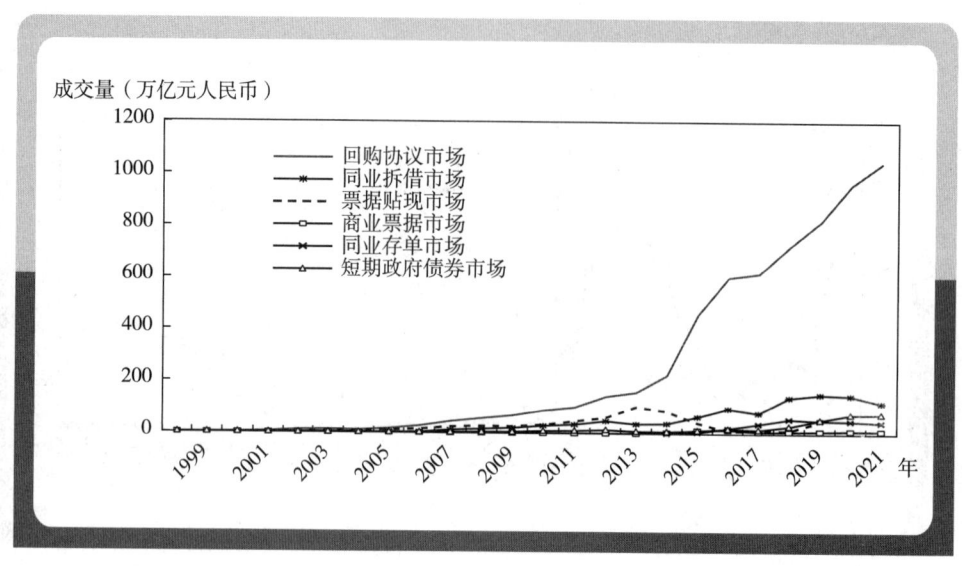

图 9-9 中国货币市场主要子市场交易额：1998—2021 年

（资料来源：Wind 资讯数据库 & CEIC 数据库）

第 3 节 资本市场

一、基本概念介绍

（一）资本市场的基本概念

资本市场属于**中长期资金市场**，是指原始**期限在 1 年以上**的有价证券及资金借贷的交易市场，又称长期资金市场。如长期债券市场、股票市场以及银行中长期信贷市场等。这些市场上交易的金融产品对于投资者、企业和整体经济都非常重要。

相对于货币市场来说，企业在资本市场上发行产品的目的以及投资者在资本市场上投资的动机都非常不同。货币市场对融资企业提供短期流动性，对投资者提供短期资金的存放地；而资本市场则不同，资本市场是为政府、企业和个人提供长期投融资的场所。**广义的资本市场**包括中长期信贷市场和长期证券市场，**狭义的资本市场**主要指发行和流通股票、债券等有价证券的市场，也称证券市场。

股票市场是专门对股票进行公开交易的市场，包括股票的发行和转让。股票是由股份公司发行的权益凭证，代表持有者对公司资产和收益的剩余要求权。股票交易根据交易场所的不同，可分为场内交易市场和场外交易市场，在我国前者以沪深交易所为代表，后者以全国中小企业股份转让系统为代表。

长期债券市场是对长期债券进行交易的市场，包括债券的发行和转让。债券是债务人为筹集资金，按照法定程序发行并向债权人承诺在指定日期还本付息的有价证券，债券的投资者与发行人之间是一种债权债务关系。我国目前的债券发行与交易主要集中在银行间市场和证券交易所市场进行。

(二) 资本市场的职能

可以试想一下,如果一个企业需要扩建厂房或者购买设备,那么企业就需要考虑到货币市场还是资本市场去融资,而考虑的关键因素是融资成本,也就是利率。只要利率没有太大波动,企业选择在货币市场进行融资也不是不可行:本次发行的短期产品到期后可以接续发行短期产品用于连续支持融资需求。但是,市场上的利率不断变化,所以如果企业选择在货币市场融资支持厂房扩建、设备购买等需要长期才能收到回报的业务,就很可能会面临利率变化带来的融资成本波动。因此,企业在固定资产投资等方面的融资活动经常通过资本市场得以实现,主要就是考虑长期金融产品的利率波动风险相对低一些,尽管长期产品由于期限长,一般情况下对应的利率水平要高于短期产品的利率。

根据资本市场中职能划分的不同,股票市场和长期债券市场均存在着一级市场和二级市场。

一级市场是组织证券发行的市场,发行人通过在一级市场以股票或债券的形式募集到资金,可将其用于投资、补充流动资金、扩大再生产等经济活动当中,实现融资的目的。一级市场在发挥融资功能的同时,还发挥价值发现与信息传递的功能,发达的一级市场能够相对准确地确定金融资产的价值。

二级市场是对已经发行的证券进行交易的市场,当股票或债券持有人希望提前变现,同时有投资人希望将资金用于股票或债券投资时,双方可以在二级市场实现金融资产的转让交割。一级市场与二级市场有着紧密的相互依存关系。一级市场是二级市场存在的前提,为二级市场提供了证券交易标的;二级市场的存在保证了发行证券的市场流动性并为一级市场的发行定价提供依据。

(三) 资本市场的参与者

从发行方来看,资本市场中**证券产品的主要发行方**包括中央政府、地方政府和各类企业。中央政府(财政部)在资本市场发行中长期国债用于支持国家债务。地方政府发行中长期债券用于支持当地政府的各类建设项目等。企业不仅可以发行中长期债券,还可以发行股票进行融资,不过债券是债务工具,而股票则是权益工具,二者的索偿权特征是不同的。

对于企业决策者来说,如何确定企业的资本结构(即债务与权益类融资产品的配置比例)并非易事。从购买方来看,居民家庭类投资者是资本市场产品的主要购买者。无论个人还是家庭,或者直接购买债券和股票,或者把资金投放在专业机构,通过机构投资于债券和股票。当然,银行也会发行中长期信贷产品,典型的是住房抵押贷款(Mortgage),此时银行是产品发行方,个人是产品购买方。

归纳起来,根据产品特征,资本市场主要可以分为三类,即**中长期债券市场、股票市场**和**住房抵押贷款市场**。我们接下来分别对这三类市场进行介绍。

二、中长期债券市场

（一）债券的面值、发行价、票面利率与到期收益率

在介绍中长期债券市场之前，我们首先回顾一下债券的基本定义，并介绍**债券的面值、发行价、票面利率**与**到期收益率**。债券是政府、工商企业以及金融机构等债务人为筹集资金按照法定程序发行并向债权人承诺于指定日期还本付息的债务凭证和有价证券。按照债券的基本定义，债券发行方需要向投资人定期支付利息，而且到期后发行方必须按照票面价值向投资人返还资金。债券的票面价值是指债券凭证票面上标明的价值，称为"**面值**"（Face Value；Par Value）或者"**到期值**"（Maturity Value）。

> 债券面值是指债券凭证票面上标明的价值。

除面值以外，债券凭证上还会标明票面利率或者定期支付的利息额度，这一利率称为**票面利率**或者**息票收益率**（Coupon Rate），相当于债券面值的某个百分比，对应的利息额度被称为息票（Coupon）。息票收益率可以是固定（即在债券的整个年期内息票收益率均固定）、浮动（即息票收益率根据某个参考利率定期变化）或零息率（即息票收益率为0）。"息票"本意是代金券，原指旧时的债券票面的一部分，债券持有人可将其剪下，在债券付息日携至债券发行人处要求兑付当期利息，现在发行的债券则多采用电子化形式（或者只是在纸质凭证上面标明息票收益率）。

图 9 - 10 中国铁路建设债券票样

例如，图 9 - 10 所示的一张 1000 元面值的 5 年期铁路债券，其凭证上印有"年利率 9.5%"的字样，意思就是每年支付投资人 95 元利息（1000×9.5%），这 95 元就是息票额度，9.5% 就是息票收益率（即票面利率）。

在债券交易环节，虽然债券凭证上标有面值额度，但是投资者认购面值 1000 元、票面利率 9.5% 的新发债券，实际付出的价格可以是 1000 元，也可以是 900 元，还可以是 1100 元，主要取决于市场上利率的走势（以及债券评级）。假设不考虑债券违约

问题，如果当前市场利率是12%，明显高于债券票面利率，如果债券发行方仍按照面值发行，那么很可能无人购买。此时发行方可以考虑按照900元（即低于面值）的价格发行，以吸引投资人。反之如果市场利率只有7%，低于债券息票收益率，则发行方可能选择按照1100元进行发售。当然，发行方还可以根据市场情况选择按照面值发行。以上三种情况分别称为**折价发行**、**溢价发行**和**平价发行**，无论哪种形式都存在一个实际发行价格，即发行价。

债券发行的以上三种情况，债券发行人到期的偿还额均为票面额1000元。由于债券的面值与发行价可能有差异，所以债券的投资收益不仅取决于票面利率和偿还期限，还取决于面值与发行价之间的价差。我们把债券的利息收入和价差利得与购买成本的比值称为债券的**到期收益率**。

归纳起来，债券的面值、发行价、票面利率与到期收益率分别定义如下：

$$面值 = 票面标明的价值$$
$$发行价 = 实际发行价格(成交价)$$
$$息票收益率 = 每年支付的利息 / 面值$$
$$到期收益率 = 投资收益 / 发行价 = (利息 + 价差) / 发行价$$

不同国家的债券市场发展程度有所不同。不过，因为债券的基本属性都是债务融资，所以债券的发行主体大同小异，不外乎中央政府、地方政府、企业和其他机构，这些部门发行债券用于支持各自部门的建设或发展需要。

（二）中国债券市场基本信息

我国国债从1981年恢复发行，至今已经走过了近四十年的发展历程。1996年末中央托管机构建立，债券市场由此进入快速发展期，市场规模不断增长，市场创新不断涌现，市场主体日趋多元化，市场活跃度稳步提升，对外开放稳步推进，制度框架也逐步完善。根据《中国债券市场概览》的报告，截至2021年底，中国债券市场的年发行额达42万亿元人民币，债券存量超过118万亿元人民币。表9-1归纳了我国债券市场的主要信息。

从表9-1中可以看到，目前中国的债券种类包括政府证券等多个品种，规模上主要是以国债和政策性金融债为主，银行间债券市场目前是中国债券市场的主体，而交易所债券市场和银行柜台市场份额相对较小。商业银行等金融机构已成为国债和政策性金融债的主要投资者。1997年6月以前，商业银行主要通过证券交易所进行国债买卖。在这之后根据新的管理规定，商业银行全部退出交易所的债券交易，并通过新建立的银行间债券市场进行债券交易。

2000年，**财政部**在银行间债券市场上发行的国债全部采用市场化招标方式发行。在银行间债券市场上，债券的发行利率和买卖价格都已由市场决定，这对货币市场的发展具有重要意义。短期国债市场在西方发达货币市场上是最活跃的市场，是中央银行据以进行公开市场业务操作的主要场所。但在我国，一方面国债总体规模不大，中央银行公开市场操作缺乏物质基础；另一方面由于国债期限单一，加之中期国债的交易活动主要是在各证券商之间进行，中央银行未能参与进去，带有明显的自循环性质，因而国库券市场作为货币市场的一种重要形态，无论在政府的短期融资管理方面，还是在作为中央银行参与货币市场运作的手段方面,均未发挥应有的效果。

除了银行间债券市场外,我国还存在**交易所债券市场**,但目前两个市场存在分割,没有形成统一的收益率曲线。不过,近年来主管部门推出了一些促进市场统一的措施,如证券公司、基金公司进入银行间债券市场、跨市场发行国债等措施,加强了银行间债券市场和交易所债券市场之间的联动性,对促进债市统一起到了一定作用。但从本质上来讲,这些措施未能根本解决市场分割问题,突出表现在商业银行等成员不能参与交易所债券市场,两个市场存在一定价差。

表 9-1　　　　　　　　　　中国债券市场主要信息

主要交易场所	银行间债券市场 交易所债券市场 商业银行柜台市场
债券品种	政府债券 中央银行票据 政府支持机构债券 金融债券 企业债券 熊猫债券
债券市场分类	银行间债券市场(批发市场) 交易所债券市场(集中撮合交易的零售市场) 商业银行柜台市场(零售市场) 自贸区债券市场(离岸市场)
结算机制	全额结算;净额结算
债券托管机构	中央国债登记结算有限责任公司(以下简称中央结算公司或中债登) 中国证券登记结算有限公司(以下简称中证登) 银行间市场清算所股份有限公司(以下简称上清所)
中央对手方	中证登 上清所
政府相关部门	中华人民共和国国家发展和改革委员会(以下简称发展改革委) 中华人民共和国财政部(以下简称财政部) 中国人民银行(以下简称人民银行) 中国证券监督管理委员会(以下简称证监会) 中国银行保险监督管理委员会(以下简称银保监会) 国家外汇管理局(以下简称外汇局)
市场规模	发行量42万亿元(2021年) 托管量118万亿元(截至2021年底) 交易量1711万亿元(2021年现券、回购交易及债券借贷、国债期货交易)
机构投资者数量	1016家境外机构主体,31388个银行间市场投资者(截至2021年底)

数据来源:作者整理;上表并未严格按照货币市场和资本市场对债券进行归类。

根据中国债券市场的交易数据，表 9-2 归纳了 1998 年至 2021 年我国债券市场的交易结构，从中可以很清楚地看到几个典型事实：一是银行间市场规模自 2000 年之后超过交易所市场规模，二是回购交易规模在两个债券市场都压倒性超过现券交易规模。

对于银行间市场，分别计算银行间现券交易品种占比（见表 9-3）和银行间回购交易品种占比（见表 9-4）可以进一步看到：现券市场上国债品种的交易占比在 2005 年之后大部分时期维持在 10% 上下，而金融债券规模一直处于市场主导地位；回购市场上则是由政府债券与金融债券共同主导，其他品类占比非常低。

需要说明的是，表 9-2 中的银行间现券品种包括了**同业存单**和**资产支持证券**。同业存单是存款类金融机构法人在银行间市场上发行的记账式定期存款凭证，是货币市场工具。从性质上说，二级市场上的同业存单是可以交易的同业存款，类似于银行向金融机构发行的短期债券，常被理解为类似信用债的一种，但并不是标准意义上的债券品类。同时，资产支持证券（ABS）也经常被归在中国债券市场品类中（如中央国债登记结算有限责任公司历年公布的《中国债券市场概览》报告），但从基本定义上说，资产支持证券是结构化金融衍生品，也不是债券。

表 9-2　　　　　　　　　中国债券市场交易结构：1998—2021 年

	银行间				交易所			
年份	现券（亿元）	回购（亿元）	现券占比	回购占比	现券（亿元）	回购（亿元）	现券占比	回购占比
1998	33.19	1021.48	3.1%	96.9%	5788.79	15542.63	27.14%	72.86%
1999	77.42	3956.94	1.9%	98.1%	5002.02	12879.59	27.97%	72.03%
2000	682.45	15634.46	4.2%	95.8%	4252.10	14733.76	22.40%	77.60%
2001	808.84	38920.68	2.0%	98.0%	4861.19	15486.91	23.89%	76.11%
2002	4319.00	101885.40	4.1%	95.9%	8835.60	24419.64	26.57%	73.43%
2003	30385.13	117208.68	20.6%	79.4%	6755.54	52999.85	11.31%	88.69%
2004	25134.03	92684.68	21.3%	78.7%	3647.46	44086.41	7.64%	92.36%
2005	59536.75	156747.67	27.5%	72.5%	3360.11	23621.16	12.45%	87.55%
2006	102052.43	263020.58	28.0%	72.0%	1881.26	15487.33	10.83%	89.17%
2007	156211.73	440672.34	26.2%	73.8%	1797.93	18345.08	8.93%	91.07%
2008	371431.50	563829.51	39.7%	60.3%	3607.45	24268.66	12.94%	87.06%
2009	461203.89	677007.32	40.5%	59.5%	3379.55	35475.87	8.70%	91.30%
2010	631541.18	846533.48	42.7%	57.3%	3633.05	65877.79	5.23%	94.77%
2011	633676.10	994534.78	38.9%	61.1%	4686.79	199581.50	2.29%	97.71%
2012	741782.23	1417140.26	34.4%	65.6%	5872.54	346360.74	1.67%	98.33%
2013	416106.45	1581639.56	20.8%	79.2%	10071.42	580224.77	1.71%	98.29%
2014	403565.20	2244129.91	15.2%	84.8%	14134.52	812941.37	1.71%	98.29%
2015	867370.20	4577637.50	15.9%	84.1%	16200.49	1166702.36	1.37%	98.63%

续表

年份	银行间				交易所			
	现券（亿元）	回购（亿元）	现券占比	回购占比	现券（亿元）	回购（亿元）	现券占比	回购占比
2016	1270918.30	6013024.72	17.4%	82.6%	12517.48	2165556.04	0.57%	99.43%
2017	1028351.73	6163683.24	14.3%	85.7%	15374.51	2377013.63	0.64%	99.36%
2018	1507367.33	7086725.9	17.54%	82.46%	16454.58	2294151.34	0.71%	99.29%
2019	2137448.26	8100886.8	20.88%	79.12%	26679.5	2364207.26	1.12%	98.88%
2020	2327679.15	9527158.4	19.63%	80.37%	111858.05	2833174.91	3.80%	96.20%
2021	2143702.30	10404512.6	17.08%	82.92%	172232.99	3445669.38	4.76%	95.24%

注：①银行间回购采用质押式回购。

②银行间现券品种包括国债、地方债、央行票据、同业存单、金融债、企业债、中期票据、短期融资券、定向工具、国际机构债、政府支持机构债（如中央汇金投资有限责任公司和中国铁路总公司发行的债券）、资产支持证券等。

原始数据来源：Wind 资讯数据库 &CEIC 数据库；经作者计算。

表 9-3　　中国银行间现券交易品种占比：1998—2021 年　　单位：%

年份	国债	地方政府债	央票	同业存单	金融债	企业债	中期票据	短期融资券	定向工具	国际机构债	政府支持机构债	资产支持证券
1998	100	0.0	0.0	0.0	0.0	0.0	0.0	0.0	0.0	0.0	0.0	0.0
1999	45.4	0.0	0.0	0.0	54.6	0.0	0.0	0.0	0.0	0.0	0.0	0.0
2000	62.9	0.0	0.0	0.0	37.1	0.0	0.0	0.0	0.0	0.0	0.0	0.0
2001	55.7	0.0	0.0	0.0	44.3	0.0	0.0	0.0	0.0	0.0	0.0	0.0
2002	59.8	0.0	0.0	0.0	40.2	0.0	0.0	0.0	0.0	0.0	0.0	0.0
2003	26.1	0.0	29.9	0.0	44.0	0.0	0.0	0.0	0.0	0.0	0.0	0.0
2004	18.9	0.0	40.7	0.0	40.4	0.0	0.0	0.0	0.0	0.0	0.0	0.0
2005	17.3	0.0	47.9	0.0	30.4	0.1	0.0	4.2	0.0	0.0	0.0	0.0
2006	11.8	0.0	41.4	0.0	32.0	3.8	0.0	10.6	0.0	0.1	0.3	0.0
2007	13.3	0.0	55.8	0.0	20.6	2.6	0.0	7.6	0.0	0.0	0.2	0.0
2008	9.5	0.0	61.5	0.0	19.2	1.5	1.7	6.4	0.0	0.0	0.3	0.0
2009	8.3	0.2	30.0	0.0	38.4	4.2	12.8	5.4	0.0	0.0	0.6	0.0
2010	11.8	0.3	27.4	0.0	34.3	6.3	13.4	6.1	0.0	0.0	0.5	0.0
2011	13.5	1.0	18.8	0.0	30.5	7.8	19.6	8.2	0.0	0.0	0.7	0.0
2012	12.4	2.8	10.9	0.0	30.1	11.4	18.6	11.7	0.0	0.0	2.1	0.0
2013	13.6	0.6	2.6	0.0	31.9	16.8	20.5	12.1	0.0	0.1	1.8	0.0
2014	14.7	0.3	0.3	0.6	44.5	11.4	13.3	13.7	0.0	0.0	1.2	0.0
2015	11.4	0.3	0.7	5.0	48.8	7.8	11.0	14.0	0.0	0.0	0.9	0.0
2016	10.1	1.6	0.2	15.8	45.8	5.8	8.9	11.3	0.0	0.1	0.3	0.1

续表

年份	国债	地方政府债	央票	同业存单	金融债	企业债	中期票据	短期融资券	定向工具	国际机构债	政府支持机构债	资产支持证券
2017	12.2	0.8	0.0	36.7	33.5	2.7	6.5	6.6	0.5	0.1	0.3	0.1
2018	12.6	2.9	0.0	37.0	35.4	1.1	5.0	4.7	0.6	0.0	0.4	0.2
2019	16.3	4.6	0.0	23.7	44.6	0.6	4.4	4.0	0.7	0.0	0.8	0.2
2020	20.1	5.9	0.0	21.1	41.4	0.6	4.9	4.3	1.0	0.0	0.4	0.2
2021	19.0	3.7	0.0	20.4	44.4	0.6	5.2	4.5	1.3	0.0	0.2	0.5

原始数据来源：Wind 资讯数据库。

表9–4　　　　中国银行间回购交易品种占比：2000—2020 年　　　　单位：%

年份	政府债券	央票	金融债	资本工具	政府支持机构债	企业债	资产支持证券	中期票据	集合票据	外国债券
2000	51.9	0.0	48.1	0.0	0.0	0.0	0.0	0.0	0.0	0.0
2001	53.0	0.0	47.0	0.0	0.0	0.0	0.0	0.0	0.0	0.0
2002	60.4	0.4	39.2	0.0	0.0	0.0	0.0	0.0	0.0	0.0
2003	53.0	6.7	40.3	0.0	0.0	0.0	0.0	0.0	0.0	0.0
2004	47.6	7.6	44.8	0.0	0.0	0.0	0.0	0.0	0.0	0.0
2005	43.6	16.2	40.0	0.0	0.0	0.1	0.0	0.0	0.0	0.0
2006	37.8	26.9	34.1	0.0	0.0	1.0	0.0	0.0	0.0	0.1
2007	33.8	30.1	34.0	0.0	0.0	2.1	0.0	0.0	0.0	0.0
2008	29.5	38.6	30.2	0.0	0.0	1.6	0.0	0.0	0.0	0.0
2009	27.9	32.4	33.1	0.0	0.0	3.4	0.0	3.1	0.0	0.0
2010	25.4	27.9	34.5	0.0	0.0	5.3	0.0	6.8	0.0	0.0
2011	24.8	18.4	39.5	0.0	0.2	7.0	0.0	9.9	0.1	0.0
2012	31.8	10.2	39.8	0.0	0.2	7.9	0.0	10.0	0.1	0.0
2013	38.3	4.0	39.2	2.8	0.0	7.3	0.0	8.3	0.0	0.0
2014	40.2	0.8	44.6	0.0	2.5	6.7	0.0	5.1	0.0	0.0
2015	39.8	0.6	48.2	0.0	2.2	6.3	0.0	2.8	0.0	0.0
2016	38.3	0.5	51.6	0.5	1.4	6.1	0.0	1.5	0.0	0.0
2017	41.6	0.0	50.9	0.8	1.0	5.0	0.0	0.6	0.0	0.0
2018	41.1	0.0	52.6	1.5	1.1	3.5	0.1	0.2	0.0	0.0
2019	44.6	0.0	52.6	0.0	0.8	1.9	0.0	0.1	0.0	0.0
2020	43.2	0.0	54.8	0.0	0.5	1.2	0.2	0.0	0.0	0.0

注：银行间回购采用质押式回购。

数据来源：CEIC 数据库；经作者计算。

(三) 债券品类

我国债券市场的债券品类可以从发行主体和附息方式两种标准进行划分。之前介绍过（见表9-1），我国债券品类按照发行主体可以分为政府债券、中央银行票据（货币市场品类）、政府支持机构债券、金融债券、企业信用债券和熊猫债券。按照付息方式，则可以分为零息债券、贴现债券、固定利率附息债券、浮动利率附息债券和利随本清债券5种。

另外，从信用风险状况来看，因为中央政府发行的国债、国有银行发行的金融债和国有政策性银行发行的政策性金融债都几乎没有信用风险，只有利率变化影响债券收益率，所以也称为**利率债券**；而其他品类有信用评级浮动的债券则称为**信用债券**。所谓信用债券，是指政府之外的主体发行的、约定了确定的本息偿付现金流的债券，具体包括企业债、公司债、短期融资券、中期票据、分离交易可转债、资产支持证券、次级债等品种。因此，如果从有无信用风险这个层面对债券品种进行划分，那么债券还可以分为利率债和信用债两类。

图9-11归纳了资本市场上的债券品类。下面我们分别从发行主体和付息方式两种标准进行债券品类划分的详细内容介绍（主要介绍资本市场债券品类）。

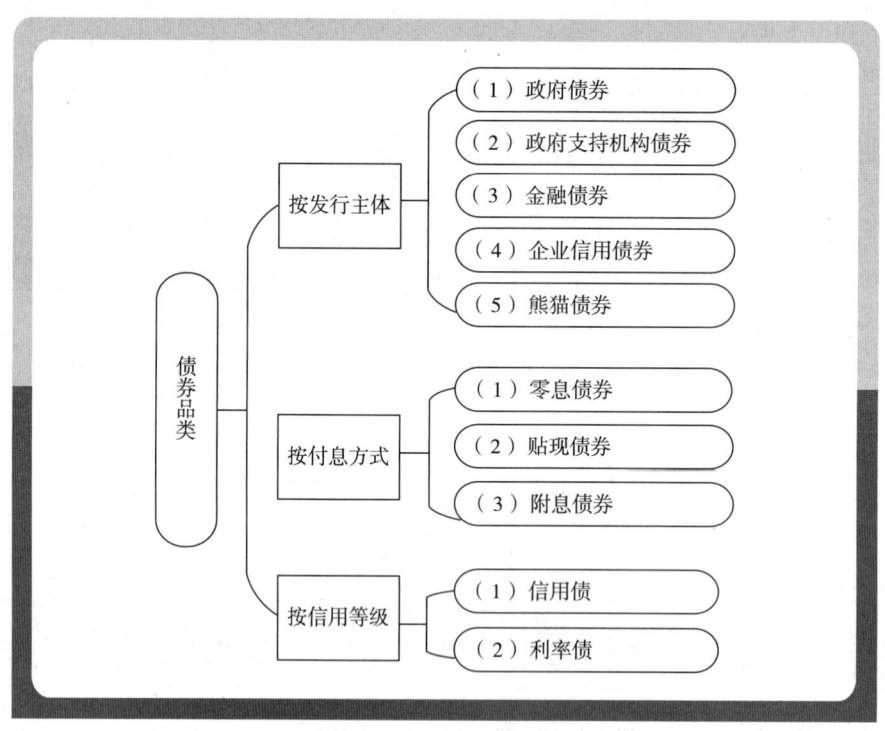

图9-11 债券品类划分

按照发行主体划分：

1. 政府债券

（1）国债：发行主体是中央政府，具有最高信用等级，由财政部具体进行发行操作，分为记账式国债和储蓄国债，记账式国债通过中央结算公司招标发行，在银行间和交易所债券市场交易，在中央结算公司总托管；储蓄国债通过商业银行柜台面向个人投资者发行，分为凭证式和电子式。另外，国债从交易方式上又可以分为贴现和附息两种，其中贴现国债有 91 天、182 天、273 天三个品种，属于货币市场产品；附息国债有 1 年、3 年、5 年、7 年、10 年、15 年、20 年、30 年、50 年期等品种，是资本市场产品。

（2）地方政府债券：发行主体是地方政府，分为一般债券和专项债券。通过中央结算公司招标或定向承销发行，在银行间和交易所债券市场交易，在中央结算公司总托管。目前一般债券有 1 年、3 年、5 年、7 年、10 年等品种，专项债券有 1 年、2 年、3 年、5 年、7 年、10 年等品种。

2. 政府支持机构债券（GSE or Agency Bond）。政府支持机构债券一般通过中央结算公司发行，在银行间债券市场交易，主要在中央结算公司托管，主要包括以下两种。

（1）铁道债券：发行主体为中国铁路总公司，由发展改革委核准发行。

（2）中央汇金债券：发行主体为中央汇金投资有限责任公司，经人民银行批准发行。

3. 金融债券。金融债券通过中央结算公司发行，在银行间债券市场交易，在中央结算公司托管，主要包括以下三种。

（1）政策性金融债券：发行主体为开发性金融机构（国家开发银行）和政策性银行（中国进出口银行、中国农业发展银行）。

（2）商业银行债券：发行主体为境内设立的商业银行法人，分为一般金融债、小微企业贷款专项债、"三农"专项金融债、次级债、二级资本工具等品种。

（3）非银行金融债券：发行主体为境内设立的非银行金融机构法人，包括银行业金融机构发行的财务公司债券、金融租赁公司债券、证券公司债券、保险公司金融债和保险公司次级债。

4. 企业信用债券

（1）企业债券（Enterprise Bond）：发行主体为中央政府部门所属机构、国有独资企业或国有控股企业（发债主体的限制比公司债券狭窄），经发展改革委核准，通过中央结算公司发行系统面向银行间债券市场和交易所市场统一发行，在银行间及交易所债券市场交易，在中央结算公司总登记托管。**企业债券包括中小企业集合债券、项目收益债券和可续期债券**：中小企业集合债券是由牵头人组织，发债主体为多个中小企业所构成的集合。发行企业各自确定发行额度分别负债，使用统一的债券名称，统收统付。期限一般为 3~5 年。项目收益债券的发行主体为项目实施主体或其实际控制人，债券募集资金用于特定项目的投资与建设，本息偿还资金完全或主要来源于项目建成后的运营收益。可续期债券的发行主体为非金融企业，在银行间债券市场发行，无固定期限，嵌入发行人续期选择权，内含发行人赎回权，具有混合资本属性。

（2）**非金融企业债务融资工具**：在交易商协会注册发行，发行主体为具有法人资格的非金融企业，面向银行间债券市场发行，在银行间债券市场交易，在上清所登记托管，包括短期融资券（期限1年以内）、超短期融资券（期限为270天以内）、中期票据（期限在1年以上）、中小企业集合票据、非公开定向债务融资工具、资产支持票据等。

（3）**公司债券**（Corporate Bond）：发行主体为股份有限公司和有限责任公司（非公司制企业不得发行公司债券），经证监会核准，在交易所债券市场公开或非公开发行，在证券交易所上市交易或在全国中小企业股份转让系统转让，在中证登登记托管。

（4）**可转换公司债券**：发行主体为境内的上市公司，在一定期间内（不得早于自发行之日起6个月）依据约定条件可以转换成股份，期限为3～5年。可转换债券在交易所债券市场发行、交易，在中证登登记托管。可分离债券是认股权和债券分离交易的可转换公司债券，期限最短为1年。

（5）**中小企业私募债券**：发行主体为境内中小微型企业，面向交易所债券市场合格投资者非公开发行，只在合格投资者范围内转让，在中证登登记托管。

5. 熊猫债券

境外机构在中国境内发行的人民币债券，目前发行人主要是国际开发机构和境外银行。熊猫债券在银行间债券市场发行、交易，一部分在中央结算公司登记托管，另一部分在上海清算所登记托管。

按照付息方式划分：按照付息方式可以分为零息、贴现和附息三种，其中付息又可以进一步分为固定、浮动和利随本清几种形式，具体说明如下。

零息债券：低于面值折价发行，到期按面值一次性偿还，期限在1年以上。

贴现债券：低于面值折价发行，到期按面值一次性偿还，期限在1年以内（货币市场产品）。

固定利率附息债券：发行时标明票面利率、付息频率、付息日期等要素，按照约定利率定期支付利息，到期日偿还最后一次利息和本金。

浮动利率附息债券：以某一短期货币市场参考指标为债券基准利率并加上利差（发行主体可通过招标确定）作为票面利率，基准利率在待偿期内可能变化，但基本利差不变。

利随本清债券：发行时标明票面利率，到期兑付日前不支付利息，全部利息累计至到期兑付日和本金一同偿付。

（四）债券托管机构

中国债券市场上，目前涉及债券集中托管业务的机构有三家：中央国债登记结算有限责任公司（以下简称中央结算公司）、中国证券登记结算有限责任公司（以下简称中证登）、银行间市场清算所股份有限公司（以下简称上清所）。其中，中央结算公司占据市场主要份额。

中央结算公司：于1996年经国务院批准设立，是具有系统重要性的国家级金融市场基础设施。中央结算公司现为有限责任公司，由国务院出资，是国有独资企业，持非银行金融机构牌照，是22家中央金融企业之一。中央结算公司受人民银行、财政部、银保监会等部门的监管。

中证登：成立于2001年，隶属证监会监管。按照《证券法》关于证券登记结算集中统一运营的要求，经国务院同意、证监会批准，中证登组建成立，并设立上海、深圳分公司，承接沪深交易所登记结算业务。中证登的职能包括：证券账户、结算账户的设立和管理；证券的存管和过户；证券持有人名册登记及权益登记；证券和资金的清算交收及相关管理；受发行人的委托派发证券权益；依法提供与证券登记结算业务有关的查询、信息、咨询和培训服务等。目前，中证登托管的品种包括股票、基金、债券、证券衍生品等，并以股票为主。其中，其托管的债券品种包括公司债券、可转债、分离式可转债、中小企业私募债券等，并承担国债、地方政府债券和企业债券的托管职责。

上清所：上清所成立于2008年，是经人民银行批准设立的场外市场中央对手清算机构，隶属于人民银行管理。上清所的职能是为金融市场现货和衍生品交易、经人民银行批准的人民币跨境交易等提供本外币清算服务，包括清算、结算、交割、保证金管理、抵押品管理、信息服务、咨询服务等。目前，上清所的业务类型包括中央对手清算和登记托管两类。其中中央对手清算服务于利率衍生品、外汇及汇率衍生品、航运及大宗商品金融衍生品、债券。其托管的债券品种包括非金融企业债务融资工具（及大额存单）等。

表9-5　　　　　　　　　　　中国债券市场三家托管机构比较

机构		中央结算公司	中证登	上清所
成立时间		1996年	2001年	2008年
批准机构		国务院	证监会	人民银行
监管机构		人民银行、财政部、银保监会、发展改革委、证监会	证监会	人民银行
体制		国有独资公司	股份制公司	股份制公司
主要品种		政府债、政策性金融债、商业金融债、企业债、资产支持证券、国际机构债等	政府债、企业债、公司债等	非金融企业债务融资工具、可转让存单等
业务份额（2021年末）	托管	87.2万亿元，占74.03%	15.52万亿元，占13.17%	15.08万亿元，占12.8%
	结算	1043.47万亿元，占61.98%	361.79万亿元，占21.49%	278.42万亿元，占16.54%
托管体系		直接托管为主，间接托管为辅；政府债、企业债、信贷资产支持证券总托管人	中央登记、二级托管	直接托管
结算方式		实时全额	全额+净额	全额+净额
资金结算		使用中央银行货币	使用商业银行货币	使用中央银行货币

知识窗

中国债券市场参与者

一级市场参与者

1. 发行人：经监管部门审批或备案具备发行资格的筹资人可在银行间债券市场、交易所债券市场、商业银行柜台市场发行债券，包括中央及地方政府、中央银行、政府支持机构、金融机构、企业法人、国际开发机构等。

2. 承销商：指导与帮助发行人完成债券发行，参与债券发行认购，在发行期内将承销债券向其他结算成员（和分销认购人）进行分销，并在债券存续期内牵头其他市场中介一起监督债券发行人履行相关义务的金融机构。目前具备全国性主承销商资格的主要是大型商业银行、股份制银行、大型券商及部分城市商业银行。

3. 直接投资人：经债券监管部门批准可以参与债券投标和申购，但不能进行分销的机构。目前地方政府债券及企业债券的簿记建档发行引入了直接投资人。

二级市场参与者

1. 做市商：经人民银行批准在银行间债券市场开展做市业务，享有规定权利并承担相应义务的金融机构。做市商按照有关要求连续报出做市券种的现券买、卖双边价格，并按其报价与其他市场参与者达成交易。

2. 货币经纪公司：经银保监会批准在中国境内设立的，通过电子技术或其他手段，专门从事促进金融机构间资金融通和外汇交易等经纪服务，并从中收取佣金的非银行金融机构。其进入银行间债券市场从事经纪业务须向人民银行备案。

3. 结算代理人：受市场其他参与者的委托并为其办理债券结算等业务的金融机构。开办债券结算代理业务须经人民银行批准，在开办结算代理业务前，结算代理人应与委托人签订代理协议，结算代理人为委托人在中央结算公司以委托人的名义开立债券账户，代理委托人进行债券结算。

4. 境内投资人：商业银行、信用社、非银行金融机构（包括信托公司、财务公司、租赁公司和汽车金融公司等）、证券公司、保险公司、基金公司、非金融机构、非法人机构投资者（包括信托产品，证券公司资产管理计划，证券投资基金，社会保障基金、企业年金等养老基金，慈善基金等社会公益基金，私募基金，基金管理公司及其子公司特定客户资产管理计划，期货公司资产管理计划，保险资产管理公司资产管理产品等）、个人投资者（可参与柜台市场）。

5. 境外投资人：包括境外中央银行或货币当局、主权财富基金、国际金融组织、人民币业务清算行、跨境贸易人民币结算境外参加行、境外保险机构、合格境外机构投资者（QFII）、人民币合格境外机构投资者（RQFII）；在境外依法注册成立的商业银行、保险公司、证券公司、基金管理公司及其他资产管理机构等各类金融机构，上述机构依法合规面向客户发行的投资产品，以及养老基金、慈善基金、捐赠基金等人民银行认可的其他中长期机构投资者。

（五）债券定价

债券定价是指债券的现时交易价格（称为现价）与未来现金流收入之间的数量等式关系，这种关系遵循一定规律。一般来说，债券现价等于未来的分期收入基于市场利率的折现。债券投资人拥有对未来收入流的索偿权，未来的收入包括各期息票收入及到期后的面值支付。这些收入经过市场利率（即期限、风险和流动性特征相同产品的市场利率）的折现决定了债券现价。当市场利率发生变化时，债券的交易价格就会随之发生变化。

具体来说，债券现价是如何确定的呢？这就需要确定每期息票支付对应的现价以及债券到期后的面值支付对应的现价。事实上，债券现价就等于基于市场利率对未来这些支付收入的折现。

对于按年支付息票的债券，其定价公式是：

$$P = \frac{C_1}{(1+i)^1} + \frac{C_2}{(1+i)^2} + \cdots + \frac{C_n}{(1+i)^n} + \frac{F}{(1+i)^n} \qquad (9-1)$$

其中，P = 债券现价；C = 债券的定期息票支付（C_1 表示第 1 年的息票支付）；F = 债券面值；i = 市场利率；n = 到期年限。

对于按半年支付息票的 n 期债券，因为是每半年支付一次，所以支付总次数变化为 $2n$；同时，每半年支付的息票额度是 $C/2$（C 是息票按年支付标准），每半年支付对应的利率也相应变为年利率 i 的 $1/2$。因此，按半年付息的 n 期债券定价公式可以写成如下形式：

$$P = \frac{C/2}{(1+i/2)^1} + \frac{C/2}{(1+i/2)^2} + \cdots + \frac{C/2}{(1+i/2)^{2n}} + \frac{F}{(1+i/2)^{2n}} \qquad (9-2)$$

一般情况下，现实中息票采取固定付息形式（每期都相同）。下面我们举一个简单的 1 年期债券按年支付的例子：假设当前市场利率是 5%，一年期债券息票是 50，票面价格是 1000，那么均衡状态下债券的现价应该是多少？

$$P = 50/(1+5\%) + 1000/(1+5\%) = 1000$$

根据债券的现价、面值以及息票，可以计算债券的到期收益率，根据定义，债券到期收益率 = 投资收益/发行价，那么根据上述条件，投资者购买债券并持有到期的到期收益率（YTM）就可以计算为

$$YTM = (C+F-P)/P = 50/1000 = 5\%$$

下面再考虑另外一种情况：如果市场利率升高到 10%，其他条件不变，那么债券现价应该是多少？这个问题的意思是说，如果购买债券的到期收益率要求也是 10%，

现价如果还是 1000 你还愿不愿意买呢？所以，如果购买债券并要求到期收益率等于当前市场利率，那么现价应该计算如下：

$$P = 50/(1+10\%) + 1000/(1+10\%) = 954.5$$

也就是说，如果投资人购买债券的现价是 954.5，那么持有到期的到期收益率就是 10%，即

$$YTM = (C+F-P)/P = (50+1000-954.5)/954.5 = 10\%$$

债券不仅有到期收益率，还有**即期收益率（Current Yield）**的概念。即期收益率也称为当期收益率、本期收益率或直接收益率，是息票（即债券利息）与债券市价之比，即

$$i_c = \frac{C}{P}$$

即期收益率反映的是投资者的投资成本带来的收益情况，并没有考虑债券投资所获得的资本利得或是损失，只在衡量债券某一期间所获得的现金收入与债券现价的比率。注意，即期收益率与息票收益率不同，息票收益率（C/F）是理论上的收益率，由息票（即利息）除以面值而得，所以当债券的市价改变时，息票收益率仍维持固定，但即期收益率则发生变化。根据定义，溢价（即 $P>F$）的中长期债券，即期收益率会低于息票收益率；而折价（即 $P<F$）的中长期债券，即期收益率会超过息票收益率。

例如，投资者以现价 ¥950 购买债券，每年付 ¥60 利息，则即期收益率为 6.3%（60÷950）。也就是说，若要提高即期收益率，最直接的方法就是提高息票利率或降低购买价格。不难看出，债券现价越接近债券面值，期限越长，则其即期收益率就越接近到期收益率；反之则即期收益率越偏离到期收益率。同时，债券的即期收益率与现价为反比关系，到期收益率与现价也是反比关系。因此，虽然即期收益率绝对值水平高低并不必然反映到期收益率的高低，但是即期收益率的变动方向总是预示着到期收益率的同向变动。

如果市场利率发生变化，之前发行的未到期债券如果要进行转让，那么交易价格的变化幅度与到期期限有紧密联系。下表演示了市场利率发生变化以后，原始价格相同但期限不同的债券的转让价格变化情况。不难看出，距离到期期限越长，新的交易价格变化越大。

以上例题实际上隐含了一个度量**债券价格的利率风险**指标，即**债券久期（Duration）**。由于决定债券价格利率风险大小的因素主要包括偿还期和息票利率，需要找到某种方法准确直观地反映出债券价格的利率风险程度。经济学家麦考利（F. R. Macaulay）于 1938 年提出"久期"的概念，把债券的到期期限（或剩余期限）、票面利率、利息支付方式和市场利率四个因素综合起来进行债券价格的利率风险度量。

> 债券久期是指债券的平均还款期限。

> 假设各期限债券的原始利率均为4%（票面利率），如果市场利率上升至5%，各债券价格将如何变化：
>
> | 剩余期限 | 原始价格 | 利率上升后的新价格 |
> | --- | --- | --- |
> | 10年 | ¥1000 | ¥922.78 |
> | 20年 | ¥1000 | ¥875.38 |
> | 30年 | ¥1000 | ¥846.28 |
>
> 因此，债券的剩余期限越长，利率变化对债券价格的影响就越大。

具体来说，久期表示了债券的平均还款期限，它是每次支付现金所用时间的加权平均值，权重为每次支付的现金流的现值占现金流现值总和的比率。久期越短，债券对利率的敏感性越低，风险越低；反之，久期越长，债券对利率的敏感性越高，风险越高。在上例中，由于其他条件都相同，所以期限越长久期越大，因此利率变化以后对应价格变化就会越大。

> 久期的计算方法之一是平均期限法（也称麦考利久期）：将债券的偿还期进行加权平均，权重为相应偿还期的现金流（利息支付）贴现后与市场价格的比值。

另外，对于中央政府发行的国债而言，因为有国家信用做担保，所以一般认为是**无风险债券**，但是市场利率变化仍然会影响之前发行国债的二级市场成交价格。当前国债的到期收益率一般被用作计算之前已经发行的国债在二级市场转让时定价的折现因子（即市场利率）。例如，10年前发行的20年期限国债，在二级市场上进行销售，其销售价格就可以按照当前发行的10年期国债到期收益率进行计算。如果当前国债收益率高于债券的息票利率，那么转让债券的价格就会低于面值，即折价交易；反之，如果当前国债收益率低于息票利率，那么转让就是溢价交易。

当然，对于非政府部门发行的债券，如企业信用债券，一般都有一定程度的**违约风险**（Default Risk）。所以，当投资者购买此类债券时，所要求的收益率应该是在无风险收益率基础上再加上一个**风险溢价**，这个收益率才是决定债券现价的折现因子，即

$$i_d = r_f + r_p \tag{9-3}$$

其中，i_d = 折现因子；i_f = 无风险利率；i_p = 风险溢价。

市场上的风险溢价水平反映的是投资者选择信用债券而放弃利率债券（国债）所需要的补偿。从宏观层面看，这种风险溢价水平与经济周期有关，经济繁荣期，企业运行良好，债务支付所需的现金流比较充裕，投资者的风险溢价要求相对比较低，此时企业发行债券的折现因子相对较低；反之，经济衰退期，企业债务支付可能出现困难，因此投资者的风险溢价要求就会比较高，折现因子就会相应升高。

从微观层面看，**企业的资本结构**（Capital Structure）特征影响企业债券定价中的折现因子。企业的资本结构由债务（Debt）和权益（Equity）构成，债务反映的是借款情况而权益反映的是所有权情况。企业的资本结构特征可以用杠杆率（Leverage Ratio）

来反映，而杠杆率会影响企业发行债券的折现因子中的风险溢价水平。具体来说，企业杠杆率是企业债务相对于权益的比率（即债务/权益），在其他条件相同的情况下，企业杠杆率越高，其债券投资者的风险越高，因此投资者要求的风险溢价就会越高。

关于企业资本结构问题，弗兰科·莫迪利安尼（Franco Modigliani）和默顿·米勒（Miller）提出了著名的 **MM 定理**：即在一定的条件下（特别是不考虑所得税影响），企业的资本结构（负债与权益的结构），都不影响企业的市场总价值。企业如果偏好债务筹资，债务比例相应上升，企业的风险随之增大，进而反映到股票的价格上，股票价格就会下降。也就是说，企业从债务筹资上得到的好处会被股票价格的下跌所抹掉，从而导致企业的总价值（股票加上债务）保持不变。企业以不同的方式筹资只是改变了企业的总价值在股权者和债权者之间分割的比例，而不改变企业价值的总额。当考虑所得税因素之后，则结论为：企业的资本结构影响企业的总价值，负债经营将为公司带来税收节约效应。

再回到刚才的**杠杆率**问题，高杠杆率企业在遭遇收入下滑境况时，其债务违约概率更高，甚至会因此被迫进入破产程序。而低杠杆率企业在收入下滑时，可以通过减少对股权持有人的分红来缓解收入下降的困境，而高杠杆率企业由于债务工具的契约要求就缺乏这样缓解困境的选项，因此其债券违约风险更高。

另外，企业发行的信用债券都会有评级公司给出的信用评级，信用评级的高低也会影响风险溢价水平。信用债的评级从高到低可以分为 A、B、C、D。目前国际上公认的三大信用评级机构包括标准·普尔公司、穆迪投资服务公司和惠誉国际。不同公司的信用等级划分大同小异。例如，标准·普尔公司信用等级标准从高到低可划分为：AAA 级、AA 级、A 级、BBB 级、BB 级、B 级、CCC 级、CC 级、C 级和 D 级，前四个级别债券信誉相对高，风险小，是"投资级债券"，第五级开始的债券信誉低，是"投机级债券"。

三、股票市场

（一）股票市场投机对股票市场波动的影响

很多人都对股票市场的波动感兴趣，尽管他们并不是专业的投资者，也并非金融从业人员。在 2007 年与 2015 年，中国证券市场见证了两次创纪录的高点，股票市场在此期间经历了一个剧烈的增长。资金流动方面的技术变革极大地提高了金融市场的全球化，经济结构中的其他变化也有助于全球的资金流入股权投资。当然，也会极大地影响股价的变化。

当股票价格的波动较为剧烈时（如 2007 年和 2015 年），股票市场容易产生投机活动，而这种行为是不可持续的。**投机性泡沫**是指投资者过于乐观给股票价格带来的不理性的增长。当市场中的投资者认为这种投机性泡沫不可持续时，他们会将所持有的资产变现，这样就会造成市场中的资产价格下跌，泡沫破裂。这样的波动会造成收益与损失的放大，从而使得金融系统不稳定。当泡沫破裂时，金融市场的危机会传递到实体经济中，造成整个经济的衰退。

（二）股票的种类介绍

当上市公司需要提高自身投资所需的长期资本时，一般会发行股票。如果一家上市公司是向公众开放持有的，那么就应该在证券交易所公开发行股票。股票代表着投资者在公司所有权中所占的份额以及对未来公司收益的求偿权。股票分为**优先股**和**普通股**。顾名思义，优先股的股东享有的部分权利要优于普通股，优先股的股东可以优先获得股利，在公司清算时对公司资产优先受偿，除此之外还可以有更高的股息收益率。

一般来说，普通股股东的股息获得顺序是在优先股股东之后的，并且公司还要有剩余的未分配利润。未分配利润一般是不用于分配给投资者的，而是用来进行投资活动的那一部分资金。在中国市场的一些成长性较好的上市公司中，一般是不支付给投资者股息或者红利的，因为公司发展较快，亟须大量的资金进行投资再生产活动。在这种情况下，投资者可以从公司股票的价格上涨中获益，而在该种情况下，股票价格的上涨主要是由公司将留存收益进行扩大再生产和股票的回购所推动的。如果公司回购了自身的股票而不进行出售，那么这些股票就相当于被注销了。当这部分股票被注销后，剩余的流通在市场中的股票往往会升值。普通股的股东在公司中具有投票权，而这是优先股股东所不具备的。但是，持有股份较少的股东一般不行使他们的投票表决权。

投资银行或者**证券公司**主要的工作就是发行新股或者新的债券。一家或者多家投资银行负责设计和出售这些新的证券。在一些情况下，公司雇员或者是个人投资者会绕过证券公司，直接从公司购买股票。股票代表的是具有流动性的凭证，因为在二级市场中股票的交易较为便利。

普通居民、地方与中央政府、外国投资者和众多的金融机构持有中国证券市场交易的股票。其中主要的金融机构是公募基金和私募基金，证券公司和部分产业基金也持有一部分股票。

所谓公募基金（Public Offering of Fund），是指以公开方式向社会公众投资者募集资金并以证券为投资对象的证券投资基金；而**私募基金**（Private Offering of Fund）则是指以非公开方式向特定投资者募集资金并以特定目标为投资对象的证券投资基金。显然，公募基金和私募基金在募集方式、产品规模、投资限制、盈利模式、流动性、信息披露以及投资范围等方面都存在明显差别，总体上来说公募基金受到的监管约束更加严格一些，而私募基金的运营相对灵活一些。

在中国，所有在市场上公开发行、交易股票的公司都要受到**中国证券监督管理委员会**的管制。中国证监会于1992年设立，其主要职责是依照法律、法规和国务院授权，对证券市场进行监管。

（三）股票发行

首次公开发行（Initial Public Offering，IPO）是指上市公司第一次将公司的股份进行公开发售。上市公司上市的首日，二级市场交易价格相对于发行价经常出现大幅上涨的情况。例如，2018年10月19日上市的天风证券，开盘即上涨44%，并且之后连续10个交易日达到涨停板。

次级股票发行是已经发行过流通股的上市公司发行新股的行为。为了在市场中发行新股，上市公司必须要在证监会进行备案核查。在美国市场，实行**暂搁注册**简化其发行新股的流程，新股可以在两年之内被认购而无须在发行日全部被认购。暂搁注册避免了多次认证备案过程产生的费用，使得上市公司能够更快地对市场利好消息作出反应。目前，中国实行的是核准制，对于注册制的相关制度还在逐步探索之中。

（四）证券交易系统

股票交易和股权转让依托于证券交易系统。中国内地目前主要设有**全国性交易所市场证券交易系统**（上海证券交易所、深圳证券交易所、北京证券交易所）、**新三板市场交易系统**（全国中小企业股份转让系统）、新四板市场交易系统（区域股权交易中心），用来进行股票交易和股权转让。其中，全国性交易所市场证券交易系统包括主板、科创板和创业板，一般把主板称为一板，把科创板和创业板称为二板。

多层次证券交易系统中的板块划分主要是为了根据不同发行人的情况制定相应的配套规则（包括上市审核、交易、投融资等规则），从而满足不同类型企业在不同发展阶段的融资需求。例如，对于交易所市场，上海证券交易所和深圳证券交易所的主板面向大型和特大型企业，科创板和创业板面向科技型和创业型中小企业，北京证券交易所则面向创新型中小企业；新三板市场面向创新创业和成长型中小企业；新四板市场则面向其他有股权融资需求的中小微企业。

1. 全国性交易所市场交易系统

上海证券交易所（以下简称上交所）成立于1990年11月26日，同年12月19日开业，受中国证监会监督和管理，是为证券集中交易提供场所和设施、组织和监督证券交易、实行自律管理的会员制法人。上交所已发展成为拥有股票、债券、基金、衍生品等证券交易品种，市场结构较为完整的证券交易所。上交所设有主板和科创板两个市场。截至2022年6月，在上交所上市的企业有2098家。

深圳证券交易所（以下简称深交所）于1990年12月1日开始营业，是经国务院批准设立的全国性证券交易场所，受中国证监会监督管理，履行市场组织、市场监管和市场服务等职责。深交所是实行自律管理的会员制法人，截至2022年6月，深交所设有主板市场、中小板市场和创业板市场，共有121家会员和3家特别会员。截至2022年6月，在深交所上市的企业有2645家。

北京证券交易所（以下简称北交所）成立于2021年9月，是经国务院批准设立的第一家公司制证券交易所，受中国证监会监督管理。经营范围是依法为证券集中交易提供场所和设施、组织和监督证券交易以及证券市场管理服务等业务。从核心内容看，北交所为新三板精选层企业发行和交易股票提供服务，是中国深化新三板改革的重要措施。北交所的定位清晰，即以坚持服务创新型中小企业为市场定位；与沪深交易所、区域性股权市场错位发展与互联互通，发挥转板上市功能；与新三板现有创新层、基础层坚持统筹协调与制度联动，维护市场结构平衡。北交所的目标明确：一是构建一套契合创新型中小企业特点的涵盖发行上市、交易、退市、持续监管、投资者适当性管理等基础制度安排,提升多层次资本市场发展普惠金融的能力;二是畅通北交所在多层次资本市场的纽带作用,形成相互补充、相互促进的中小企业直接融资成长路径;三是培育一批优秀的创新型中小企业,形成创新创业热情高涨、合格投资者踊跃参与、中介机构归位尽责的良性市场生态。截至2022年6月,在北交所上市的企业有96家。

每个交易所都有迅捷的报价系统。当股价变化时,信息会很快传达到交易所报价系统中,交易所报价系统是实时更新的,能够展现整个市场中每只股票当时的交易情况,其展示的信息包括但不限于股票代码、股价、成交量、相对于前一交易日的涨跌情况、当日振幅等。股票代码是由一串数字和市场代码后缀组成的,每一个股票代码都代表了特定的公司。在上交所上市的股票其后缀为SH,在深交所上市的股票其后缀为SZ,在北交所上市的股票其后缀为BJ。

2. 其他交易系统

新三板全称为**全国中小企业股份转让系统**,主要为非上市股份有限公司的股份公开转让、融资、并购等相关业务提供服务,并于2006年1月在深交所正式挂牌启动。截至2020年12月,新三板共有挂牌公司8187家,总股本为5335.28亿股,涵盖了软件、生物制药、新材料、文化传媒等新兴行业。而在此之前的三板市场被称为老三板,包括原来在全国证券交易自动报价系统(STAQ)和全国电子交易系统(NET)挂牌公司和退市公司。相对于主板、创业板、中小板来说,新三板的影响力较小,规模也比较小。

新四板全称为**区域性股权交易中心**,是为特定区域内的企业提供股权、债券转让和融资服务的场外市场,是公司规范治理、进入资本市场的孵化器。2012年,中央决策层为了促进中小企业发展,解决区域小微企业融资难问题,允许各地区申请设立区域性股权交易中心,由省级人民政府实施监督管理,在中国证监会备案,服务于特定区域内的中小微企业。截至2021年,在中国证监会备案的区域性股权交易中心有36家。

(五)股票指数

股票指数描述的是指数中所有股票在交易日的表现情况。指数还可以用来评价特定个股和基金相对于市场的表现情况。中国A股市场有大量的股票指数,例如,上证综指、深证成指、沪深300、上证50、中证红利等。例如,**沪深300指数**是用来描述沪深两市规模最大、流动性最好的300只股票的价格变动情况。沪深300指数基期为2004年12月31日,基点为1000点。由于该指数样本空间相对较大,截至2021年12月31日,其总市值达到了53.3万亿元,占A股总市值的62.04%,可以较好地反映整个市场的情况。

由于沪深300指数较好地反映了市场变化的情况,因此中金所于2010年推出了对应的股指期货——沪深300股指期货,以此来丰富投资者的交易手段。沪深300股指期货是指以沪深300指数作为标的物的金融期货合约。沪深300股指期货合约的合约月份为当月、下月及随后两个季月。季月是指3月、6月、9月、12月。沪深300股指期货合约的最后交易日为合约到期月份的第三个周五,最后交易日即为交割日。最后交易日为国家法定假日或者因异常情况等原因未交易的,以下一交易日为最后交易日和交割日。到期合约交割日的下一交易日,新的月份合约开始交易。

(六) 股票市场与共同基金

共同基金是一种投资组织形式,一般是投资公司向投资者募集资金,投资于股票市场、债券市场等。在中国,共同基金一般称为**投资基金**。一般的个人投资者通过买入该种基金而获得该基金公司的部分投资组合。投资者可以通过购买基金的形式以实现购买一揽子股票的目的,进而减小自身的风险以获得较高的收益。

对于大部分投资者来说,投资基金可以购买多只股票来实现投资组合多样化,以此来减小投资组合风险。因为在一个经济周期中,投资组合中的所有股票不可能表现完全一致,标的股票的收益不会完全相关,因此,投资种类多样化可以减小投资风险。这同时也有助于规避投资单一公司而面临的破产清算的风险。

如果一只投资基金投资了100家上市公司,那么所有上市公司同时破产清算的概率明显要小于单个公司破产清算的概率。投资组合中一部分公司股价表现不佳几乎对整个投资组合的表现没有影响。投资基金的投资人员大部分都是受过专业训练的。普通投资者购买基金不仅可以节约时间,还可以提高自身投资组合的表现。

根据投资理念的不同,投资基金可以分为**被动型(指数)基金**和**主动型基金**。被动型基金不主动寻求取得超越市场的表现,而是试图复制指数的表现,并且一般选取特定的指数作为跟踪的对象,因此通常又称为指数基金。指数基金的投资组合的成分与市场指数完全一致。例如,沪深300指数基金,其成分以及对应所占比例与沪深300指数完全一致。投资者会收到与市场完全相同的收益。对于满足于获得市场平均收益率的投资者来说,指数基金是一个较好的投资品种。与指数基金不同,主动型基金则是一类力图取得超越基准组合表现的基金。

投资基金还有**ETF 基金**。全称为交易所交易基金,是一种在证券交易所交易、提供投资人参与指数表现的指数基金。投资者可以通过两种方式购买 ETF:可以在证券市场收盘之后,按照当天的基金净值向基金发行商购买(同开放式共同基金);也可以在证券市场上直接从其他投资者那里购买(同封闭式共同基金),购买的价格由买卖双方共同决定。通过实物申购与买回机制,ETF 市价可以贴近净值。

绝大多数 ETF 的指数成分是股票,但基于固定收益证券、债券、商品和货币的ETF 也在发展中。对于投资者来说,ETF 的交易费用和管理费用都很低廉,持股组合比较稳定,风险往往比较分散,而且流动性比较高。

(七) 股票定价

我们知道,根据**无套利定价理论**,股票价格的现值一般等于预期现金流的现值。如果我们永续持有一只股票的话,股票价格 P 可以由如下公式得出:

$$P = \frac{C_1}{(1+d)} + \frac{C_2}{(1+d)^2} + \frac{C_3}{(1+d)^3} + \cdots + \frac{C_n}{(1+d)^n} \qquad (9-4)$$

其中，C_n 为第 n 年的预期现金流，d 为折现因子。如果我们预期持有该股票未来可以获得等量的现金流 C，则方程就可以简化为：

$$P = \frac{C}{d} \quad (9-5)$$

假设我们已经知道了预期现金流和折现率的大小，那么我们可以得到股票价格的现值。如果股价低于该理论值，我们就可以买入该股票；如果股价高于该理论值，我们就需要将它卖出。在现实世界中，每个投资者预期股票所能带来的现金流都是不一致的，这也是交易所能产生的原因之一。

> 无套利定价模型与套利定价模型（Arbitrage Pricing Theory，APT）相反，是指没有价差交易的定价模型。①

在股票价格计算中，折现率的决定往往是一个比较重要的问题。一般认为，折现率应该是投资者持有该股票所能获得的收益率，根据资本资产定价模型（CAPM），个股收益率应等于无风险收益率加上**风险溢价**，其中无风险收益率一般为政府长期债券的收益率。

风险溢价一般由两部分组成：**市场风险溢价**和**个股风险溢价**。市场风险溢价一般是基于历史数据得出的，是看持有该只股票平均收益率超出无风险收益率的部分。个股风险溢价是由**贝塔（Beta）系数**所衡量的，表示个股收益率对整个市场收益率变化的敏感程度。假设沪深 300 指数的收益率的变化可以代表整个市场收益率的变化，若沪深 300 指数收益上升 1%，而个股收益率上升了 2%，该股票的贝塔系数就等于 2，同时也说明该股票的风险大于市场平均风险，因为其波动大于市场平均波动。

根据以上阐释，**资本资产定价模型**（CAPM）描述了个股收益率与市场风险溢价和个股风险溢价之间的关系。根据该模型，个股收益率可以由如下方程给出：

$$d = R_f + \beta \cdot R_m \quad (9-6)$$

其中，d 是个股收益率，R_f 为无风险收益率，β 是个股的贝塔系数，R_m 是市场组合的风险溢价（即市场收益率减去无风险收益率）。

如果我们进一步假设持有该股票所获得的现金流 C 每年会按照一定的增长率增长（假设该固定增长率为 g），那么股票价格 P 可由如下方程给出：

$$P = \frac{C}{d - g} \quad (9-7)$$

（八）股票价格评估指标

常用的股票价格评估指标是**市盈率**（Price/Earnings Ratio，PE Ratio），即每股价格与每股盈利的比率。不同股票的市盈率差别很大，如果中国石化每股 8 元，而公司年度利润是每股盈利 0.5 元，那么其市盈率就是 16。股票的市盈率受到很多因素影响，

---

① APT 是指一项资产的价格由不同因素驱动，将这些因素乘以该因素对资产价格影响的贝塔系数加总后，再加上无风险收益率，得到该项资产价值。由于 APT 没有给出具体哪些因素驱动资产价格，所以只能凭投资者经验判断选择，而且每项因素都要计算相应的贝塔系数。与此相比，CAPM 模型只需计算一个贝塔系数，所以在对资产价格估值的应用中 CAPM 比 APT 使用更广泛。

其中公司未来预期盈利增长率是最重要的一个因素。我们经常会看到，一个具有较高预期盈利增长率的公司，其股票市盈率也比较高。

四、住房抵押信贷市场

住房抵押贷款市场也是资本市场中非常重要的组成部分。在这个市场中，商业银行、普通存贷者、抵押贷款经纪人都是其参与者。有些国家的政府支持型企业（Government Sponsored Entities）是抵押贷款市场中的重要参与者，如美国的房地美和房利美就掌握着美国50%的贷款量。在2008年之前，美国很多的抵押贷款不需要支付任何的利息成本，但却可以获得高额的收益，这些贷款流入了低收入且偿债能力差、无法分期还款、信用差的投资者。贷款借出的标准下降到一个极低的水平，并且放款人和借款人都相信房价是会一直上涨的。直到2007年中期美国房地产泡沫破裂之前，一切都还显得很美好。

（一）住房抵押贷款介绍

住房抵押贷款（Mortgage）是一种长期债务工具，如果借款人违约，房产可以用作**抵押**以对贷款进行担保。当双方达成借款协议后，抵押贷款对于借款者成为负债，对贷款发放者来说就成为资产。它与债券类似，但是需要注意的是，抵押贷款是以不动产或者土地作为抵押。

一旦拥有抵押贷款，在借款人最终偿还完成之前，放款人对借款人的资产具有留置权。留置权，是指债权人因合法手段占有债务人的财物，在由此产生的债权未得到清偿以前留置该项财物并在超过一定期限仍未得到清偿时依法变卖留置财物，从价款中优先受偿的权利。留置权的效力主要体现为留置权人的占有权和优先受偿权。

留置权人的占有权须受一定限制，即除了保管上的必要或经债务人同意外不得使用留置物，未经债务人同意不得将留置物出租或抵押。债权人就留置物优先交偿后，如留置物的价值超过应交偿范围，应将剩余部分的价款返还给债务人，留置物的价值不足以清偿时，债权人得请求补足。留置权人只能从留置财产中优先交偿根据本合同应得的款项，对于其他债务，不得利用本合同的财物行使留置权。

尽管放款人拥有留置权，但其无法重新拥有该资产，故一般需要对借款人的**违约风险**进行仔细的评估。影响借款人违约风险的因素具体有如下几种。

1. 借款人的**债务收入比**。这个指标衡量了借款人每月收入与每月需还款金额的相对关系，反映了借款人偿还所有欠款的容易程度。假设借款人每月收入4000元，需每月偿还的贷款本息为1000元，那么其债务收入比为25%。如果借款人每月还需偿还一笔300元的其他利息，那么其债务收入比为33.3%。因此债务收入比不仅包括了住房抵押贷款的所需还款，还包含了其他的债务利息。一般来说，放款人希望借款者的债务收入比低于36%。而在2007—2008年金融危机时，平均债务收入比已经达到了50%。

2. **贷款价值比**。贷款价值比衡量了在违约情况下，贷款数量与抵押品的价值之比。假设借款人抵押了价值100000元的资产来获得80000元的贷款，那么其贷款价值比就

为 $\frac{80000}{100000}=80\%$，若借款人通过抵押同样的资产获得了 90000 元的贷款，那么其贷款价值比就为 90%。

很显然，债务收入比低、贷款价值比低的借款人更容易获得住房抵押贷款。较低的债务收入比意味着借款人更容易还清贷款，其违约的概率也相对较小。贷款价值比较低意味着在违约的情况下，放款人能够维持较小的损失。除了这两个指标之外，借款人的信用评分也是一个重要的参考。不过当借款人需要借入一笔数额较大的款项时，信用评分被考虑的优先级要低于所抵押资产的价值。

（二）住房抵押贷款的摊销

一般来说，抵押贷款本金的偿还可以在整个贷款期限内进行。每个月投资者只需要偿还相应的利息与除此之外的本金。在到期日的时候，所有欠款均被还清。这就是所谓的**摊销**，或者说**分期付款**。

住房抵押贷款一般期限是 30 年，但是也有更短一些（如 20 年）期限的品种。表 9-6 展示了本金为 20 万元、利率为 8%、期限分别为 15 年和 30 年的抵押贷款的按月分期付款情况。

表 9-6　　　　　住房抵押贷款的摊销：15 年与 30 年比较

年利率	8%		
支付月份	180 个月（15 年）		
贷款总额	200000.00		
每月支付	1911.30		
还款期数	每期所还本金	每期所还利息	剩余本金
1	577.97	1333.33	199422.0292
2	581.82	1329.48	198840.2052
3	585.70	1325.60	198254.5024
4	589.61	1321.70	197664.8949
……			
174	1824.44	86.86	11204.93
175	1836.60	74.70	9368.32
176	1848.85	62.46	7519.48
177	1861.17	50.13	5658.30
178	1873.58	37.72	3784.72
179	1886.07	25.23	1898.65
180	1898.65	12.66	0.00
支付月份	30 年（360 个月）		
年利率	8%		
贷款总额	200000.00		

续表

每月支付	1467.53		
还款期数	每期所还本金	每期所还利息	剩余本金
1	134.20	1333.33	199865.80
2	135.09	1332.44	199730.71
3	135.99	1331.54	199594.72
4	136.90	1330.63	199457.83
5	137.81	1329.72	199320.01
6	138.73	1328.80	199181.29
……			
356	1419.57	47.95	5773.57
357	1429.04	38.49	4344.53
358	1438.57	28.96	2905.97
359	1448.16	19.37	1457.81
360	1457.81	9.72	0.00

（三）固定利率和浮动利率的住房抵押贷款

固定利率的抵押贷款，顾名思义其利率在整个贷款期限内不会发生变化。而浮动利率的抵押贷款，其利率在贷款期限内会发生阶段性的变化，以反映市场环境的变化。

固定利率抵押贷款对于借贷双方来说都是有利有弊的。对于放款者来说，固定利率抵押贷款将承担**利率风险**，因为名义利率的上升会使得贷款价值下降，金融资产的价格与利率也是呈反比关系。除此之外，如果长期抵押贷款由短期存款提供资金，放款机构可能会出现负现金流，因为负债成本会高于资产收益。

如果利率下跌，放款人一开始会偏爱固定利率贷款，因为在此时贷款价格会升高。然而，对于放款人来说，此时又会面临**预付风险**。预付风险是指当利率下跌的时候，贷款预先被借款人通过再融资的方式偿还，而此时放款人只能够以较低的利率放贷。如果市场利率一直长时间维持在一个较低的水平，放款人会希望在再融资的时候有大量的预付款流入。预付款损失是借款人因为其提前偿还债务而需支付给放款人的费用。预付风险还包括由于房产或者其他不动产被出售而提前预付贷款的风险。

固定利率抵押贷款减少了借款人因为利率上升而需支付更多利息的风险。但同时也使其无法享受利率下跌所带来的可以支付更少利息的好处。如果利率下跌，借款人还可以通过再融资的方式进行贷款，但是就需要付出其他的成本，如结算成本和预付损失。通过再融资，借款人可以通过新借入的贷款去偿还原来的贷款。新的贷款可以使借款人支付相对较少的利息。

浮动利率抵押贷款，也称**可调节利率抵押贷款**，持有该种贷款的投资者需要支付随着市场环境变化的利息。银行间利率是重要的参考指标。采用短期利率指标的原因是放款人经常为短期存款提供抵押贷款。如果市场利率上升,那么借款人所要支付的利息就增多。一般来说,浮动利率抵押贷款的利率要高于市场平均利率2%~3%,根据贷款种类的不同,其利率每月或者每季度都会发生变化,每年最高可以上涨2个百分点。同样地,其变化也会有上限,假设市场利率为6%,其变化上限为5%,贷款的最大利率为11%。

浮动利率贷款对于放贷人最大的优势在于,如果资金成本上升,贷款支付会增加,从而防止短期存款利率与贷款利率倒挂的可能性;缺陷在于,如果利率下降,其利息收入也会下降。对于借款人来说情况正好相反。浮动利率贷款增加了违约的风险,如果利率上升过高,那么借款人可能无法偿还利息而导致债务违约。

(四)个人住房抵押贷款证券和抵押担保证券

住房抵押贷款证券(MBS)是资产支持证券(ABS)的一种,其偿付给投资者的现金流来自于由住房抵押贷款组成的资金池所产生的本金和利息。

住房抵押贷款证券是指金融机构(主要是商业银行)把其持有的流动性较差但具有未来现金流收入的住房抵押贷款汇聚重组为抵押贷款群组。该证券由证券化机构以现金方式购入,经过担保或信用增级后以证券形式出售给投资者。这一过程将原先不易被出售给投资者的缺乏流动性但能够产生可预见性现金流收入的资产转换成可以在市场上流动的证券。

抵押担保债券是为了规避个人住房贷款证券的风险而设计出来的新产品,抵押担保债券将住房抵押贷款证券所带来的现金流重新分配到不同的债券持有人手中,以此重新创造了一种金融工具,使其风险分散,收入来源更多样化。愿意承担更多风险的人可以选择一种工具,其中本金不需要在持有初期偿还,因此预付风险更大。

(五)二级市场中抵押贷款定价的决定因素

与债券定价类似,二级市场上抵押贷款的定价也是持有该资产未来可获得现金流的现值之和,包括本金和利息的支付。计算公式如下所示:

$$P_M = MP/(1+d_M)^n \tag{9-8}$$

其中,P_M代表抵押贷款在二级市场中的交易价格,MP代表每月偿还金额(包括本金和利息),d_M代表每月的折现率,n代表还款总月数。一旦抵押贷款借出成功,只有每月还款金额,每月贴现率与交易价值有关。

我们这里仅考虑按月还款而不考虑按年还款的情况。假设有一份5年期的住房抵押贷款,那么总还款期限为60个月。设年贴现率为9%,那么月贴现率就为0.75%,那么一年期的贷款其现值就为$MP/(1+0.75\%)^{12}$。

为了计算出金融市场中抵押贷款的交易价格,我们需要计算每月还款额的现值。现值计算中使用的贴现因子选取,需要考虑无风险收益率、风险溢价和交易成本溢价,即

$$D_M = r_F + r_p + r_{sc} \tag{9-9}$$

一般来说,无风险收益为与贷款同期限的国债收益率。国债收益率发生变化,贷款总价值也会发生变化。风险溢价包括补偿投资者持有抵押贷款的回报,因为拥

有抵押贷款使投资者的风险增加。风险溢价对于放款人的收益率补偿则包含如下几个因素：

（1）借款人发生债务违约。
（2）在放款人无较好的再投资机会的时候，贷款被提前偿还。
（3）抵押贷款的流动性较差使放款人遭受损失。

当抵押贷款被政府担保时，其风险溢价也会相应地降低，因为此时其违约概率几乎为零。由此我们也可以看出，风险溢价包括对预付风险和低流动性的补偿。

一般来说，国债可以视为无风险产品，长期政府债券也可以视为无风险。同样也有很多因素影响着无风险利率，货币政策是其中最大的影响因素。如果中央银行增加货币供给，短期利率会下降，信用供给就会增加。在其他因素不变的情况下，长期利率也会相应下降，只是没有短期利率变化那么剧烈。通货膨胀率预期的变化和经济活跃程度同样也会影响长期利率和无风险利率。如果预期通货膨胀率上升，放款人会要求借款人支付由于通货膨胀而造成的购买力损失的补偿。类似道理，假设国民收入增加，对可贷资金的需求也会增加，从而会推动利率升高。

在实践中，影响无风险利率的因素之间也会相互影响。例如，扩张性货币政策会使得市场参与者提升对通货膨胀率的预期。同样，由于油价上涨而引发的经济衰退同样也可能会造成利率上升，因为对通货膨胀率预期的下跌程度可能会大于收入下降的程度，这样反而使得市场参与者所持有的资产价值上升了。国际资本的流动、政府购买同样也会影响无风险利率。

因为投资者获得贷款需要承担一定的风险，所以借款人每月的还款能力同样也会影响风险溢价。当然，有担保的贷款其风险溢价要低于无担保贷款。对于无担保贷款来说，其风险溢价主要受到经济活动的影响。在一个处于繁荣期的经济体中，市场参与者收入增加，贷款的违约概率和数量都会减少，此时，利率上升，预付风险减小，风险溢价相对较低。反过来，当经济处于下行趋势的时候，情况则刚好相反。

第4节　金融衍生品市场

一、远期合约

金融远期合约是交易双方所达成的一种协议，约定了在未来的交易中以今天所确定的价格交易特定的金融资产。金融远期合约可以用来规避金融工具价格变化所带来的风险。近年来，金融资产价格波动越发剧烈，远期合约的运用也更加广泛，在衍生品市场中的地位也更加重要，尤其是用来对冲外汇市场中价格波动所带来的风险。因此，我们主要讨论外汇市场中远期合约的运用。

汇率代表的是一种货币可以兑换的其他货币的数额。汇率风险指的就是汇率的波动会造成投资者所持有资产价值的波动，可能会给投资者带来预期之外的损失。汇率

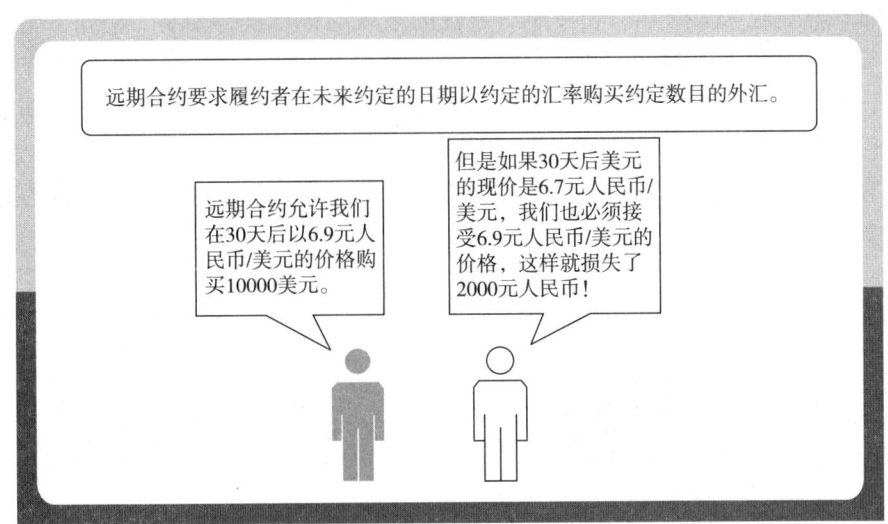

的变现越不稳定，市场汇率风险就越大。自从世界上主要工业国都开始采用浮动汇率制度起，汇率的波动变得越来越剧烈。另外，随着国际贸易的发展、各国金融市场的全球化，各国对以外国资产为标的金融工具的需求也开始增加。这也造成了投资者在进行外汇交易的过程中，汇率的波动更加剧烈，其所面临的汇率风险增加。这些市场参与者需要从正处于发展期的远期合约市场中找到对冲风险的工具。

下面我们主要讨论**即期汇率**，也就是即时进行交易的汇率。在远期合约中，交易双方所有条款都在即期达成一致，在未来的某一个时点执行。金融中介，如经纪人、经纪机构，一般负责撮合交易双方的交易。远期交易合约中，外汇远期合约非常常见，一般是由大型商业银行提供给其客户，使得他们可以在未来的某个交易日以约定好的价格获得所需外汇。商业银行同时也持有大量的外汇储备以对冲自己所面临的汇率风险。

大型商业银行拥有很多在全球范围内经营的客户。他们知道在未来的某个时点自己可能会收到一定数量的外汇。他们可以用这些外汇去购买商品、服务或者金融工具。例如，一家美国公司为了偿还即将到期的国内债券，希望在6个月之内将所持有的法国股票变现，再换回美元来偿还国内的债务。大银行不仅以即期汇率买入或者是卖出外汇，也会以远期汇率买入或者卖出外汇。而远期汇率又倾向于收敛到即期汇率的值，影响远期汇率的因素与即期汇率的因素类似，也是由国际收支情况决定的。这些因素，包括预期通货膨胀、两国利差、对两国的经济展望、货币政策与财政政策，都会影响外汇的供给与需求，进而影响汇率。远期汇率一般可以用市场的即期汇率的预测值来代替。

一家银行买入外汇远期合约再卖出，在这一串过程中可以通过销售这些合约来盈利，向希望对冲汇率风险的客户提供服务，其中盈利来源于银行买卖合约的一个差价。大银行拥有悠久的外汇业务服务历史，它们的外汇工具的出现，甚至要早于浮动汇率制的出现。大型银行所推出的远期协定也是1973年之后浮动汇率体系下贸易便利化服务的自然产物。

我们举例说明一份典型的**外汇远期合约**：投资者在即期约定好固定的交易汇率、

交易数量，然后在未来的某一天按照约定好的条款与银行进行交易。例如，中国银行的一名客户 A 将在 6 个月之后收到 100 万欧元的款项，需要将其换成人民币才能在国内使用，而另外一名客户 B 在 6 个月之后恰好需要 100 万欧元。两位客户都知道欧元兑换人民币的即期汇率，但是都担心未来 6 个月之内的外汇风险会使他们遭受损失。这两位客户可以签订远期汇率合约，以规避汇率变动的风险。中国银行在合约达成过程中收到一笔中介费用。

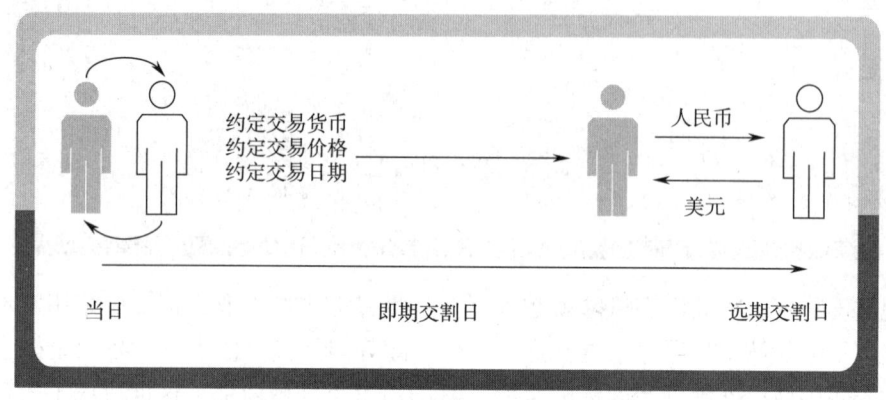

在即期市场中，中国银行买入一笔外汇，再在远期市场中以较高的汇率卖出，此时买价与卖价的价差就是交易的盈利。假设按照远期汇率 1 欧元可以兑换 8 元人民币，那么客户 A 将 100 万欧元卖给中国银行可以获得 800 万元人民币，此时，1 欧元 = 8 元人民币为卖价，客户 A 可以规避汇率下跌的风险，比如 6 个月之后，1 欧元只能兑换 7.9 元人民币。

此时，中国银行以 1 欧元 = 9 元人民币的远期汇率出售这 100 万欧元给需要欧元的客户 B，客户 B 一共需要支付 900 万元人民币，客户 B 此时可以规避汇率上涨的风险，比如 6 个月之后，1 欧元需要 9.5 元人民币才可以兑换。此时在整笔交易中，中国银行共收入 100 万元人民币。

任何持有外汇的市场参与者都要面临汇率风险。这是因为银行与其客户之间安排的远期协议往往不能完全匹配。例如，客户 A 将会在 6 个月之后收入 100 万欧元，客户 B 在 6 个月之后需要 90 万欧元，但是此时 A 客户所收到的金额与 B 客户所需求的金额之间的差值会存在汇率风险。在这个案例中，风险暴露为 10 万欧元，其价值也会随着汇率的波动而变化。

远期外汇协议也可以用来对未来汇率的变化进行投机活动。外汇交易的投机者就是协议的交易方或者银行本身。如果投机者认为 6 个月之后即期汇率低于现今的远期汇率，他会现在签订一份远期合约，未来以较高的远期汇率卖出一笔外汇。如果投机者判断正确，那么他将在 6 个月之后再进入即期市场，以较低的即期汇率（6 个月之后的）买入一笔外汇。

同样，如果投机者认为 6 个月之后的即期汇率高于现在的 6 个月远期汇率，他会现在签订一份远期合约，未来以较低的汇率买入一笔外汇。如果投机者判断正确，那么他将在6个月之后进入即期市场,以较高的即期汇率将买入的这笔外汇卖出。事实上,正是由于投机者的这些交易行为才能使得远期汇率逐渐收敛到市场所预期的未来即期汇率上来。

远期汇率帮助交易者规避了汇率风险,消除了由于汇率波动所带来的不必要的损失,提供了交易的便利。但是远期合约也存在一些缺陷:首先是寻找交易对手有时候比较困难,如果寻找银行帮助撮合交易还需要付出一笔不菲的交易费用。所寻找的交易对手必须对标的资产有着对应的需求,并且交易期限必须要完全对应。其次是协议的一方可能发生违约,关于这一方的所有条款也都作废。而解决这些问题需要通过法律手段。

即使远期合约可以帮助投资者规避由于资产价格波动所带来的风险,但是我国远期交易市场从规模上看并没有得到很大的发展(见表9-7)。因为寻找交易对手和维持远期合约的执行都需要巨大的成本。为了使远期合约成本与违约风险最小化,**期货合约**这样一种标准化合约的形式被广泛地应用到股票、债券等各种金融工具中。

表9-7 人民币外汇合约成交量 单位:亿元人民币

项目	2022年2月	2021年2月	2020年2月	2019年2月	2018年2月	2017年2月	2016年2月
即期外汇合约	35297.08	37340.20	30350.03	32957.13	23327.65	23715.28	2574.87
远期外汇合约	320.48	427.35	530.50	284.44	270.08	435.46	27.82

数据来源:Wind资讯数据库。

二、金融期货

(一)期货合约

农产品与其他大宗商品市场是国民经济的重要组成部分,如原油、钢铁,但是商品价格的波动十分剧烈。同样在金融市场,资产的价格波动也十分剧烈。在这种情况下,**金融期货市场**应运而生,大部分交易者利用期货的价格变动来规避现货市场中的风险。

期货合约不同于远期合约,期货合约属于**场内交易**,在金融工具种类、标的数量上面是完全标准化的,交易日期也完全固定。而远期合约则是场外交易,交易方需要与商业银行或其他金融中介约定这些参数。

金融期货的标的资产种类多样,有股票、股票指数、政府债券和外汇。这些合约在全球的交易所中都有交易,如芝加哥期货交易所、中国金融期货交易所。中国金融期货交易所(简称"中金所")是经中华人民共和国国务院同意,由中国证监会批准设立的中国内地第四家期货交易所,也是首家金融衍生品交易所。中国金融期货交易所于2006年9月8日在上海挂牌,由中国金融期货交易所股份有限公司负责运营,这也是中国内地首家公司制交易所。中国金融期货交易所股份有限公司原始注册资本为5亿元人民币,分别由大连商品交易所、上海期货交易所、上海证券交易所、深圳证券交易所和郑州商品交易所等五家机构各出资1亿元人民币。2021年,中国金融期货交易所全年累计成交额为118.17万亿元人民币。

期货合约规定的是在未来某一个交易日交易特定数量的金融工具。例如，国债期货的每笔合约金额为10万元，交割时间为每年的3月、6月、9月、12月。在每个交易日，都会有该标的资产的4种价格，分别对应着一年中4个不同的交割时间。需要注意的是，在今天至到期日之间的任何一个交易日，期货合约都可以被交易。买方与卖方所面临的问题是约定好的期货价格与交易当天现货价格不符合。

如果国债期货在当天与到期日之间这段时间价格上升，卖方将放弃获得额外收益的机会，因为交易双方已经约定好了交易的价格。如果期货的价格在到期日发生下跌，那么类似地买方也必须要放弃能以更低价格买入期货的权利。没有期货合约，当期货价格朝着上述相反的方向波动时，交易一方同样要受到损失。

来看一个实例：假设明年12月交付的面值100000元的国债期货的价格为96000元。当临近交易日的时候，如果现货价格达到了97000元，卖方还是需要以96000元的价格卖出，即使可以在现货市场上以97000元的价格出售。而买方此时也可以以相对较低的价格买入。在这笔交易中，卖方损失了1000元，而买方获利1000元。然而，假设临近交易日的时候，现货价格下降到了95000元，此时买方损失1000元，卖方获利1000元。

因为期货合约是完全**标准化**的，交易双方是完全的**零和博弈**，在远期市场中这是很少见的。假设银行有贷款将在明年8月被偿还，而银行预期利率处于一个下跌趋势。那么当银行收到这笔贷款时，可能就只能以更低的利率将其贷出去。此时银行可以购买一份国债期货合约来对冲这个风险。如果利率继续下跌，贷款以较低利率放出，但是利率下跌，国债的售价也会变高。国债中获得的收益刚好对冲掉贷款利率下跌的损失。

期货合约所约定的是未来的交易。为了获得经纪费用，**清算所**这一机构就需要保证交易顺利完成。整个交易需要交易双方均提供**履约保证金**，也称为**保证金要求**，由清算所设定。经纪人在交易双方买卖期货之前收取初始保证金（保证金相对于合约金额是比较小的）。

（二）期货价格

期货是用来规避标的资产价格风险的金融工具，所以也有属于自己的价格。期货价格决定因素有很多，其中最重要的是现货价格，期货与现货价格具有高度的相关性，它们同升同降。这不是一种偶然情况，而是由于套利者追求无风险利润所导致的。

我们考虑国债期货在3个月之后的价格显著高于即期价格的情况。套利者会在即期市场中买入一份期货合约，再卖出一份3个月之后交割的国债期货合约，在这其中，套利者只需要付出持有国债的**持有成本**，但是只要期货价格可以高于现货价格和持有成本之和，套利者便可以盈利。相反地，当期货价格低于这两者之和，套利者将买入期货合约，这会使得期货价格上涨，再在现货市场中卖出，使得现货市场价格下跌。

当出现这样的套利机会时，套利者将在现货市场中买入，再于期货市场中卖出，反之则相反。当期货的交割日临近的时候，所借入的建仓资金的时长也在缩短，相应的可能的持有成本也在变小,期货价格与现货价格的差值也在逐渐缩小。正如之前所说的,当期货价格等于现货价格加持有成本时,套利活动才会停止,这就是一种**收敛**的行为。因此在到期日的前一天,现货的价格实际上就等于期货的价格,因为借入资金的时间跨度几乎为零,其持有成本也几乎为零。因此,由于期货价格与现货价格具有高度相关性,且期货价格与现货价格会收敛为一个值,所以期货价格最终是由标的资产的现货价格所决定的。

三、期权

在之前的章节中,我们说明了投资者可以使用期货来规避价格变化的风险。因此,当投资者希望在未来对金融工具进行交易的时候,他们可以首先于期货市场对该标的资产的期货进行交易,对冲预期之外的价格风险。但是,这种对冲行为也有其缺陷,就是在消除价格变动所带来的可能的损失的同时,也消除了价格变化给投资者可能带来的额外的收益。**期权**则是可以用来规避期货的这一类问题的一种金融工具。

期权与期货类似,也是用来规避标的资产未来价格变化的风险。期权给予投资者一种权利,使其可以在约定的交易日期以约定的价格买入或者卖出标的资产。这个约定的价格称为**执行价格**。这种权利持续到合约到期日为止。期权的购买者购买的是一种"强买强卖"的权利,也就是说,到期日如果期权买方要求行权,卖方是不能拒绝的。

期权履约方式包括欧式和美式两种。欧式期权的买方在到期日前不可行使权利,只能在到期日行权。美式期权的买方可以在到期日或之前任一交易日提出执行。显然,美式期权的买方"权利"相对较大。美式期权的卖方风险相应也较大。因此,同样条件下,美式期权的价格也相对较高。

现今,主要的期货合约都有可对应的期权选择,如股指期货、利率期货、外汇期货等。这一类期权称为**期货期权**,它们同样也给予期权购买者在未来约定时间以约定价格买入或者卖出对应期货的权利而非义务。而当临近到期日时,期货价格会收敛至标的资产的现货价格。因此,在到期日,投资者对期货合约进行对冲与对债务工具进行对冲效果等同。但是在市场上期货的期权种类较多而债务的期权种类较少,这是因为期货的流动性要大于债券。

看跌期权与看涨期权

客户购入卖出期权后,有权在规定的日期或期限内,按契约规定的价格、数量向"卖出期权"的卖出者卖出某种标的资产。其使用的范围,一般来说只有在市场有下跌的趋势时,人们才乐意购买卖出期权。因为,在卖出期权的有效期内,只有当资产价格下跌到一定程度后,买主行使期权才能获利。

> 看跌期权是在将来某一天或一定时期内,期权购买方按规定价格和数量卖出某种有价证券的权利。

例如,某客户买了某股票的卖出期权,有效期为 2 个月,每股协议价格为 100 元,数量为100股，期权费为每股10元。在这2个月内，如果股票价格下跌到每股50元时，客户行使期权卖出股票。这时该股票每股市价与协议价的差价为50元，扣掉期权费10元，每股可获利40元（经纪人佣金等费用暂且不计），100股可获利4000元。

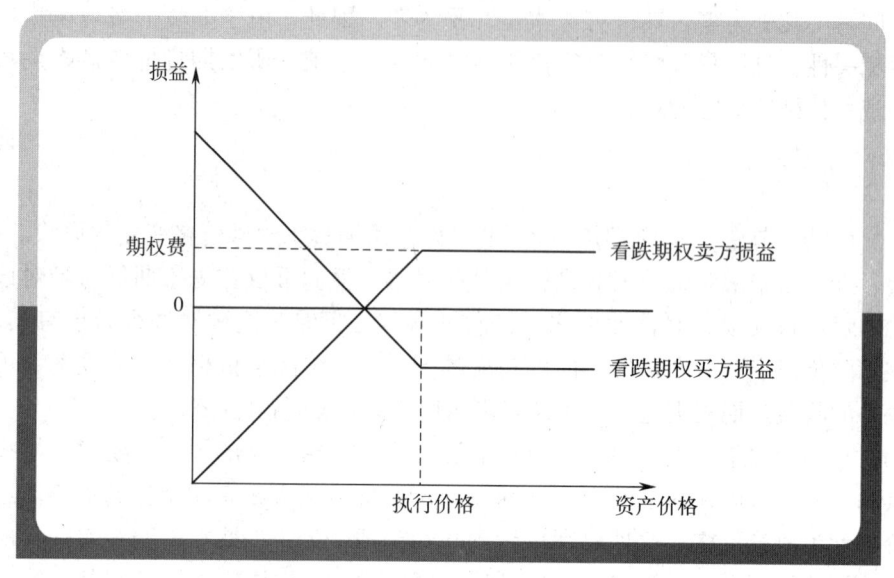

图9-12 看跌期权交易双方损益图

另外，由于期权对买主来说是可转让的，因此，如果该股票行市看跌，造成卖出期权费上涨时，客户可以直接卖掉期权，这样他不仅赚取了前后期权费的差价，而且还转移了该股票行市突然回升的风险。但如果该股票行市在这2个月内保持了每股100元的水平，没有下跌，甚至还逐步回升，这时，客户行使期权，卖出股票或转让期权，非但无利可图，而且还要损失期权费。因此，卖出期权一般只是在证券行市看跌时使用。

期权购买者购进这种买进期权，是因为他对资产价格看涨，将来可获利。购进期权后，当资产价格高于协议价格加期权费用之和时，期权购买者可按协议规定的价格和数量购买该资产，然后按市价出售，或转让买进期权，获取利润；当

> 看涨期权是指在协议规定的有效期内，协议持有人按规定的价格和数量购进标的资产的权利。

资产市价在协议价格加期权费用之和之间波动时，期权购买者将遭受一定损失；当资产市价低于协议价格时，期权购买者的期权费用将全部消失，并将放弃买进期权。

因此，期权购买者的最大损失不过是期权费用加佣金。看涨期权就是指赋予持有人在一个特定时期以某一固定价格购进一种资产（股票、外汇、商品、利率等）的权利。看涨期权的价值取决于到期日标的资产的价值。如果到期日的资产价格高于执行价格，持有者会执行期权，获得收益；如果到期日的资产价格低于执行价格，持有者不会执行期权，此时看涨期权的价值就是零。

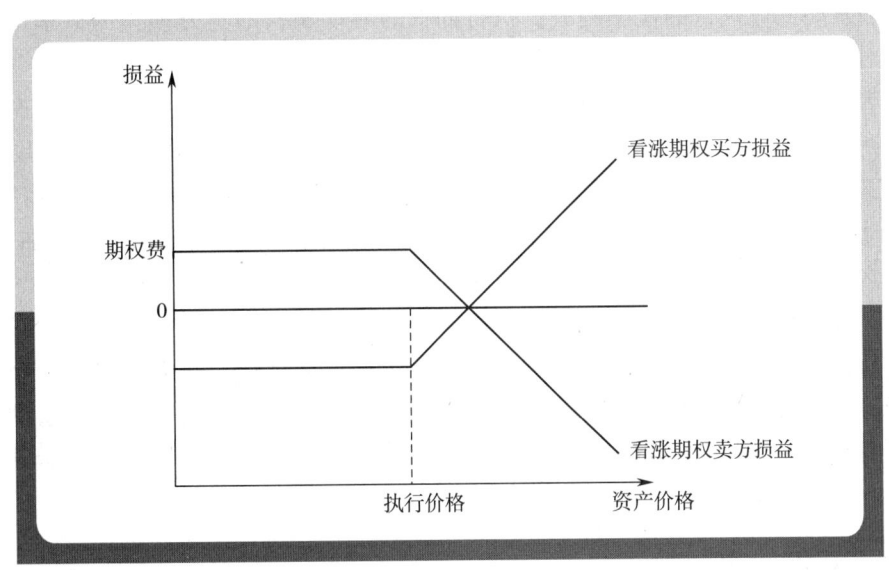

图 9-13　看涨期权交易双方损益图

期权费是期权的买方为了获得这种权利，必须向期权的卖方支付一定的费用，所支付的费用称为期权费，又称为期权的权利金，也叫期权的价格。由于期权是较为灵活的选择权，对购买者十分有利，同时也意味着对卖出者不利，因而卖出者必须制定合理的期权费才能保证自己不会亏损。

在购买了期权之后，如果该期权没有被执行，那么期权的买方只会损失一笔期权费。而对冲者会认为期权费用是一笔保险费，限制了未来可能的损失。而对于投机者来说，期权费用则是他们认为价格朝预期方向波动的愿意付出的成本，如果投机者购买的是看涨或者看跌期权，那么标的股票价格必须上升或者下降足够大的幅度以覆盖掉期权费所产生的成本。

总的来说，如果投资者想在未来的某个交易日购买一个预期价格可能上涨的标的股票，那么他应该支付相应的期权费用去购买一个看涨期权，以获得在未来以相对较低价格买入该股票的权利。如果投资者需要在未来特定的交易日卖出一份预期价格可能下跌的标的股票，那么投资者需要买入一份看跌期权，以获得未来以相对较高的价格卖出该股票的权利。

期权价格的决定因素较多，但是在所有的场外市场中，期权费用都是由供求关系所决定的。与期货市场所不同的是，期货市场交易双方都可以是对冲者，在交易的过程中都可以相应地规避掉自身的风险，但是在期权市场中，只有期权的买方也就是期权费用的支付方才可以对冲风险，而期权的卖方只能承受获得期权费用所转移而来的风险。

对于任何期权来说，期权价格都会随着以下因素的变化而变化：

1. **标的资产的价格波动**越剧烈，期权价格越高。因为假如标的资产的价格不发生波动，那么期权也就失去了规避价格波动风险的存在意义。标的资产的价格波动越剧烈，代表着期权被执行的概率越高，执行期权的时候期权的卖方损失的概率也越大，相应地对卖方的风险补偿，也就是期权价格就会越高。

2. **期权的到期时间**越长，期权的价格越高。因为标的资产的波动幅度是有限的，如果到期时间是在当天的后一个交易日，那么即使标的资产达到最大的波动幅度，也有可能不会高过或者低于执行价格。到期时间越长，代表的是标的资产价格有充分的时间波动以达到执行价格，期权执行的可能性越大。同时其不确定性也会增加，期权价格显然就会变高。

3. 对于看涨期权来说，**执行价格**相对于标的资产的现货价格越低，那么期权价格会越高；看跌期权与此类似，标的资产相对于执行价格越低，那么期权价格会越高。因为看涨期权的价格远低于标的资产的价格时，代表期权被执行的概率较大，期权卖方损失的概率也越大，对其风险补偿也会越高，所以期权费会升高。对于看跌期权，道理是完全类似的。

四、互换协议

互换是常见的金融衍生品之一，也称为掉期或者调期。互换协议是一种衍生合约，双方通过该合约交换两种不同金融工具的现金流或负债。大多数互换涉及基于名义本金（如贷款或债券）的现金流，不过几乎任何金融产品都可以作为互换标的。我们这里以利率互换为例进行介绍。**利率互换协议**是利率衍生品中较为重要的一类产品。利率互换是交易双方在一笔名义本金数额的基础上相互交换具有不同性质的利率支付，即同种标的资产不同利率的利息交换。通过这种互换行为，交易一方可将某种固定利率资产或负债换成浮动利率资产或负债，另一方则取得相反结果。利率互换的主要目的是降低双方的资金成本，并使各自得到自己需要的利息支付方式，比如固定利率或者浮动利率。

为了说明利率互换的交易过程，我们使用下面的表格内容来说明利率互换是如何进行的。表9-8推演了两家银行进行或者不进行利率互换的结果。进行利率互换一般来说会使得交易双方都可以规避其原有的风险，并且获得额外的收益。从表9-8中我们可以看出，两家银行都是通过存贷利差来获取收益的。但是这也会产生一些问题：就是他们所持有的浮动利率资产都会面临利率变化的风险。例如，利率上升，银行A的利差变为0，利率下跌，银行B的利差变为负值。双方都将会受到损失。

表9-8　　　　　　　　两家银行进行或者不进行利率互换的比较

第一年	
银行A	银行B
贷款收益率为9%的固定利率 存款成本为5%的浮动利率 利差为9% −5% =4%	贷款收益率为8%的浮动利率 存款成本为6%的固定利率 利差为8% −6% =2%

续表

第二年，两家银行不进行互换，浮动利率下跌	
银行 A	银行 B
贷款收益率为9%的固定利率	贷款收益率为12%的浮动利率
存款成本为9%的浮动利率	存款成本为6%的固定利率
利差为0	利差12% - 6% = 6%

第二年，两家银行进行互换，浮动利率下跌	
贷款收益率为9%的固定利率	贷款收益率为5%的浮动利率
存款成本为2%的浮动利率	存款成本为6%的固定利率
利差为9% - 2% = 7%	利差为 -1%

第二年，两家银行进行互换，浮动利率下跌	
银行 A	银行 B
贷款收益率为9%的固定利率	贷款收益率为5%的浮动利率
存款成本为6%的固定利率	存款成本为2%的浮动利率
利差为9% - 6% = 3%	利差为5% - 2% = 3%

第二年，两家银行进行互换，浮动利率上升	
银行 A	银行 B
贷款收益率为9%的固定利率	贷款收益率为12%的浮动利率
存款成本为6%的固定利率	存款成本为9%的浮动利率
利差为9% - 6% = 3%	利差为12% - 9% = 3%

通过利率互换，这两家银行都将规避其所面临的风险。经过互换之后，银行 A 存贷款全变为固定利率，不论利率如何发生变化，其收益均不会受到影响。银行 B 的存贷款均为浮动利率，如表 9-8 所示，无论利率如何变化，均会获得正的收益。

除了上文所提到的简单的利率互换之外，一些新的衍生产品也被开发出来以规避利率风险。例如，利率封顶、利率封底和利率两头封。

1. **利率封顶**又称为利率上限，通常与利率调期组合，是另一种形式的期权。客户同银行达成一项协议，指定某一种市场参考利率，同时确定一个利率上限水平。在此基础之上，利率封顶的卖出方向买入方承诺：在规定的期限内，如果市场参考利率高于协定的利率上限水平，卖方向买方支付市场利率高于利率上限的差额部分；如果市场参考利率低于或等于协定的利率上限水平，则卖方无任何支付义务。买方由于获得了上述权利，必须向卖方支付一定数额的期权费以补偿卖方可能需要承担的风险。协议中所确定的利率上限水平也称为**敲定利率**。

买方所应支付的期权费用应该由协议中的本金数额和利率超出敲定利率的程度所决定。通过购买利率上限，买方可以减小市场风险，并且依然可以享受市场利率升高所带来的收益。我们用一个例子来说明利率封顶如何带来收益。假设本金为 100000 元，期权费用为 3000 元，敲定利率为 6%，合约的期限为 2 年，也就是说需要计算两次收益。假设在第一年的时候，市场参考利率为 8%，此时合约买方可以获得 100000 ×

(8%－6%）=2000元收益。在第二年，市场参考利率为9%，此时合约买方可以获得100000×（9%－6%）=3000元，在整个交易中，买方共盈利5000元，净收益为2000元。当市场参考利率低于敲定利率时候，卖方无须支付任何金额给买方。

本金：100000；期权费用：3000；
所获收益=（SHIBOR－敲定利率）×本金

	第一年	第二年
SHIBOR（市场参考利率）	8%	9%
敲定利率	6%	6%
所获收益	2000	3000

2. 利率封底与利率封顶完全相反，是客户与银行达成一项协议，指定某一种市场参考利率，同时确定一个利率下限水平，也是一种期权形式。在此基础之上，利率封底的卖出方向买入方承诺：在规定的期限内，如果市场参考利率低于协定的利率下限水平，卖方向买方支付市场利率低于利率下限的差额部分；如果市场参考利率高于或等于协定的利率下限水平，则卖方无任何支付义务。买方由于获得了上述权利，必须向卖方支付一定数额的期权手续费。

买方所应支付的期权费用应该由协议中的本金数额和利率低于敲定利率的程度所决定。通过购买利率封底，买方可以减小市场风险，并且依然可以享受市场利率降低所带来的收益。我们用一个类似的例子来说明：假设本金为100000元，期权费用为3000元，敲定利率为6%，合约的期限为2年，也就是说需要计算两次收益。假设在第一年的时候，市场参考利率为4%，此时合约买方可以获得100000×（6%－4%）=2000元收益。在第二年，市场参考利率为9%，此时合约买方可以获得100000×（6%－4.5%）=1500元，在整个交易中，买方共盈利3500元，净收益为500元。当市场参考利率高于敲定利率时候，卖方无须支付任何金额给买方。

本金：100000；期权费：3000；
所获收益=（SHIBOR－敲定利率）×本金

	第一年	第二年
SHIBOR（市场参考利率）	4%	4.5%
敲定利率	6%	6%
所获收益	2000	1500

3. 利率两头封又称利率上下限，是将利率封顶和利率封底两种金融工具合成的产品。具体地说，购买一项利率两头封，就是在买进一项利率封顶的同时，卖出一项利率封底，以收入的期权费来部分抵消需要支出的期权费，达到既规避利率风险又降低费用成本的目的。卖出一项利率两头封，则是指在卖出一项利率封顶的同时，买入一项利率封底。

当借款人预计市场利率会上涨时，可以考虑购买一项利率两头封，可以获得利率上涨所带来的收益。如果利率下跌时候，利率两头封的持有者就会受到损失。但是一般来说，较低的利率对资金成本的影响更加明显，也就是说投资者能以更低的成本获取资金，这对最终净收入的影响要大于期权费用对净收入的影响。因此利率两头封是对冲风险的一种有效的工具。

第5节 有效市场假说

一、基本内容

有效市场假说（Efficient Markets Hypothesis）是关于金融市场上证券价格与市场信息之间的关系的假说。有效市场假说认为，当金融市场处于均衡状态时，证券价格反映了市场上的所有可用信息。要理解有效市场假说，我们需要回顾经济学中常用的一个概念，即理性预期。一般来说，人们对于市场上某种产品的价格预期受到当前和历史价格影响，还会受到对未来经济走势预期的影响。也就是说，价格预期既会受到历史因素影响，也会受到对未来判断的影响。如果价格预期的形成是**基于过去和现在所有的可用信息**（所有的可用信息是关键词），此时的预期称为理性预期。

理性预期理论认为，理性预期就是一种最优预测（Optimal Forecast）。这样，可以用以下公式表示理性预期：

$$E(P_{t+1}) = P_{t+1} + v_{t+1} \tag{9-10}$$

其中 v_{t+1} 表示预测误差，理性预期的关键就在于该预测误差是服从均值为 0 的独立分布的随机扰动项，从而保证 $t+1$ 实现的价格（P_{t+1}）与价格预期之间的预测误差平均来看（取期望）等于 0。

理性预期理论暗示，如果市场参与者在形成价格预期过程中没有使用所有可用信息，那么就会为此付出代价。例如，生产厂商在生产产品并进行定价的过程中，没有考虑宏观政策对利率的调整以及由此对产品需求（下降）的影响，没有及时调整生产策略，从而在未来市场销售中遭遇产品价格下跌的损失。

对于金融市场来说，有效市场假说就是指证券价格反映了市场上所有可用信息。因为证券的收益率与价格紧密联系，所以还可以从证券收益率角度理解有效市场假说。在有效市场上，证券的收益率只反映风险与流动性（Risk and Liquidity）的差异。

我们以股票为例，假定均衡状态收益率是 10%，这一收益率 R 是基于价格 P 及分红 D 计算而来的，即

$$R = (P_{t+1} - P_t + D)/P_t \tag{9-11}$$

有效市场假说认为证券的未来预期价格是理性的，即 $t+1$ 时刻的预期价格应该正好等于利用所有可用信息得到的最优预测值。如果上例中的股票发行公司公告一个利好消息，那么股票的预期价格就会上升。此时的问题是当前的股票价格会如何反应？如果股票的风险与流动性都没有变化，那么均衡状态的收益率仍然应该保持 10% 不变。由于利好消息导致预期价格上升，那么当期价格就会迅速反应出现上升，从而使得均衡收益率 10% 保持不变。

为了说明问题,我们可以假设上例中的股票当期价格是 100 元,预期价格也是 100 元,分红是 10 元,此时处于均衡状态,收益率就是 10%。此时,当公司宣布利好消息以后,预期价格上升到 120 元。因为公司股票的风险和流动性都没有发生变化,有效市场假说对应的结果应该是均衡收益率 10% 保持不变。那么此时股票现价会变化到多少呢?我们利用之前的公式,把以上数字代入之后得到:

$$10\% = (120 - P + 10)/P$$

所以此时现价变为 118 元,这就是有效市场对应的现价。

有效市场假说的逻辑非常清楚。如果证券现价没有完全反映预期的变化,那么一定会存在没有开发出来的获利机会,市场参与者通过购买此类证券就可以获得超额收益。正是由于市场参与者会被这种获利所驱使,所以只要一出现获利机会就会立刻被用光,从而使得证券现价迅速调整到均衡收益对应的价格。

二、有效市场假说的三种形式

根据证券价格所反映的市场信息层次划分,有效市场假说可分为弱有效、半强有效和强有效市场假说。

1. **弱有效市场(Weak – Form Efficiency)**。是指证券价格反映了过去的所有信息,如成交价格、成交量等。在该类市场中,任何投资者都不能利用过去的信息制定投资策略进行证券买卖而获取异常收益率[在有效市场中,与风险水平相当的证券收益率为正常收益率,实际收益率与正常收益率的差额为异常收益率(Abnormal Return)]。在弱有效市场上,市场行为的历史资料已经充分发挥了作用,不能再继续影响证券市场的价格走势。即证券价格充分反映了历史上一系列交易价格和交易量中所隐含的信息,或者说有关证券的历史交易信息已经被充分披露、均匀分布和完全使用,任何投资者都不可能通过使用任何方法来分析这些历史交易信息以获取超额收益。

2. **半强有效市场(Semi – Strong – Form Efficiency)**。指证券价格已经反映了所有公开的信息,如公司的盈利宣告、股票分割、红利宣告等。在该类市场中,任何投资者不能利用公开的信息制定投资策略进行证券买卖获取异常收益率。

3. **强有效市场(Strong – Form Efficiency)**。强有效市场指证券价格已经反映了所有的信息,包括所有公开信息和私人信息及内部信息,它是有效市场的最高形式。在该类市场中,任何投资者都无法获得异常收益,公司内部人员也同样如此。强有效市场假说不仅指出证券价格反映了所有信息,而且强调信息准确、完整,充分反映了证券的真实基本价值(Fundamental Value)。

✎ 复习要点

1. 金融市场分类:不同标准有不同分类。
2. 货币市场的定义与特点。
3. 货币市场的参与主体以及交易品种。

4. 货币市场产品。
5. 债券分类：国债、金融债、政府支持企业债、企业信用债等。
6. 股票市场与住房抵押信贷市场。
7. 常规金融衍生品：远期、期货、期权、互换。
8. 有效市场假说。

 关键术语

大额可转让定期存单（NCD）	商业票据	银行承兑汇票	认购
欧洲美元	同业拆借	联邦基金	
伦敦同业拆借利率LIBOR	货币市场	货币基金	回购协议
短期国债	信用债券	利率债券	远期合约
期货合约	互换协议	看涨期权	看跌期权
有效市场			

债券相关术语

面值＝票面标明的价值

现价＝市场成交价

息票＝每期支付的利息额度

息票率＝每年支付的利息占票面金额的比率

到期收益率＝投资收益/发行价＝（利息＋价差）/发行价

现实收益率＝息票/现价

市场利率＝金融市场的利率水平

折价发行＝低于票面价格发行

溢价发行＝高于票面价格发行

久期＝度量债券价格的利率风险程度

 练习题

第9章
课后习题答案

1. 货币市场交易的产品具有哪些特点？
2. 货币市场与资本市场的职能有什么区别？
3. 银行承兑汇票在国际贸易中有什么应用？
4. 从融资角度看，企业发行商业票据与发行债券分别具有哪些优势和劣势？
5. 债券定价与哪些因素有关？这些因素又受到哪些变量的影响？
6. 新三板与北京交易所的联系与区别有哪些？
7. 远期合约与期货合约有什么区别？
8. 看涨期权与看跌期权的购买方在盈利损益方面有什么区别？

第三篇

货币流转中的收益与风险：利率定价与投资风险

第10章　利率与金融资产价格
第11章　收益率曲线与利率期限结构
第12章　投资风险：投资组合与资产定价
第13章　国际投资的风险：汇率变动

第10章 利率与金融资产价格

学习目标

学完本章后,你将掌握:
1. 利率的定义与种类
2. 利率决定论
3. 利率的定价
4. 利率市场化
5. 利差分析

第1节 利率的定义与种类

一、利率的定义

我们在前面的章节中已经详细介绍过,货币可以在不同金融市场中流转,对于资金的需求方,其借入资金存在一定的成本,与之相对应的,资金的供给方则可以通过借出资金获取一定的回报,我们用利率(Interest Rate)来衡量这一成本或回报,同时,利率也可以视作信贷的价格。利率是因使用货币而收取或支付的费率(即利息与本金的比率),通常以本金的年化百分比来表示,通过利息金额除以本金来计算。

一般而言,资金从借出方到借入方并最终返回到借出方的过程需要经历一段时间,因此从货币在时间上的流转来看,利率是现在与未来之间的桥梁。费雪(Irving Fisher)认为,资金借入方支付给借出方的利息实际上是理性人偏好现时消费的体现。为什么要付利息呢?原因就在于人们更偏好现在拿到的钱。同样是100元,今天就能拿到手比明天才能拿到手更有吸引力,二者之间存在的价值差异体现在两个方面:一是资金借出方放弃了将100元用于其他用途所能获取的回报,而选择将资金借出,也即机会成本;二是100元借出后能否收回存在不确定性或者说风险。资金借入方所支付的利息实际上就是对资金借出方的机会成本和风险的补偿。按照这一解读(暂时忽略现时偏好),我们可以用以下等式来理解利率:

$$利率 = 机会成本补偿 + 风险溢价$$

补偿机会成本的部分也可称为无风险利率；风险溢价水平则由借款方或金融工具的风险特征所决定。由于金融工具种类繁多，因此风险特征存在很大的差异，相比之下，无风险利率便成为了市场的"基准"，它只包含借贷的机会成本，衡量了利率中最基本的部分。不过，由于投资的不确定性是普遍存在的，因此严格来讲，绝对无风险的资产并不存在，一般来说，我们将信用违约风险和市场风险极小的国债利率等同视为无风险利率。至于风险溢价部分则包括对通货膨胀风险、违约风险、流动性风险、政策风险等的补偿。

下面分别介绍单利（Simple Interest Rate）和复利（Compound Interest Rate）的概念以及货币的时间价值。需要说明的是，单利和复利是从利息的计算方式角度进行界定的，而不是从利率标价本身来定义。也就是说，单利和复利分别是以单利计息和以复利计息两种方式对应的利息。单利是指每期按照初始本金计算的利息，复利则是指每期以初始本金与累计利息之和为基数计算的利息。

（一）简单的利率形式：单利

下面我们用例子来说明利率在实际生活中的含义。假设 A 借给 B 1000 元，约定一年之后收回本金，同时 B 答应除了本金之外还额外支付给 A 一笔利息，约定利率是 8%。按照我们对利率的解读，这笔利息实际上就是 B 为了补偿 A 将 1000 元借出而产生的机会成本以及无法及时还款的风险补偿。假设 B 在一年之后及时还款，那么 A 获得的本金加上利息应该是：

$$1000 + 1000 \times 8\% = 1000 \times (1 + 8\%)$$
$$= 1080 \text{ 元}$$

从 A 的角度来看，8% 的利率也是将 1000 元借出后获得的回报率。假如 A 将 1000 元用于购买一年期债券的收益率是 5%，那么对于 A 而言，无疑将 1000 元借给 B 更加有利可图。

（二）复利的概念

那么，如果 A 和 B 约定的还款时间不是一年而是两年呢？此时 A 在第二年收到的利息显然不是 160 元这么简单，因为第一年产生的 80 元利息在第二年末也可以计息！我们把这种将某一期间内前期利息累计纳入后期的利息计算方式称为复利计息，也是我们日常所说的"利滚利"。按照复利计息，第二年 A 所获得的本金加利息收入为

$$1000 + 1000 \times 8\% + (1000 + 1000 \times 8\%) \times 8\% = 1000 \times (1 + 8\%)^2$$
$$= 1166.4 \text{ 元}$$

（三）货币的时间价值：现值与终值

我们在前面的章节中还提到，货币有时间价值，在上面这个例子中，A 愿意放弃今天的 1000 元而选择在一年之后获得 1080 元，因此对 A 来说，一年之后获得 1080 元和今天持有 1000 元至少是等价的。这里 8% 的利率便是将这两个不同时空的货币价值联系起来的桥梁，此时的 8% 又称为折现率（Discount Rate），其内在含义是：在折现率为 8% 的条件下，一年之后的 1080 元等价于现在的 1000 元，我们把未来价值（即终

值）的折现称为现值。货币的现值 PV、未来值 FV 和折现率 i 之间的关系可以用以下公式来表示：

$$PV = \frac{FV}{(1+i)} \qquad (10-1)$$

我们用债券的例子来说明折现率的应用。假定某公司决定发行一只面值为1000元，票面利率为10%的一年期债券，这意味着，买入这只债券将在一年后获得本金加利息共1100元，那么该债券的市场价格是多少呢？

我们知道，债券的票面利率反映的是债券合约的规定，不能反映债券的真实价格，我们在后续章节中会提到，债券的价格是由债券市场的供需平衡决定的，和面值往往不一致。我们先来看一种特殊的情形：假定此时的市场利率正好等于票面利率10%，那么，按照公式，这只债券的现值就等于：

$$PV = \frac{FV}{(1+i)} = \frac{1100}{(1+10\%)} = 1000 \text{ 元}$$

这意味着，按照10%的市场利率进行折现，该公司应以1000元的价格卖出这只债券。然而在现实情况中，市场利率往往不等于票面利率，例如，假设市场利率为9%，则债券的现值变为

$$PV = \frac{FV}{(1+i)} = \frac{1100}{(1+9\%)} \approx 1009.17 \text{ 元}$$

我们发现，这时债券的价格超过了面值，称为溢价发行，公司额外收取的9.17元用于弥补支付高于市场利率的利息所带来的损失。

假设市场利率为11%，则债券的现值变为

$$PV = \frac{FV}{(1+i)} = \frac{1100}{(1+11\%)} \approx 990.99 \text{ 元}$$

这时债券的价格低于面值，称为折价发行，公司必须降低债券价格，以弥补投资者将资金用于其他渠道投资的机会成本。

反过来说，当我们知道债券价格为990.99元（1009.17元）时，就可以计算出买入这只债券的到期收益率是11%（9%）。

总之，无论是贷款利率、折现率还是到期收益率，本质都是利率，是对资金借出方的机会成本和风险的补偿，是连接货币未来和现在价值的桥梁。

二、利率的种类

1. 银行间拆借利率

金融市场中的利率以多种形式存在，包括到期收益率（Yield to Maturity）、存款利率（Deposit Interest Rate）、银行间拆借利率（Interbank Offered Rate）等。其中，银行间拆借利率对于金融市场上的产品定价具有普遍参照作用，因此可以视为市场基准利率，国际上较为知名的银行间拆借利率为英国伦敦银行间同业拆借利率（London Interbank Offered Rate，LIBOR），在中国则有两种银行间拆借利率，分别是中国银行间同业拆借利率（China Interbank Offered Rate，CHIBOR）以及上海银行间同业拆借利率（Shanghai Interbank Offered Rate,SHIBOR)。下面我们简单介绍一下这三种银行间拆借利率:

伦敦银行间同业拆借利率(LIBOR)是伦敦数家银行在货币市场上将资金拆借给其他银行的利率的均值,由英国银行家协会(British Bankers' Association,BBA)于1986年开始公开发布使用,2014年2月之后BBA将LIBOR的管理权移交给伦敦洲际交易所名下的洲际交易所基准管理机构(Intercontinental Exchange Benchmark Administration)。目前发布于市场上的LIBOR共有5种不同的货币单位,分别是美元、英镑、欧元、日元以及瑞士法郎,每种货币单位的LIBOR分别由11~16家伦敦银行的报价加权计算得到。LIBOR共有7个不同品种:隔夜、1周、1个月、2个月、3个月、6个月和12个月。作为在国际上被广泛使用的基准利率,LIBOR不仅提供了金融衍生品、债券产品和贷款的参考标准,同时也是货币市场上流动性溢价预期的良好参照。

中国银行间同业拆借利率(CHIBOR)是中国人民银行于1996年1月1日推出的各商业银行总行的同业拆借利率的加权平均值,是人民银行判断货币市场供需状况并决定短期货币政策的重要依据。1996年6月1日之后,中国人民银行宣布全面放开同业拆借利率管制,由市场供需决定利率水平。目前公开发布的CHIBOR品种共有11种,分别是隔夜、1周、2周、3周、1个月、2个月、3个月、4个月、6个月、9个月及1年。

上海银行间同业拆借利率(SHIBOR)是由较高信用等级的银行所组成的报价团所报出的同业拆借利率的算术平均值,于2007年1月4日正式对外公布使用。SHIBOR的报价团共包含18家交易活跃且信息披露较为充分的商业银行,银行报价团成员的确认和调整由中国人民银行SHIBOR工作小组管理和监督,最终的报价和相关信息由全国银行间同业拆借中心受权于每个交易日的上午11:00对外发布。目前公开的SHIBOR共有8个品种,包括隔夜、1周、2周、1个月、3个月、6个月、9个月及1年。

2. 名义利率与真实利率

在上面的介绍中,我们没有将通货膨胀对价格的影响考虑进来,因此准确地说,上面所提到的"利率"实际上指的是名义利率,与之相对的,若我们考虑物价水平的预期变动对利率进行调整,这样得到的利率则是真实利率。换句话说,真实利率指的是物价水平不变从而货币购买力不变的条件下的利息率,在此基础上,我们把对通货膨胀(包括通货紧缩)风险的补偿也纳入真实利率中,得到的就是名义利率。从定义上不难看出,真实利率更能够准确反映借款成本。如果我们用 i 来表示名义利率,用 π^e 表示预期通胀率,用 r 表示真实利率,则三者之间的关系可以用以下公式表达:

$$1 + i = (1 + r)(1 + \pi^e)$$
$$= 1 + r + \pi^e + r\pi^e \qquad (10-2)$$

在实践中,由于 $r\pi^e$ 这一乘积项数值较小,可以忽略不计,因此上述公式可以简化为更为简洁的形式,即

$$i = r + \pi^e \qquad (10-3)$$

3. 费雪等式

因为美国经济学家费雪在1930年出版的《利息理论》(*The Theory of Interest*)一书

较早地系统阐释了以上问题，因此上述等式关系一般被称为**费雪等式**（Fisher's Equation）。

将真实利率 r 移至等式左侧，则真实利率实际上等于名义利率减去预期通胀率：

$$r = i - \pi^e \qquad (10-4)$$

4. 事前与事后真实利率

由于真实利率等于名义利率减去预期通胀率，而预期通胀率可以用过去的通胀率水平来代表（即 $\pi^e = \pi_{t-1}$），也可以用下一期的通胀率来代表（即 $\pi^e = \pi_{t+1}$），我们把基于前者获得的真实利率称为**事后真实利率**(Ex Post Real Interest Rate)，把基于后者获得的真实利率称为**事前真实利率**(Ex Ante Real Interest Rate)。

一个经济体的物价水平总是处在不断波动当中，因此相比名义利率，真实利率能反映资产的真实价格水平。当物价水平波动幅度较大时，市场参与者更关注资产投资的真实成本或收益，此时真实利率就提供了一个更准确的参考。

5. 货币幻觉

当真实利率没有变化时，名义利率的变化是由**通胀率**造成的。此时，当投资者对名义利率进行反应时，就会出现货币幻觉。不受货币幻觉影响的投资者会努力寻找真实回报率高的投资产品（不同时期通胀率不同）。货币幻觉作为一个术语，并不只限于讨论名义利率和真实利率，还可以针对财富、收入等用货币来表示的各种变量。一般来说，货币幻觉就是指人们只关注财富、收入（当然也包括利息）的名义价值而不考虑真实价值，当名义价值增加是由于通货膨胀带来的时候，就会给人们带来一种名义财富和名义收入增加的幻象，所以称为**货币幻觉**。

> 货币幻觉是指人们混淆了财富（货币）的名义价值与真实价值的现象。

货币幻觉的术语源于经济学家凯恩斯。凯恩斯认为，相对较低的通胀率水平（如年均 1% ~ 2%）对经济发展有利，因为通胀率低的时候，雇主小幅增加名义工资不需要增加真实支付，工人涨工资之后也会相信他们的财富增加了，而不管实际通胀率水平有多高。

货币幻觉能够解释现实中的一些经济现象。例如，当通胀率是 -2%、名义收入下降 2% 的时候，人们一般会感觉不公平（不高兴），尽管此时真实收入没有变化（或者说货币的价值没有变化）；但是当通胀率上涨 4%、名义收入提高 2% 时，人们一般都会感到公平（高兴）。从本质上说，这种现象就是货币幻觉在作祟，也反映出区分名义变量与真实变量的重要性。

第 2 节 利率决定论

在上一节中我们简要介绍了利率的基本定义以及不同种类，那么，这些不同品种的利率是如何决定的？事实上，利率由多方面因素共同决定，取决于我们从何种角度去解读利率。在具体探讨利率决定理论前，我们需要先思考这么几个问题：我们所说的利率是存款利率还是贷款利率？该利率是在什么时期决定的？该利率所在的市场类型是什么，是商品市场还是货币市场？这些问题对我们理解利率决定至关重要。接下来我们将逐一介绍以下6种主要的利率决定理论，并在本小节最后进行总结：（1）债券供需平衡视角；（2）古典学派的真实利率决定理论；（3）利率的流动性偏好理论；（4）利率的可贷资金决定论；（5）IS – LM 理论；（6）IS – PC – MP 理论。

一、债券供需平衡视角

上一节我们已经提到，利息可以理解为是资金供给方借出资金所能获得的收益，以债券为例，利息指的就是投资于债券产品所能获取的回报，因此，从这个角度讲，利率实际上就是投资于债券产品的收益率。那么，债券的收益率是如何决定的呢？

在前面的章节中我们已经介绍过，无论是政府还是企业发行的债券，都有两个共同的要素：面值和票面利率。例如，某只债券产品，票面价格为1000元，票面利率为10%，期限为一年。这意味着，当你在现在（Present）这个时点买入这只债券产品，一年之后你将获得本金1000元和100元的利息。为了便于读者理解接下来的分析，我们用一种较为特殊的债券产品，也即零息债券来分析债券的供给和需求问题。顾名思义，零息债券指不支付利息的债券，如当你买入一只面值为1000元，期限为一年的零息债券，一年之后你将获得1000元。那么问题的关键就在于，站在现在这个时点，这只债券实际价格是多少？投资这只债券的实际收益有多少？

要解答这些问题，我们就需要引入到期收益率（Yield to Maturity）的概念。债券的到期收益率指的是使未来现金流量的现值等于债券当前市价的折现率。例如，我们已经知道，投资一只面值为1000元、期限为一年的零息债券，未来（一年后）可以获得的现金流量为1000元，若现在这只债券的实际市场价格为850元，那么使得一年之后1000元的现值等于850元的折现率就应该等于

$$(1000 \div 850) - 1 \approx 17.6\%$$

换句话说，站在现在这个时点以850元的价格买入面值1000元、期限为一年的零息债券，到期收益率是17.6%。一般地，若我们用 F 表示债券面值，用 i 表示到期收益率，用 P 表示债券市场价格，那么对于一年期零息债券三者之间的关系用公式可以表达为

$$P = \frac{F}{1+i} \qquad (10-5)$$

进一步整理，到期收益率 i 可以表达为

$$i = \frac{F}{P} - 1 \qquad (10-6)$$

不难看出，债券的到期收益率和债券价格之间呈负相关关系，债券价格越高，到期收益率越低，反之，债券价格越低，到期收益率就越高。

在给定债券面值的条件下，债券的价格是由市场供给和需求共同决定的：从市场供给方看，债券价格越高，政府或企业将倾向于发行更多债券，也即市场供给方视角

下的债券价格和市场上的债券供给量是正相关的;从市场需求方看,债券价格越高,需求量就越小,因此需求方视角下的债券价格和债券需求量是负相关的。图10-1更为直观地表现出债券价格和市场上债券数量二者的关系。供给曲线和需求曲线将相交于C点,此时对应的债券价格为850元,而我们已经知道债券面值为给定的1000元,因此当市场的供给和需求达到平衡时,决定了债券价格为850元的同时也就决定了债券的到期收益率为17.6%。

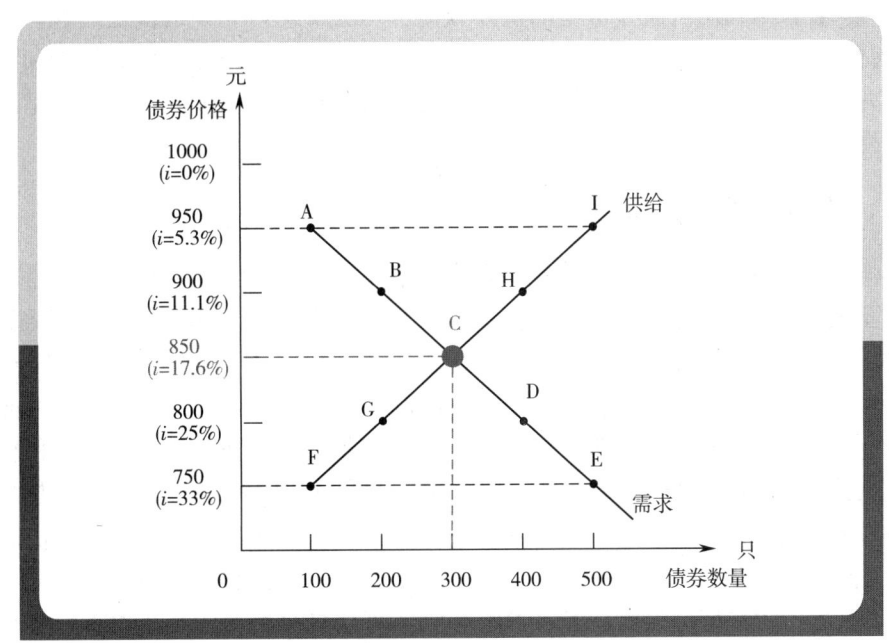

图10-1 债券供给与需求

我们这里所讲的利率,也即债券的到期收益率是由债券市场的供给和需求共同决定的,那么哪些因素会影响债券的供给和需求呢?

一般来说,在其他因素保持不变(包括价格)的情况下,债券的需求受以下几个因素的影响:

(1)需求方所拥有的财富,也即持有的各类资产的总价值。财富总量越大,对债券的需求量越大。

(2)债券的预期真实收益率,即债券相对于可替代资产的预期真实收益率。预期收益率越高,需求量越大。

(3)债券的投资风险,即债券真实收益率所面临的不确定性程度。债券投资风险越大,需求量越小。

(4)债券的流动性,即将债券变现的难易和速度。债券的流动性越好,需求量越大。

同样地,在保持其他因素不变(包括价格)的情况下,影响债券供给的因素包括:

(1)预期投资机会的收益,即债券发行方预期投资机会的收益大小。投资的预期收益增大，债券供给线将向右移动。

（2）预期通货膨胀率。通货膨胀率预期增大将使债券供给线向右移动，这一效应又被称为"费雪效应"，指的是随着预期通货膨胀率的增加，预期真实收益率将下降，此时市场将自动调整，最终使得债券的名义利率增大。

（3）政府赤字。政府预算赤字增加，此时债券发行方（政府）将增大债券发行量以弥补赤字，使得债券供给线向右移动。

总结来看，当我们从债券市场的供给和需求角度来探讨利率的决定过程，会发现我们所说的利率实际上是债券的到期收益率，而到期收益率则是在债券供给和需求达到平衡决定债券市场价格的同时被确定下来的，到期收益率和债券价格之间呈现此消彼长的关系。

二、古典学派的利率决定论

古典学派的利率决定理论又可称为实物利率决定理论，实际上是基于商品市场的储蓄投资理论。古典利率决定理论的起源与发展是在19世纪80年代至20世纪30年代，主要代表人物及相关著作分别是奥地利经济学家欧根·冯·庞巴维克（Eugen Bohm-Bawerk）的《资本与利息》、英国经济学家阿尔弗雷德·马歇尔（Alfred Marshall）的《经济学原理》、瑞典经济学家克努特·维克塞尔（Knut Wicksell）的《利息与价格》以及美国经济学家欧文·费雪的《利息理论》。这四位经济学家的经济思想虽然有一定的差别，但是对利率的分析却非常一致：都认为利息的产生源于当前的商品和未来商品之间价值的差异，利率是等待这段时间的成本或者说投资于商品的预期收益。

综合来看，古典理论认为，经济参与者除了可以直接消费满足现时偏好之外，还可以将一部分商品（收入）进行储蓄或者投资以获取未来的消费，进行储蓄的时间等待成本或者说进行投资的收益就是利率。储蓄和投资都是利率的函数，不同的是，储蓄和利率是正相关关系，也即利率越高，延时消费获得的补偿越多，人们就越有动机进行储蓄；而投资和利率则是负相关关系，利率越低，通过投资获取的预期收益超过进行储蓄获得的补偿的可能性越大，此时投资的需求就越大，反之，当利率越高，放弃储蓄进行投资获取的收益可能还不如直接进行储蓄获得的补偿，此时投资需求将有所下降。

若我们用 I 表示投资函数，用 S 表示储蓄函数，用 r 表示利率，用 Y 表示总产出（收入），则用图形可以表示为图 10-2。其中 S 和 I 曲线的交点对应的利率水平就是投资和储蓄达到均衡时的利率水平 r_0。

假设从某一时点开始，储蓄增多了（其他条件不变），对应图形上则表现为储蓄曲线向右移动到了 S' 的位置，此时经济将进行自动调节，人们将自发增加投资，减少储蓄，使得均衡利率下降到 r_2。同样，在其他条件不变时，投资额增加，曲线 I 移动到 I' 的位置，此时人们将自发增加储蓄减少投资，使得均衡利率上升到 r_1。

总结来看，古典理论认为，利率是由储蓄和投资共同决定的，其中储蓄取决于人们对现时消费的偏好程度，而投资则取决于资本的生产力，二者的平衡产生了均衡利

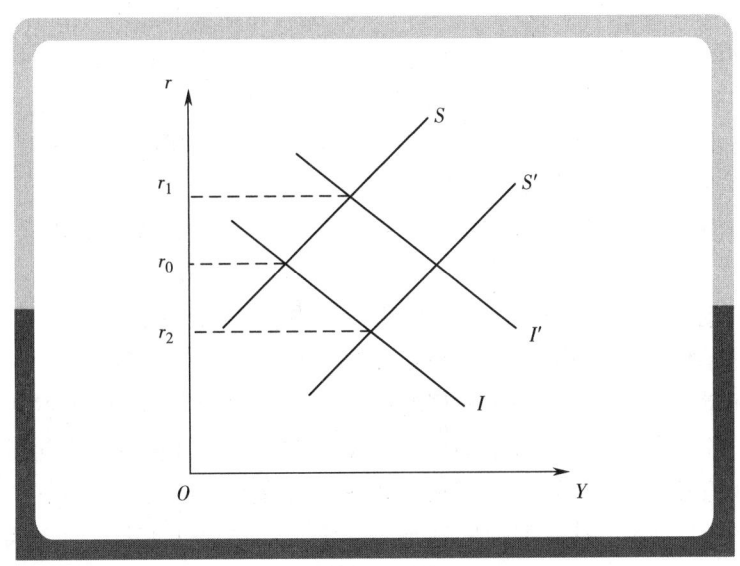

图 10-2 投资函数与储蓄函数决定利率

率。我们不难发现,在古典利率决定理论中,利率完全由市场自发调节所决定,货币政策在这个过程中不扮演任何角色。

三、利率的流动性偏好决定理论

流动性偏好(Liquidity Preference)的概念是由英国经济学家约翰·梅纳德·凯恩斯(John Maynard Keynes)于 20 世纪 30 年代提出的。流动性偏好理论实际上是从货币的供给和需求角度来分析利率的决定机制。凯恩斯假定社会总财富(W)由两部分构成:一部分是债券资产,用 B 来表示;另一部分是货币资产,用 M 表示。债券交易形成债券市场,货币资产交易对应于货币资产市场(即货币作为一种金融资产的市场)。社会总财富与债券和货币资产的关系用公式可以表示成:

$$W = B + M \qquad (10-7)$$

进一步来看,对于市场供给方,发行的债券总额加上货币发行总量应该等于社会的总财富,也即

$$B^s + M^s = W \qquad (10-8)$$

同时,市场需求方所购买的债券和持有的货币资产总量等于总财富,即

$$B^d + M^d = W \qquad (10-9)$$

当供给和需求平衡时,应当有如下等式成立:

$$B^s + M^s = B^d + M^d \qquad (10-10)$$

我们将货币资产市场的供给和需求移到等式左侧,将债券市场的供给和需求移到等式右侧,得到:

$$M^s - M^d = B^d - B^s \qquad (10-11)$$

上面这个等式告诉我们,当货币资产市场达到均衡时($M^s = M^d$),债券市场也将

同时达到均衡（$B^d = B^s$），此时将产生一个均衡的利率水平。换句话说，通过流动性理论分析得到的均衡利率从结果上等价于通过债券市场供需平衡得到的均衡利率（或者到期收益率）。相比于债券市场供需平衡理论，流动性偏好理论是从货币资产市场来分析供给和需求对利率的决定，当我们要分析财富变动、货币政策等对利率的影响时，流动性偏好理论可以提供更简洁的分析框架。

那么，究竟什么是流动性偏好？凯恩斯假定，人们对货币的需求取决于三个动机。

（1）**消费动机**：用于满足日常消费需求而持有货币的动机；
（2）**预防动机**：用于预防流动性短缺而额外持有货币的动机；
（3）**投机动机**：用于未来可能出现的投资机会而暂时持有货币的动机。

基于这三种动机，人们对货币的偏好就是所谓的流动性偏好。换句话说，流动性偏好实际上指的就是对货币资产的需求。注意，凯恩斯所定义的货币资产只包括流通的现金和支票账户存款，持有流通的现金显然无法获得利息回报，而支票账户存款的利息极低，几乎可以忽略，因此在凯恩斯的分析框架中，持有货币资产不产生任何收益，也即收益率为零。

那么利率是如何出现在流动性偏好理论中的呢？答案是债券投资。作为货币的唯一替代性资产，债券投资可以获得一定的预期回报，我们在前面分析债券供给和需求的时候也已经提到，债券的到期收益率实际上就是利率。保持其他条件不变，债券价格较低意味着利率较高，此时人们持有货币的机会成本变大，会倾向于持有债券资产，也即货币需求将会下降。换句话说，货币需求和利率之间是负相关的。同时，凯恩斯进一步假定货币供给是由中央银行控制的，不受市场利率的影响。我们用图10-3来表示货币需求曲线和供给曲线。

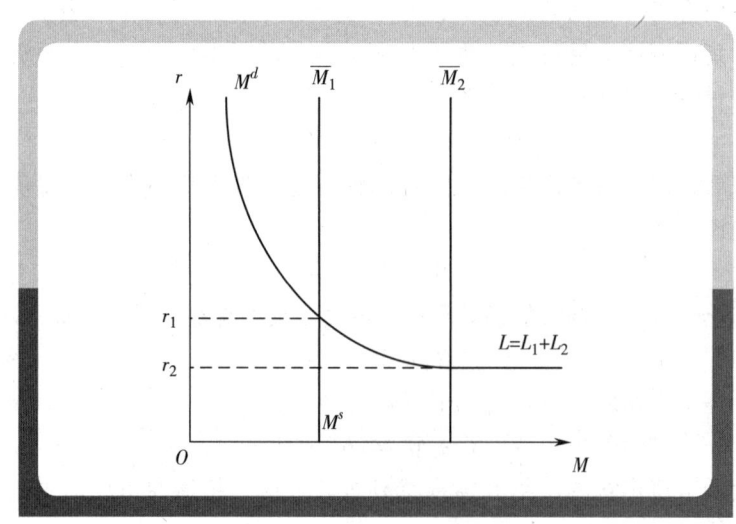

图10-3 货币需求与供给

在图 10-3 中，由于货币供给量是由中央银行外生决定，不受利率的影响，因此货币供给曲线 M^s 是垂直于横坐标的直线。货币需求则与利率 r 呈负相关关系，因此曲线是向下倾斜的。我们假定货币供给数量为 $\overline{M_1}$，此时货币需求曲线将和货币供给曲线相交于一点，对应一个均衡的利率 r_1。当中央银行发行的货币量超过了社会的实际需求，体现在图形上即供给曲线向右移动到 $\overline{M_2}$ 所在位置，此时人们将会把额外的货币用于投资债券，债券需求上涨将推高债券价格，使得利率下降到新的均衡水平 r_2。假设货币供给从 $\overline{M_2}$ 开始移动到 $\overline{M_1}$ 所在位置（也即货币需求大于供给）的情形也可以进行类似的分析。

读者或许已经注意到，图 10-3 中还隐藏着一个十分有趣的信息：当货币供给从 $\overline{M_2}$ 向右移动时，均衡利率不再发生改变，而是一直保持在一个较低的水平 r_2，这个现象又被称为"流动性陷阱"。其实际含义是，当中央银行通过发行超额货币使得利率下降到一定程度后，人们不会继续将额外的货币投资于债券，这时货币需求（流动性偏好 L）主要取决于消费性动机（L_1）和投机性动机（L_2），无论中央银行增发多少货币，也无法使利率继续下降。

总结来看，流动性偏好理论认为，利率是由人们对货币的需求和由中央银行控制的货币供给所共同决定的。那么，有哪些因素会影响货币需求和供给呢？

导致货币需求发生改变的因素主要有以下两个。

（1）收入效应：当收入水平提升，一方面人们会更愿意持有货币实现价值贮藏，另一方面财富的增加会提升人们对消费的需求，这两方面的因素共同推动了每一利率水平下货币需求的增长，在图形上表现为需求曲线向右移动。

（2）价格效应：凯恩斯认为，人们的货币需求实际上是由货币的真实购买力所决定的，也就是说，人们所持有的货币量是按照所能购买的商品量决定的，因此当物价水平上涨，单位货币的真实购买力下降，人们为了能买到和物价水平上涨之前同样数量的商品，就必须持有更多的货币。换句话说，给定利率水平，物价水平的上涨将推动货币需求的上涨，表现在图形上是需求曲线向右移动。

图 10-4 更直观地表现出收入效应和价格效应对货币需求和利率的影响。保持其他条件不变，当收入水平上升或价格水平上涨时，货币需求上涨，需求曲线将向右移动，和货币供给曲线的交点将从点 1 移动到点 2，对应均衡利率则从 r_1 上升到 r_2。

市场中的货币供给则完全由中央银行控制，因此当中央银行决定增加货币供给，图 10-5 中的供给曲线将向右移动，使得均衡利率从 r_1 下降到 r_2 的水平。注意，当利率下降到一定程度后，将出现上面提到的流动性陷阱。

这里需要提醒读者的是，在上面的分析中，我们着重强调了"其他条件不变"，事实上，货币供给的变动同时也会导致需求方的变化。例如，中央银行增加货币供给将增大收入效应，使得货币需求上涨，从而使得利率上涨；同时，市场中货币供应量的增加将使通货膨胀率预期上升，从而提高了价格效应，同样会使货币需求上涨，推动利率水平上升。这样看来，增加货币供给似乎不一定能够起到降低市场利率的作用，我们将在后面的章节中更深入地分析这个问题。

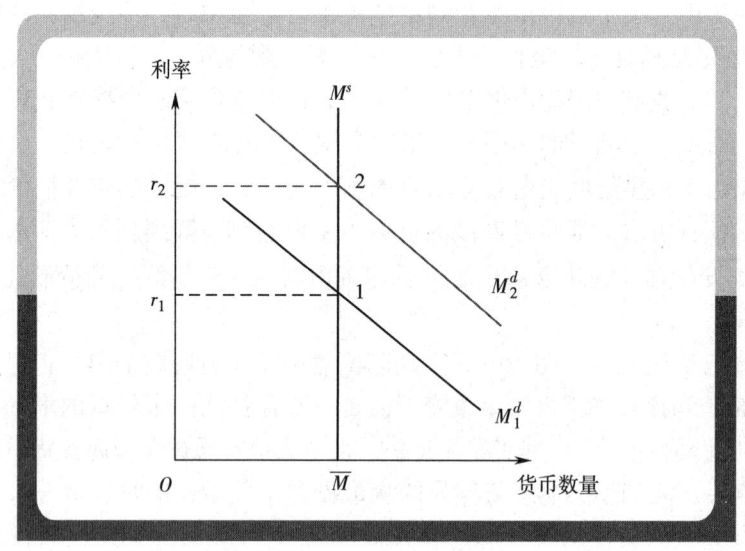

图 10-4　货币需求的变动

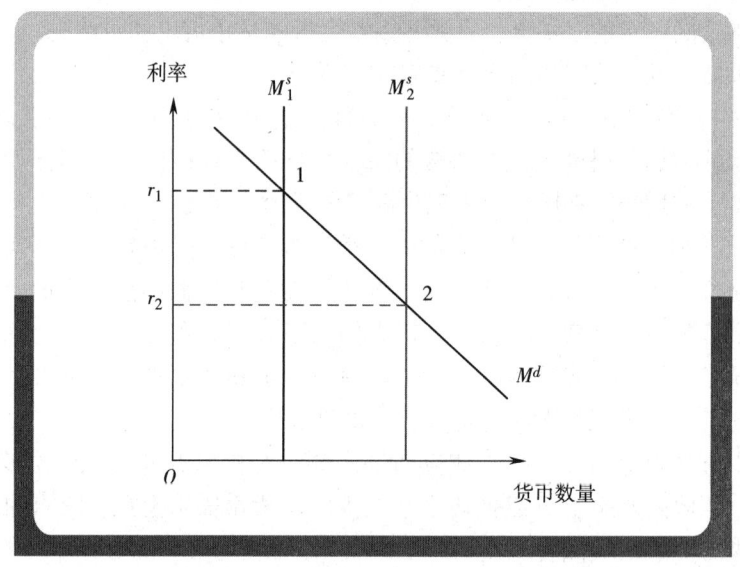

图 10-5　货币供给的变动

四、利率的可贷资金决定论

总结债券供需理论和流动性偏好理论不难发现，无论是分析债券市场均衡，还是货币资产市场均衡，利率都是由市场的供给和需求所共同决定的，可贷资金理论同样也不例外。但与前面两种供需理论不同的是，可贷资金理论是从可贷资金（Loanable Funds）的供给和需求角度来探讨利率的决定机制。

从本质上看，可贷资金理论是在古典利率决定论的基础上形成的。古典利率决定论认为市场上的利率只由储蓄和投资决定，而可贷资金理论则增加了对**银行信用创造**的考虑。可贷资金理论认为，经济系统内的可贷资金规模并不一定等于私有部门的总储蓄，而是可以更多，因为银行系统可以通过发放贷款等业务创造出更多的信用货币。所以，市场上的利率水平不仅受到储蓄和投资的影响，而且受到银行信用创造变化的影响。

从具体内容来看，可贷资金理论假定，市场上可贷资金的需求来源于家庭、厂商、政府以及国外资金净借入方四个部门的资金需求。保持其他条件不变，当利率较低时，家庭部门将借入更多资金以支撑消费需求；同时，低利率对于厂商和国外投资者来说意味着其他实物资产投资机会的预期收益相对提高了，因此也倾向于借入更多资金；对于政府而言，在低利率时借入资金将降低弥补财政赤字的成本。也就是说，可贷资金的需求和利率是负相关的。

可贷资金的需求包括经济主体的投资需求加上窖藏（Hoarding）货币资金的需求。 这里的投资是指**真实资本资产**(Real Capital Assets) 投资，也可以称为实物资产投资，如购买厂房、设备等投资；窖藏货币用于预防等需求，本质上与凯恩斯流动性偏好理论中介绍的持有货币的需求是类似的。

如果我们用 D_L 表示可贷资金需求，用 I 表示投资，用 ΔM^d 表示货币需求，则可贷资金需求可以用以下公式表示：

$$D_L = I + \Delta M^d \tag{10-12}$$

可贷资金的供给方则是由两个来源共同产生：一是家庭、厂商、政府以及国外资金净借出方的资金供给；二是银行的信用货币创造。**可贷资金的两个供给来源都与利率呈正相关关系**。首先，对于储蓄来说：当利率较高时，将多余资金借出（或者说储蓄）的预期收益提高，因此可贷资金供给将增大；反过来，储蓄越多可贷资金的供给越多，利率随之下降。其次，对于银行信用创造来说：利率越高，银行越有动力放贷，银行信用创造越多；反过来，银行信用创造越多，可贷资金供给越多，则利率越低。结合这两个来源，市场上的可贷资金供给总额（S_L）就等于家庭、厂商、政府以及国外资金净借出方的额外资金量（储蓄资金 S）和货币供给的变化量（ΔM^s）之和，用公式可以表示为

$$S_L = S + \Delta M^s \tag{10-13}$$

市场上的可贷资金供给和需求达到平衡的同时也决定了市场利率的均衡水平。如图 10-6 所示，供给曲线和需求曲线相交点所对应的利率水平 r^* 就是市场的均衡利率。

可贷资金理论认为，影响市场上可贷资金需求的主要有以下因素：

（1）国内生产总值（GDP）：假设其他条件不变，GDP 上涨意味着经济发展形势较好，此时家庭部门有更高的收入和良好的就业前景，从而更愿意借入资金以满足消费需求；同时良好的经济状况刺激了厂商扩大机器厂房并购买新机器的投资需求，从而增加了对可贷资金的需求。

（2）资本投入的预期生产力水平：生产力水平预期提高将增大资本性投入的需求，从而使得可贷资金需求上涨。

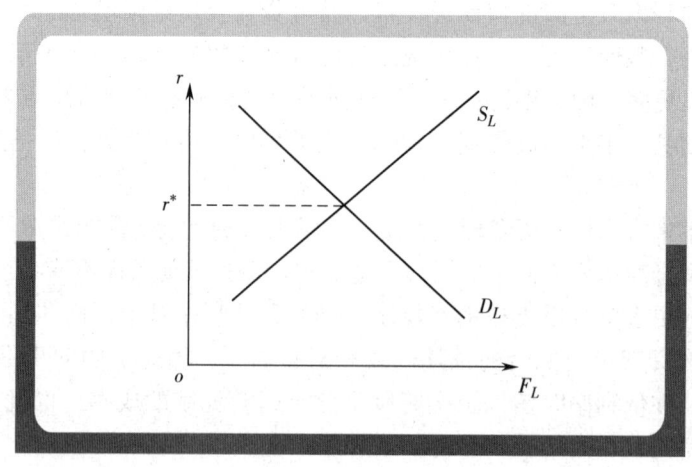

图 10-6 可贷资金供给和需求决定均衡利率

图 10-7 表示可贷资金需求的变动对均衡利率的影响。由于 GDP 上涨或生产力水平预期的提高，可贷资金需求上涨，体现在图形中是需求曲线向右移动，此时市场对可贷资金的需求将大于供给量，从而推动利率上升，这时借出资金的预期收益将上升，使得可贷资金供给增加，最终达到一个新的均衡利率。

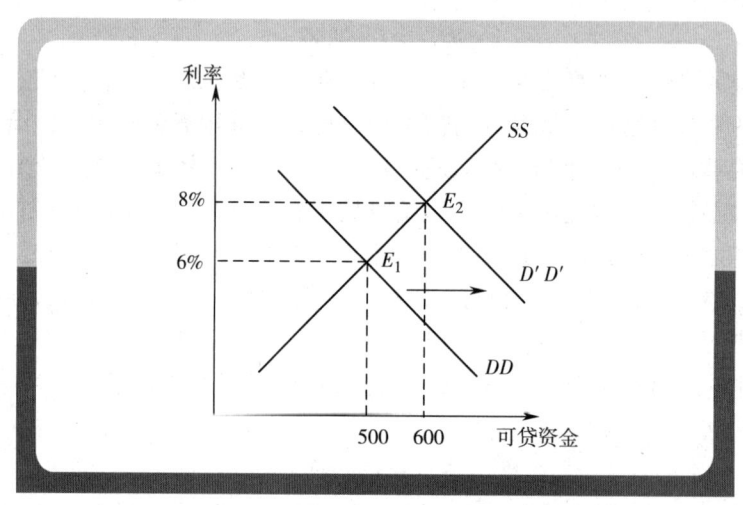

图 10-7 可贷资金需求的变动对利率的影响

从可贷资金的供给来看，影响因素主要有居民收入、对持有货币的时间偏好变化以及银行信用创造变化等。居民收入增加、对持有货币的时间偏好下降（即窖藏货币减少）或者银行信用创造增加都可以增加可贷资金的供给，从而降低市场利率。图 10-8 演示了可贷资金供给的变动对均衡利率的影响。

注意，原始的可贷资金理论并未明确考虑中央银行对货币供应的影响，而是假定中央银行的货币供应固定不变。事实上，中央银行可以通过调整货币供给量直接改变市场上的可贷资金，进而影响家庭、厂商、政府以及国外资金方对可贷资金的需求和

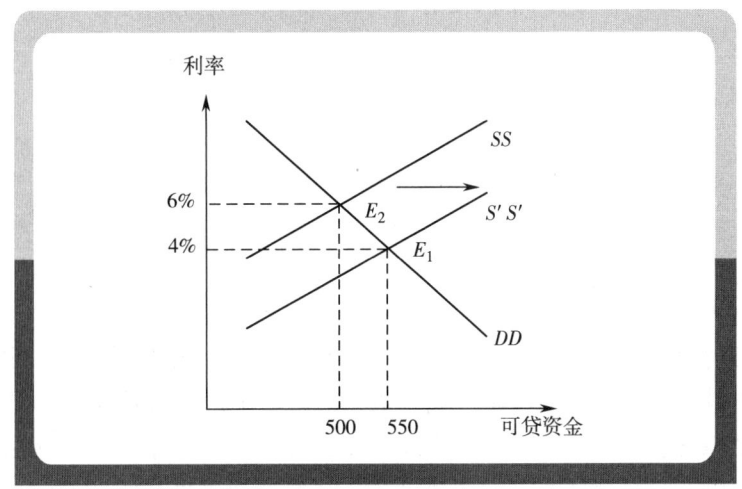

图 10-8 可贷资金供给的变动

供给,从而间接地对市场利率进行调节。通过前面章节介绍的货币创造过程我们知道,在其他条件保持不变的情况下,当中央银行增加货币供给时,市场上的可贷资金供给量将超过实际需求量,使得家庭、厂商等部门重新调整自己的资金需求量:由于可贷资金增多,家庭、厂商等部门借入资金的成本相对下降,因此对资金的需求将上涨,最终达到一个较低的均衡利率水平。

总结来看,可贷资金理论试图在古典学派的利率决定理论的框架内,纳入银行信用创造因素,也即货币因素,综合考虑货币因素和投资储蓄因素对利率的决定作用,以期进一步完善古典利率决定理论。

五、IS—LM 理论

IS—LM 理论最早由英国经济学家约翰·希克斯(John Richard Hicks)于 1937 年提出,后经美国经济学家阿尔文·汉森(Alvin Hansen)进行拓展,成为 20 世纪 40 年代至 70 年代应用最为广泛的宏观经济分析框架。IS—LM 中的 I 代表投资(Investment),S 代表储蓄(Saving),L 代表流动性偏好(Liquidity Preference),M 代表货币供给(Money Supply),故而 IS—LM 理论模型实际上是结合商品市场的投资储蓄均衡以及货币资产市场的供需平衡发展而成的分析框架,是对凯恩斯宏观经济理论的高度概括,描述了经济总产出和利率之间的一般均衡关系。下面我们简要介绍 IS—LM 的核心理论及观点。

IS—LM 理论认为,宏观经济的一般均衡是由商品市场和货币资产市场两者共同决定,从而可以得到均衡利率和产出水平。对于商品市场,该理论假定经济的总产出 Y 由消费 C、投资 I、政府支出 G 和净出口额 EX 组成,即

$$Y = C + I + G + EX \qquad (10-14)$$

其中,消费、政府支出和净出口额均是产出的函数,而投资(I)则是真实利率(r)的减函数,对上式进行整理得到:

$$Y - C(Y) - G(Y) - EX(Y) = I(r) \qquad (10-15)$$

此时，等式左侧可以认为是商品市场的总储蓄 S，是收入（或产出 Y）的函数。当商品市场达到均衡时，则有以下等式成立：

$$S(Y) = I(r) \qquad (10-16)$$

这里需要提醒的是，在 IS—LM 理论分析框架中使用的利率 r 是真实利率而非名义利率，我们在第 1 节中已经提到，真实利率在名义利率的基础上剔除了物价水平波动的影响，当物价水平波动预期较大时，投资者更关注实际收益，因此对于投资函数而言，真实利率才是决策关键。

对于货币资产市场，IS—LM 理论假定，市场物价水平为 P，名义货币供给 M 由中央银行外生决定，货币需求（流动性偏好 L）则主要由两部分决定：一是用于满足日常消费的流动性需求 L_1，是经济总产出 Y 的增函数；二是用于抓住可能出现的投资机会的投机性需求 L_2，是真实利率 r 的减函数。货币资产市场达到均衡时，货币供给量等于货币需求量，用公式表示为

$$\frac{M}{P} = L_1(Y) + L_2(r) \qquad (10-17)$$

结合商品市场的均衡条件，就可以解出经济达到均衡状态时对应的均衡利率和均衡产出，图 10 - 9 直观表现了经济均衡状态。

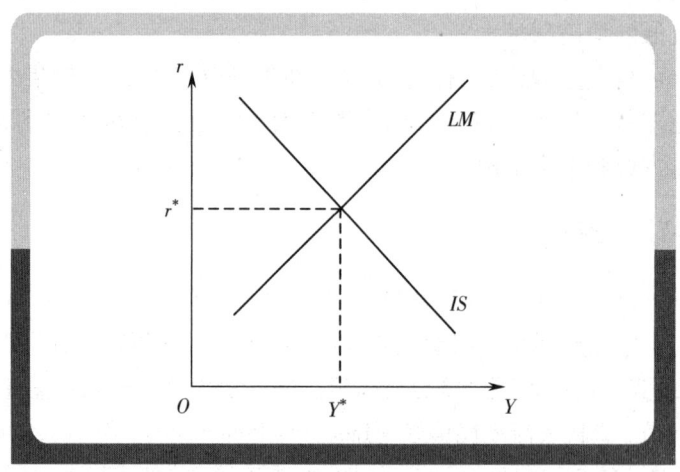

图 10 - 9　IS—LM 模型

在图 10 - 9 中，IS 曲线上的每一个点都对应商品市场的一种均衡状态，同样地，LM 曲线上的每一个点都处于货币资产市场均衡。两条曲线相交时就达到宏观经济的一般均衡状态，此时对应一个均衡总产出 Y^* 和均衡利率 r^*。

六、IS—PC—MP 理论

IS—PC—MP 理论又可以称为三方程新凯恩斯模型，是在新凯恩斯 IS 模型的基础上加入价格调整方程（即新凯恩斯菲利普斯曲线）和中央银行的利率规则方程所构成

的用于描述宏观经济波动的分析框架。这一框架包括了对均衡利率水平的决定。我们在 IS—LM 理论中已经介绍过 IS 模型部分的核心理论，因此下面我们着重介绍新凯恩斯菲利普斯曲线和中央银行的利率规则。

新凯恩斯菲利普斯曲线最早是由美国学者约翰·罗伯茨（John M. Roberts）利用卡沃定价模型［Calvo Pricing Model，由经济学家吉列尔·卡沃（Guillermo Antonio Calvo）提出］推导得到，描述了通货膨胀率的动态变化过程，用公式可以简单地表示为

$$\pi_t = g(Y_t, \pi_{t+1}^e) \tag{10-18}$$

其中，π_t 为 t 期的通货膨胀率，是总产出 Y_t 和 $t+1$ 期通货膨胀率预期 π_{t+1}^e 的函数。新凯恩斯菲利普斯曲线表明，当期的通货膨胀率取决于总产出水平和对下一期通货膨胀率水平的预期。

在 20 世纪 90 年代之前，西方经济学界广泛使用完全受中央银行控制的货币供给来描述货币政策，但是随着经济的不断发展，逐步出现一系列新的经济难题，到 20 世纪 90 年代之后，经济学者们逐渐发现，中央银行可以直接控制的基础货币规模和市场上实际的货币供给量很难建立严格的对应关系，因此中央银行实际上很难对货币供给作出直接调整进而调节市场利率水平，用简单的货币供给需求分析不足以刻画中央银行的货币政策。于是，以美国经济学家约翰·泰勒（John Brian Taylor）为代表的经济学者们假定中央银行遵循某些规则来调整名义利率水平，当中最知名的利率规则就是泰勒规则（Taylor Rule），用公式可以简单表示为

$$i = f(r, \pi, Y) \tag{10-19}$$

其中，i 为名义利率，是关于真实利率 r、通货膨胀率 π 和总产出 Y 的函数。利用这一规则预测得到的名义利率与现实情况吻合得很好，因此逐渐被经济学家用来描述中央银行的货币政策。

结合商品市场的 IS 曲线，就构成了 IS—PC—MP 理论的三方程新凯恩斯模型。联合三个方程即可求解出均衡名义利率水平和总产出、通货膨胀和真实利率之间的关系。

上面介绍的六种利率决定理论从不同角度出发，适应了各自时期内经济发展的特点和需求，是顺应时代的产物。我们很难用某一个理论完整地描述经济运行的规律，对利率决定理论的完善永无止境。下面我们总结一下六种利率决定论的基本理论和观点：

（1）债券供需平衡视角：利率是债券市场上的到期收益率，是由债券供给和需求共同决定的，和债券价格负相关。

（2）古典学派的真实利率决定理论：认为投资来源于储蓄，储蓄是当期放弃的消费，利率在本质上是由于人们放弃了当期的消费而得到的报酬，是储蓄和投资达到均衡时所决定的。货币政策在利率决定过程中不扮演任何角色，属于货币中性理论。

（3）流动性偏好理论：利率是使公众愿意以货币形式持有的财富量（货币需求量）等于现有货币存量（货币供给）的价格，是由货币供给和货币需求共同决定的。其中货币供给是由中央银行外生决定的，与利率无关，而货币需求由消费性、预防性和投机性动机组成，其中投机性需求与利率相关。中央银行可以通过调控货币供给来调节

市场利率，但是当利率降到一定水平时，就会出现流动性陷阱：无论货币供给增加多少，人们更偏好持有货币而非债券，此时利率不再下降。

（4）可贷资金理论：同时考虑真实利率决定因素和货币因素，将整个社会的可贷资金的供给划分为两部分，即家庭、企业等部门当期愿意储蓄的部分（真实部分）和银行体系决定的当期实际货币供给量的增加部分（货币因素），而可贷资金的需求则取决于家庭、企业等部门的投资和流动性需求。利率由可贷资金的供给和需求共同决定。

（5）IS—LM 理论：结合商品市场的投资储蓄均衡以及货币市场的供需平衡，推导出宏观经济均衡时总产出和利率之间的关系。

（6）IS—PC—MP 理论：结合总需求 IS 曲线、新凯恩斯菲利普斯方程和泰勒规则，推导出宏观经济的一般均衡状态，均衡名义利率由总产出、通货膨胀和真实利率决定。

第 3 节 利率的定价

在了解了利率的基本内涵和主流的利率决定理论之后，读者或许会产生这样的疑问：无论是通过商品市场供需均衡还是货币市场供需均衡所得到的利率水平，似乎都是由其他宏观经济变量如总产出和货币供给量等所决定，那么对于市场微观主体，如各商业银行和其他存款性机构，利率究竟是如何确定下来的？

在前面介绍商业银行的经营业务的时候我们提到，作为商业银行的重要负债来源之一，存款提供了商业银行保持足够流动性和扩张资产规模的资金来源，同时，对于整个商业银行系统而言，存款和中央银行规定的存款准备金率决定了随后商业银行系统可贷出资金的总额，因此，决定存款规模、降低存款吸收成本便成为了商业银行负债管理的核心，其中一个重要的问题无疑就是：存款吸收成本——存款利率应该如何定价？

下面我们以美国商业银行为例，逐一介绍 4 种主要的存款利率定价方法：（1）成本加利润定价法；（2）边际成本定价法；（3）价格表定价法；（4）客户关系定价法。

一、成本加利润定价法

商业银行为了吸收存款，会向有潜在存款需求的客户提供服务以吸引他们进行存款，同时为了稳定存款，商业银行还需要向已有的客户提供服务。这些增值服务加上向客户支付的存款利息构成了银行的成本来源，而向客户提供的如转账、查询等业务则是银行吸收存款的利润来源，为了吸引客户存款而提供比市场更高的存款利率会加大银行的成本（或降低银行存款的预期收益），而支付过低的利息则容易造成客户流失，因此商业银行需要通过合适的存款定价来平衡成本和收益。成本加利润定价法用公式可以表示成：

$$\text{向客户提供的存款服务的单价} = \text{单位存款服务的经营成本} + \text{银行存款总成本} + \text{单位存款的预期收益}$$

这个公式告诉我们，在给定单位存款的预期收益的条件下，商业银行只需要估算出与存款业务相关的成本，便可以确定存款服务的价格，反过来讲，当银行确定了向客户提供的各种存款服务价格，便可以通过改变存款条件（利率）来调整预期成本。那么，关键问题就在于如何估算银行存款服务的成本。一般的做法是计算出每种资金来源的成本和占总资金的比例，然后以该比例为权重计算出所有资金的加权平均成本。例如，某银行共筹得资金1000万元，其中包括400万元活期存款、400万元定期与储蓄存款、100万元的股权资本和100万元货币市场借款，假设活期存款的成本（包括利息成本和非利息成本）占活期存款的8%，定期与储蓄存款以及货币市场借款的成本为10%，股权资本的成本为20%。同时，由于银行还需要缴纳一部分存款作为准备金，这部分资金无法用于产生收益，因此将提高银行的成本，假设由于缴纳存款准备金，活期存款实际可用资金减少了15%，定期与储蓄存款可用资金减少了8%，货币市场借款可用资金减少了5%，则银行所筹资金的加权平均成本等于：

$$资金的加权平均成本 = \frac{活期存款}{资金总额} \times \frac{活期存款成本}{1-因存款准备要求减少的可用资金率}$$

$$+ \frac{定期和储蓄存款}{资金总额} \times \frac{定期和储蓄存款成本}{1-因存款准备要求减少的可用资金率}$$

$$+ \frac{货币市场借款}{资金总额} \times \frac{货币市场借款成本}{1-因存款准备要求减少的可用资金率}$$

$$+ \frac{股权资本}{资金总额} \times 股权资本成本$$

$$= \frac{400}{1000} \times \frac{8\%}{1-15\%} + \frac{400}{1000} \times \frac{10\%}{1-8\%} + \frac{100}{1000} \times \frac{10\%}{1-5\%} + \frac{100}{1000} \times 20\%$$

$$\approx 11.17\%$$

这意味着，商业银行通过贷款或其他投资的预期收益率须不小于11.17%才能保持盈利，商业银行可以制定不同的存款条件（利率、服务费用等）来估算加权成本以调整预期利润。

二、边际成本定价法

边际成本定价法是根据新吸收存款的边际成本对存款利率进行定价的方法，相比上面所介绍的加权平均成本法，当利率发生波动时，通过边际成本定价法能得到更现实的存款利率。例如，当市场利率上升时，商业银行吸收新资金的边际成本会超过资金的平均成本，这时如果按照平均成本来制定经营方法，将高估预期收益；同样地，当市场利率下降，商业银行按照平均成本制订贷款、投资等计划，将低估预期收益。

我们可以通过以下公式来计算银行吸收新资金的边际成本和边际成本率：

$$边际成本 = 新利率 \times 新筹集的资金总额 - 旧利率 \times 以旧利率筹得的资金总额$$

$$边际成本率 = \frac{边际成本}{因利率变化而增加的资金}$$

下面我们用例子来说明如何用边际成本定价法来确定存款利率：假定某银行计划

筹集 250 万元存款，利率为 7%，同时管理层预测，每提高 0.5% 的利率，就可以多筹得 250 万元存款。假定银行利用上述新增存款可以获得 10% 的预期收益率，那么银行的最优利率是多少？

首先可以计算出边际成本率为（以 7.5% 到 8% 为例）：

$$边际成本率 = \frac{新利率 \times 新筹集的资金总额 - 旧利率 \times 以旧利率筹得的资金总额}{因利率变化而增加的资金}$$

$$= \frac{8\% \times 750 - 7.5\% \times 500}{250} = 9\%$$

银行利用新增存款获得的 10% 的预期收益率实际上就是新增存款的边际收益率，我们知道，当边际收益率大于边际成本率时，银行的利润仍有上升空间。那么，银行应该把利率定为多少才能使预期利润最大化？答案是使边际成本率等于预期边际收益率时对应的利润水平。表 10-1 总结了银行采用各个利率水平情形下的成本和收益信息。

表 10-1　　　　　　　不同存款利率水平下的成本收益信息

存款利率（%）	预期可吸收存款量（万元）	边际成本率（%）	边际收益率（%）	利润率（%）	利润（万元）
7.0	250	7	10	3.0	7.5
7.5	500	8	10	2.5	12.5
8.0	750	9	10	2.0	15
8.5	1000	10	10	1.5	15
9.0	1250	11	10	1.0	12.5

表 10-1 告诉我们，当银行将存款利率定在 8.5% 时，边际成本率等于边际收益率，此时可最大化利润为 15 万元，同时吸收 1000 万元存款。当银行进一步提高利率到 9% 时，边际成本率大于边际收益率，此时利润开始下降，因此基于银行对存款量和存款预期收益的预测，最佳存款利率就是 8.5%。当然，上述例子中默认利率变化的最小单位是 0.5 个百分点，在这一情境下列表得到的最佳存款利率是 8.5%。如果允许利率变化的最小单位是 0.1 个百分点或者更小，则可以通过求解银行利润最大化的解析表达式计算最优利率。

边际成本定价法可以让银行同时确定应吸收的存款规模和对应的最佳存款利率，当存款的预期收益发生变化，银行可以调整存款利率水平或寻找其他资金来源，使预期利润保持在最优水平。

三、价格表定价法

价格表定价法是根据针对客户的存款状况制订的有条件的存款定价方案，起源于 20 世纪 70 年代的美国。商业银行为了吸引客户存款，制定了一个费率表，规定当客户的存款超过某个水平后就可以享受较低的费用率或直接不用缴费，但如果平均余额低于该水平，则需要支付较高的费用。这个定价方法一方面吸引了较富有的客户进行存款，增加了存款规模；另一方面可以让客户根据存款的使用情况确定存款利率。

价格表定价法通常根据以下几个因素来确定存款条件：

（1）账户的活跃程度（一段时期内的存款、支取次数等）；
（2）指定期限内的账户平均余额；
（3）存款期限。

银行通常希望能吸引到活跃程度低、存款期限长且平均余额较高的客户，因此对于这类账户，费用通常定在较低的水平，而对于平均余额较低、活跃程度高的账户，则收取较高的费用来弥补存款成本。

四、客户关系定价法

前面几种利率定价方法都有一个共同的基本假设：商业银行提供优惠的利率条件能够吸引到更多客户存款。然而客户到某个银行开立存款账户并不是单纯地因为该银行的存款政策较为优惠，银行的服务水平、安全保障和办理业务的便利程度等都是客户关注的重要因素。客户关系定价法就是向老客户（账户存在时间长、余额较高等）提供安全优质的服务或有条件的利率优惠政策以增强客户对银行的依赖度，而对与银行关系一般的新客户则不提供上述服务。客户关系定价法有利于银行在稳定核心客户的同时发展新的忠诚客户，从而获取稳定的存款来源。

存款利率定价是现代商业银行负债管理的核心问题之一，如何根据发展需求和经营状况兼顾成本和收益，是利率定价过程中的关键。本节所介绍的四种利率定价方法中，成本加利润定价法和边际成本定价法是根据银行的成本和利润预期确定利率的定价方式，而价格表定价法和客户关系定价法则是根据客户的存款状况和实际条件定制不同利率水平的方法。总体来说，后面两种方式更为灵活，在兼顾前面两种定价方法的基础上融入对客户情况的判断，有利于改善银行的形象，提高服务水平。

第4节 利率市场化

在上一节中我们以美国的商业银行为例，简单介绍了四种主要的存款定价方法，这当中隐含着一句潜台词：商业银行对利率有自主定价能力。然而现实当中，利率的定价权并不总是掌握在商业银行等金融机构的手中。过度自由的利率定价容易导致市场出现恶性竞争，危及经济稳定，因此监管部门往往会采取不同程度的利率管制政策，然后根据金融业的发展状况，逐步放松对存贷款利率的管制，最终实现资金价格由市场供需关系充分决定，这个过程就是我们接下来要介绍的利率市场化。我们首先以金融业高度发达的美国为例介绍利率市场化的背景和关键节点，然后再介绍中国的利率市场化进程。

一、美国的利率市场化进程（1970 年至 1986 年）

在 20 世纪 30 年代之前，美国还没有对利率实施管制，利率的定价权掌握在各大银行手中，然而 1929 年至 1933 年的经济大萧条引发了美国金融监管部门对利率定价过度自由的反思，随后监管部门便出台了以 Q 条例（Regulation Q）为主的利率管制政策。Q 条例规定：银行不得为 30 天以下的活期存款支付利息，同时储蓄存款和定期存款的存款利率限制为最高 2.5%。Q 条例的出台对美国经济的恢复起到了良好的作用，2.5% 的存款利率上限直至 1957 年都未曾改变。但是，随着美国经济的不断发展，Q 条例逐渐显现出了弊端：20 世纪 60 年代后，美国通货膨胀率和市场利率不断走高，存款利率上限限制了经营状况较好的银行吸收更多存款的能力，同时货币市场共同基金的出现，使得银行流失大量资金，严重制约了银行体系的进一步发展。资金从传统金融媒介（即商业银行）流出的现象被称为**金融脱媒**。

到了 1970 年，美国开始放松对利率的管制，放开 90 天以内的大额可转让定期存单和大额定期存款的存款利率上限，这一举措也标志着美国利率市场化拉开帷幕。1973 年 5 月，所有大额存单和超过 10 万美元的存款不再设置利率上限；1978 年，美国实行小额存单的利率市场化，推出了**货币市场存款账户**（Money Market Deposit Account，MMDA），缓解了之前放开大额存款账户利率上限带来的对小额存款的歧视问题。

1980 年，美国国会通过了《解除存款机构管制和货币管理法》（又被称为《1980 年银行法》），该法是美国推行利率市场化的法制化表现，详细地规定了放开利率管制的步骤和阶段性目标，核心内容包括：

（1）自 1980 年 3 月 31 日起，在 6 年内逐步提高 Q 条例所设的利率上限，分阶段废除对存款机构的储蓄、定期存款的利率限制；

（2）允许全国的存款性金融机构发行可转让存单账户（Negotiable Order of Withdrawal Account，NOW Account）；

（3）取消住宅抵押贷款的利率限制；对于其他贷款，只要满足一定条件则不再设贷款利率上限。

1982 年 10 月，美国出台了《高恩—圣杰曼存款机构法》（又被称为《1982 年存款机构法》），该法进一步准许存款机构开设 MMDA 和超级可转让存单账户（Super Now Account），同时取消这两类存款账户的利率上限和存款期限限制。

1983 年 10 月，取消了 31 天以上的定期存款和最低 2500 美元的短期存款利率上限。1986 年 1 月，废除了所有类型存款账户对最低存款余额的要求；4 月，取消了储蓄存款账户的利率上限。

至此，仅有活期存款账户仍然受 Q 条例的限制，其他存款账户已经实现完全市场化。同时，除了汽车贷款和住宅贷款等少数例外，贷款利率也不再受到管制。美国的利率市场化到此全面完成。

总的来说，美国的利率市场化进程历时较短且相对顺畅，改革的重点落在存款利率的市场化：先放开长期、大额存款账户的利率限制，随后逐步放松短期、小额的存款管制，最终实现利率由市场充分决定。表 10-2 总结了美国利率市场化的关键节点。

表 10-2　　　　　　　　　　　美国利率市场化的关键节点

时间节点	关键举措
1970 年	放开了 90 天以内的大额可转让定期存单和大额定期存款的存款利率上限。
1973 年	对所有大额存单和超过 10 万美元的存款不再设置利率上限。
1978 年	实行小额存单的利率市场化，推出了货币市场存款账户。
1980 年	通过了《解除存款机构管制和货币管理法》。
1982 年	出台了《高恩—圣杰曼存款机构法》。
1983 年	取消了 31 天以上的定期存款和最低 2500 美元的短期存款利率上限。
1986 年	放开除活期存款账户之外的其他存款账户的利率和余额限制；除了汽车贷款和住宅贷款等少数例外，贷款利率也不再受到管制。

二、中国的利率市场化进程（1983 年至 2019 年）

我国利率市场化改革的基本构想最早是在 1993 年党的十四届三中全会《关于建立社会主义市场经济体制若干问题的决定》中提出的，同年，国务院《关于金融体制改革的决定》提出建立以独立执行货币政策的中央银行为核心，由市场供需关系决定利率水平的利率管理体系和改革目标，绘制了利率市场化改革的基本蓝图。

1983 年，《国务院批转中国人民银行关于国营企业流动资金改由人民银行统一管理的报告的通知》发布，中国人民银行被授权在基准贷款利率的基础上对利率进行最高 20% 的浮动调整权力。从此，利率市场化与管制利率并行，以"双轨制"方式被引入到利率政策中。

1996 年 5 月，流动资金贷款利率的上浮幅度由 20% 缩小为 10%，降低了企业的利息支付负担；6 月，放开了银行间同业拆借利率上限管制，随后又逐步放开了国债、政策性金融债的发行利率和回购利率等 6 个品种的市场利率，实现了银行间市场利率的完全市场化。

1997 年 6 月，银行间市场开始办理债券回购业务，回购利率和交易价格均由交易双方协商决定，实现了债券回购利率市场化。

1998 年 10 月，中国人民银行对小企业的贷款利率的上浮幅度由 10% 扩大到 20%，农村信用社贷款利率上浮幅度由 40% 扩大到 50%，大中型企业贷款利率则维持最高 10% 的上浮幅度。

1999 年，为了进一步支持中小企业发展，县以下的金融机构和商业银行对中小企业的贷款利率上浮幅度扩大至 30%；10 月，中国人民银行开始进行存款利率市场化的初步尝试，允许商业银行在机构间批发市场对保险公司试办长期大额协议存款，利率水平由双方协商决定。

2000 年 9 月，放开外币贷款利率和 300 万美元以上大额外币存款利率，300 万美元以下的小额外币存款利率仍由人民银行统一进行管控。

2002年3月，统一了中资和外资金融机构的外币利率管理政策。

2003年7月，放开了英镑、瑞士法郎和加拿大元的小额外币存款利率管制，由银行自主定价；11月，放开其他四种币种（美元、日元、港元和欧元）的小额外币存款利率下限，允许商业银行在不超过上限的条件下自行决定利率水平；8月，农村信用社改革试点地区信用社的贷款利率浮动上限扩大为基准利率的2倍；10月，党的十六届三中全会召开，发布《关于完善社会主义市场经济体制若干问题的决定》，提出"稳步推进利率市场化，建立健全由市场供求决定的利率形成机制，中央银行通过运用货币政策工具引导市场利率"的利率市场化改革纲领。

2004年1月，将商业银行和城市信用社的贷款利率浮动上限扩大为贷款基准利率的1.7倍，农村信用社贷款利率的浮动上限则扩大到贷款基准利率的2倍，贷款利率浮动上限不再根据企业所有制性质、规模大小制定；10月，基本放开金融机构的人民币贷款利率上限，仅对城乡信用社贷款利率实行基准利率2.3倍的上限管理，贷款利率市场化进入放开上限、管制下限的阶段；同时，允许人民币存款利率向下浮动，实施存款利率上限管理。

2007年1月，人民银行正式推出上海银行间同业拆借利率（SHIBOR），目标是将其培育成为反映市场供求状况的基准利率。

2012年6月，金融机构的存款利率浮动上限调整为基准利率的1.1倍；贷款利率浮动下限调整为基准利率的0.8倍；7月，再次将金融机构贷款利率浮动下限调整为基准利率的0.7倍，但不调整个人住房贷款利率浮动区间。

2013年7月，人民银行全面放开对贷款利率和票据贴现利率的管制，同时，不再对农村信用社的贷款利率设置上限，由金融机构自主进行定价；9月，市场利率定价自律机制正式成立，提出推进利率市场化的重要任务；10月，贷款基础利率（Loan Prime Rate，LPR，商业银行对优质客户的贷款利率）的集中报价和发布机制正式运行；12月，人民银行实行《同业存单管理暂行办法》，随后首批同业存单成功发行。

2014年1月，市场利率定价自律机制制定了《金融机构合格审慎评估实施办法》，并经中国人民银行办公厅转发，旨在遴选出符合宏观审慎和财务硬约束等要求的金融机构作为市场利率自律机制的成员，成员优先享有发行同业存单以及面向企业和个人的大额存单的市场定价权和产品创新权；11月，人民银行将存款利率浮动上限由基准利率的1.1倍调整为1.2倍，同时兼并存贷款基准利率的期限档次：不再公布人民币五年期定期存款基准利率，贷款基准利率期限简化为一年以内（含一年）、一至五年（含五年）和五年以上三个档次。

2015年3月，将存款利率浮动上限由基准利率的1.2倍调整为1.3倍，允许商业银行在利率上限限制内自行决定向客户提供的存款利率；5月，将存款利率浮动上限由基准利率的1.3倍调整为1.5倍，同时，放开小额外币存款利率上限，由金融机构自主确定；6月，人民银行发布《大额存单管理暂行办法》，在市场利率定价自律机制核心成员范围内进行试点发行，以市场化方式确定存单利率水平；8月，放开金融机构一年以上（不含一年）的定期存款利率上限，其中，一年以上整存整取、零存整取、整存零取、存本取息定期存款利率由金融机构参照对应期限的存款基准利率进行自主定价，其余品种的存款利率上限仍保持为基准利率的1.5倍；10月，放开商业银行、农村合作金融机构、村镇银行、财务公司、金融租赁公司、汽车金融公司等金融机构活期存款、一年以内（含一年）定期存款、协定存款、通知存款的利率上限，可参考对应期限的存款基准利率自主决定利率水平，至此存款利率上限完全放开。

2016年2月，职工住房公积金账户存款利率统一调整为一年期定期存款基准利率。

表10-3总结了我国利率市场化的关键节点。综观我国的利率市场化进程，按照改革时间先后，大致遵循了货币市场基准利率—债券市场利率—外币利率—贷款利率—存款利率的顺序。对于贷款（存款）利率浮动区间则采取了先放开上限（下限）管理，再放宽下限（上限）管制的改革策略，到2013年贷款下限基本放开。完成了贷款利率市场化，2015年10月存款利率上限放开，完成了存欧利率的市场化。

尽管到2015年底我国的利率市场化改革已经基本完成，但是仍然存在改善的空间，例如，对市场基准利率的培育力度不足，同时贷款数量管制等隐性管制仍然存在，货币市场利率由市场决定但存贷款利率却仍然以基准利率为锚等，这就要求进一步深化改革，统一货币市场利率和存贷款利率的定价机制。2019年8月，中国人民银行开始改革贷款市场报价利率（Loan Prime Rate，LPR）形成机制，这也是进一步迈向利率市场化的举措，目前LPR利率已经成为市场基准利率之一。

知识窗

中国利率市场化关键节点

时间节点	关键举措
1983年	中国人民银行在基准贷款利率的基础上对利率进行最高20%的浮动调整，利率市场化与管制利率并行，以"双轨制"方式被引入利率政策中。
1996年	5月，调整流动资金贷款利率的上浮幅度； 6月，放开了银行间同业拆借利率、国债、政策性金融债的发行利率和回购利率等6个品种的市场利率，实现了银行间市场利率的完全市场化。
1997年	实现了债券回购利率市场化。
1998—1999年	连续三次调整贷款利率浮动幅度。
2000年	放开外币贷款利率和大额外币存款利率。
2002年	统一了中资和外资金融机构的外币利率管理政策。
2003年	7月，放开了英镑、瑞士法郎和加拿大元的小额存款利率管制； 8月，调整农村信用社改革试点地区信用社的贷款利率浮动幅度； 10月，《关于完善社会主义市场经济体制若干问题的决定》提出利率市场化改革纲领； 11月，放开美元、日元、港元和欧元的小额外币存款利率下限。

续表

时间节点	关键举措
2004 年	1 月，调整贷款利率浮动幅度，上限不再根据企业所有制性质、规模大小制定； 10 月，放开贷款利率上限，同步实施存款利率上限管理。
2007 年	上海银行间同业拆借利率（SHIBOR）正式公布使用。
2012 年	调整存款利率浮动上限和贷款利率浮动下限。
2013 年	7 月，全面放开对贷款利率和票据贴现利率的管制； 9 月，市场利率定价自律机制正式成立； 10 月，贷款基础利率的集中报价和发布机制正式运行； 12 月，中国人民银行实行《同业存单管理暂行办法》，首批同业存单成功发行。
2014 年	1 月，《金融机构合格审慎评估实施办法》发布； 11 月，调整存款利率浮动上限，同时调整兼并存贷款基准利率的期限档次。
2015 年	3 月，调整存款利率浮动上限； 5 月，调整存款利率浮动上限并放开小额外币存款利率上限； 6 月，《大额存单管理暂行办法》发布，以市场化方式确定大额存单利率水平； 8 月，放开金融机构一年以上（不含一年）的定期存款利率上限； 10 月，全面放开金融机构活期存款、一年以内（含一年）定期存款、协定存款、通知存款的利率上限。
2016 年	职工住房公积金账户存款利率统一调整为一年期定期存款基准利率。
2019 年	中国人民银行开始改革贷款市场报价利率（Loan Prime Rate，LPR）形成机制。

资料来源：根据中国人民银行各年度政策法规条文整理。

第 5 节　利差分析

我们在前面提到，利率是资金的价格，反映了市场供给和需求的均衡关系，市场利率波动的背后实际上对应的是市场资金供需均衡关系的变动，因此，利率本身便是反映市场真实状况的晴雨表。然而，有些时候不同利率如基准利率（货币市场）和无风险利率（国债市场）之间的联动关系往往能够反映经济运行中更多有价值的信息，此时单独对各个利率进行分析便显得不够直观，这些利率的差值便成为很好的市场分析指标。本节主要介绍两种常见的利差分析工具，分别是 TED 利差（TED Spread）和 LIBOR–OIS 利差。

一、TED 利差

TED 利差是欧洲美元（Euro Dollar）期货合约的价格（一般用伦敦银行间同业拆借利率 LIBOR 表示）与美国短期国债（T–bill）利率之差，TED 的名称则源于 Euro Dollar 和 T–bill 的首字母缩写。我们通常认为，美国国债几乎没有信用违约风险，因此美国国债利率被视为国际金融市场上的无风险利率，而我们前面已经介绍过，LIBOR是国际市场上具有代表性的市场基准利率，因此 TED 利差的实际含义是国际金融市场上市场利率与无风险利率之差，两个利率通常都用 3 个月期限的利率进行计算。用公式可以表示成：

$$\text{TED 利差} = 3\text{个月 LIBOR} - 3\text{个月美国国债利率}$$

TED 利差的单位一般取基点（Basic Points，缩写为 bps，100bps = 1%），例如，3个月期的 LIBOR 为 3%，美国国债利率为 2.5%，则 TED 利差为 50bps。

TED 利差是指示市场资金流动性状况以及风险偏好的指标，利差的上升通常暗示了市场存在潜在的信贷风险或流动性风险。LIBOR 是银行间同业拆借利率，它和无风险利率之差增大说明银行在向同业银行借出资金时将要求获得更高的风险补偿，这意味着银行间出现信用违约的可能性增大，资金流动性有收紧的趋势。反过来，当 TED 利差缩小，则表明市场流动性较好，投资者避险情绪较为缓和。

长期来看，TED 利差平均保持在 30～50bps 之间，当出现经济危机时，TED 利差会飙升至 200bps 以上。2008 年美国次贷危机期间，TED 利差一度超过了 400bps，最高达到了 458bps，意味着市场情绪较差，银行向同业借出资金要求超过 4% 的风险溢价，此时市场的流动性也受到了严重影响。图 10-10 是美国自 1986 年在 1 月至 2022 年 1 月的 TED 利差折线图。

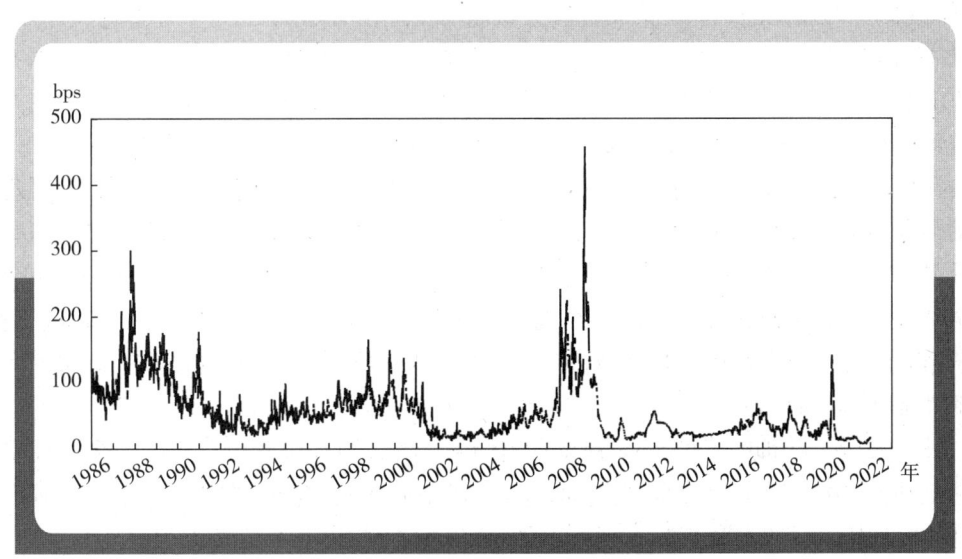

图 10-10　美国 1986 年 1 月至 2022 年 1 月的 TED 利差
（资料来源：原始数据来源于美联储）

可以看到，TED 利差基本保持在 100bps 以下，但有两次剧烈波动分别出现在 1987 年和 2008 年前后，分别对应 1987 年美国股灾和 2008 年的次贷危机。

作为国际金融市场上具有代表性的市场指标之一，TED 利差能够直接反映出市场投资者的避险情绪，同时也是衡量市场资金流动性状况的良好指标。剧烈波动的 TED

利差往往预示着潜在的金融危机。但是，TED 利差仅能保持和市场同步，能够客观地反映市场目前的状况，但是用于预测市场未来趋势的作用则较为有限。

二、LIBOR–OIS 利差

LIBOR–OIS 利差是另外一个较为常用的市场指标，其中 OIS 指 "Overnight Indexed Swaps"，即隔夜指数掉期，是利率掉期的一种。**OIS 是市场交易双方互换固定利率和浮动利率的掉期协议**，对于美元掉期，浮动利率通常用隔夜有效联邦基金利率按照付息周期进行复利计息，而固定利率则是协议执行期内有效联邦基金利率的市场预期利率。假设市场交易方 A 和 B 签订了名义本金为 1 亿美元、期限为 1 年的 OIS 协议，约定 A 在付息日向 B 支付按照浮动利率计算的利息，同时获得按 2% 的 3 个月期 OIS 利率计算的利息收入，每 3 个月付息一次。假定付息日当天的复合浮动利率是 1.9%，则对于 A 而言将获得利息净收入：

$$(2\% - 1.9\%) \times \frac{3}{12} \times 1 \text{ 亿美元} = 25000 \text{ 美元}$$

这里需要提醒读者，OIS 协议在付息日实际上仅交换了双方支付利息的差额，不涉及本金的交换，因此 OIS 利率几乎可以认为是无风险利率。

LIBOR–OIS 利差就是用同期限的 LIBOR 利率减去 OIS 利率得到的差值，单位为 bps，是衡量银行系统信用违约风险的指标。美联储前主席格林斯潘（Alan Greenspan）称 LIBOR–OIS 利差是银行偿债能力的晴雨表（"LIBOR–OIS remains a barometer of fears of bank insolvency."）。和 TED 利差类似，当 LIBOR–OIS 利差增大时，暗示银行预期同业的违约风险增大，因此在借出资金时要求获得更高的风险溢价，收取的利率会更高。

注意，尽管 LIBOR 也可以反映银行间市场的流动性状况，但 LIBOR–OIS 利差的波动却主要是用来衡量银行的信用违约风险而不是流动性风险，这是因为，OIS 利率本身就是联邦基金利率（美国银行同业拆借利率）的市场预期值，它同样可以反映市场资金的流动性状况，因此在信用违约风险相对不变的情况下，LIBOR 利率和 OIS 利率对于市场流动性的指示作用是一致的，因此同期限的两个利率之差实际上剔除了反映流动性水平变化的部分。

长期来看，LIBOR–OIS 利差保持在 10bps 左右，当经济发生危机时，这一利差会迅速上升，2008 年美国次贷危机期间，这一利差上升到 50bps 左右，表明了当时市场的高风险环境，随着危机解除，利差又回到 10bps 左右。2018 年意大利政局发生动荡，影响到欧元区市场稳定，LIBOR–OIS 利差又上升到 50bps 左右。

相比于单独使用某个利率分析市场，利差分析工具提供了更加丰富的信息，TED 利差是指示市场投资者情绪的良好指标，而 LIBOR–OIS 利差则反映银行间市场信用违约风险的变化。TED 利差上升预示着银行间出现信用违约的可能性增大，资金流动性有收紧的趋势，LIBOR–OIS 利差的上升则主要反映银行间信用违约风险增大。两种利差工具都是反映国际市场运行状况的晴雨表，辅助投资者把握市场资金流动性状况和违约风险程度，从而调整资产组合，规避潜在风险。

 知识窗

什么是隔夜指数掉期（OIS）？

隔夜指数掉期（OIS）是两个金融机构之间互换其支付的利率的金融衍生品（即掉期合约）。通过 OIS 交易，这两个金融机构无须再融资或更改从其他金融机构获得的贷款条款即可满足各自需求。我们下面简单介绍一下 OIS 交易的基本原理。

假定机构 A 持有一个 3 个月期限的 1000 万美元贷款，利息支付标准为隔夜利率水平。因为隔夜利率水平每天都在变化，所以机构 A 持有的利率即为浮动的隔夜利率。与此同时，机构 B 也持有一个 3 个月期限的 1000 万美元贷款，但是利息支付标准为固定利率 3%。上述利率标准均为年化利率。

此时，机构 A 因为某种原因对自己持有的浮动利率不满意（如机构 A 判断市场利率将会不断上行），而更愿意持有一个固定利率水平，这样其贷款利率成本就可以固定下来。很巧的是（必须很巧，否则掉期交易就不会存在），机构 B 对自己持有的 3% 固定利率也不满意，更希望能够持有一个浮动利率水平，可能是因为机构 B 判断未来市场利率会比 3% 更低。

基于以上背景，机构 A 和机构 B 就可以开展 OIS 交易。首先，A 和 B 两个机构需要达成共识，双方继续偿还各自原来的贷款，在 3 个月期间不需要进行任何本金和利息的交换（因为现实中双方各自的贷款也不一定真正存在）。在指定的时间段结束时（如在本例中为 3 个月），双方进行资金交割，交割的规则是：与掉期合约规定相比，A 和 B 哪一方利息少支出了，就要将少支出的金额补偿给对方即可。

为了便于理解，我们举一个例子来说明。假定 3 个月结束时每天都浮动的隔夜利率平均下来是 2.5%，这意味着机构 A 在没有与机构 B 进行互换交易之前其应该支出的利息成本是 2.5%×1000 万元×（1/4）=6.25 万元，但是根据掉期合约机构 A 需要支出的利息成本则是 3%×1000 万元×（1/4）=7.5 万元。也就是说，与掉期合约规定的标准相比，机构 A 在 3 个月期间一共少支出 7.5 万元 - 6.25 万元 = 1.25 万元，所以按照 OIS 合约，机构 A 需要在 3 个月结束时向机构 B 支付 1.25 万元，交易完成。

在这个例子中，我们再看一下机构 B 的情况。机构 B 在 3 个月期间一直按照自己原来的 3% 固定利率支出利息，但是按照掉期合约机构 B 实际应该支出的成本则是浮动利率的平均数，即 2.5%。所以，与 OIS 合约规定相比，机构 B 多支出了 0.5%（3% - 2.5%）对应的利息成本。当 3 个月结束时机构 B 收到机构 A 支付的 1.25 万元，机构 B 也实现了掉期合约规定的自己应该支出的利率标准。

综合上述分析，在本例中，在3个月结束时，机构A给机构B支付0.5%所对应的金额（根据本金即可计算金额）之后，机构A兑现了互换承诺（即换到了3%的利率水平），机构B也兑现了互换承诺（即换到了2.5%的浮动利率平均数）。

OIS不仅是一个掉期产品，而且对应于一个具体利率的数值，即隔夜利率平均值。在国际金融市场上，OIS利率（即隔夜利率平均数）每天都会被公布，金融机构和投资者可以观察OIS利率的变化来判断隔夜利率的运行趋势。

复习要点

1. 利率的定义。
2. 利率决定论。
3. 利率定价。
4. 利率市场化。
5. 利差的含义。

关键术语

单利	复利	现值	终值
LIBOR	CHIBOR	SHIBOR	古典利率决定论
可贷资金理论	IS–LM曲线	IS–PC–MP利率决定机制	
利率定价	成本加利润定价	边际成本定价	价格表定价法
客户关系定价法	TED利差	OIS（隔夜指数掉期）	LIBOR–OIS利差

练习题

1. 客户把资金存到银行，银行支付的利率的含义是什么？
2. 为什么LIBOR是国际货币市场上利率定价的基准？
3. 不同的利率决定理论或者机制彼此之间有什么异同？
4. 商业银行对存款利率进行定价，可以参考哪些方法？
5. TED利差如果突然增大，暗示出什么市场信息？
6. 如果LIBOR–OIS利差增大，说明什么问题？

第10章
课后习题答案

第 11 章 收益率曲线与利率期限结构

学习目标

学完本章后，你将掌握：
1. 到期收益率
2. 收益率曲线
3. 利率期限结构理论
4. 信用风险与税收对利率期限结构的影响
5. 期限结构的应用

第 1 节 到期收益率

我们在之前的章节介绍了利率和收益率的概念，并且介绍了利率的决定因素。在之前的内容中，我们讨论利率的决定因素时并没有区分哪种利率，特别是没有对不同期限金融产品的利率进行区分，而是统称为利率。现实世界中金融产品的期限多种多样，例如，存款和贷款有 1 年期、2 年期、5 年期等不同的到期期限；债券有 10 年以上的长期国债（T-bond），也有 2~10 年期限的中期国债（T-note），还有 1 年以内的短期国债（T-bill）。这些不同期限的利率走势总体上经常表现为同涨同跌，但是不同利率变化的幅度可能不同，甚至有些利率与其他利率的走势发生背离。因此，不同期限的利率彼此之间的利差（Spread）在不同时期可能会变窄或者变宽。不同期限的利率之间的关系可以用利率的期限结构理论进行刻画。

在介绍利率的期限结构理论之前，我们需要首先回顾到期收益率（Yield to Maturity，YTM）的概念。到期收益率的概念对于刻画债券的面值、发行价以及票面利率等信息至关重要。我们之前介绍过，一张票面标价 1000 元、票面利率为 2% 的债券，根据市场上总体利率情况以及债券发行主体的信用属性等因素，投资者购买该债券实际付出的价格可以是 1000 元，也可以是 900 元，还可以是 1100 元。无论以哪种价格成交，到期偿还额均为票面额 1000 元。正是由于债券的面值与发行价可能有差异，所以债券的投资收益不仅取决于票面利率和偿还期限，还取决于面值与发行价之间的价差。

一般情况下，债券的到期收益率隐含在发行价（或者说实际成交价）、息票以及债券面值构成的折现等式中,或者说到期收益率是使债券投资的所有未来收益现值之和等于当前购入成本的折现率(或称为贴现率)。对于1年期的债券,到期收益率比较直观,因此我们先以1年期面值1000元、发行价900元、每年付息50元(即息票利率5%)的债券为例,持有1年到期的收益率就是利息收入加上价差获利再除以购买成本,即

$$r = (50 + 1000 - 900)/900 = 16.7\%$$

我们也可以把上例中的到期收益率放在折现等式中,即

$$900 = \frac{50}{1+r} + \frac{1000}{1+r}$$

也就是说,现价900元是未来1年中投资者收入息票50元和面值1000元的折现,**折现因子**反映了投资者所要求的补偿(无风险利率+风险溢价)。因为购买价格大大低于票面价格,所以到期收益率应该明显高于5%的票面利率。按照这个公式进行计算,同样可以获得到期收益率的结果为16.7%。可以想见,如果现价上升到1000元(等于面值),那么购买该债券并持有到期的收益率必定等于票面利率,即5%。读者可以根据这个简单的例子揣摩现价变化与到期收益率之间的对比关系。

当债券的到期期限超过1年,到期收益率的计算就不像上面例子这样直观。我们把刚才的例子拓展到5年期,假定投资者以900元购买了面值1000元、票面利率5%的5年期债券,每年付息一次,持有到期该笔投资的到期收益率是多少(年化收益率)?

在这个例子中,期初支付成本900元,从第1年结束(第2年起始)开始一直到第5年结束(第6年起始)时,每年都会获得50元息票收入,并且在第5年结束时获得面值收入,这个过程可以用下图表示:

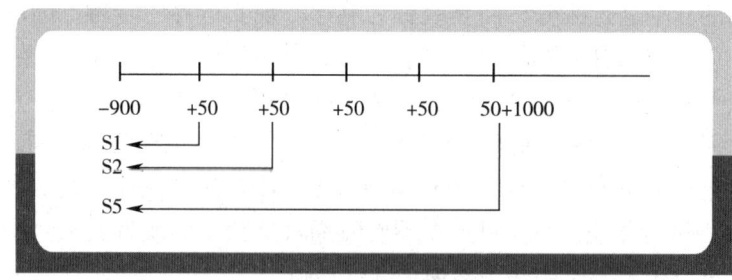

因此,期初的900元支出相当于未来各期收入折现到现在的价值,即

$$900 = \frac{50}{1+r} + \frac{50}{(1+r)^2} + \frac{50}{(1+r)^3} + \frac{50}{(1+r)^4} + \frac{50+1000}{(1+r)^5}$$

上面公式中的 r 就等于到期收益率,也是我们在第9章介绍的债券定价公式中的折现因子。利用金融计算器或者其他数学计算手段,可以获得 r 的数值为7.8%,即购买该债券持有到期的年化收益率是7.8%。

第 2 节 收益率曲线

收益率曲线是刻画在某一时刻证券产品的利率或者收益率与到期期限之间关系的曲线,显示出利率如何随到期期限变化而变化。对于同一种证券产品,其利率或者说收益率随着期限变化而有所不同,利率与到期期限之间的关系就是利率的期限结构。不难看出,收益率曲线是利率期限结构的图示。图 11-1 给出了收益率曲线示意图。

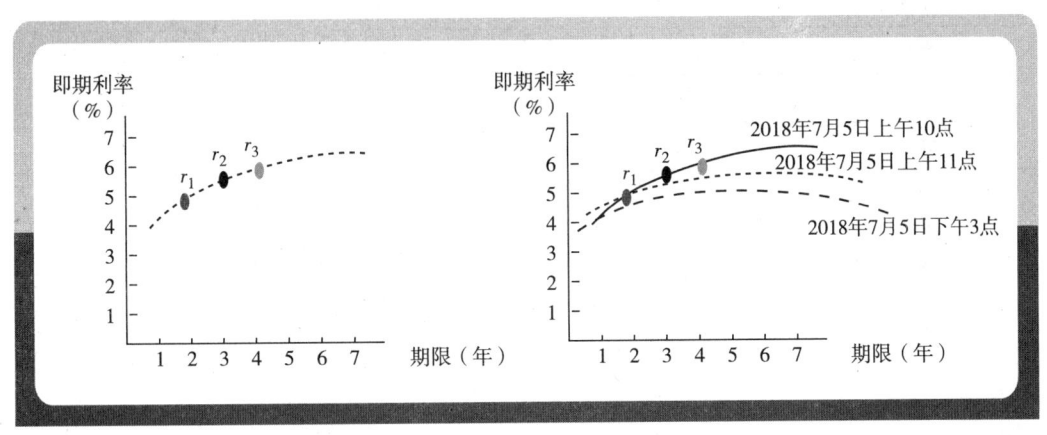

图 11-1 收益率曲线示意图

另外,从以上定义可以看出,我们构建利率期限结构或者收益率曲线时,往往针对某一种证券产品,而不是考察不同证券产品彼此之间的期限与到期收益率之间的关系。也就是说,聚焦于同一种证券产品分析利率期限结构可以简化分析,因为不必考虑不同产品存在的风险不同、税收政策不同等因素带来的影响。

需要注意的是,要考察同一种证券产品的不同期限对应的收益率,首先需要明确考察的时点,因为在发达的证券市场上,同种证券产品的收益率也每时每刻都在变化。例如,2019 年 1 月 16 日各个期限的国债收益率与 2019 年 1 月 17 日各个期限的国债收益率并不相同。即使在同一天不同时点,证券产品各期限的收益率也不尽相同,例如图 11-1 中右侧图上的 2018 年 7 月 5 日上午 10 点、11 点和下午 3 点的收益率曲线形状各不相同,只不过时间临近时收益率曲线可能总体上形状变化不大。因此,我们分析收益率曲线和期限结构问题,一定要说清楚具体是哪个时点。

为了说明问题,我们以国债收益率曲线和期限结构为例来进行说明。表 11-1 列出了 2010 年 1 月 15 日和 2019 年 1 月 16 日的各期限对应的国债收益率情况。根据表中所列的收益率情况,图 11-2 描绘了表中三个不同日期对应的收益率曲线形状。从图 11-2 中的收益率曲线形状可以看到,三个不同日期对应的收益率曲线形状差别比较明显,无论是收益率曲线的位置还是斜率在不同时间点都发生比较明显的变化。另外,2010 年 1 月 15 日与 2019 年 1 月 16 日的收益率曲线总体上都是朝右上方倾斜,属于比较正常的收益率曲线；但是 2015 年 1 月 20 日的收益率曲线却出现了长短期"倒挂"的情形，即 1 年期和 2 年期的收益率低于 3 个月的国债收益率，而且总体上看该收益率曲线图形非常扁平。

表 11–1　　　　　　　　　　中国的国债期限与收益率

期限	2010 年 1 月 15 日	2015 年 1 月 20 日	2019 年 1 月 16 日
3 个月	1.3121	3.2206	2.3198
1 年	1.6019	3.1812	2.36
2 年	2.1216	3.1936	2.5212
3 年	2.557	3.2166	2.7457
5 年	3.0121	3.399	2.9047
10 年	3.6871	3.4711	3.0745

数据来源：中国债券信息网。

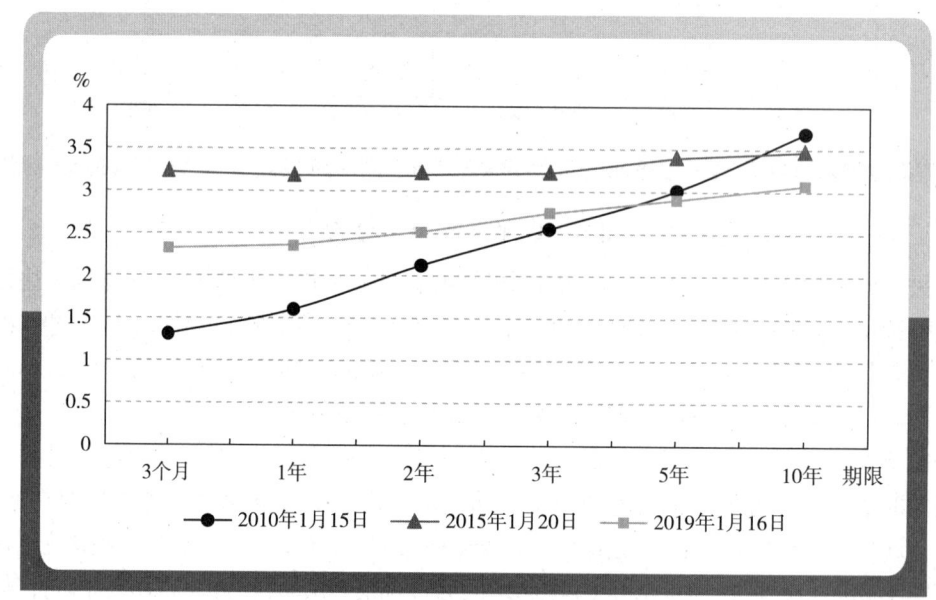

图 11–2　中国国债收益率曲线

通过以上分析可以看到，收益率曲线所体现出的斜率和收益率曲线的位置反映了利率期限结构。由于不同时间点收益率曲线的形状变化明显，所以在不同时期观察收益率曲线可以看到各种形状。根据收益率曲线的具体形状特征，可以概括为三种类型，即正常型收益率曲线、扁平型收益率曲线和倒挂型收益率曲线，图 11–3 给出了三种类型收益率曲线的示意图。在正常情况下，收益率曲线向右上方倾斜，因为一般情况下期限越长补偿越高，相应的收益率就会越高，反映可投资风险随期限拉长而升高的情形。

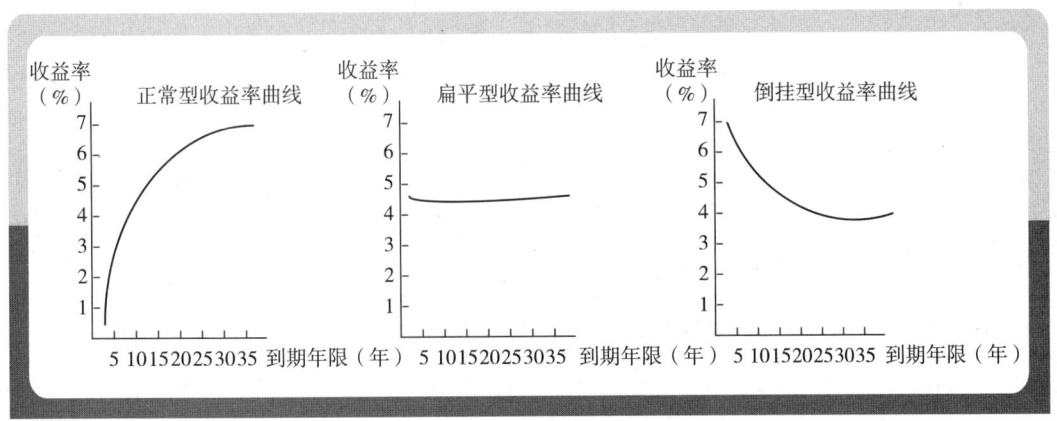

图 11-3　不同形状的收益率曲线

在极端情况下，长短期利率可能出现倒挂，即期限越长收益率反而越低，出现倒挂型收益率曲线，图 11-2 所示的 2015 年 1 月 20 日中国国债收益率曲线就出现过这样的例子。倒挂型收益率曲线的形成有两种可能：一方面反映短期证券过剩，因证券供给过多而压低价格，从而抬高收益率（债券成交价格与到期收益率成反比关系）；另一方面可能反映长期证券短缺或者说市场对长期证券具有更强劲的需求，从而抬高证券价格进而拉低拉了到期收益率。

当经济增长时，正常或向上倾斜的收益率曲线可能会持续；反之，当经济陷入衰退时，倒挂或向下倾斜的收益率曲线很可能会出现。收益率曲线与宏观经济之间存在这种关系的一个根本原因是，长期资本投资的高低水平如何可能有助于刺激或控制经济。通过发行更低收益率的长期证券，企业和政府都可以以负担得起的成本获得所需的投资资本，以扭转疲软的宏观经济。

从投资者角度看，当经济走向衰退的时候，市场预期未来利率会下降，所以投资者更愿意投资长期证券，以锁定目前更高的收益率。这就会增加对长期证券的需求，证券价格升高，从而降低了收益率。与此同时，很少有投资者希望投资于短期证券，因为以后利率还会更低。随着对短期证券需求的减少，它们的价格下降，从而短期证券的收益率上升。这样就可能会产生倒挂型收益率曲线。当倒挂型收益率曲线出现时，则暗示经济很可能将下行。

我们可以从下面的例子来体会正常型收益率曲线与倒挂型收益率曲线的情形（票面利率 c，票面价格 F，发行价 P）：

（1）正常型

$$1 \text{ 年期}, c = 2\%, F = 1000, P = 950$$
$$2 \text{ 年期}, c = 2\%, F = 1000, P = 900$$

计算得 $YTM_1 = 7.4\%$；$YTM_2 = 7.49\%$

(2) 倒挂型

$$1 \text{ 年期}, c = 2\%, F = 1000, P = 950$$
$$2 \text{ 年期}, c = 2\%, F = 1000, P = 1000$$
$$\text{计算得 YTM1} = 7.4\%; \text{YTM2} = 2\%$$

作为进一步练习，表 11-2 归纳了 2022 年 3 月 11 日中国债券市场各主要关键期限到期收益率情况，读者可以根据各个产品不同期限的到期收益率绘制相应的收益率曲线，观察并分析收益率曲线的形状。

表 11-2　　2022 年 3 月 1 日各主要关键期限到期收益率　　单位:%

曲线名称	3M	6M	9M	1Y	3Y	5Y	7Y	10Y	15Y	20Y	30Y	50Y
中债国债收益率曲线	1.90	2.00	2.01	2.05	2.30	2.54	2.80	2.80	3.12	3.19	3.37	3.47
中债农发行债收益率曲线	1.90	2.05	2.10	2.18	2.64	2.80	3.05	3.19	3.44	3.44	3.52	
中债进出口行债收益率曲线	1.90	2.03	2.12	2.17	2.62	2.84	3.08	3.19	3.45	3.48		
中债国开债收益率曲线	1.91	2.04	2.11	2.14	2.62	2.75	3.10	3.06	3.43	3.44	3.53	3.73
中债地方政府债收益率曲线（AAA）	1.99	2.02	2.06	2.10	2.58	2.81	3.03	3.13	3.40	3.49	3.52	1.99
中债地方政府债收益率曲线（AAA-）	2.03	2.05	2.09	2.25	2.66	2.90	3.11	3.27	3.49	3.55	3.58	2.03
中债铁道债收益率曲线	2.40	2.45	2.49	2.53	2.83	3.30	3.51	3.62	3.81	3.90	3.97	
中债铁道债收益率曲线（减税）	2.31	2.35	2.41	2.43	2.71	2.97	3.19	3.29	3.50	3.60	3.67	
中债城投债收益率曲线（AAA）	2.42	2.48	2.51	2.58	2.97	3.39	3.69	3.85	4.05	4.11	4.12	
中债城投债收益率曲线（AA+）	2.48	2.55	2.58	2.67	3.11	3.55	3.88	4.05	4.25	4.31	4.32	
中债城投债收益率曲线（AA）	2.55	2.62	2.65	2.78	3.34	3.82	4.20	4.37	4.57	4.63	4.64	
中债中短期票据收益率曲线（AAA）	2.43	2.48	2.50	2.57	2.94	3.39	3.60	3.75	3.93			
中债中短期票据收益率曲线（AA+）	2.53	2.58	2.61	2.68	3.11	3.61	3.84	4.01	4.19			
中债中短期票据收益率曲线（AA）	2.61	2.64	2.67	2.74	3.52	4.22	4.45	4.62				
中债中短期票据收益率曲线（AA-）	4.98	5.02	5.05	5.12	5.90	6.61						

续表

曲线名称	3M	6M	9M	1Y	3Y	5Y	7Y	10Y	15Y	20Y	30Y	50Y
中债商业银行普通债收益率曲线（AAA）	2.30	2.39	2.46	2.52	2.80	3.25	3.48	3.61	3.78	3.88	3.96	
中债商业银行普通债收益率曲线（AA+）	2.36	2.45	2.52	2.58	2.87	3.32	3.55	3.68	3.85			
中债商业银行普通债收益率曲线（AA）	2.45	2.54	2.61	2.73	3.13	3.61	3.84	3.97	4.14			
中债资产支持证券收益率曲线（AAA）	2.48	2.59	2.61	2.69	2.95	3.33	3.56	3.80	4.00	4.05	4.28	
中债资产支持证券收益率曲线（AA+）	2.61	2.78	2.82	2.92	3.45	3.79	4.00	4.25	4.44	4.50	4.71	
中债资产支持证券收益率曲线（AA）	2.92	3.13	3.17	3.34	3.91	4.21	4.42	4.68				
中债企业债收益率曲线（AAA）	2.41	2.46	2.48	2.53	2.93	3.37	3.57	3.80	3.93	4.01	4.08	
中债企业债收益率曲线（AA+）	2.51	2.57	2.58	2.64	3.08	3.54	3.76	3.99	4.12	4.20	4.27	
中债企业债收益率曲线（AA）	2.63	2.69	2.70	2.78	3.50	4.21	4.44	4.67	4.80	4.88	4.95	
中债企业债收益率曲线（AA−）	4.99	5.05	5.06	5.14	5.86	6.57	6.81	7.04	7.17	7.25	7.32	
中债企业债收益率曲线（A）	9.58	9.64	9.65	9.73	10.45	11.17	11.41	11.64	11.77	11.85	11.92	
中债企业债收益率曲线（BBB）	17.62	17.68	17.69	17.80	18.49	19.21						
中债企业债收益率曲线（BB）	26.62	26.68	26.69	26.77	27.49	28.21						
中债企业债收益率曲线（B）	35.62	35.68	35.69	35.77	36.49	37.21						
中债企业债收益率曲线（CCC）	44.11	44.17	44.23	44.29	44.94	45.42						
中债企业债收益率曲线（CC）	100.00	100.00	100.00	100.00	54.87	53.12						

中国人民银行公布1年期金融机构人民币存款基准利率为1.50%，1年以内（含1年）金融机构人民币贷款基准利率为4.35%

第3节 利率期限结构理论

一、利率期限结构的定义

收益率曲线所反映的利率期限结构在金融市场上有广泛的应用价值，如企业债券定价、股票估值、商业银行确定贷款利率等。对于利率的期限结构（即不同期限利率之间的关系），因为不仅涉及不同期限，而且涉及不同时间点，所以还涉及即期利率与远期利率的概念。所谓**即期利率**，就是指当前（当期）对不同期限的债权债务所标明的利率，可以是 1 年期或者 5 年期的即期利率；所谓远期利率，就是指站在当前时刻看未来某个时点的利率情况，例如 1 年以后的各个期限的利率水平，就是远期利率，可以是远期的 1 年期、5 年期或者 10 年期利率。

利率期限结构理论就是用来刻画即期的长期利率与未来远期的短期利率之间关系的理论。根据特定的期限结构理论，我们可以找到远期利率隐含在给定的即期利率中的某种联系，从而使得

> 利率期限结构是指给定时间点上不同期限利率彼此之间的关系。

即期利率与远期利率存在一种内在的紧密联系和约束关系，这种内在联系本质上是使当前一次性投资与未来分期投资的获利结果无差异。

为了说明问题，我们来看下面这个例子：假定现在是 2022 年 1 月 5 日，投资者面对着 2 年的投资周期，假定投资对象就是国债，而且知道当前 1 年期和 2 年期的国债利率（收益率）分别为 2.25% 和 2.40%。如果你是投资者，你会选择如何投资呢？显然，我们可以有两种选择，一是一次性投资 2 年期国债（按复利计算），二是当期购买 1 年期国债，然后在 1 年以后再购买一次 1 年期国债。这两种选择的边界条件（也就是无差异条件）是带来的获利结果对于投资者而言无差异，即

$$(1 + 2.4\%)^2 = (1 + 2.25\%)(1 + {}_{t+1}r_1)$$

其中，${}_{t+1}r_1$ 表示 1 年以后的远期利率（1 年期）水平（左下标表示 $t+1$ 时刻，右下标表示期限），我们可以把即期长期利率写成即期短期利率与远期短期利率的几何平均（即开平方）形式：

$$2.4\% = [(1 + 2.25\%)(1 + {}_{t+1}r_1)]^{1/2} - 1$$

我们还可以根据这个条件计算出 1 年以后的 1 年期国债利率水平 ${}_{t+1}r_1$ 为 2.55%。当然，我们还可以根据以上思路依次推算出第 3 年，第 4 年，…，第 n 年的远期利率。

二、纯粹预期理论

以上介绍的内容本质上是经典的利率期限结构理论中最重要的一种，即**纯粹预期理论**(Pure Expectations Theory，PET)。概括起来，对于利率期限结构，经典的理论解释有 4 种，即纯粹预期理论（Pure Expectations Theory，PET）、流动性溢价理论（Liquidity Premium Theory，LPT)、市场分割理论（Segmented Markets Theory，SMT)、偏好栖息地理论（Preferred Habitat Theory，PHT)。

纯粹预期理论是最基本和最重要的，也是其他几种理论的基石。对于纯粹预期理论来说，其基本假设包括如下：

(1) 投资者有最大化持有期收益的愿望；
(2) 投资者对不同期限债券没有机构偏好；
(3) 交易成本为零；
(4) 众多投资者对未来利率形成预期，并以此预期为行为指导。

基于以上假设，纯粹预期理论的基本内容是：即期长期利率是当期短期利率与预期远期短期利率的几何平均。纯粹预期理论认为：收益率曲线的形状由借款人与出借人对未来利率的预期决定，预期变化会引起收益率曲线形状的变化。

上述例子中的远期利率 $_{t+1}r_1$ 更准确的说法是隐含的远期利率（Implicit Forward Interest Rate)。我们仍然以 2 年为投资周期，然后用 R_1 和 R_2 分别表示即期利率的 1 年期和 2 年期，那么隐含远期利率（$_{t+1}r_1$）与即期利率之间的一般表达式可以写成

$$(1 + R_1)(1 + {_{t+1}r_1}) = (1 + R_2)^2$$

当然，如果当期投资不是复利形式而是简单的单利形式计算，上式就变成

$$R_1 + {_{t+1}r_1} = 2R_2$$

为了简单起见，我们下面以复利形式作为基准进行介绍。基于复利形式的纯粹预期理论公式，可以把隐含的远期利率写出来，代入之前例子中的数据可得

$$_{t+1}r_1 = \frac{(1 + R_2)^2}{(1 + R_1)} - 1 = \frac{(1.024)^2}{1.0225} = 0.025502 \approx 2.55\%$$

根据纯粹预期理论，隐含远期利率 2.55% 是市场对于 1 年以后的 1 年期利率水平的一致性预期。

反过来，当市场预期的远期利率水平发生变化，即期利率水平也会发生变化，从而改变当前的收益率曲线形势。例如，在刚才的例子中，市场预期的远期 1 年期利率水平是 2% 而不是 2.55%，那么显然投资者当前就会购买和持有 2 年期国债，而不购买（或者卖出手上持有的）1 年期国债，那么当前 1 年期国债的价格就会下降，收益率相应上升；与此相应，当前 2 年期国债的价格会上升，收益率相应下降。从数字上看，当前 1 年期国债收益率就会高于之前的 2.25%，而当前 2 年期国债收益率就会低于 2.4%。投资者的买卖行为会一直持续下去，直到纯粹预期理论对应的等式再次成立为止。

当然，如果市场预期未来的 1 年期国债收益率会上升到 3%，那么上述情形就会发生反转。纯粹预期理论就是基于以上逻辑，认为市场预期主导投资策略变化，进而影响收益率曲线形状和利率期限结构，投资者在最大化投资收益过程中对于不同期限的投资处于无差异状态。

显然，如果对未来短期利率的预期发生变化，则当前的长期利率也会变化，则收益率曲线就发生变化，因此收益率曲线形状受预期影响。如图 11-4 所示，在即期的 1

年期利率为5%时，预期1年后的1年期利率为7%，则即期的两年期利率为5.99%，而若预期一年后的1年期利率变为9%，则即期的2年期利率变为6.98%。

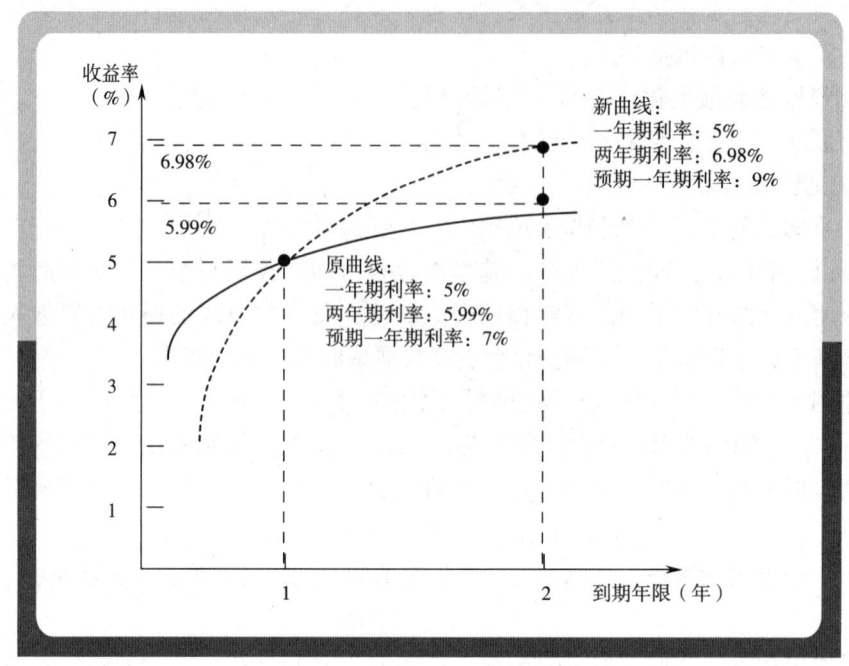

图11－4 预期收益率变化对收益率曲线形状的影响

从之前的等式$(1+R_1)(1+{}_{t+1}r_1)=(1+R_2)^2$还可以看出，如果预期的远期短期利率${}_{t+1}r_1$高于当前短期利率$R_1$，那么$R_2$必定高于$R_1$。也就是说，如果预期未来利率上升，那么当前的长期利率就会高于当前的短期利率，从而形成当前的一个向右上方倾斜的收益率曲线。反过来，如果当前的情形是R_2高于R_1，即向右上方倾斜的收益率曲线，那就预示着市场预期未来短期利率会上升。也就是说，如果我们洞悉到市场预期的走势，可以判断当前的收益率曲线形状；反过来，如果我们观察到当前收益率曲线的形状，也可以通过收益率曲线形状判断未来利率走势。

以上例子是2年期的投资周期，下面我们拓展到10年期或者n年期的情形，此时纯粹预期理论对应的表达式可以写成

$$(1+{}_tR_L)^{10}=(1+{}_tR_1)(1+{}_{t+1}r_1)(1+{}_{t+2}r_1)\cdots(1+{}_{t+9}r_1)$$

或者将长期债券收益率写成整个投资周期内当前1年期债券收益率和预期未来1年期债券收益率的几何平均，这也是纯粹预期理论的核心内容：

$$_tR_L=\sqrt[n]{(1+{}_tR_1)(1+{}_{t+1}r_1)(1+{}_{t+2}r_1)\cdots(1+{}_{t+n-1}r_1)}-1$$

在纯粹预期理论框架内，隐含的远期利率就是市场预期远期利率的无偏估计。

三、流动性溢价理论

纯粹预期假定了投资者对于长短期证券的取舍完全取决于各自的利率对比，也就是认为长短期利率可以完全互相替代，并没有考虑长期证券面临的市场风险更高的因

素。**流动性溢价理论**对这一假设进行了修正,认为证券的期限越长则应该有一定流动性溢价补偿,这种流动性溢价称为期限溢价(Term Premium),这样才可以达到长短期完全可替代的情形。所以,债券的期限也就是流动性也会影响收益率曲线:一般情况下,债券期限越长,市场风险(价格波动带来的)越大。

在纯粹预期理论中,我们假设投资者是风险中性的。但是如果是风险厌恶呢?考虑如下情形:

(1)购买1年期债券;
(2)购买2年期债券,但1年后将其卖掉。

策略(1)没有风险,因为投资者确定知道收益率;策略2有风险,因为最终的收益率取决于利率的变化情况。由于策略(2)有风险,因此如果2个策略的收益率相同,则风险厌恶的投资人是不会选择策略(2)的。只有当策略(2)的预期收益率高于策略(1)时,风险厌恶的投资人才会认为策略(1)和策略(2)无差别。

在纯粹预期理论中我们看到,1年后的即期利率是 $_{t+1}r_1$ 时,两个策略预期收益相同,因此在考虑到长期证券可能有更高风险之后,需要 $_{t+1}r_1 >$ 远期的即期利率才能实现两种投资方案无差异。事实上,债券期限不同从而流动性不同会影响收益率曲线:债券期限越长市场风险(价格波动带来的)越大。期限的风险补偿是流动性溢价理论在纯粹预期理论基础上的拓展。因此,流动性溢价理论给出的长期债券利率公式可以写成

$$_tR_L = \sqrt[n]{(1+_tR_1)(1+_{t+1}r_1)(1+_{t+2}r_1)\cdots(1+_{t+n-1}r_1)} - 1 + TP(\text{Term Premium})$$

对比这个公式与之前纯粹预期理论中的公式可以看出,在其他条件相同的情况下,同一时刻流动性溢价理论对应的收益率曲线应该在纯粹预期理论对应的收益率曲线之上,见图11-5。而且,期限越长对应的期限溢价也越大。

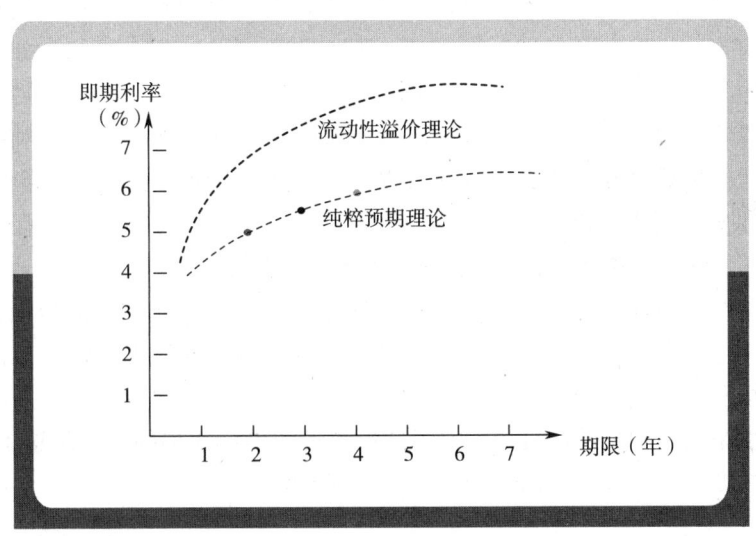

图11-5 流动性溢价理论与纯粹预期理论对应的收益率曲线

四、市场分割理论

市场分割理论认为不同期限的债券彼此之间的替代性很差，资金在不同期限市场之间流动很少。市场分割理论对于纯粹预期理论的第二条假设（对于期限没有偏好）持有不同观点，认为投资者对不同期限的债券具有很强的偏好。从资金出借方角度看，一方面短期证券产品具有流动性和价格稳定性，所以短期产品具有更低的市场风险；但另一方面，长期证券产品可以提供稳定的收入，投资者（资金出借方）购买长期产品可以锁定长期固定收益，所以偏好稳定收入的投资者更倾向于长期产品，而偏好低风险的投资者则更倾向于短期产品。

与此同时，从融资方（如需要借钱的企业）角度来看，也存在明显的期限偏好。融资用于支持存货的企业更偏好短期资金，而需要资金购买住房的融资者则更偏好长期固定利率的住房抵押贷款产品，从而避免购房之后利率上升带来的风险；对于进行长期资本投资的融资企业来说，它们则更偏好长期资金，从而锁定资金成本。

因此，市场分割理论认为，企业拥有很强的动机来对它们的负债期限进行一一配对。例如，人寿保险公司的负债主要是长期类型，因此它们就更偏好长期企业债券和住房抵押信贷产品。对于这类企业来说，短期证券产品就没有什么吸引力。而对于商业银行来说，负债结构中短期流动性负债比较高，因此更偏好短期证券产品。

基于以上种种情形考虑，市场分割理论认为不同期限的证券产品彼此之间的可替代性很低，不同期限产品的市场几乎是彼此分割互不相通的。由于市场是分割的，所以各个期限产品对应的部门具有彼此分割的供给与需求情况，各自市场决定了各自的收益率情况，其他期限产品的市场对与之不同的期限产品市场的收益率影响很小，因此资金也不会因为与之不同的期限市场的利率变化而出现流动。

市场分割理论暗示，企业债与国债的管理决定会显著影响收益率曲线的形状。如果企业和政府当前主要发行长期证券产品，那么收益率曲线相对陡峭。如果企业和政府主要发行短期产品，则短期收益率要比长期收益率相对更高。从市场分割理论来看，国债管理是影响收益率曲线形状的经济政策。假使财政部想要降低长期利率从而刺激企业进行厂房扩建等投资，那么财政部可以只发行短期国债，这样短期国债的到期收益率就会增加而长期债券到期收益率就会下降。中央银行还可以进一步在二级证券市场进行出售短期证券而买入长期证券进而也会影响（降低）长期利率。

当然，市场分割理论不是唯一暗示财政政策可以影响长期利率的理论，纯粹预期理论和流动性溢价理论也表明财政政策可以影响市场利率，只不过影响机制主要是通过对未来市场利率的预期进行调控。对于一个国家而言，究竟哪个利率期限结构理论更能刻画现实情况，则据此而设计的宏观调控政策效果会更加明显。从这个意义上说，深入理解利率期限结构理论的内容具有重要的经济意义。

五、偏好栖息地理论

偏好栖息地理论（Preferred Habitat Theory）也可以称为偏好领地理论，这里的

"栖息地"是指投资者对某一种期限品类的证券产品具有偏好,犹如他们所偏好的一块栖息地一样,所以叫偏好栖息地理论。有些教材翻译成"偏好习性理论""优先聚集地理论"和"期限选择理论"等,都是指偏好栖息地理论。

偏好栖息地理论综合其他三种期限结构理论,是一个混合型理论。这一理论认为投资者和融资者对特定期限产品具有很强的偏好,即投融资双方都有一个期限偏好的栖息地,从而会形成一定程度的短期和长期证券产品的市场分割(这是市场分割理论的假设内容)。因此,收益率曲线形状不完全与纯粹预期理论和流动性溢价理论相符。同时,偏好栖息地理论又不同于市场分割理论,它认为预期在利率期限结构中也扮演重要角色(这是预期理论的核心内容)。也就是说,虽然投资者有偏好,但这种偏好并不是绝对的,而是会受到预期变化影响的。当不同期限的证券之间预期收益率之差达到一定临界值后(本质上就是流动性溢价足够高),投资者就可能放弃他所偏好的那种证券,转而投资于预期收益率较高的证券。例如,如果商业银行管理层预期长期证券收益率会大大超过短期证券收益率,他们就会改变原来偏好的栖息地(即短期产品市场),转而投资于中长期证券产品。因此,由于投资者偏好栖息地的存在,不同期限的证券不可能完全相互替代,但是当预期不同期限证券的收益率之差达到一定程度时,替代就会发生。

第4节　信用风险与税收对利率期限结构的影响

一、利率的风险结构

除了期限等因素影响利率,证券的信用风险(Credit Risk)和收益的纳税特性也影响不同利率彼此之间的差异。本节介绍信用风险和纳税特性对具有相同期限的证券产品的利率如何影响。

首先,信用风险涉及信用评级,信用评级能够表征出对应的证券产品的违约风险。所谓**违约**(Default),是指证券发行者不能完全兑现产品发行合约中的条款。对于债券来说,违约指的是债券发行方不能按合约条款按期支付利息或者债券到期不能按照债券面值赎回债券。对于证券投资者来说,违约的损失程度有不同层次,从利息延期支付到本金和利息完全损失不等。

当市场动荡时期,特别是市场出现违约时,指投资者将其资本从风险较高的产品转移到现有的最安全的投资工具,低信用评级(高信用风险)产品遭到抛售,投资者转而追逐高信用评级产品(如国债),这一行为有专门的术语相对应,被称为**安全投资转移**(Flight to Quality)。

信用风险或者说**违约风险**(Default Risk)可以表征违约或者投资损失的程度,信用风险是指证券发行方不能按期支付利息或者既不能按期支付利息又不能到期偿付本金的**概率**(可能性)。事实上,信用风险度量了证券产品发行方的信誉情况(Credit Worthiness）。例如，国债被认为信用风险最低，因为国债是由一国政府发行，由中央政策信誉背书，违约概率极低。如果国债出现违约，那么可以想象整个国家的经济也就崩溃了，这种情况几乎不可能发生，这也是国债收益率一般被视为无风险收益率的原因。

对于企业债券则不同，企业的信誉情况千差万别，企业债券出现违约也不会导致整个国家经济出现问题。因此，企业债券会有不同的信用风险等级。有信用风险的证券产品收益率一般会高于同期限的无风险收益率，二者之差度量了**风险溢价**水平。所谓风险溢价，就是指有信用风险的证券产品对投资者的额外收益率补偿。

投资者面对市场上各种各样的债券进行投资，需要获得相应的信用风险信息。各国都有比较公认的信用风险评级（或者简称信用评级）公司对各类债券进行评级，并给出表征不同信用风险级别的表示符号。国际上比较常见的三大信用评级公司是标准普尔（Standard&Poor）、穆迪（Moody）和惠誉（Fitch），它们的信用评级表示方式大同小异，从 A 到 D 依次表示信用等级由高到低。表 11-3 归纳了三大评级公司的信用评级内容。从表 11-3 中可以看到，穆迪评级 Ba 及以下对应的债券产品信誉从欠佳到违约，这些评级的债券统一称为**垃圾债券**(Junk Bonds)。

表 11-3　　　　　　　国际三大评级机构的债券信用评级标准

信用级别	标准普尔	穆迪	惠誉
信誉极好	AAA	Aaa	AAA
信誉优良	AA	Aa	AA
信誉较好	A	A	A
信誉一般	BBB	Baa	BBB
信誉欠佳（投机性）	BB	Ba	BB
信誉较差（高投机性）	B	B	B
信用很差（高违约风险）	CCC	Caa	CCC
极高违约风险	CC, C	Ca	C
违约	D	C	DDD, DD, D

债券信用评级越低，风险溢价越高，因此整体收益率越高。图 11-6 对比了 1919 年 1 月至 2022 年 2 月穆迪对到期期限在 20 年及以上的企业债券 Aaa 评级和 Baa 评级对应的收益率情况。从图 11-6 上可以看到，Baa 评级的企业债券收益率几乎在所有时期都高于 Aaa 评级的企业债券收益率，表明同期限的债券产品评级相对低的产品收益率相对高。另外值得说明的是，1930 年和 2008 年前后美国遭受经济危机期间，高低信用评级产品之间的收益率之差明显增大，暗示出经济危机期间风险溢价大幅增加。事实上，经济周期处于下行期间，风险溢价一般都会升高。

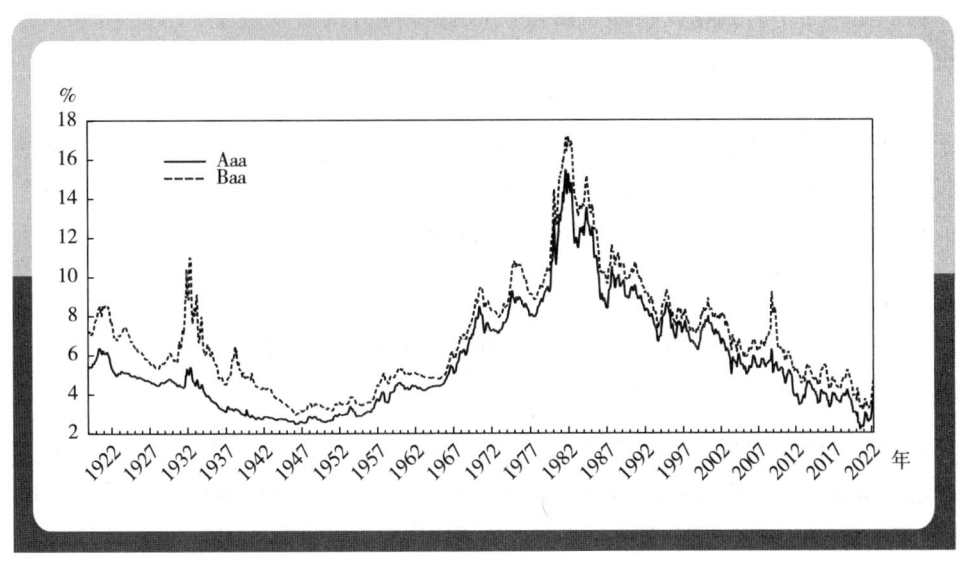

图 11-6 穆迪债券评级对应收益率：1919 年 1 月—2022 年 2 月

（原始数据来源：美联储圣路易斯分行；到期期限 20 年及以上的企业债券）

二、债券的纳税特性对收益率的影响

不同债券的纳税特性也经常不同。债券的税收分为两类，一类是资本利得税，你买卖债券赚了价差要交，另一个是利息税，每年付息时，持有的个人投资者都要交。例如，美国州政府对国债利息不征税，但是联邦政府对国债征税；企业债券的利息收入既需要向州政府又需要向联邦政府纳税。在我国，税法规定，国债利息和国家发行的金融债券利息免纳个人所得税（国债利息是指个人持有我国财政部发行的国债而取得的利息所得，国家发行的金融债券利息是指个人持有经国务院批准发行的金融债券而取得的利息所得）；个人取得的企业债券利息收入则作为"利息、股息、红利所得"应纳税项目，按 20% 的比例税率缴纳个人所得税。

这种纳税特性的差异表明，即使一个企业债券没有违约风险，市场对于企业债券的溢价也要高于国债，因为国债纳税低于企业债。因此，投资者在考虑投资何种债券时就会考虑税收因素。对于合并纳税的累进税率体系来说，边际税率更有影响。

因此，工资等其他收入越高，证券投资获得额外收入的边际税率（Marginal Tax Rate）就会越高。假设债券投资也按照累进税率进行纳税，如果投资者的工资性收入已经达到 35% 的适用税率，那么收益率为 4% 的国债与收益率为 6.15% 的应纳税企业债券在收益率方面的吸引力是一样的。当然，如果按照我国 20% 的企业债利息纳税标准，企业债券提供 5% 的收益率才能与收益率为 4% 的国债具有同样的吸引力。不难看出，不同债券的纳税特征明显影响了债券的收益率之差。

> 边际税率是指每增加一定额度的收入所需要缴纳的税率。

在以上例子中，剔除税收因素影响的收益率称为税后收益率，假定债券收益的纳税税率为 T，那么税后收益率可以写成：

$$税后收益率 = i - i \times T = i(1 - T)$$

对于工资收入或者其他纳税收入较高的投资者来说，他们在投资债券时更关注的是税后收益率。对于高收入群体来说，免税的国债可能就更具有吸引力。所以，一个国家的征税体系设计，与金融市场投资特征紧密联系。

第 5 节　期限结构的应用

利率期限结构刻画了长短期利率之间的关系，在宏观分析中具有重要应用。例如，具有发达金融体系的现代中央银行一般通过调整短期名义利率对通胀率和经济增长率［或者产出缺口，即（真实 GDP − 潜在真实 GDP）/潜在真实 GDP］进行反应，这种反应机制可以用货币政策的泰勒规则（Taylor's Rule）来概括；而短期利率的调整会影响企业的投资状况进而影响总体经济产出，即投资—储蓄曲线（IS Curve）理论；经济产出变化又会影响总体通胀率的变化，即菲利普斯曲线（Phillips Curve）理论。当然，当经济产出和通胀率变化以后，又会反过来进一步影响中央银行对短期名义利率的调整。

在这样一个互动体系内，IS 曲线中的利率本质上应该是长期利率，而中央银行实施货币政策进行调整的利率是短期利率，要想使这两个等式更紧密地联系到一起，从而形成一个完整的宏观分析框架，那么就需要刻画长期利率与短期利率之间的关系等式，这就是利率的期限结构等式。

为了方便说明，我们将上述核心等式概括如下：

$$\begin{cases} y_t = \gamma(R_t - \pi_t) \\ \pi_t = \alpha\pi_{t-1} + \beta E_t(\pi_{t+1}) + \phi y_t \\ i_t = \rho_1 i_{t-1} + \rho_\pi \pi_t + \rho_y y_t \\ R_t = f(i_t) \end{cases}$$

其中，y_t 表示真实产出缺口，R_t 表示 t 期的长期利率，π_t 表示 t 期通胀率，$E_t(\pi_{t+1})$ 表示站在 t 期对 $t+1$ 期的预期通胀率，i_t 表示短期名义利率，$R_t = f(i_t)$ 表示 R_t 是 i_t 的函数关系。

在以上 4 个等式中，第 4 个等式便是利率的期限结构等式，我们可以根据市场上不同期限利率之间的关系，或者利率与期限之间的关系，利用一定计量估计方法获得长期利率与短期利率之间的解析表达式，进而把第 1 个等式和第 3 个等式直接联系起来。如果没有利率的期限结构关系，类似上述分析则不得不对第 1 个等式和第 3 个等式中的利率进行折中选择（如都选择 1 年期利率），才能使得各等式联系起来进行工作（预测或者分析）。

第 11 章 收益率曲线与利率期限结构

 复习要点

1. 到期收益率的概念。
2. 收益率曲线的定义。
3. 收益率曲线的形状。
4. 利率的期限结构理论。
5. 信用风险与利率的风险结构。
6. 纳税特征与收益率。
7. IS 曲线、菲利普斯曲线、泰勒规则与利率期限结构。

 关键术语

收益率曲线	利率期限结构	即期利率	远期利率
期限溢价	正常型收益率曲线	扁平型收益率曲线	倒挂型收益率曲线
纯粹预期理论	流动性溢价理论	市场分割理论	偏好栖息地理论
风险溢价	垃圾债券		

练习题

1. 为什么正常型收益率曲线是向右上方倾斜？
2. 倒挂型收益率曲线有什么经济含义？
3. 利率期限结构理论有哪几种，彼此之间有什么联系和区别？
4. 如果 Baa 评级的企业债券和国债的收益率之差出现大幅扩大，那么说明市场对未来经济走势有什么样的判断？
5. 利率的期限结构有哪些方面的应用？

第 11 章
课后习题答案

第 12 章 投资风险：投资组合与资产定价

学习目标

学完本章后，你将掌握：
1. 收益率的概念和度量
2. 风险的概念和度量
3. 投资组合与分散化
4. 投资组合选择
5. 资产定价

第 1 节 收益率的概念和度量

金融投资的收益是投资者关心的主要内容。一般而言，金融资产为投资者带来的收益由持有该资产期间获得的现金流和该资产在持有期始末的价值变化两部分组成。基于收益可以进一步获得投资收益率，而收益率是资产定价领域的核心概念，资产定价实际上刻画的是金融资产收益率的决定因素（金融资产在任意时点的价格可以结合收益率和初始价格计算获得）。本节介绍两种金融资产收益率的度量方法：持有期收益率和期望收益率。二者分别从历史和未来的角度刻画了金融资产的收益情况。

一、持有期收益率

（一）单期收益率

金融资产的**持有期收益率**（Holding - Period Return，HPR）反映了在一段时间内持有某种金融资产带来的收益情况。金融资产在持有期内的收益有两种来源：一是持有期内资产价格变化带来的收益，二是资产在持有期内的现金支付（如利息、分红等）。因此，单期持有期收益率的定义如下：

$$HPR = \frac{(P_1 - P_0) + D}{P_0} \qquad (12-1)$$

其中，P_0 为单位金融资产的期初价格，P_1 为单位金融资产的期末价格，D 为单位金融资产在持有期内的现金支付，并假设现金支付不再投资于该资产。

持有期收益率从历史角度刻画了金融资产的收益情况，是评价金融资产历史表现的重要指标。持有期收益率越高，资产在持有期内的投资表现越好。图12-1展示了上证综合指数1991年1月至2022年1月的月度收益率。

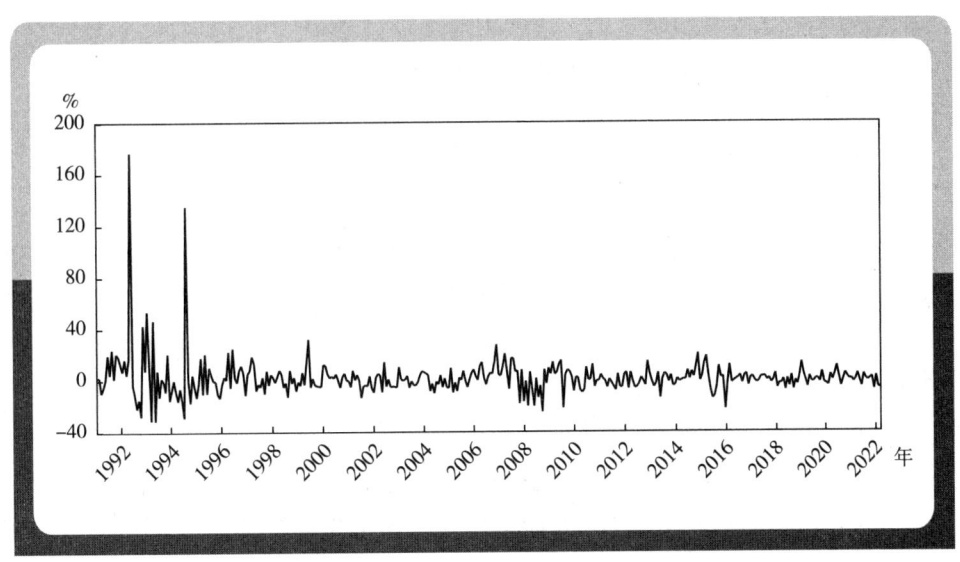

图12-1 上证指数收益率1991—2022年（月度）
（数据来源：RESSET数据库）

下面提供一个单期持有期收益计算的实例。例如，投资者在期初以每股100元的价格购买某只股票100股，持有1年后以每股110元的价格全部卖出，持有期内公司发放股利1元/股，则投资者在持有期内的总收益为100×〔（110-100）+1〕=1100元。在本例中，投资者投资该股票的持有期收益率为

$$HPR = \frac{(110-100)+1}{100} \times 100\% = 11\%$$

（二）多期收益率和年化收益率

上述定义中，持有期内的时段数为1（如1天、1个月），然而，实践中常常遇到给定一种金融资产在较长持有期内每个较短持有期的收益率，如一年内每天或每个月的收益率，需要计算全年持有期收益率的问题，这时就需要了解多期收益率的计算方法。

假设N个持有期的单期收益率分别为$r_1, r_2, \cdots, r_N$。则在这N个持有期内的多期收益率$MHPR$为

$$MHPR = \prod_{i=1}^{N}(1+r_i) - 1 \qquad (12-2)$$

例如，某股票在2018年四个季度内的单期持有期收益率分别为10%、-5%、15%、2%，按照式（12-2）计算的该股票2018年内的持有期收益率就是：

$$(1+10\%)\times(1-5\%)\times(1+15\%)\times(1+2\%)-1 = 22.58\%$$

除此之外，还有一种经常遇到的问题：给定两种资产在不同长度的持有期内的收益率，如甲资产在 2017 年 2 月的月度收益率和乙资产在 2017 年的年度收益率，要求比较两种资产在持有期内的收益情况。此时由于持有期长度不同，不能直接进行比较，需要先将持有期转化为相同的长度。实践中往往将持有期长度不同的收益率先转化为年度收益率再进行比较，故称为**年化收益率**(Annualized Return)。

设金融资产在持有期内的收益率为 HPR，持有期的长度为 n 年，n 可能大于 1 或小于 1，则该资产的年化收益率 $AHPR$ 为

$$AHPR = (1 + HPR)^{\frac{1}{n}} - 1 \quad (12-3)$$

例如，投资者在 2016 年第一季度持有甲基金的收益率为 3.5%，在 2013 年至 2014 年持有乙股票的收益率为 10%，为了比较两种金融资产在持有期的收益情况，需要先将两种资产的收益率转化为年化收益率再进行比较，根据式（12-3）计算的二者的年化收益率为

$$AHPR_{甲} = (1 + 3.5\%)^4 - 1 = 14.75\%$$

$$AHPR_{乙} = (1 + 10\%)^{\frac{1}{2}} - 1 = 4.88\%$$

由上面的计算结果可知，以持有期内年化收益率衡量的投资表现甲基金好于乙股票。

二、期望收益率

持有期收益率衡量了金融资产在过去某段持有期的收益情况。然而，现实中人们往往更关心证券未来的收益。由于金融资产收益的决定机制复杂，影响因素众多，存在高度的不确定性，投资者很难确定证券未来的持有期收益率。在数学上常用随机变量来刻画具有不确定的事物，金融资产的未来收益率就可以看成一个在不同未来状态下取值不同的随机变量，其概率分布即为未来各状态发生的概率以及各状态下的收益率。数学上常用随机变量的一阶原点矩，即期望，来刻画随机变量的平均取值水平。因此，常用**期望收益率**(Expected Return) 来衡量金融资产在未来的收益情况，为投资决策提供依据。

为了计算金融资产的期望收益率，首先需要知道金融资产（持有期）收益率未来的概率分布，即证券在未来所处的所有可能状态，各个状态发生的概率，以及证券在各个状态下的收益率。对各个状态下证券的收益率按发生概率进行加权平均就能计算出资产的期望收益率，其数学表达式为

$$E[r] = \sum_{i=1}^{N} P_i r_i, \text{其中} \sum_{i=1}^{N} P_i = 1 \quad (12-4)$$

在式（12-4）中，$E[r]$ 为金融资产的期望收益率，N 为所有可能的未来状态数目，P_i 为状态 i 发生的概率，r_i 为资产在状态 i 下的收益率，概率值和为 1 意味着期望收益率的计算中穷尽了资产的未来所有可能状态。下面的例子进一步说明了期望收益率的计算方法。

一只债券到期正常兑付的概率为90%，违约的概率为10%。若债券正常兑付，其收益率为12%；若债券违约则得不到任何兑付，收益率为-100%，即

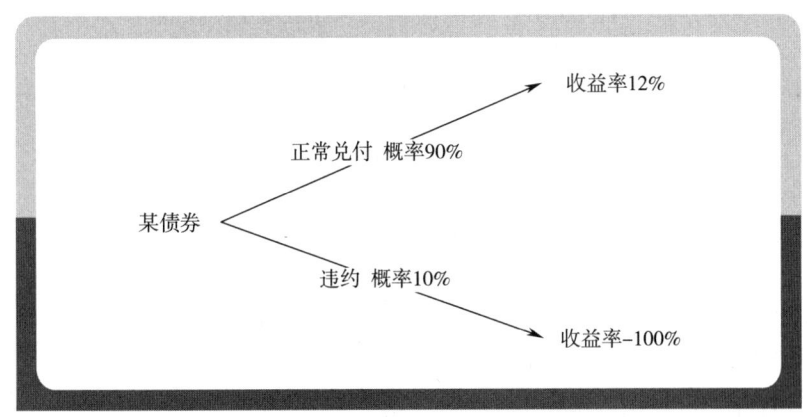

按照式（12-4）计算该债券的期望收益率即为

$$E[r_B] = P_{兑付} \times r_{兑付} + P_{违约} \times r_{违约}$$
$$= 90\% \times 12\% + 10\% \times (-100\%)$$
$$= 0.8\%$$

第2节 风险的概念和度量

金融资产的风险指的是其实际收益率偏离期望收益率的可能性，这种可能性的来源多种多样，如宏观政策调整、行业景气度变化、公司经营状况波动等。现实中常常出现这样的情形：股票市场在过去几个月内处于繁荣状态，不少投资者认为这种繁荣会持续下去，纷纷增加投资以期获得高额收益。但是，在接下来的一段时间股票价格却普遍下跌，导致这些投资者获得的实际收益远不及预期水平。这种实际收益率与期望收益率之间的偏差就是金融资产风险的典型表现。与期望收益率相似，金融资产的风险也可以通过金融资产的某些统计特征进行度量。

从风险的定义来看，风险的概念不仅包括实际收益率不及预期的情形，还涵盖了实际收益率超出预期的情形。也就是说，实际收益率的正向和反向波动对称地反映在风险的概念当中。有意思的是，投资者对风险的态度似乎并未表现出这种对称性。现实中，在期望收益率水平相当的前提下，人们往往更偏好风险较低的资产，而高风险资产也往往会带来更高的收益率，解释这些现象需要引入风险态度和风险溢价的概念。

一、风险的度量

上一节在介绍期望收益率的概念时曾提到，由于金融资产未来的状态存在不确定

性，其收益率可以视为一个随机变量，并采用该随机变量的数学期望来度量金融资产的期望收益水平。事实上，金融资产的投资风险也可以用收益率的统计特征来衡量。金融资产收益率的方差（Variance）和标准差（Standard Deviation）是最常用的风险度量指标。方差和标准差是随机变量常见的统计特征，用于刻画随机变量的波动程度。收益率的方差是每种未来状态下的收益率与期望收益率之差的平方的期望值，其数学表达式为：

$$\sigma^2 = E[r - E[r]]^2 \quad (12-5)$$

在未来状态只有有限种可能性的情况下，上式就可以写为

$$\sigma^2 = \sum_{i=1}^{N} P_i (r_i - E[r])^2 \quad (12-6)$$

其中，σ^2 是金融资产收益率的方差，σ 是收益率的标准差，即方差的平方根；N 为所有可能的未来状态数目，P_i 为状态 i 发生的概率，r_i 为资产在状态 i 下的实际收益率，$E[r]$ 为金融资产的期望收益率。观察方差的计算公式可以发现，各种未来状态下实际收益率与期望收益率之间的偏差首先经过平方计算，然后再进行加权平均，这意味着实际收益率正向偏离期望收益率（实际收益超出预期）和负向偏离期望收益率（实际收益不及预期）对收益率的方差具有相同的影响模式。也就是说，金融资产的风险同时反映了收益率的双向波动，而不仅仅是负向波动。

既然收益率的方差就能够反映金融资产的风险，为什么还要引入收益率的标准差呢？这是因为收益率的标准差与期望收益率具有相同的单位，其直观含义是实际收益率偏离期望收益率的平均距离。这一优良的性质使得金融资产的期望收益和风险直接可比，在资产定价中具有重要的应用。

这里仍沿用上一节中债券的例子来说明收益率标准差的计算方法。第一节中已计算出债券的期望收益率 $E[r] = 0.8\%$，按式（12-5）计算的收益率的方差为

$$\sigma_B^2 = 90\% \times (12\% - 0.8\%)^2 + 10\% \times (-100\% - 0.8\%)^2 = 0.1129$$

所以，该债券收益率的标准差 $\sigma_B = \sqrt{0.1129} = 33.6\%$，远大于其期望收益率 0.8%，反映出该债券的收益具有较大的不确定性，投资风险较大。

特别地，如果金融资产收益率的标准差为零，即该资产的收益没有不确定性，则称该资产为**无风险资产**，其收益率为**无风险利率**（Risk-free Rate）。市场中的无风险利率是其他风险资产定价的重要参考。事实上，绝对没有风险的资产是不存在的，但是，如果一种金融资产的风险相当低，则其收益率可视为无风险利率。在我国，实践中常用银行间质押式回购利率（DR）、上海银行间拆借利率（SHIBOR）等作为无风险利率的参考。

二、风险态度

在投资活动中，不同投资者对金融资产的偏好有所不同。例如，追求收益稳定的家庭常选择投资风险较低的银行理财产品或货币市场基金，具有一定投资经验的个人投资者可能选择风险较高的股票，而部分专业机构投资者则利用前沿的投资理论和复

杂的交易策略投资风险更高的对冲基金。在以上例子中，对投资标的选择的差异反映的是投资者对风险的接受程度或偏好情况。金融学将投资者对风险的偏好情况称为**风险态度**(Risk Attitude) 或**风险偏好**(Risk Preference)。

（一）公平赌博与风险态度的定义

对风险态度的定义需要引入**公平赌博**(Fair Bet) 的概念。对于一个具有不确定性收益值的赌博游戏，如果该赌博的期望收益为零，则称之为一个公平赌博。公平赌博的"公平性"在于，从事前来看，如果重复参与该赌博的次数足够多，则从这些赌博中获得的收益和损失应当相互抵消。例如，投掷一个骰子，若奇数面朝上则获得 10 元，偶数面朝上则失去 10 元，这就是一个典型的公平赌博。

公平赌博期望收益为零的特征意味着这种赌博为参与者带来的是"纯粹的风险"，因此，投资者对公平赌博的偏好就反映了对于风险的态度。一般来说，如果投资者不愿意参与公平赌博，则称之为**风险厌恶**(Risk Averse) 的；如果投资者对是否参与公平赌博持无所谓的态度，则称之为**风险中性**(Risk Neutral) 的；如果投资者愿意参与公平赌博，则称之为**风险喜好**(Risk Seeking) 的。

为了更加直观地理解几种风险态度的特点，假设投资者的效用是财富水平的函数 $U = U(w)$，效用可以理解为投资者的满意程度，投资者总是更喜欢为其带来更高期望效用水平的活动。一般假设 U 是单调递增的，也就是越多的财富为投资者带来的满意程度越高。考虑一个公平赌博 F，获胜和失败的概率均为 50%，如果投资者参与该赌博并获胜将获得 f 单位财富，反之则损失 f 单位财富。图 12-2 反映了风险厌恶、风险中性和风险喜好的投资者对公平赌博 F 的态度。假设投资者的初始财富水平为 W_0，则在赌博中获胜和失败后的财富水平分别为 W_0+f 和 W_0-f。不参与赌博、失败和获胜对应的效用水平分别为 U_0、U_1 和 U_2，投资者参与赌博的期望效用水平 U_f 为 U_1 和 U_2 的均值。

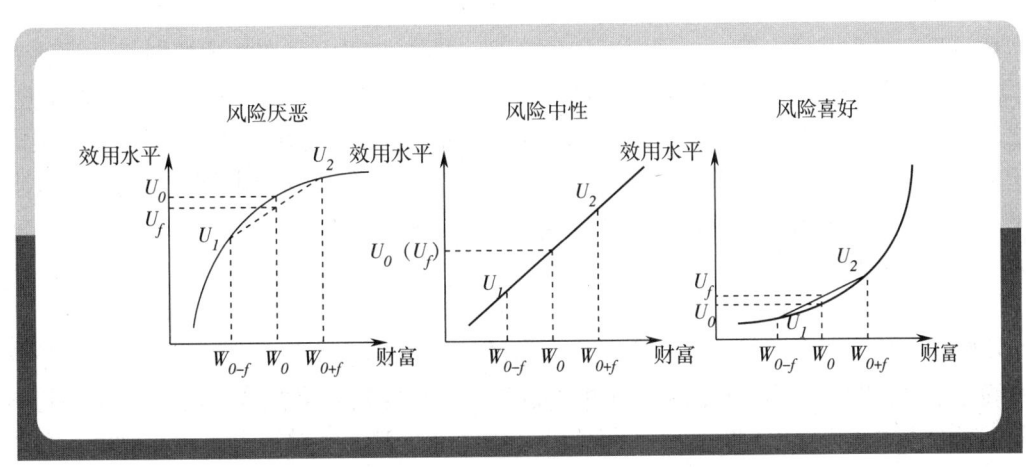

图 12-2 风险态度的定义

对于风险厌恶的投资者成立 $U_0 > U_f$，即从事前来看，不参与公平赌博的效用大于参与赌博的期望效用。从而风险厌恶的投资者总是不愿意参与公平赌博。对于风险中性的投资者，参与公平赌博的期望效用与不参与赌博的效用相等，即 $U_0 = U_f$。因而风险中性的投资者对是否参与公平赌博持无所谓的态度，也就是对风险没有特别的偏好。最后，对于风险喜好的投资者，参与公平赌博的期望效用反而大于不参与赌博的效用，即 $U_0 < U_f$，风险本身为风险喜好的投资者带来了额外的效用，所以这些投资者总是愿意参与公平赌博。从数学上看，投资者的风险态度取决于其效用函数的形状。风险厌恶者的效用函数是凹函数，风险喜好者的效用函数是凸函数，风险中性者的效用函数是线性函数。

在实际投资决策的过程中，风险厌恶的投资者往往愿意牺牲一定的收益率水平来换取收益更高的确定性；风险中性的投资者只关心资产期望收益率，对资产的风险大小持无所谓的态度；风险喜好的投资者则从投资风险本身中获得"乐趣"，对于风险喜好的投资者而言，高风险低收益的资产甚至可能好于收益更高的无风险资产。现实中的投资者一般持有哪种风险态度呢？假如投资股市和银行存款的期望收益率相当，考虑到股票相对于银行存款的高风险，恐怕很少有投资者愿意投资于股票市场。也就是说，现实投资者普遍表现出对风险的规避倾向。因此，金融学理论研究和实践操作中，一般假设投资者是风险厌恶的。

（二）风险溢价

给定现实中投资者多为风险厌恶者的事实，我们自然会想到一个问题：既然一般情况下投资者多是厌恶风险的，为什么高风险资产依然存在，甚至还很受欢迎？图12-3对比了1954年1月至2021年4月美国标准普尔500（S&P500）股票指数收益率和一年期国债到期收益率，二者均为年化收益率。从时序图的对比可以直观感受到股票指数收益率的波动远比国债收益率剧烈。从收益率变量的统计特征来看，样本期间内股票指数收益率的标准差为15.8%，是国债收益率标准差3.3%的近5倍，意味着股票的风险远高于国债。但是，同时可以注意到，样本期间内股票指数的期望收益率为9.0%，而国债的期望收益率仅为4.8%。从二者风险和期望收益率的对比不难看出，之所以存在风险厌恶的投资者选择高风险资产（如股票、中低评级债券），是因为相比于低风险资产（如银行存款、国债），高风险资产能够为投资者带来更高的期望回报水平，从而补偿了高风险本身为投资者带来的效用损失。在金融学中，这种"补偿"就对应着风险溢价的概念。

对风险溢价的严格定义仍然需要借助公平赌博的概念。上一小节已经介绍过，一个风险厌恶的投资者总是不愿意参与公平赌博，因为参与公平赌博的期望效用小于持有确定性财富时的效用。从图12-4中可以看出，给定初始财富 W_0，参与公平赌博 F 的期望效用 $U_f \equiv E[U(W_0 + F)]$ 等于确定性地持有 $W_0 - p$ 单位财富时的效用，亦即 $E[U(W_0 + F)] = U(W_0 - p)$。这一结果的直观含义为，如果风险厌恶的投资者被要求在参加公平赌博 F 和放弃一部分财富中选择一项，投资者所愿意放弃的最大财富数额为 p。从另一个角度说，如果风险厌恶的投资者不得不参加公平赌博 F，则他将要求 p

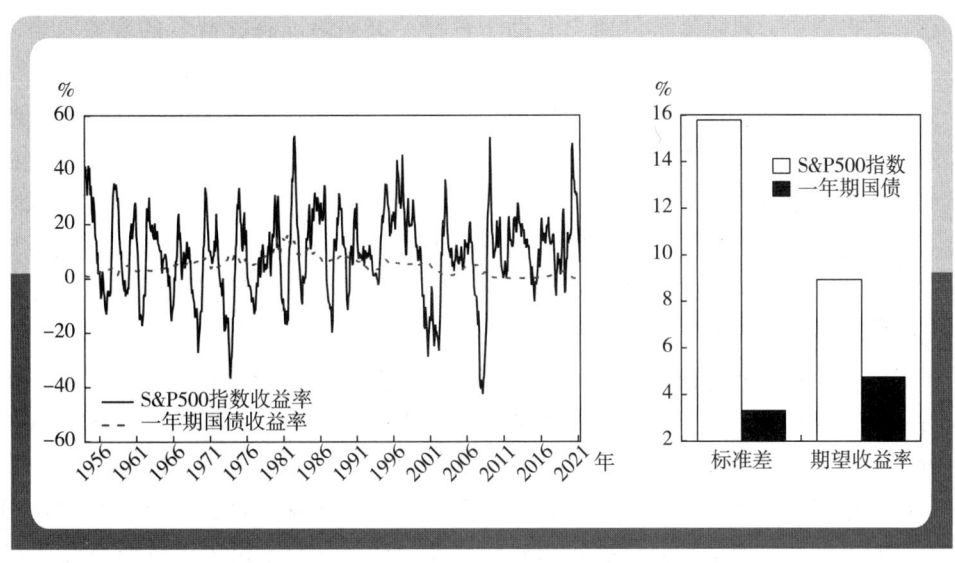

图 12-3　股票和国债的风险和期望收益率

（资料来源：Wind 资讯数据库，经作者计算）

单位的确定性财富作为补偿。这里的财富补偿值 p 就是公平赌博 F 的**风险溢价**(Risk Premium)，$-p$ 称为该赌博的**确定性等价**(Certainty Equivalence)。对于多种风险资产，较高风险资产对应的风险溢价一般高于较低风险资产的风险溢价。图 12-4 中还刻画了另一公平赌博 G。参与赌博 G 的财富波动范围 $[G_1, G_2]$ 大于参与赌博 F 的财富波动范围 $[F_1, F_2]$，也就是说赌博 G 的风险大于赌博 F 的风险。对于风险厌恶的投资者，参与赌博 G 的期望效用 U_g 小于参与赌博 F 的期望效用 U_f，赌博 G 的风险溢价 q 也就大于赌博 F 的风险溢价 p。

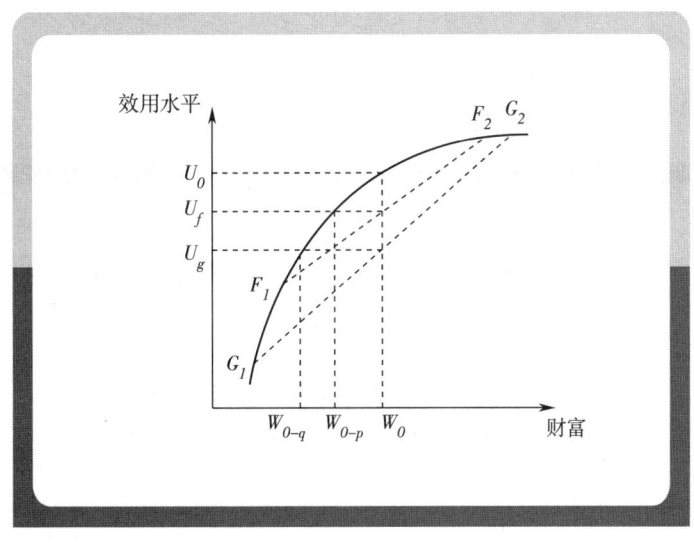

图 12-4　风险溢价的定义

在金融投资中，风险溢价的概念有助于解释"高风险、高收益"的现象。当风险厌恶的投资者投资于股票等高风险资产时，会要求比投资政府债券等（近似）无风险资产更高的期望收益率作为补偿。这一补偿体现在高风险资产与无风险资产期望收益率的差值上，也就是高风险资产的风险溢价。在本节开头的例子中，股票指数为相比国债15.8%的超额风险提供了4.2%的风险溢价作为补偿。现实中另外一组体现风险与风险溢价对应关系的典型例子是不同信用评级的债券收益率。债券的信用评级反映了债券发行方按照约定的时间和数额兑付债券本息的能力，信用评级越低，发行方不能按时兑付债券本息的可能性就越大，债券信用风险越高。

一般而言，企业的规模越大，经营状况越好，所发行债券的信用评级越高。国债的发行方为中央政府，一般认为国债不存在信用风险。图12-5对比了2009年1月至2022年4月我国一年期国债、AAA级、AA级和A级企业债的到期收益率。四种收益率存在根据信用评级排序的严格大小关系：不存在信用风险的国债收益率最低，包含风险溢价的三种企业债券收益率随信用风险提高而增加。其中信用风险最高的A级企业债券相对于国债的平均风险溢价达到了6.0%。

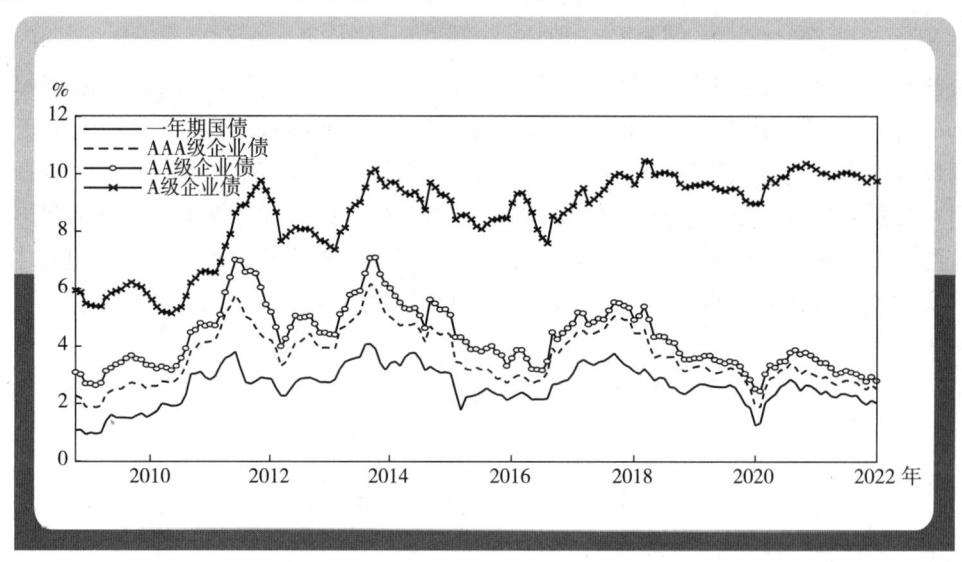

图12-5 信用风险溢价

（资料来源：Wind资讯数据库，经作者计算）

第3节 投资组合与分散化

本章的前两节介绍金融资产收益率和风险的概念和度量时，着重讨论的是单个金融资产的情形。在实际投资活动中，投资者往往不会将资金全部投资于单个资产，而是将资金以不同的权重投资于多个金融资产，构造**投资组合**（Portfolio）实现分散化投资。分散化投资常常被视为一种有效降低风险的投资策略,俗语"不要把鸡蛋放在同一个篮子里"就体现了朴素的分散化投资思想。那么,投资组合的风险和收益如何度量?分散化为何能降低投资风险?这正是本节将要考察的内容。

一、投资组合的收益和风险

与单个金融资产的情形相似,期望收益率和收益率的标准差仍是最常用的衡量投资组合收益和风险的方式。投资组合与单个资产在收益率和风险度量方面最大的区别在于,对于投资组合的情形,除了整个组合收益率和风险,还需要特别关注投资组合的成分资产之间收益率的相关性。

(一)投资组合的收益率

假设一个投资组合包含 N 种金融资产,这 N 种资产的收益率分别为 $r_1, r_2, \cdots, r_N$,在投资组合中投入资金的权重分别为 $w_1, w_2, \cdots, w_N$,权重之和为 1。则该投资组合的收益率 r_p 就是 N 种资产收益率的加权平均值:

$$r_p = \sum_{i=1}^{N} w_i r_i \tag{12-7}$$

从而投资组合的期望收益率就是:

$$E[r_p] = \sum_{i=1}^{N} w_i E[r_i] \tag{12-8}$$

值得注意的是,虽然投资组合中金融资产的权重之和为 1,但是每种资产的权重不一定为非负数。负的权重代表卖空该种资产,权重为负的资产收益率与投资组合的收益率呈负相关关系。

(二)投资组合的风险

如果要计算投资组合收益率的标准差,不仅需要知道每种成分资产收益率的标准差,还需要知道成分资产收益率两两之间的协方差。协方差(Covariance)是度量随机变量相关程度的统计量,两种金融资产收益率的协方差 $Cov(r_1, r_2)$ 定义为

$$Cov(r_1, r_2) = E[(r_1 - E[r_1])(r_2 - E[r_2])] = \sum_{i=1}^{N} P_i (r_{1i} - E[r_1])(r_{2i} - E[r_2])$$
$$\tag{12-9}$$

其中,N 是所有可能的情形数目,P_i 是每种情形发生的概率,r_{1i} 和 r_{2i} 是两种资产在情形 i 下的收益率,$E[r_1]$ 和 $E[r_2]$ 是两种资产的期望收益率。特别地,$Cov(r_1, r_2) = \sigma_1^2$,意味着一种金融资产收益率与自身的协方差就是其方差。通过协方差还可定义两种资产收益率的相关系数:

$$\rho_{12} = \frac{Cov(r_1, r_2)}{\sigma_1 \cdot \sigma_2} \tag{12-10}$$

相关系数的取值在 -1 和 1 之间,正的相关系数代表两种资产的收益率之间具有正相关关系,相关系数为 1 代表完全线性正相关;负的相关系数代表两种资产的收益率之间具有负相关关系,相关系数为 -1 代表完全线性负相关;相关系数为 0 意味着两种

资产收益率之间不相关。

与期望收益率不同,投资组合收益的标准差与各成分资产收益的标准差一般不是简单加权平均的关系。先考虑投资组合中有两种资产的情形,两种资产的权重分别为 w_1、w_2,收益的标准差分别为 σ_1、σ_2,收益的协方差为 $Cov(r_1,r_2)$,则资产组合收益率的方差为

$$\sigma_p^2 = w_1^2\sigma_1^2 + w_2^2\sigma_2^2 + 2w_1w_2 Cov(r_1,r_2) \qquad (12-11)$$

组合收益率方差 σ_p^2 的平方根就是标准差 σ_p。特别地,当两种资产收益率的相关系数为 1 时,协方差 $Cov(r_1,r_2)$ 就等于 $\sigma_1\sigma_2$,此时投资组合的标准差 $\sigma_p = w_1\sigma_1 + w_2\sigma_2$,退化为了加权平均的情形。

对于一般的投资组合中有 N 种资产的情形,可以设定 w_1、w_2、…、w_N 分别是 N 种资产的权重,σ_{ij} 表示第 i 种资产和第 j 种资产收益率的协方差($\sigma_{ij} = \sigma_{ji}$),则 N 种资产投资组合的方差 σ_p^2 就可以写为如下形式:

$$\sigma_p^2 = \sum_{i=1}^{N}\sum_{j=1}^{N} w_i w_j \sigma_{ij} = \sum_{i=1}^{N} w_i^2 \sigma_i^2 + \sum_{i=1}^{N}\sum_{j\neq i} w_i w_j \sigma_{ij} \qquad (12-12)$$

二、分散化与投资风险

实际投资活动中,投资者往往喜好收益、规避风险,如何在保证投资收益水平的条件下尽量降低投资风险就成为了一个重要的课题。**分散化**(Diversification)是降低投资组合风险的有效方式,也是投资中最重要的原则之一。分散化的思想在现代投资理论诞生之前就早已有之,谚语"不要把鸡蛋放到同一个篮子里"就体现了通过分散化降低风险的思想。

所谓分散化,是指将资金不投资于单一资产,而是投资于多种不同金融资产的行为。本小节将讨论分散化与投资风险的关系,包括为什么分散化能降低投资风险,降低风险的程度如何,什么样的风险是可以分散的,什么样的风险是分散化投资不能降低的,等等。

首先考虑 $N(N \geq 2)$ 种互不相关的风险资产构成的投资组合,它们在组合中是等权重的,即权重均为 $1/N$,资产具有相同的期望收益率 $E[r]$,为了简化模型,先假设它们具有相同的标准差 σ(注意,这并不意味着它们是同一种资产,虽然这些资产具有相同的期望收益率和标准差,但是仍可能在同一投资期内具有不同的实际收益率)。因为这些资产互不相关,所以对于任意两个不同的资产 i 和 j,总有 $Cov(r_i,r_j) = 0$,亦即 $\rho_{ij} = 0$。有了这些条件,就可以计算投资组合的期望收益率和标准差:

$$\begin{cases} E[r_p] = \sum_{i=1}^{N} \dfrac{1}{N} E[r] = E[r] \\ \sigma_p = \sqrt{\sum_{i=1}^{N} \dfrac{1}{N^2}\sigma^2} = \dfrac{\sigma}{\sqrt{N}} \end{cases} \qquad (12-13)$$

从期望收益率和标准差的表达式可以看出，随着投资组合中资产数目 N 的增加，投资分散化程度提升，投资组合的期望收益率水平不变，风险却降低了。上面特殊的情形很容易推广到资产风险和权重互不相同的情形。观察组合风险的表达式可进一步发现，当 N 趋近于无穷大时，以标准差计量的投资组合的风险趋近于 0，投资收益趋于一个确定的值，这说明当资产收益率互不相关时，分散化投资可以将投资风险减少至完全消失。

图 12-6 展示了投资组合风险随分散化程度上升而下降的过程，可以看到，投资组合的风险在组合中资产数目较少时随分散化程度提升而迅速下降，当分散化达到一定程度时，再提升资产数目降低的风险就比较有限了。

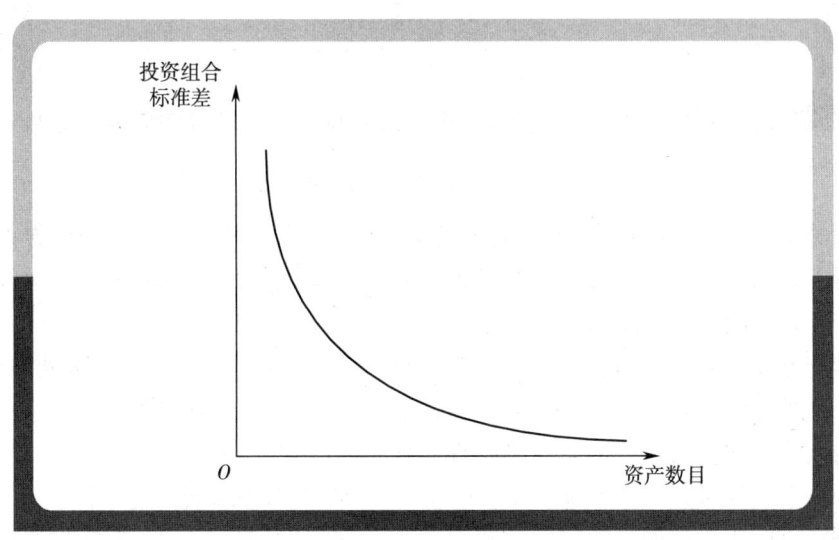

图 12-6　不相关资产的风险分散化

接下来考虑资产之间存在相关性的情形，仍考虑 N 种等权重的风险资产构成的投资组合，风险资产的期望收益率均为 $E[r]$，收益率的标准差均为 σ，两两之间的相关系数均为 ρ，从而可以得到资产组合的期望收益和方差为

$$\begin{cases} E[r_p] = \sum_{i=1}^{N} \dfrac{1}{N} E[r] = E[r] \\ \sigma_p^2 = \sum_{i=1}^{N} \dfrac{1}{N^2}\sigma^2 + \sum_{i=1}^{N}\sum_{j\neq i} \dfrac{1}{N^2}\rho\sigma^2 = \dfrac{1}{N}\sigma^2 + \left(1 - \dfrac{1}{N}\right)\rho\sigma^2 \end{cases} \quad (12-14)$$

可以看到，资产组合的期望收益水平仍不随资产数目变化，组合的风险可分为两个部分。前半部分由资产的方差组成，与资产之间不相关的情形相同，这部分风险随着组合中资产数目的增加而下降，当资产数目趋于无穷时，这部分风险趋近于 0；后半部分由资产之间的协方差组成，这部分风险随资产数目的增加而上升，当资产数目趋于无穷时，这部分风险趋近于 $\rho\sigma^2$。综合来看，资产组合的风险随资产数目的增加而下降，最终趋于 $\rho\sigma^2$。图 12-7 展示了投资组合的风险是如何随组合中资产数目增加而变化的。

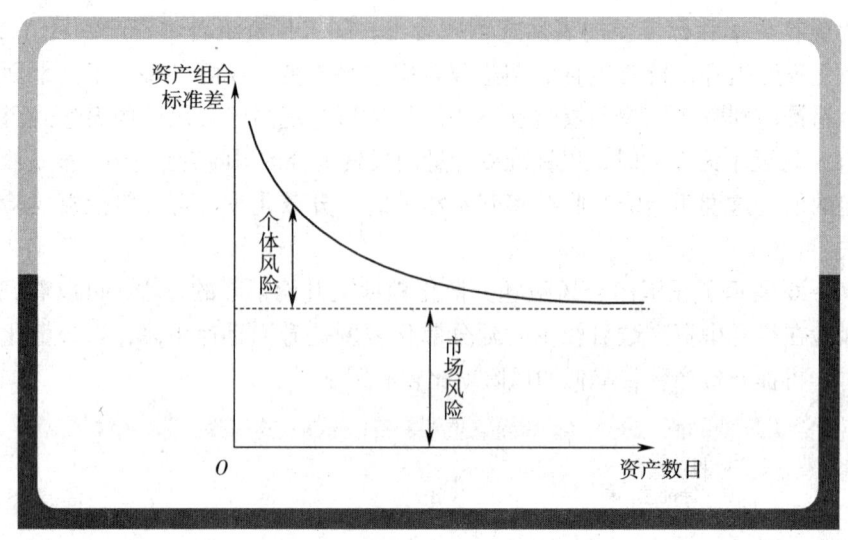

图 12-7 相关资产的风险分散化

上面的例子同样可以推广到一般的情形。当资产数目增加时,由资产方差构成的风险不断下降,直至完全消失;由资产之间协方差构成的风险不断上升,最终趋于定值,资产组合风险不断下降趋于定值。

由资产方差构成的风险只反映资产本身的特性,称为资产的**个体风险**(Unique Risk)或**非系统性风险**(Nonsystematic Risk)。非系统性风险是由只与资产自身相关的因素带来的风险,如公司新产品发布、管理层任免、法律纠纷带来的股票收益的不确定性都属于非系统性风险。非系统性风险可以通过分散化投资降低直至消除。

由资产之间协方差构成的风险反映了资产之间的共同运动,称为资产的**市场风险**(Market Risk)或**系统性风险**(Systematic Risk)。系统性风险是由影响所有资产的宏观因素带来的风险,如宏观经济环境、市场监管法规、国内外政治局势的变化常造成所有资产价格共同震荡,这些因素能够对市场上的所有资产造成影响,因而造成的是系统性风险。分散化投资不能降低系统性风险。

第4节 投资组合选择

给定一些金融资产,可以构造不计其数的投资组合。然而,这些金融资产对于投资者而言显然不是"同样好"的,长久以来,如何选择最优的投资组合都是金融学研究的重要课题之一。自从马柯维茨(Markowitz,1952)[①]起,关于投资组合的选择问题已经发展出了一套成熟的理论。该理论中假定投资者只关心资产收益的期望和方差,因此又被称为均值—方差模型,本节的内容是基于均值—方差模型进行讨论的。

---

① Markowitz, H. M. (1952), Portfolio Selection. *Journal of Finance*, 7 (1): 77-91.

最优资产组合的选择就是为不同的资产分配各自的权重以谋求投资组合效用最大化的过程。均值—方差模型中假设投资者是风险厌恶的，即对于期望收益率相同的资产，投资者总是会选择收益率方差最小者。因此，投资组合的均值—方差（标准差）特征是最优资产组合选择的关键。

本节首先讨论三种典型投资组合的均值—方差（标准差）特征，即一种无风险资产和一种风险资产的组合、两种风险资产的组合，以及一种无风险资产和两种风险资产的组合，然后再结合投资者的效用函数讨论上述三种情形下的最优资产组合的选择问题。最后讨论一般化的资产组合选择问题，即马柯维茨资产组合选择理论。

一、一种无风险资产和一种风险资产

假设投资组合中只有一种无风险资产 F 和一种风险资产 R，如 3 个月国债和股票。无风险资产具有确定的收益率 r_f，风险资产的收益率为 r_R。设在风险资产中投入资金的权重为 w，则无风险资产的权重为 $1-w$，并且假设不能对风险资产进行卖空操作，即 $w \geq 0$ 恒成立。投资组合的收益率就可以写为

$$r_p = wr_R + (1-w)r_f \tag{12-15}$$

从而就可以计算投资组合收益率的期望和标准差：

$$E[r_p] = wE[r_R] + (1-w)r_f \tag{12-16}$$
$$\sigma_p = w\sigma_R$$

σ_R 是风险资产的标准差。通过上面两个式子消去权重 w，就可以得到投资组合的期望收益和标准差的关系式：

$$E[r_p] = r_f + \frac{E[r_R] - r_f}{\sigma_R}\sigma_p \tag{12-17}$$

式（12-13）涵盖了当投资组合中只有一种无风险资产和一种风险资产时，所有可能出现的风险—收益组合，故称为**投资组合可行集**（Portfolio Opportunity Set）。上式在期望—标准差平面上是一条直线，如图 12-7 所示，这条直线称为投资组合的**资本配置线**（Capital Allocation Line，CAL）。

资本配置线的斜率为 $(E[r_R] - r_f)/\sigma_R$，这一斜率称为风险资产的**夏普比率**（Sharpe Ratio），其含义为资产每单位风险的额外收益（超出无风险收益的部分），常用于计算资产的风险调整后收益。权重 w 变化时，投资组合在资本配置线上移动，资本配置线经过了代表无风险资产的 F 点（$w=0$）和代表风险资产的 R 点（$w=1$），F 点和 R 点之间的部分表示投资者在风险资产和无风险资产中均投入了正的资金，即 $0<w<1$ 的情形；R 点的右侧表示投资者卖空无风险资产，并将资金投入于风险资产的情形，即 $w>1$，如果市场中存在无风险资产的卖空限制，则 R 点右侧的部分不存在；由于假设 $w \geq 0$，因此 F 点左侧的部分不存在。

二、两种风险资产

当投资组合中只有两种风险资产 1 和 2 时，设它们的收益率分别为 r_1 和 r_2，在资

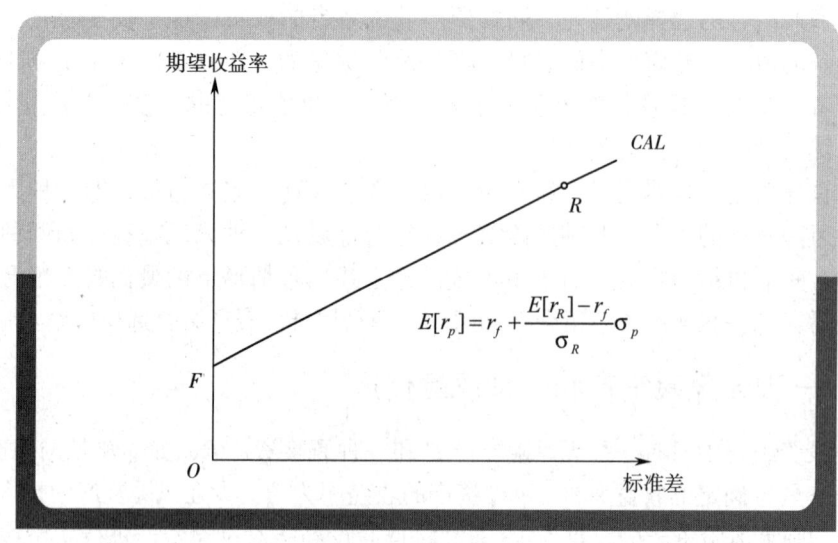

图 12-8 一种无风险资产和一种风险资产的投资组合可行集

产 1 中投入资金的权重为 w，在资产 2 中投入资金的权重为 $1-w$。资产组合的收益率为

$$r_p = wr_1 + (1-w)r_2 \tag{12-18}$$

投资组合的期望收益率和标准差为

$$E[r_p] = wE[r_1] + (1-w)E[r_2]$$

$$\sigma_p = \sqrt{w^2\sigma_1^2 + (1-w)^2\sigma_2^2 + 2w(1-w)Cov(r_1,r_2)} \tag{12-19}$$

$$= \sqrt{w^2\sigma_1^2 + (1-w)^2\sigma_2^2 + 2w(1-w)\rho_{12}\sigma_1\sigma_2}$$

其中，σ_1 和 σ_2 分别为两种资产收益率的标准差，ρ_{12} 是两种资产的相关系数。根据期望收益率的表达式可以解出权重 w：

$$w = \frac{E[r_p] - E[r_2]}{E[r_1] - E[r_2]} \tag{12-20}$$

再将以上结果代入标准差的表达式中就可以得出投资组合期望收益率与收益率标准差的关系式，这一关系式比较复杂，读者可自行推导。下面讨论当相关系数 ρ_{12} 的取值范围变化时，投资组合可行集在期望—标准差平面上的形状有何特征。

情形一：$-1 < \rho_{12} < 1$

当 $-1 < \rho_{12} < 1$ 时，投资组合可行集在期望—标准差平面上的形状是一条双曲线，如图 12-8 中的曲线 $A_1P_1A_2$ 所示。P_1 点是此情形下投资组合可行集中标准差最小的点，称为投资组合的最小方差点（Minimum-variance Portfolio）。对于最小方差点下方，即 P_1A_1 上的投资组合，组合的收益（期望收益率）随风险（标准差）的增大而减小，另一方面，对于 P_1A_1 上的任一点 P，都可以在 P_1A_2 上找到对应的一点 P'，二者具有相同的标准差，但 P' 点所代表组合的期望收益率大于 P 点所代表组合的期望收益率。注意均值—方差模型假定投资者是风险厌恶的，因此投资者只会选择 P_1A_2 上的投资组

合，在任何情况下都不会选择 P_1A_1 上的点。所以称 P_1A_1 上的点是无效率的，称 P_1A_2 为投资组合可行集的**效率边界**(Efficient Frontier)。

情形二：$\rho_{12} = -1$

在这种情况下，两种资产的收益率完全负相关，投资组合可行集由两条方向相反的折线构成，如 $A_1P_2A_2$ 所示。P_2 是此情形下的最小方差点，注意到 P_2 点的标准差等于零，这意味着当两种风险资产的收益完全负相关时，可以构造风险完全对冲的资产组合。值得注意的是，在情形一和情形二下，都可以构造标准差小于组合中任意一种资产的投资组合，但构造不出标准差大于两种资产中较大者的投资组合，这意味着在资产收益率不是完全正相关的情况下，分散化投资可以起到降低风险的效果。

与 $-1 < \rho_{12} < 1$ 的情形类似，P_2A_1 上的资产组合是无效率的，P_2A_2 是投资组合可行集的效率边界，风险厌恶的投资者只会选择 P_2A_2 上的组合进行投资。

情形三：$\rho_{12} = 1$

$\rho_{12} = 1$ 时，两种资产的收益率完全正相关，投资组合可行集在期望—标准差平面上是一条联结代表两种资产的 A_1 和 A_2 点的线段，投资组合的期望收益率和标准差必然分别处于两种资产的期望收益率和标准差之间。图 12 – 8 中，A_2 点的期望收益和标准差都大于 A_1 点，A_1A_2 上投资组合的期望收益率随标准差的增大而增大，从而全部是效率边界；如果 A_2 点期望收益率大于 A_1 点的同时，其标准差小于 A_1 点（图中未画出这种情形），则 A_1A_2 上投资组合的期望收益率随标准差的增大而减小，在这种情况下，A_1A_2 上除了 A_2 都是无效率的，风险厌恶的投资者会将资金全部投入资产 2 上。

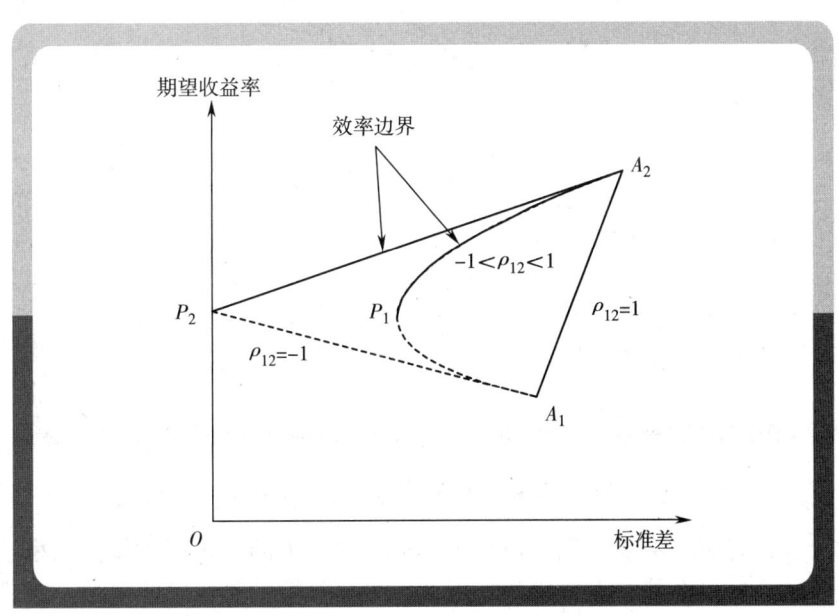

图 12 – 9　两种风险资产的投资组合可行集

三、一种无风险资产和两种风险资产

包含一种无风险资产和两种风险资产的投资组合是上述两种情形的综合，其期望收益和标准差的表达式为

$$E[r_p] = w_1 E[r_1] + w_2 E[r_2] + (1 - w_1 - w_2) r_f$$

$$\sigma_p = \sqrt{w_1^2 \sigma_1^2 + w_2^2 \sigma_2^2 + 2 w_1 w_2 Cov(r_1, r_2)} \quad (12-21)$$

各符号的含义与上文相同。在这种情形下，两种风险资产的组合可以看成一种单独的风险资产，一旦确定了两种风险资产的组合，一种无风险资产和两种风险资产的情形就转化为了已经研究过的一种无风险资产和一种风险资产的情形。因此，问题的关键在于确定两种风险资产如何组合。这里仍首先采用图解法来解决这一问题。

如图 12-10 所示，$A_1 P_1 A_2$ 是两种风险资产构成的投资组合可行集，投资者在其效率边界 $P_1 A_2$ 上选择风险资产组合。对于效率边界上的每一点 P，都可以画出一条通过 P 点和代表无风险资产的 F 点的资本配置线。在图 12-10 中画出了两条资本配置线 CAL_0 和 CAL_1，对于每一种风险水平，CAL_0 上的资产组合期望收益率都严格大于 CAL_1 上的资产组合期望收益率，这意味着相对于 CAL_0 而言，CAL_1 上的资产组合是无效率的。

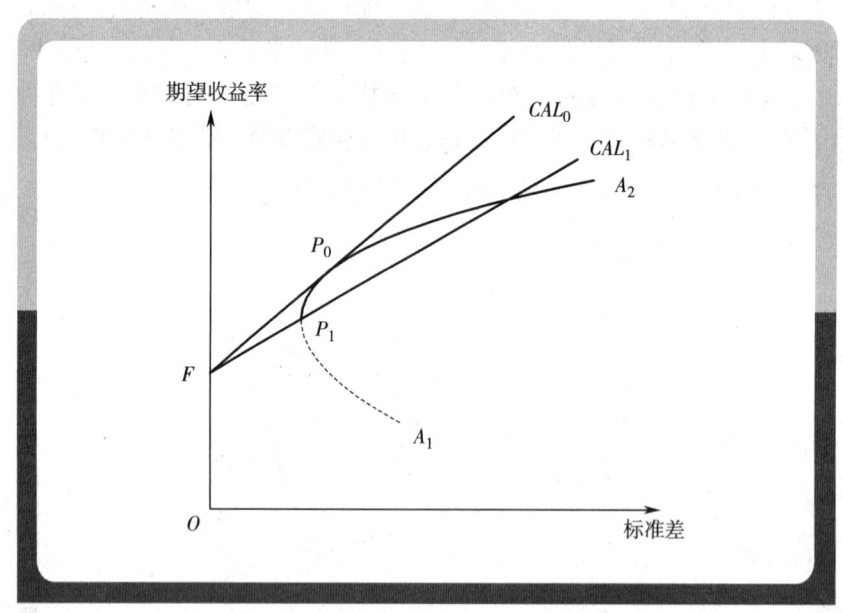

图 12-10 一种无风险资产和两种风险资产的投资组合可行集

事实上，通过观察不难发现，相对于任何斜率较大的资本配置线，斜率较小的资本配置线上的资产组合都是无效率的。因此，只要投资者是风险厌恶的，无论其效用函数的具体形式如何，都只会选择斜率最大的资本配置线上的投资组合。从数学上看，斜率最大的资本配置线就是与风险资产的效率边界相切的那条，即 CAL_0，称之为最优资本配置线，最优资本配置线就是该情形下有效率的投资组合可行集；切点 P_0 代表的

风险资产组合称为**最优风险资产组合**(Optimal Risky Portfolio),最优风险资产组合 P_0 在最优资产组合的选择中具有深刻的含义,将在下一小节进一步阐明。

有了上述直观说明,就可以给出最优资本配置线的求解方法。注意到资本配置线的斜率即为风险资产组合的夏普比率,所以最优资本配置线的求解就可以转化为求解风险资产组合夏普比率最大值的问题,这里不做赘述。

四、效用函数与最优资产组合

之前的三个小节讨论了三种典型情形下的投资组合可行集的期望—标准差特征和效率边界,阐明了"投资者可以投资什么样的资产组合"。接下来将讨论"投资者最终会选择什么样的资产组合"的问题,即最优资产组合的选择问题。最优资产组合就是令投资者效用水平最高的资产组合,因而其选择取决于投资者的效用函数,效用函数不同,最优资产组合就不同。所以,首先需要对投资者效用函数的特征进行考察。

本节的开头曾经提到,在均值—方差模型中,投资者只关心资产收益率的期望和方差,所以投资者的效用函数 U 就可以写成资产收益率的期望和标准差的函数,即

$$U = U(E[r],\sigma) \tag{12-22}$$

给定投资者的效用 U_0,$U_0 = U(E[r],\sigma)$ 就决定了效用函数在期望—标准差平面上的一条**无差异曲线**(Indifference Curve)。无差异曲线上的投资组合具有相同的效用水平 U_0,且不同的无差异曲线不相交。均值—方差模型中假设投资者是风险厌恶的,即投资者的效用函数是资产期望收益率的增函数,是资产收益率标准差的减函数。因此,通常情形下无差异曲线是一条向右上方倾斜且凸向原点的曲线[①],如图12-11所示,越靠近左上方的无差异曲线代表的效用水平越高。

因此,最优资产组合的求解就是寻找一条最靠近左上方的且与效率边界相切的无差异曲线,其切点就是最优资产组合,无差异曲线的效用水平就是最优资产组合的效用水平。接下来就用图示的方法讨论几种典型情形下的最优投资组合。

图12-12展示了投资者面对一种无风险资产和一种风险资产时的最优资产组合选择。I_1 和 I_2 是两个不同的投资者,具有不同的效用函数,U_{11}、U_{12}、U_{13} 和 U_{21}、U_{22}、U_{23} 是分属两个投资者的三组无差异曲线。期望收益与标准差的组合在同一曲线上的任何组合中对个人都无差异,即投资者的效用在这一曲线上是常数。更高的无差异曲线代表更高的效用水平,因为在给定的风险水平下,期望回报会增加。因此,投资者希望自己处于尽可能高的无差异曲线上,以获得尽可能高的效用水平,这一点由无差异曲线与有效边界的切点给出。图12-12中无差异曲线 U_{12} 和 U_{22} 与资本配置线相切,切点分别为 P_1 和 P_2。两个切点是资本配置线上令两个投资者的效用达到最大值的点,所以分别是两个投资者的最优投资组合。

不同的个人在期望收益和风险方面有不同的效用偏好,因此证券的最优投资组合

[①] 要保证无差异曲线凸向原点,还需假设期望收益率和标准差的边际替代率是递减的,其证明可参见 Nicholson, W., and Snyder, C. (2011). *Microeconomic Theory: Basic Principles and Extensions*. Nelson Education.

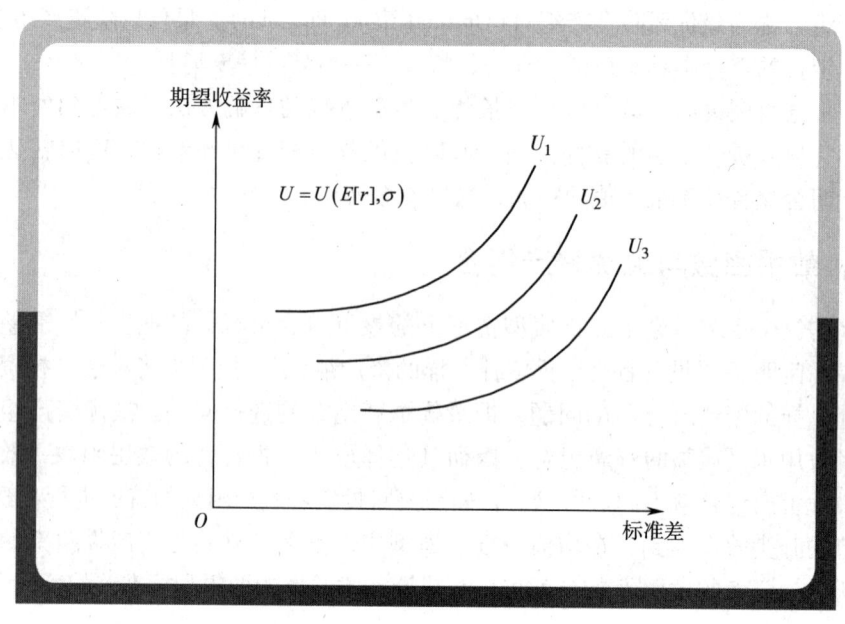

图 12-11　投资者效用函数的无差异曲线

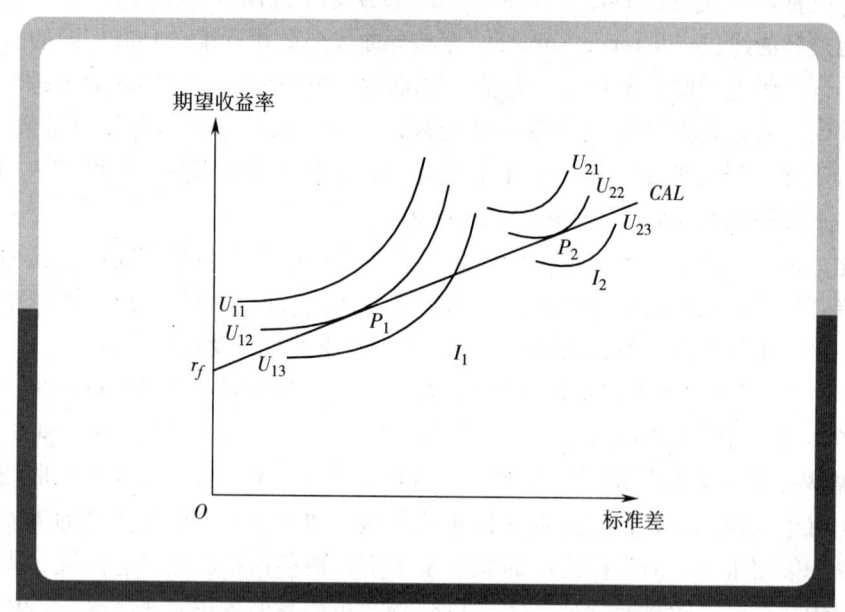

图 12-12　一种无风险资产和一种风险资产的最优投资组合选择

在不同的个人之间有很大的不同。在本例中，I_1 的风险厌恶程度比 I_2 高，因为 I_1 选择的最优投资组合具有更低的风险，这是因为其中无风险资产的权重更大。

两种风险资产的情形和一种无风险资产与一种风险资产的情形类似，不同之处在于此情形下问题转化为求无差异曲线和效率边界的切点，这里只考虑 $-1 < \rho_{12} < 1$ 的情形，如图 12-13 所示。

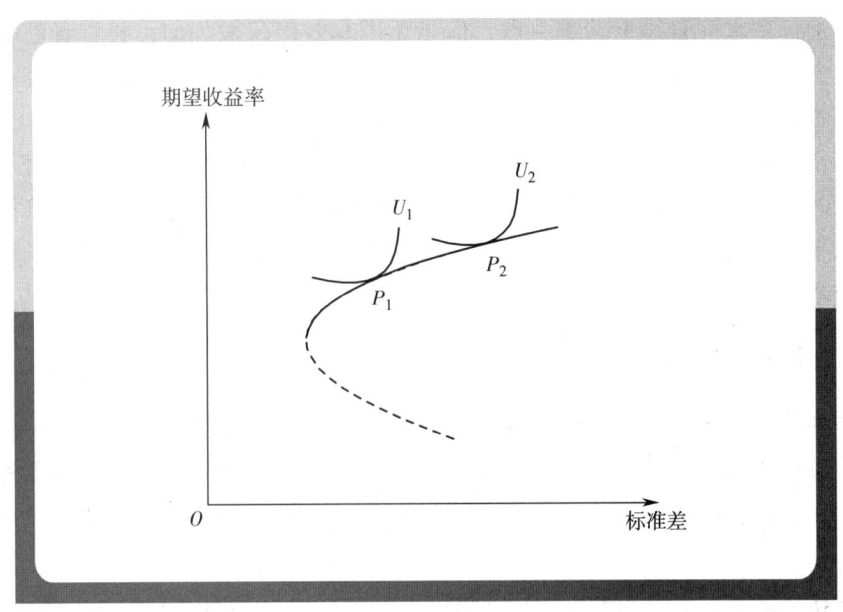

图 12-13 两种风险资产的最优投资组合选择

在一种无风险资产和两种风险资产的情形中,最优资产组合的选择与一种无风险资产和一种风险资产的情形如出一辙,即寻找最优资本配置线与无差异曲线的切点,如图 12-14 所示。

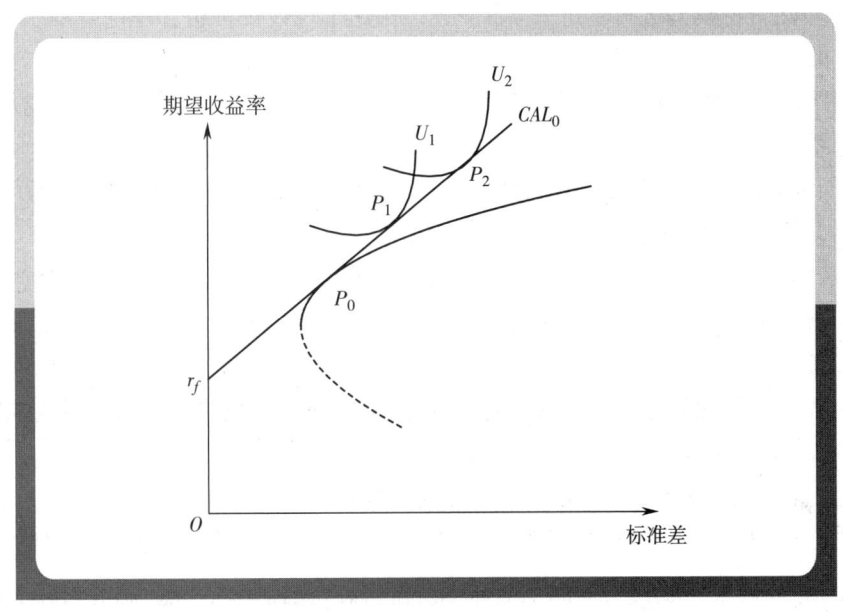

图 12-14 一种无风险资产和两种风险资产的最优投资组合选择

值得注意的是,图中 P_1 和 P_2 两点对应着两个不同效用函数的最优资产组合,由于它们都在 CAL_0 上,所以其中的风险资产组合都是 P_0,即最优风险资产组合。事实上,虽然效用函数决定了最优资产组合中风险资产和无风险资产之间的比例,即投资组合处于最优资本配置线上的哪一点，但是无论其效用函数如何，投资者都会选择相同的风险资产组合，这一组合就是最优风险资产组合。换言之，最优风险资产组合的选择与投资者效用函数无关，这一性质被称为**分离定理**(Separation Property)。

分离定理在资产组合管理中具有重要的意义。资产组合管理公司在面对不同风险规避程度的客户时，只需改变无风险资产和最优风险资产组合之间的比例就能提供不同风险水平的投资组合，而无须改变风险资产组合的成分，从而大大降低了资产组合管理的成本。

五、马柯维茨投资组合选择模型

本节的前几个小节介绍了在几种特殊的情形下如何运用图解法在期望—标准差平面上寻找最优投资组合。本节将推广到一般的情形，讨论投资组合中存在多种风险资产时最优资产组合的选择问题，这一问题正是马柯维茨投资组合选择理论研究的核心内容。

尽管在实践中投资者们早已在定性角度上发现持有证券的分散化行为能产生收益，但是马柯维茨的模型代表了对这种收益首次进行定量分析。马柯维茨投资组合选择模型讨论了市场中存在 N 种风险资产时的资产组合选择问题，该模型由马柯维茨（1952）首先提出[1]，托宾（1958）将模型推广到一种无风险资产和 N 种风险资产的情形[2]，此后还有不少学者（如默顿，1969；费尔德斯坦，1969；博格，1970；萨缪尔森，1975等）在此基础上将模型进行了进一步扩展[3]，构建了现代投资组合理论。本小节将介绍这一模型的基本形式。

马柯维茨投资组合选择模型对市场和投资者作出了若干假设，下面首先从这些假设开始介绍：

(1) 市场上存在 N ($N \geq 2$) 种风险资产，它们具有互不相同的期望收益率（否则投资者只会选择标准差较小者）和有限的标准差；

(2) 市场上不存在税收和交易成本，资产可以无限细分，并且可以被卖空；

(3) 投资者是风险厌恶的，对于相同期望收益率的资产组合，投资者总是选择标准差最小者；

(4) 投资者的投资期限为一期，投资者在期初形成对资产收益率概率分布的观念

---

[1] Markowitz, Harry (1952), Portfolio Selection. *Journal of Finance*, 7 (1): 77-91.
[2] Tobin, James (1958), Liquidity Preference as Behavior Towards Risk. *The Review of Economic Studies*, 25 (2): 65-86.
[3] Merton, Robert C. (1969), Lifetime Portfolio Selection under Uncertainty: The Continuous-Time Case. *The Review of Economics and Statistics*, 51 (3): 247-257. Feldstein, Martin (1969), Mean-Variance Analysis in the Theory of Liquidity Preference and Portfolio Selection. *The Review of Economic Studies*, 36 (1): 5-12. Pogue, Gerald A. (1970), An Extension of the Markowitz Portfolio Selection Model to Include Variable Transactions' Costs, Short Sales, Leverage Policies and Taxes. *Journal of Finance*, 25 (5): 1005-1027. Samuelson, Paul A. (1969), Lifetime Portfolio Selection by Dynamic Stochastic Programming. *The Review of Economics and Statistics*, 51 (3): 239-246. Ziemba, William T & Vickson. Raymond G. (1975). *In Stochastic Optimization Models in Finance*. Academic Press.

并据此做决策;

(5) 在作出投资决策时,投资者只关心金融资产收益率的期望、标准差和资产收益率之间的协方差。

假设(1)和假设(2)规定了市场的特征,假设(3)~假设(5)规定了投资者决策的方式。与上一小节介绍的最优资产组合选择问题有所不同的是,马柯维茨投资组合选择模型并不寻找全局最优资产组合,而是寻找相同期望水平下标准差最小的投资组合,也就是投资组合可行集的效率边界。

一般情形中的效率边界和两种无风险资产的情形相似,如图12-15所示。阴影区域代表所有可实现的投资组合,即所有可用资产可能实现的风险和期望收益率的组合。效率边界表示所有可能的有效率的投资组合,边界上的任何点都优于它右边的任何点。举例来说,考虑由点 b、c、e 和 f 表示的投资组合。投资组合 b 和 f 具有相同的期望收益 $E[r_1]$,但是与 b 对应的风险是 S_1,而与 f 对应的风险是 S_3。同样,投资组合 c 和 e 都承诺期望收益 $E[r_2]$,但与 c 相对应的风险是 S_2,在 e 的情况下是 S_4。因此,在风险厌恶的假设下,投资者更偏好效率边界上的投资组合。显然,边界上的点 a 代表风险最小的投资组合,而 d 代表收益率最高的投资组合。

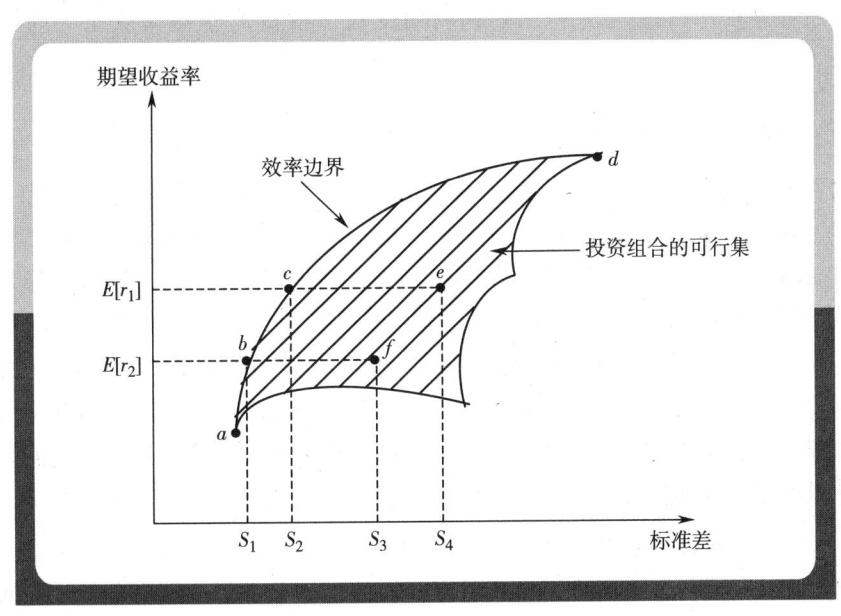

图 12-15 马柯维茨效率边界

有了上述假设,就可以将资产组合选择问题转化为给定投资组合的期望收益率,求标准差(方差)最小的投资组合中各种资产权重的问题。这一约束最优化问题的正式表述为,通过求解可以得到投资组合的期望收益率为 $E[r_p]$ 时,有效(风险最小)的投资组合中各资产的权重以及该组合的标准差,从而得到投资组合可行集效率边界的表达式。可以证明,N 种风险资产构成的投资组合可行集在期望—标准差平面上仍是一条双曲线,而可行集的效率边界仍是该双曲线的上半部分。

对于存在一种无风险资产和 N 种风险资产的情形，最优化问题的表述与 N 种风险资产的情形相似，其求解过程和 N 种风险资产的情形也是类似的。一种无风险资产和 N 种风险资产的情形与之前讨论的一种无风险资产和两种风险资产的情形求解结果是相似的，解得的效率边界即为通过无风险资产和最优风险资产组合的资本配置线。

第5节 资产定价

上一节讨论了当投资者只关心资产的期望收益率和标准差时的投资组合选择问题。马柯维茨投资组合选择理论将资产的收益和风险特征视为已知的，然而，这一理论却并没有回答单个资产的风险和收益是如何确定的，资产的风险如何影响其收益等重要问题。这些问题的本质就是在不确定的市场环境下的金融资产定价问题。对这一问题的回答构成了现代金融学的支柱之一——资产定价理论。

本节将介绍两种重要的资产定价模型：资本资产定价模型和因素模型的思想和基本内容。二者分别从一般均衡和无套利的角度对金融资产收益率决定的问题作出了回答。

一、资本资产定价模型

资本资产定价模型（Capital Asset Pricing Model），通常简称为 CAPM，由夏普（Sharpe, 1964）、林特纳（Lintner, 1965a, 1965b）和莫辛（Mossin, 1966）分别独立提出[1]。CAPM 模型以马柯维茨（Markowitz, 1952）的马柯维茨资产组合选择理论为基础，对风险资产收益率的决定因素作出了解释。尽管风险溢价的概念已经暗示风险资产的风险和收益率之间存在正相关关系，但是并没有指出具体是哪种风险（市场风险或个体风险）与资产收益率相关，也没有给出相关关系的具体形式，更没有回答这种关系对于资产组合是否成立。CAPM 从资本市场一般均衡的角度回答了上述问题，其核心思想是风险资产的风险溢价与其承担的系统性风险正相关。

（一）CAPM 的基本内容

CAPM 通过一系列假设简化了现实世界，构建了一个理想的资本市场，并通过求解该市场中的均衡得出结论。在这一市场上，投资者具有相同的看法，均采用马柯维茨投资组合选择模型做决策，等等。这些假设的具体内容如下：

---

[1] Sharpe, William F (1964). "Capital asset prices: A theory of market equilibrium under conditions of risk. *The journal of finance*, 19 (3): 425–442. Lintner, John (1965a). The Valuation of Risk Assets and the Selection of Risky Investments in Stock Portfolios and Capital Budgets. *Review of Economics and Statistics*, 47 (1): 13–37. Lintner, John (1965b). Security prices, risk, and maximal gains from diversification. *Journal of Finance*, 20 (4): 587–615. Mossin, Jan (1966). Equilibrium in a capital asset market. *Econometrica*, 34 (4): 768–783.

（1）投资者数目众多，相对于市场而言，每个投资者的财富水平都很小，单个投资者的交易无法对资产价格造成影响。换言之，投资者是资产价格的接受者。

（2）投资者能够投资所有公开交易的金融资产，如股票和债券，并且可以以固定的无风险利率借入或贷出任何额度的资产；但是不能投资任何非交易性资产，如人力资本、私人股权等。

（3）投资者具有相同的投资期限，并且只关心资产在投资期内的情况。

（4）投资者均采用马柯维茨投资组合选择模型做决策，即只关心资产组合的期望收益率和标准差，追求收益最大化和方差最小化。

（5）投资者对所有资产和宏观经济状况具有相同的看法，也就是说投资者对资产收益率的概率分布具有相同的估计，这就意味着资产的期望收益率和方差—协方差矩阵对于所有投资者是相同的。这一假设通常称为同质预期假设。

（6）市场上没有税收和交易费用。

在以上假设下，均衡的资本市场具有如下特征，也就是 CAPM 的主要结论：

1. 所有投资者都持有相同的风险资产组合，即市场组合，市场组合中包含所有可交易资产。

市场组合（Market Portfolio）是市场所有可交易资产构成的投资组合，常记为 M。市场组合中各资产的比例即为各资产的市值占总市值的比例。市场组合中必然包含所有可交易资产。否则，假如不包含某种资产，则意味着任何投资者都没有投资于该资产。随着对该资产的需求下降，其价格愈发降低，对投资者的吸引力愈发上升，最终吸引投资者将其纳入投资组合当中。

CAPM 假设任何投资者可投资的资产相同，具有相同的投资期限，对资产具有相同的看法，并且都采用马柯维茨理论选择资产组合。因此，所有投资者具有相同的效率边界，由于无风险利率也相同，所以投资者的最优风险资产组合也相同，这一最优风险资产组合只能是市场组合。

2. 市场组合在效率边界上，而且是效率边界与资本市场线的切点。

如前所述，投资者具有相同的投资组合可行集，由于投资者均按照马柯维茨理论进行投资，所以其选择的风险资产组合——市场组合必然处于效率边界上，而且是效率边界与最优资本配置线的切点。由于所有投资者的效率边界和最优资本配置线相同，故称这条资本配置线为**资本市场线**（Capital Market Line，CML）。

3. 单个金融资产的风险溢价与市场组合的风险溢价成正比，与衡量资产和市场组合联动程度的 β 值成正比，其中风险资产 i 的 β 值的定义为

$$\beta_i = \frac{Cov(r_i, r_M)}{\sigma_M^2} \quad (12-23)$$

从而单个风险资产的期望收益率就是：

$$E[r_i] = r_f + \beta_i(E[r_M] - r_f) = r_f + \frac{Cov(r_i, r_M)}{\sigma_M^2}(E[r_M] - r_f) \quad (12-24)$$

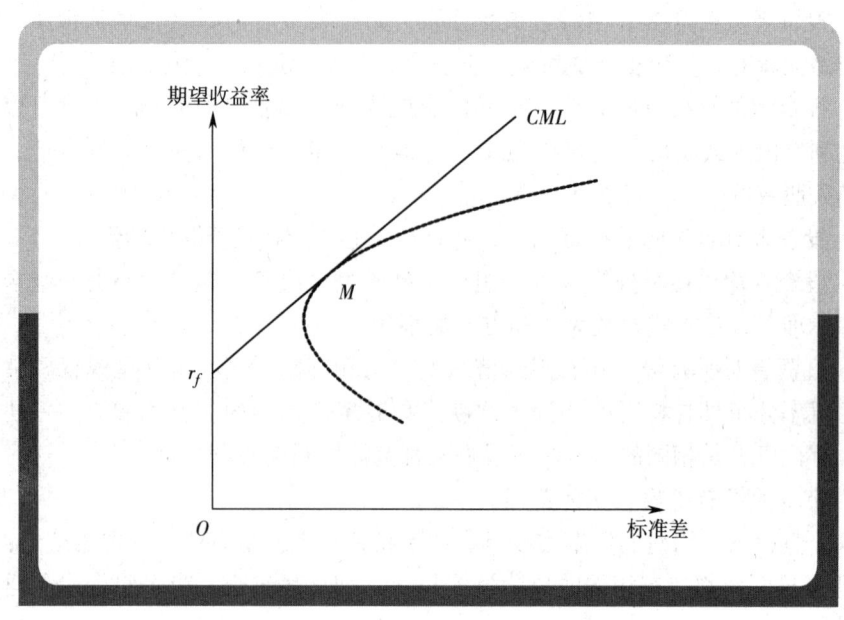

图 12-16 资本市场线

(二) CAPM 的含义

容易看出,CAPM 中资产期望收益率的表达式可以变形为

$$\frac{E[r_i] - r_f}{Cov(r_i, r_M)} = \frac{E[r_M] - r_f}{\sigma_M^2} \tag{12-25}$$

等式的左侧是单个资产 i 的风险溢价与资产 i 和市场组合协方差的比值,测度了投资者承担资产 i 的投资风险时所要求的风险溢价,通常称为风险的市场价格。等式的右侧是市场组合的收益—风险比,在同一市场均衡中这一比值是相同的。

由于等式左侧可以代表市场中任何资产风险的市场价格,这就意味着市场均衡时任何资产风险的市场价格均相同,且等于市场组合的收益—风险比。

从形式上看,β 值衡量的是资产与市场组合联动程度。事实上,β 值反映的正是资产的系统性风险。本章的第 3 节中曾经提到,系统性风险是由资产价格的共同运动带来的,不能通过分散化投资降低的风险。CAPM 的结论显示在定价过程中,资产的期望收益率只与系统性风险有关,而与其非系统性风险无关。换言之,资产的全部风险中,只有系统性风险能够得到补偿,β 值度量的就是这种能够获得收益补偿的风险;由于个体风险能够通过分散化投资减少乃至消除,所以承担个体风险是无法获得收益补偿的。

资产期望收益率的表达式不仅对单个资产成立,而且对市场上的任何投资组合成立。将组合中每个资产期望收益率的表达式左右同乘其权重并求和:

$$\begin{aligned}
w_1 E[r_1] &= w_1 r_f + w_1 \beta_1 (E[r_M] - r_f) \\
+ w_2 E[r_2] &= w_2 r_f + w_2 \beta_2 (E[r_M] - r_f) \\
&\cdots \\
+ w_n E[r_n] &= w_n r_f + w_n \beta_n (E[r_M] - r_f) \\
\hline
E[r_P] &= r_f + \beta_P (E[r_M] - r_f)
\end{aligned} \tag{12-26}$$

其中，资产组合的 β 值就是各资产 β 值的加权平均值：

$$\beta_P = \sum_{i=1}^{n} w_i \beta_i \qquad (12-27)$$

该式对市场组合同样成立，市场组合的 β 值就是：

$$\beta_M = \sum_{i=1}^{N} w_i \frac{Cov(r_i, r_M)}{\sigma_M^2} = \frac{Cov(\sum_{i=1}^{N} w_i r_i, r_M)}{\sigma_M^2} = \frac{\sigma_M^2}{\sigma_M^2} = 1 \qquad (12-28)$$

市场组合的 β 值为 1，如果某一资产的 β 值大于 1，说明其具有高于市场组合的风险，为了补偿超出的风险，该资产具有高于市场组合的风险溢价；反之如果某一资产的 β 值小于 1，说明该资产的风险低于市场组合，其风险溢价也比市场组合低。

资产期望收益率与其 β 值的关系可以用期望收益率—β 值平面上的一条直线来刻画，称之为**证券市场线**（Security Market Line，SML）。直线的斜率等于市场组合的风险溢价，均衡状态下，所有资产均被正确定价，故处于证券市场线上；如果某资产处于证券市场线上方，说明其期望收益率高于均衡状态下的期望收益率，资产价格被低估，反之说明资产价格被高估。称资产实际期望收益率与均衡状态下期望收益率的差值为资产的 α 值。实际投资中，投资者总是希望寻找价格被低估，即 α 值为正的资产。

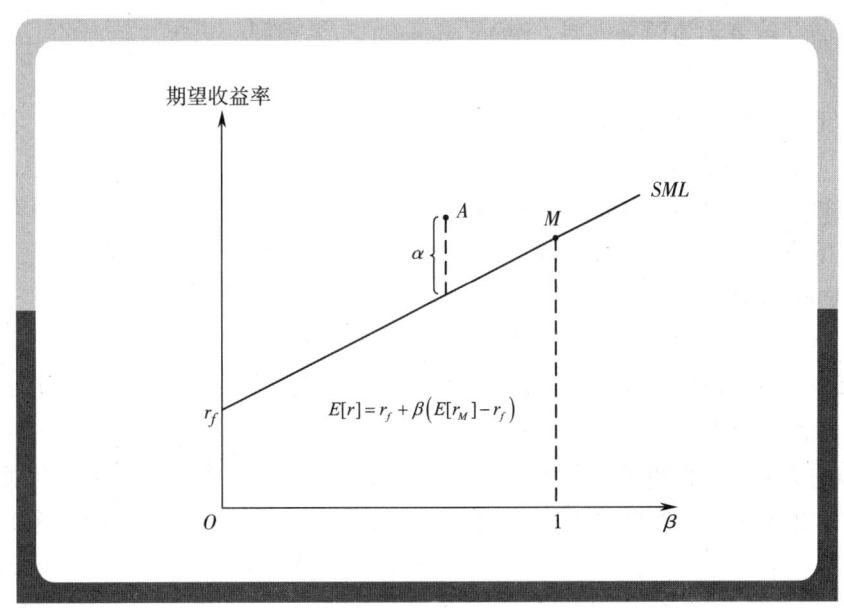

图 12-17 证券市场线

值得注意的是，虽然证券市场线和资本市场线具有相似的形状，但是二者的含义是完全不同的：资本市场线的横坐标是资产的标准差，而证券市场线的横坐标是资产的 β 值。资本市场线上的资产组合都是有效率的组合，与资产是否处于均衡状态无关；证券市场线上的资产组合都处于均衡状态，但是却不一定是有效率的组合，均衡状态下，无论资产组合是否有效率均处于证券市场线上。所以，如果市场处于均衡状态，则资本市场线上的组合（以及投资组合可行集中的其他任何组合）都在证券市场线上，但是证券市场线上的组合却不一定在资本市场线上。

CAPM 的诞生标志着现代资产定价理论的开端，不仅 CAPM 最早的提出者威廉·夏普（William Sharpe）因其作出的开创性工作获得了 1990 年的诺贝尔经济学奖［与哈里·马柯维茨（Harry Markowitz）和默顿·米勒（Merton Miller）共同获奖］，在 CAPM 的基础上将资产定价理论发扬光大的尤金·法玛（Eugene Fama）也于 2013 年获得了诺贝尔经济学奖。CAPM 中影响个体资产收益率的市场组合风险溢价被文献表述为"市场因子"。后续研究还在 CAPM 的基础上尝试进一步寻找市场因素以外其他影响资产收益率的因子，这方面的集大成者是法玛（Fama）和弗兰奇（French）（1993）提出的三因子模型，他们发现除了市场因子外，规模因子和账面价值—市值比因子也对资产价格有显著的解释能力。除此之外还有卡哈特（Carhart, 1997）加入动量因素提出的四因子模型，法玛和弗兰奇（2015）加入盈利能力和投资模式提出的五因子模型等。[1]

二、因素模型与套利定价理论

套利定价理论（Arbitrage Pricing Theory，APT）由 Ross（1976）提出。[2] 该理论基于因素模型（或者称为因子模型，Factor Model）和无套利的思想，给出了金融资产期望收益率和风险的关系。

事实上，无套利定价的思想可以追溯到 Arrow（1964）。[3] Arrow（1964）和 Debreu（1959）[4] 提出了状态（State）的概念，把未来的不确定性划分为有限个状态，证券的价格就是每一个状态下的 Arrow – Debreu 证券（只在这个状态下回报为 1，其他状态下回报为 0 的证券）价格的加权平均，这是后来无套利定价思想的来源。APT 正是基于 Arrow – Debreu 的理论发展而来。

与 CAPM 相比，APT 基于完全不同的假设和推导方法，得出的结论也不尽相同。本节首先介绍因素模型和套利的概念，在此基础上引入套利定价理论的基本内容。

（一）因素模型

之前的章节已经介绍过，金融资产的风险可以分为只与资产自身因素相关的非系统性风险和影响所有资产的系统性风险。假设资产收益率围绕其期望收益率波动，且

---

[1] Fama, Eugene F., and Kenneth R. French, (1993), Common Risk Factors in the Returns on Stocks and Bonds. Journal of Financial Economics, 33 (1): 3 – 56. Fama, Eugene F., and Kenneth R. French, (2015), A Five – Factor Asset Pricing Model. Journal of Financial Economics, 116 (1): 1 – 22. Mark M. Carhart, (1997), On Persistence in Mutual Fund Performance. Journal of Finance, 52 (1): 57 – 82.

[2] Ross, Stephen A., (1976), The Arbitrage Theory of Capital Asset Pricing. *Journal of Economic Theory*, 13 (3): 341 – 60.

[3] Arrow, Kenneth J., (1964), The Role of Securities in the Optimal Allocation of Risk – Bearing. *The Review of Economic Studies*, 31 (2): 91 – 96.

[4] Debreu, Gérard, (1959), Theory of Value：An Axiomatic Analysis of Economic Equilibrium. New Haven：Yale University Press.

影响其波动程度的只有系统性风险和非系统性风险两种因素，那么资产的收益率就可以写为

$$r_i = E[r_i] + s_i + e_i \tag{12-29}$$

其中，s_i 表示预期外的系统性因素对资产收益率的影响，e_i 表示预期外的个体因素对资产收益率的影响，由于是预期外的影响，所以二者的期望值均为0。将预期外的系统性因素记为 F，资产对该因素的敏感程度记为 β_i，则上式可进一步写为

$$r_i = E[r_i] + \beta_i F + e_i \tag{12-30}$$

式（12-16）就是资产收益率的**单因素模型**（Single-factor Model）。单因素模型的核心是，存在单一的宏观因素影响所有资产的收益率，且不同资产对该宏观因素的敏感程度不同。

单因素模型并未给出宏观因素的具体形式，如果用市场指数的收益率作为宏观因素，上式就变为

$$r_i = E[r_i] + \beta_i r_M + e_i \tag{12-31}$$

假设预期外的宏观因素和个体因素不相关，即 $Cov(r_M, e_i) = 0$。对式（12-17）两边分别求与 r_M 的协方差再做变形，就可以得到：

$$\beta_i = \frac{Cov(r_i, r_M)}{\sigma_M^2} \tag{12-32}$$

这说明如果在单因素模型中以市场指数作为宏观因素，则资产对宏观因素的敏感系数就是 CAPM 中的 β 值。

现实中，影响资产收益率的宏观因素往往不止一个，如国民收入、利率、汇率、通货膨胀率等因素都可能对资产价格造成影响。因此，单因素模型对现实的刻画程度就显得不够，需要引入多种具体的宏观风险来源来代表宏观因素，这就是**多因素模型**（Multifactor Model）：

$$r_i = E[r_i] + \beta_{1i} F_1 + \beta_{2i} F_2 + \cdots + \beta_{Ki} F_K + e_i \tag{12-33}$$

因素前的系数 β_{1i}，β_{2i}，$\cdots$，β_{Ki} 称为资产的**因子载荷**（Factor Loading），衡量了资产对各因素的敏感程度。

因素模型对资产收益率在期望收益率附近的变动情况进行了建模，但是却没有给出期望收益率是如何决定的，这正是套利定价理论所研究的。套利定价理论假设资产收益率遵循因素模型，再通过无套利假设得出了期望收益率与因子的关系。

（二）套利的概念

套利（Arbitrage）指通过零或负投入获得无风险正收益的行为。例如，某只股票在 A 交易所的价格是50元，在 B 交易所的价格是52元。假设股票在两个交易所之间自由流通，不考虑其他成本和风险，此时若在 A 交易所买入100股并在 B 交易所卖出100股该股票，就可以得到200元的无风险收益。在此次交易中，投资者在交易中投入的成本为0（购买股票的5000元在卖出股票后全部收回），却在交易结束时获得了200元的无风险收益，这就是一次套利。

值得注意的是，投资无风险资产获得无风险收益并不是套利行为，因为虽然投资

获得的收益同样是无风险的,但是投资无风险资产需要初始投资成本,而套利行为不需要初始成本。

如果市场上存在套利机会,投资者会很快发现并通过交易套利。由于套利不需要成本就能获得无风险收益,所以套利者会尽可能多地进行交易,大量的交易会使资产价格快速调整直至套利机会消失。因此,许多资产定价模型假设市场中不存在套利机会。

无套利的市场需要满足两个条件:资产价格的一价定律和价格正定性。资产价格的一价定律指的是如果两项资产在未来任何状态下收益都相同,那么二者具有相同的价格。价格正定性是指如果一项资产具有正的收益,那么一定具有正的价格,反之,如果一项资产的价格为0,则其收益也为0。事实上,这两个条件是市场无套利的充要条件:无套利市场必然满足资产价格的一价定律和价格正定性;如果市场满足资产价格的一价定律和价格正定性,则一定是无套利的。套利定价理论中主要运用了无套利市场价格正定性的性质。

(三)套利定价理论

有了因素模型和套利的概念,就可以正式引入套利定价理论了。套利定价理论的假设如下:

1. 市场中风险资产的收益率都可以用因素模型表示,即对于任何资产均有:

$$r_i = E[r_i] + \beta_{1i}F_1 + \beta_{2i}F_2 + \cdots + \beta_{Ki}F_K + e_i \quad (12-34)$$

2. 市场中风险资产的个数 N 远大于因子个数 K;
3. 市场中的投资者对资产具有相同的看法,且都能用假设1中的模型表示;
4. 市场中不存在套利机会。

可以看出,套利定价理论和资本资产定价模型的假设有颇多不同。APT没有对资产收益率的分布特征作出任何假设,而是假设了收益率的具体形式,也并未对投资者的决策方式作出假设。

在上述假设下就可以推导出资产期望收益率与风险因子的关系,推导过程需要用到较为复杂的线性代数知识,此处略去,直接给出推导的结论[①]:

$$E[r_i] = r_f + (\pi_1 - r_f)\beta_{1i} + (\pi_2 - r_f)\beta_{2i} + \cdots + (\pi_K - r_f)\beta_{Ki} \quad (12-35)$$

其中,r_f 是无风险利率,π_K 是对第 K 种风险因子敏感度为1,对其他风险因子敏感度为0的资产组合,$\beta_{1i}, \beta_{2i}, \cdots, \beta_{Ki}$ 是资产的风险载荷。

对一种风险因子敏感度为1,其他风险因子敏感度为0的资产组合称为纯因素资产组合,该组合一定可以构造出来。当然,要构造第 k 种因子的纯因素组合,经过稍微复杂一些的求解过程也可以获得,此处不展开阐释。

同因素模型一样,套利定价理论仍没有给出风险因子的具体形式,后续研究者在寻找具有解释力的风险因子方面做了大量工作。Chen, Roll 和 Ross (1986) 提出了一组可能的风险因子,包括行业产出变动、预期通胀率变动、非预期通胀率变动、长期

[①] 套利定价理论的推导过程可参见 Ross, Stephen A. (1976). The Arbitrage Theory of Capital Asset Pricing. *Journal of Economic Theory*, 13 (3): 341-60.

公司债券的违约风险和利率的期限结构;① Fama 和 French（1996）发现市场超额收益、公司规模和账面价值—市值比对资产收益有较强的解释能力，从而提出了著名的Fama - French 三因子模型。② 许多学者在三因子模型的基础上，加入了其他因子来增强模型的解释力，包括 Chang 和 Lewellen（1984）加入动量因子提出的 Carhart 四因子模型③，Fama 和 French（2015）加入盈利能力和投资模式因素提出的 Fama - French 五因子模型④，等等。

本节只介绍了资本资产定价模型和套利定价理论两种资产定价模型。事实上，还有许多经典的资产定价模型限于篇幅未能详细介绍，如 Arrow - Debreu 均衡模型、Black - Scholes 期权定价公式、Fama - French 三因子模型等。本章提及的资产定价领域比较经典的文献，可以供感兴趣的读者参阅。

复习要点

1. 投资收益率的定义与计算。
2. 投资风险的定义与度量。
3. 投资组合与分散化投资。
4. 资产定价理论。

关键术语

单期收益率	多期收益率	年化收益率	效用函数
最优资产组合	均值—方差模型	证券市场线	马柯维茨投资组合
效率边界	因素模型	套利定价	

练习题

1. 马柯维茨投资组合理论与 CAPM 之间的联系是什么？
2. 如何刻画两种风险资产的投资组合可行集？
3. APT 与 CAPM 之间的联系与区别是什么？

第 12 章
课后习题答案

---

① Chen, Nai - Fu, Richard Roll, and Ross, Stephen A. (1986). Economic Forces and the Stock Market. *Journal of Business*, 383 - 403.

② Fama, Eugene F., and French, Kenneth R. (1996). Multifactor Explanations of Asset Pricing Anomalies. *The Journal of Finance*, 51 (1): 55 - 84.

③ Chang, Eric C., and Lewellen, Wilbur G. (1984). Market Timing and Mutual Fund Investment Performance. *Journal of Business*, 57 (1): 57 - 72.

④ Fama, Eugene F., and French, Kenneth R. (2015). A Five - factor Asset Pricing Model. *Journal of Financial Economics*, 116 (1): 1 - 22.

第 13 章 国际投资的风险：汇率变动

学完本章后，你将掌握：
1. 汇率的基础知识
2. 长期汇率决定机制
3. 利率平价

第 1 节 汇率的基础知识

汇率是影响国际投资风险的重要内容，当然也是影响国际贸易的重要因素。本节介绍汇率相关的基础知识。我们曾经在第 3 章提及金本位制下的汇率决定机制，也就是铸币平价。在金本位制度下，两国货币的兑换基础是铸币平价，货币含金量是影响汇率的最重要因素。在信用货币体系下，各国货币兑换的影响因素更加复杂。

一、汇率的定义与标价法

汇率是指在具体时间点一国货币兑换另外一国货币的价格，或者说一国货币用另外一国货币表示的价格。只要两个国家不使用同一种货币，两国发生国际贸易、跨国投资或者债务清偿等往来事务，就会涉及外汇汇率问题。显然，两个国家的货币兑换，可以使用本国货币表示外国货币的价格，也可以使用外国货币表示本国货币的价格。一般情况下，使用 1 单位或者 100 单位的外币表示本币的价格称为汇率的直接标价法，反之则称为汇率的间接标价法。例如，2022 年 5 月 2 日，1 美元兑换 6.6844 元人民币，或者 1USD＝6.6844RMB，这种汇率表示方式就是直接标价法。反过来，1 元人民币兑换 0.1500 美元，或者 1RMB＝0.1500USD，这种表示方式则称为间接标价法。

二、有效汇率

直接标价法和间接标价法都对应于两种货币的兑换。有时候我们需要了解一国货币相对于一篮子货币的汇率水平，此时需要使用有效汇率（Effective Exchange Rate）的概念。所谓有效汇率，就是指一国货币相对于一篮子货币基于一定权重计算出来的加权平均汇率指数。权重可以根据一国与样本国双边贸易额占该国对所有样本国全部对外贸易额比重来计算。另外，有效汇率还可以根据是否经过相对物价调整划分为名义有效和真实有效汇率两种。没有经过相对物价指数调整的有效汇率称为名义有效汇率（Nominal Effective Exchange Rate），经过了相对物价指数调整的有效汇率称为真实有效汇率（Real Effective Exchange Rate）。

三、汇率的升值与贬值

在直接标价法下，汇率值增大说明本币贬值，相应的外币升值；反之，汇率值减小说明本币升值而外币贬值。例如，表 13-1 中美元兑人民币汇率从 1994 年的 8.6783 到 2020 年的 6.9614，数值上不断减小，对应于人民币对美元不断升值。

当然，以上直接标价法下本外币的升值或贬值都是两种货币之间相对比而言的。如果想要了解本币相对一篮子货币的升值或者贬值情况，就需要观察有效汇率的变化。无论名义有效汇率还是真实有效汇率，只要有效汇率的数值增大，则说明本币升值（相对于一篮子货币总体来说），反之如果有效汇率的数值减小，则说明本币贬值。表 13-1 中所列示的人民币有效汇率从 1994 年到 2020 年数值从 73.93（75.26）开始逐步增大到 115.68（124.80），说明人民币相对一篮子货币总体上是在不断升值的。

表 13-1　　　　　　　　　　　人民币对外币的汇率

国家	货币单位	英文缩写	1994 年	2000 年	2010 年	2020 年
美国	美元（＄）	USD	8.6783	8.2798	6.8269	6.9614
英国	英镑（£）	GBP	12.9239	13.5544	10.9176	9.2263
加拿大	加拿大元（C＄）	CND	6.6072	5.7237	6.4892	5.3647
澳大利亚	澳大利亚元（A＄）	AUD	5.9608	5.4473	6.1255	4.8846
人民币名义有效汇率			73.93	95.48	99.89	115.68
人民币真实有效汇率			75.26	95.60	101.47	124.80

说明：（1）直接标价法：1 单位外币兑换人民币数量；（2）各年汇率以当年 1 月汇率为准（日度数据以 1 月第 1 个交易日为准）；（3）原始数据来源于 Wind 资讯；（4）2020 年数据来源于 CEIC 数据库。

四、固定汇率与浮动汇率

我们在第 3 章曾经介绍过，1945 年至 1971 年的国际货币体系格局是布雷顿森林体系，各国货币彼此之间一般都是固定汇率，即汇率固定在一个设定好的水平之上保持基本不变，这种汇率制度体系也称为**可调整—钉住汇率体系**（Adjustable-peg Exchange Rate System）。在固定汇率制度下，每个国家都被要求维持汇率在一个特定的水平上，除非特殊情况下有国家向国际货币基金组织（IMF）举证当前汇率水平不合适而且不可持续，此时如果经过 IMF 评估后通过了新的汇率提案，那么汇率水平就可以调整到新的水平上。

然而，在 1974 年之后，由于特里芬两难问题（即美元作为世界货币需要保持币值坚挺与世界范围内对美元的需求不断增加的矛盾）日益严重，同时世界各国国内通胀率水平出现较大的分化，固定汇率制度不再能适应经济发展的现实情况，因此大多数国家的货币兑换进入了浮动汇率时代，即汇率随着市场因素变化而变化，大多数国家的中央银行不再对外汇市场进行干预以维系汇率保持在一个固定水平上。在浮动汇率制度下，两国货币兑换的汇率水平时刻变化，主要由影响外汇供求状况的各种因素决定。

五、即期汇率与远期汇率

即期汇率是指货币进行即期兑换的汇率。远期汇率是指在未来某个时点进行货币兑换的汇率。一般来说，远期汇率发生在货币的远期合约交易中，合约双方提前约定交易的时间和汇率。

由于不同时间点上的汇率水平会变化，因此我们在讨论汇率变化或者汇率的影响因素时，也需要首先澄清讨论的汇率是什么时点上的汇率。例如，美联储加息如何影响汇率变化，首先需要确认的是考察即期汇率还是远期汇率变化？如果是远期汇率，那么是多远的将来也需要说清楚。否则，对于此类问题的回答就很难有一个统一的标准。

第 2 节　长期汇率决定机制

在金本位制下，各国都使用金币，因此各国货币兑换遵循铸币平价，即根据各金币的含金量和成色作为兑换基础。在信用货币体系下，由于各国货币都是纸币，再加上各国的国际收支平衡表中金融账户开放程度不同，因此确定货币兑换的汇率标准显得更加复杂和困难。

从外汇市场上看，汇率水平主要是货币的供求关系决定的。所以，要理解汇率的决定机制，可以根据影响汇率供求关系的因素进行判断。即便如此，汇率的影响因素也还是不容易确定，特别是短期影响因素众多。例如，当美联储宣布提高联邦基金利率时，短期内美元很可能表现为升值，因为利率提高直接对应的是美元资产的收益率提高，因此短期内其他货币有兑换成美元的动力。当然，美元短期内是否一定会升值以及升值幅度多大，还需要考察更多因素才能进一步判断。

从长期看，信用货币体系下的汇率决定机制经常使用的理论是一价定律和购买力平价。需要重申的是，这些平价关系是刻画汇率决定机制的长期关系（如 3 年、5 年或者更长的时间），短期内很可能并不成立。

一、一价定律

国际金融中的**一价定律**(Law of One Price) 就是指在自由贸易和交易成本为 0 的条件下，同一种商品在两个国家的各自标价之比等于汇率。例如，一个汉堡王在美国售价是 1 美元，在中国售价是 7 元人民币，如果美元兑人民币的汇率是 7（或者表示为 USD∶RMB = 7∶1），此时两国的汉堡王这个商品的价格对比与汇率的关系符合一价定律。我们可以用公式表示一价定律，即

$$S = \frac{P_i^d}{P_i^f} \tag{13-1}$$

其中，S 表示直接标价法对应的汇率，P_i^d 表示第 i 个商品的国内价格，P_i^f 表示第 i 个商品的国外价格。因为一价定律描述的是一个长期过程，所以这里的汇率 S 一般不是某个时点的即期汇率，而是一段时期内的平均汇率。也就是说，从长期看，同一商品在两个国家的价格之比与汇率相等。

一价定律往往是人们比较特定商品的国内售价与国外售价是否相等的基础。例如，你在出国购物过程中，看到一部苹果手机在美国的售价是 500 美元，此时就会和国内售价的 5000 元人民币进行对比。假设当前美元兑人民币汇率是 7∶1，那么美国销售的苹果手机通过当前汇率折算成人民币价格就是 500 × 7 = 3500 元。显然，就当前情况来看，在美国购买这部苹果手机比在国内购买要更便宜，此时你很可能会决定买下这部手机。也就是说，一价定律为我们提供了一个对比物价与汇率关系的基准。

二、购买力平价

由于单个商品的国内外价格对比与汇率之间的关系往往并不满足一价定律，即使在长期条件下也不容易满足，所以经济学家又把单个商品拓展到一篮子商品，此时物价 P 的下标不再以 i 来表示某个单一商品，而就是以 P 来表示一篮子商品的价格指数。此时，一价定律可以拓展到**购买力平价**(Purchasing Power Parity，PPP)，即

$$S = \frac{P^d}{P^f} \tag{13-2}$$

此时，S 仍然是相当长时间段内的平均汇率，P^d 和 P^f 则分别表示国内总体物价水平和国外总体物价水平。

（一）绝对购买力平价

因为等式（13-2）中的物价水平是绝对物价指数，因此这种形式的购买力平价称为**绝对购买力平价**(Absolute PPP)。

假设在 2010 年至 2022 年期间，中国国内消费者价格指数（CPI）以 2010 年为基期核算的平均值为 110，美国相同篮子并且相同基期核算的CPI 平均值为 18，那么满足中美两国对应期间的购买力平价的汇率水平应该是

> 绝对购买力平价是指两国物价之比与汇率水平相等的关系。

$$S = 110/18 = 6.11$$

也就是说，如果 2010 年至 2022 年期间中美汇率平均值是 6.11，那么此时两国物价对比与汇率水平之间满足购买力平价。

（二）相对购买力平价

需要说明的是，即使是一篮子商品，也很难满足两国的商品篮子统计口径完全相

同。同时,各国核算 CPI 的方法以及统计核算的基期也经常不同。这就使得绝对购买力平价在现实中不容易应用。为此,可以将等式(13-2)进行变形,将物价绝对值形式转换成物价增长率的形式,汇率也相应变成增长率的形式。因为物价增长率就是一国的通货膨胀率,所以变形后的购买力平价关系式更容易应用,相应的关系式称为相对购买力平价(Relative PPP)。

将绝对购买力平价等式转化成相对购买力平价等式,可以运用自然对数的特定属性。具体来说,可以将等式(13-2)左右两侧同时取自然对数,并且将各个变量的下标加上 t,用于表示 t 时期对应的关系,即

$$\ln S_t = \ln\left(\frac{P_t^d}{P_t^f}\right) \quad (13-3)$$

以上等式在 $t+1$ 时刻也成立,因此

$$\ln S_{t+1} = \ln\left(\frac{P_{t+1}^d}{P_{t+1}^f}\right) \quad (13-4)$$

利用如下自然对数的性质(时序变量自然对数差约等于变量的增长率),即

$$\ln X_{t+1} - \ln X_t \approx \frac{X_{t+1} - X_t}{X_t}$$

此时,只要用等式(13-4)减去等式(14-3),即可获得**相对购买力平价**等式,即

$$\Delta S_{t+1} = \pi_{t+1}^d - \pi_{t+1}^f \quad (13-5)$$

其中,ΔS_{t+1} 表示汇率的变化率,π_{t+1}^d 和 π_{t+1}^f 则分别表示国内通胀率和国外通胀率水平。也就是说,相对购买力平价关系表明,从长期看,两个国家的通胀率之差反映了汇率的变化率情况。换句话说,汇率会针对通胀率的变化情况进行调整,从而使得货币在两国之间的购买力相等。

> 相对购买力平价是指两国通货膨胀率之差大致等于汇率的变化率的关系。

汇率的变化分为升值和贬值,相应地也可以称为升贴水(升值即升水、贬值即贴水)。例如,长期看国内通胀率平均水平为 5%,国外通胀率平均水平为 3%,那么汇率变化率就是 5% - 3% = 2%。在直接标价法下,汇率变化率为正的 2%,意味着本币贬值 2%(如美元兑人民币汇率从 6 变化到 6.12 对应人民币贬值 2%),或者称为本币有贴水。也就是说,从长期看,通胀率水平相对高的国家的货币有贴水趋势;反之,通胀率水平相对低的国家的货币有升水趋势。

我们在图 13-1 中描绘了 2000 年 1 月至 2022 年 2 月中国和美国的 CPI 通胀率(均为价格指数 P 的同比增长率形式,即 $\ln P_{t+12} - \ln P_t$),同时给出了美元兑人民币的汇率变化率的时序图。我们进一步根据样本区间的数据计算了中美 CPI 通胀率以及汇率变化率的平均数,分别为中国 CPI 通胀率平均值 2.137%、美国 CPI 通胀率平均值 2.250%、汇率变化率平均值 -1.139%。

按照等式(13-5)进行比照,可以看到 2000 年至 2022 年中美相对购买力平价并不成立。现实中出现购买力平价不成立的情况并不奇怪,因为购买力平价本身要求一

定的前提假设。这些假设包括：所考虑的物价篮子应该包括完全相同的商品与服务，并且这些商品与服务在两国间可以自由贸易；跨国交易的交通成本可以忽略不计并且两国间不存在贸易壁垒（比如关税）；在样本区间内汇率只受到通胀率的影响。

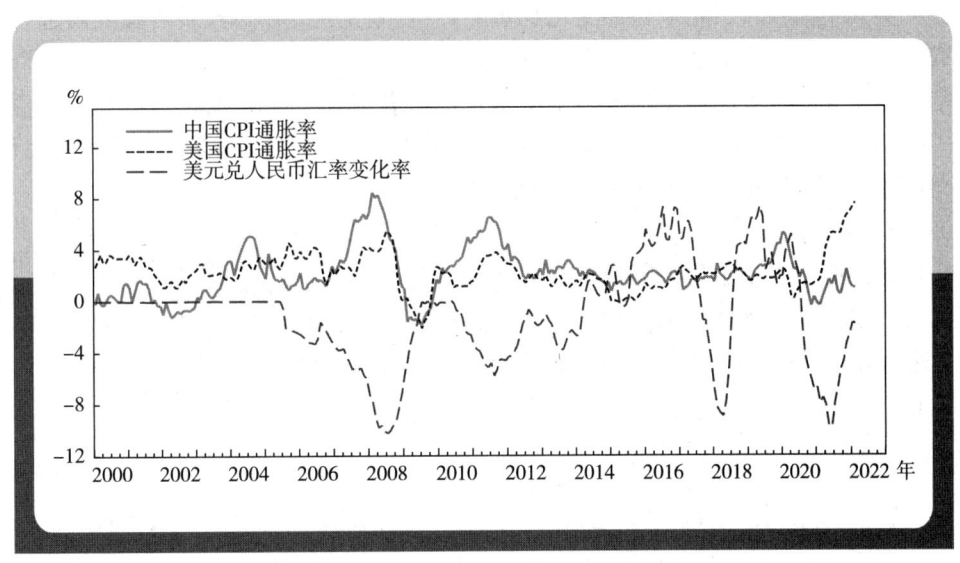

图 13-1　中美 CPI 通胀率以及美元兑人民币汇率变化率

（资料来源：原始数据来源于美联储圣路易斯分行）

事实上，以上各个假设条件对于 2000—2022 年的中国和美国来说，都不容易满足，特别是 2018 年前后美国对中国的出口产品加征关税，而中国也实施对等的加征关税措施，这些都会导致购买力平价不成立。不过，即使如此，购买力平价仍然不失为考察长期汇率变化趋势的一个重要基准。在现实条件与假设条件不出现较大分歧并且其他影响汇率的因素变化不大的情况下，购买力平价就可以作为汇率决定机制的重要参考依据。

第 3 节　利率平价

利率平价是关于国内外利率与汇率之间变化关系的平价理论。在资本自由流动的条件下，投资者可以考虑在国内金融市场投资购买金融资产获得一定回报率，当然还可以考虑在国外金融市场进行投资获得相应的回报率。当投资者进行跨国金融投资时，除了考虑国外金融资产的收益率，同时还要考虑金融资产到期之时汇率与当初投资时的汇率变化了多少，才能计算出跨国金融投资的净回报率。

我们先来看一下例子：假定一位中国投资者以 700 万元人民币本金去购买美国市场上的 1 年期大额可转让存单（NCD），美国的 NCD 收益率是 5%。对于中国投资者来说，1 年以后可以获得 NCD 的收益率为 5%，但是不要忘了汇率变化对其投资回报率的影响。假设期初美元兑人民币汇率是7:1，中国投资者需要将700万元人民币兑换成美元进行投资，因此期初兑换的结果是100万美元，这100万美元获得的美元资产（即NCD）回报是100万×5%＝5万美元，本利和一共105万美元。可是，期末（即1年以后）美元兑人民币的汇率可能变化到6.5:1。也就是说，中国投资者在美国进行金融投资过程中，在汇率上实际是损失了（7－6.5）/7＝7.14%。在这个例子中投资者在汇率上的损失超过了他在美国投资金融资产的收益率，也就是说他实际上的收益率是5%－7.14%＝－2.14%！所以当他1年以后将本利和105万美元资产兑换回人民币时，将会比他期初的700万元人民币价值更少了（105×6.5＝682.5万元＜700万元）。

> 利率平价的内容：在均衡状态下，投资者在国外进行金融投资获得的收益经过汇率变化的调整等于其在国内投资的收益。

可见，汇率的变化是跨国投资必须考虑的重要因素。利率平价就是刻画不同国家的金融资产收益率（即利率）与汇率之间关系的理论。

我们可以用公式表示利率平价关系，即

$$1 + i_t^d = \frac{1}{S_t} \times (1 + i_t^f) \times S_{t+1} \qquad (13-6)$$

其中，i_t^d和i_t^f分别表示国内和国外利率，S_t表示t期汇率，S_{t+1}表示$t+1$期的汇率，汇率均以直接标价法表示。等式（13－6）左侧表示1单位本国货币投资于本国金融资产在1年（当然可以是n年）以后的本利和，等式右侧表示期初1单位本币兑换成外币的金额（即$1/S_t$）后进行投资，1年后本利和再兑换成本币的金额。当等式成立时，利率平价成立。

等式（13－6）是基于国内投资收益与国外投资收益（到期后兑换为本币的价值）相等来表示的。我们可以把等式（13－6）整理成如下形式：

$$\frac{1 + i_t^d}{1 + i_t^f} = \frac{S_{t+1}}{S_t} \qquad (13-7)$$

等式（13－7）就是精确形式的利率平价等式。把等式（13－7）左右两侧同时取自然对数，并且利用$\ln(1+x) \approx x$（x是较小的百分数）的性质，可以把等式（13－7）写成：

$$i_t^d - i_t^f = \frac{S_{t+1} - S_t}{S_t} \qquad (13-8)$$

或者

$$i_t^d = i_t^f + \frac{S_{t+1} - S_t}{S_t} \qquad (13-9)$$

等式（13－8）和等式（13－9）是约等形式的利率平价等式，而且两个等式都有明确的经济含义。

对于等式（13－8）来说，表示国内外的利率差等于汇率的变化率；等式（13－9）则表示国内金融投资的收益率等于国外金融投资经过汇率变化调整后的收益率。也就是说，在均衡状态下，投资者跨国进行金融投资获得的利差完全等于汇率的变化率，因此均衡状态下通过货币兑换然后进行跨国投资不会获得额外收益。

事实上，等式（13-9）的等号右侧也可以理解成国内投资者在国外进行金融投资获得的预期收益率 R^f，即

$$R^f = i_t^f + \frac{S_{t+1} - S_t}{S_t} \tag{13-10}$$

此时 S_{t+1} 就是投资者对 $t+1$ 期的汇率预期值。这样，在均衡状态下跨国进行金融投资的预期收益率等于国内利率 i^d，即

$$i_t^d = R^f = i_t^f + \frac{S_{t+1} - S_t}{S_t} \tag{13-11}$$

即利率平价条件成立。

如果市场没有达到均衡状态，假设投资者预期国外金融资产收益率 R^f 高于国内利率 i^d，那么就会不断有本国资金兑换成外国货币进行投资，此时 t 期对外币的需求就会增加，t 时刻外币相对于本币升值，或者说本币相对于外币贬值，因此直接标价法下的 S_t 的数值会升高。与此同时，本币在 t 期相对于外币贬值，暗示着 $t+1$ 期本币对外币有升值趋势（因为投资结束后外币资产要兑换回本币资金，所以在 $t+1$ 期对本币需求会增加），这样 S_{t+1} 的数值就会减小。最后的结果就是汇率变化率是负值，直到什么情况下才会进入均衡状态呢？就是当投资区间内国外投资回报率 $R^f = i_t^f + \frac{S_{t+1} - S_t}{S_t}$ 等于国内利率 i^d 的时刻。此时也就是等式（13-6）至等式（13-9）所表示的利率平价条件成立。

图 13-2 以人民币作为本币、美元作为外币为例，演示了利率平价条件如何决定

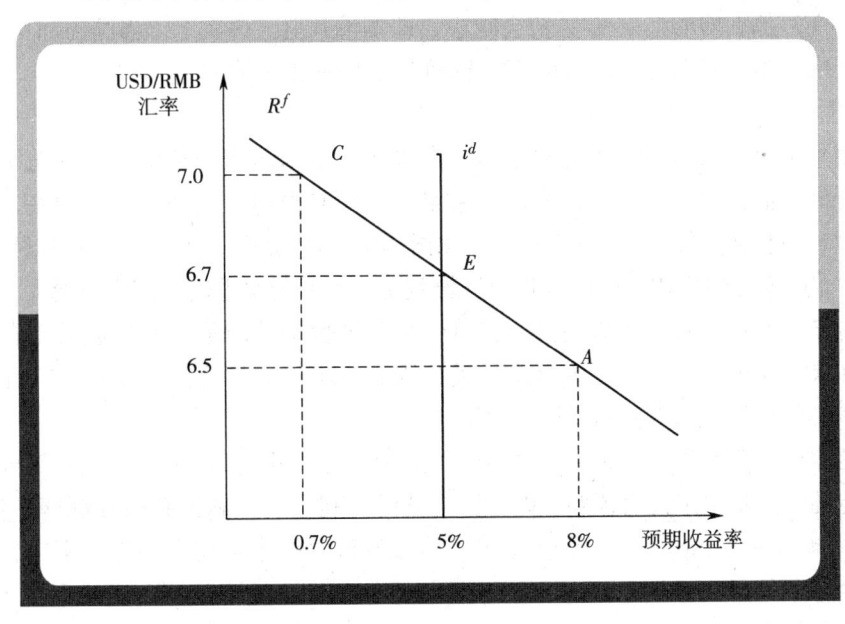

图 13-2　利率平价条件与均衡汇率水平

均衡汇率水平。纵轴表示直接标价法下的美元兑人民币汇率，横轴表示国内外金融投资的预期收益率，其中国内收益率曲线由 i^d 代表，国外收益率曲线由 R^f 代表。因为国内金融投资不受汇率变化影响，所以国内收益率曲线垂直于横轴，当预期国内收益率 i^d 增加时，国内收益率曲线向右移动，反之预期国内收益率下降时则国内收益率曲线向左移动。

对于本国投资者到国外进行金融投资的预期收益率 R^f，等式（13-10）已经表明其受三个因素影响，即国外利率、即期汇率 S_t 和 $t+1$ 期的预期汇率 S_{t+1}。如果国外利率和预期汇率保持不变，则国外投资的预期收益率取决于即期汇率：即期汇率水平增加则意味着远期汇率水平下降（也就是本币即期贬值而远期升值），此时本国投资者到国外进行金融投资的预期收益率 R^f 就会下降（因为此时 $\frac{S_{t+1}-S_t}{S_t}<0$），这也解释了为什么 R^f 曲线是向下倾斜的。

图 13-2 中，i^d 与 R^f 相交于点 E，即点 E 对应的各个变量数值处于利率平价条件下（均衡状态），此时即期汇率为 6.7，国内外投资预期收益率都等于 5%。如果即期汇率水平变为 6.5，此时人民币兑美元相对于均衡状态有 3% 的贬值预期，这 3% 必须从国外利率中加上，然后得到 $R^f=8\%$，此时对应于图中 A 点。当然，如果当前汇率是 7.0，则人民币兑美元预期升值 4.3%（与均衡状态时的汇率 6.7 相比升值 4.3%），此时 R^f 应该在均衡状态值（即 5%）的基础上减去 4.3%，即 $R^f=0.7\%$。

需要说明的是，利率平价可以用于判断短期汇率的变化趋势，即基于国内外利率和对未来远期汇率的预期来判断当前的即期汇率的变化。例如，当预期远期汇率和国外利率都没有变化而国内利率上升时，根据等式（13-8）国内外利差增大，又因为远期汇率不变，那么即期汇率 S_t 数值会减小，即本币升值。事实上，当国内利率增加时，短期内会带来本币需求增加，所以直接标价法的即期汇率水平会下降（即本币升值），这与等式（13-8）刻画的内容一致。

利率平价也可以用来判断远期汇率的走势，即根据国内外利率的对比情况判断汇率的变化率数值正负，进而判断未来汇率是升值还是贬值。例如，如果过去一段时期内中国的利率长期大幅高于美国的利率，则根据汇率平价等式（13-8）可以判断，从 t 期到 $t+1$ 期汇率的变化率应该是正值，也就是说汇率的水平值应该由小变大，所以人民币相对于美元在未来有贬值趋势。当然，利率平价条件的重要前提假设是资本自由流动。如果现实中资本不能跨国自由流动，则利率平价条件可能很难成立。此时如果利用利率平价进行汇率走势判断则需要谨慎。

最后需要说明的是，在利率平价条件等式中［如等式（13-8）］，如果用外汇远期合约锁定的远期汇率来代表预期汇率 S_{t+1}，此时的利率平价称为**有抛补利率平价**（Covered Interest Rate Parity）；如果预期汇率 S_{t+1} 没有经过外汇远期合约进行锁定，则称为**无抛补利率平价**（Uncovered Interest Rate Parity）。显然，所谓抛补，就是指在 t 期签订**外汇远期合约**来锁定预期汇率。事实上，利率平价为实践中确定外汇远期合约的汇率水平提供了基准。例如，中国当前的 1 年期平均利率水平是 4%，美国同期限利率为

2%，当前汇率水平为美元兑人民币=6.7:1。根据等式（13-8）可以推算出 S_{t+1} 的数值，即

$$4\% - 2\% = (S_{t+1} - 6.7)/6.7$$

进而得到 $S_{t+1} = 6.834$。也就是说，当前如果签订外汇远期合约，6.834 是一个参照的基准。

实际上，利率平价条件所刻画的均衡汇率正是通过国际抛补套利所引起的外汇交易形成的。当两国利率存在差异时，资金将从低利率国家流向高利率国家以谋取利润。但套利者在比较金融资产的收益率时，不仅要考虑两种资产的利率，还要考虑两种资产由于汇率变动所产生的收益变动，即外汇风险。套利者往往将套利与外汇远期合约业务相结合，以避免汇率风险。大量外汇远期合约交易的结果是，低利率国家货币的现汇汇率走弱（贬值），远期汇率走强（升值）；高利率国家货币的现汇汇率走强，远期汇率走弱。远期差价为远期汇率与现汇汇率的差额，由此低利率国家货币就会出现远期升水，高利率国家货币则会出现远期贴水。随着抛补套利的不断进行，远期差价就会不断加大，直到两种资产所提供的收益率完全相等，这时抛补套利活动就会停止，远期差价正好等于两国利差，即利率平价成立。

复习要点

1. 汇率及汇率的标价法。
2. 名义有效汇率与真实有效汇率。
3. 汇率的升值与贬值。
4. 浮动汇率与固定汇率。
5. 收益率需求的形状。
6. 即期汇率与远期汇率。
7. 汇率的长期决定机制。
8. 利率平价条件。

关键术语

直接标价法	间接标价法	有效汇率	固定汇率
浮动汇率	即期汇率	远期汇率	外汇远期合约
一价定律	绝对购买力平价	相对购买力平价	利率平价
有抛补利率平价	无抛补利率平价		

 **练习题**

1. 为什么说相对购买力平价比绝对购买力平价的应用性更强？
2. 购买力平价理论成立的前提条件是什么？
3. 对比绝对购买力平价等式和利率平价等式，是否能推导出基于真实利率（Real Interest Rate）的平价等式？提示：真实利率＝名义利率－预期通胀率。
4. 假定日本的1年期国债收益率是2%而美国同期限国债收益率是4%，当前美元兑日元的即期汇率是110∶1。如果利率平价成立，计算1年以后美元兑人民币汇率水平。
5. 2022年3月16日，美联储宣布，将联邦基金利率目标区间上调25个基点到0.25%至0.5%的水平，此次加息之后年内可能还会有7次左右加息。试分析这个消息公布之后，美元兑其他货币的汇率在短期内会如何变化？以美元兑日元、英镑和人民币为例，请查找相关数据验证你的判断是否与现实情况一致？

第13章
课后习题答案

第四篇

总结篇

第14章 金融学的范畴与发展总结

第 14 章　金融学的范畴与发展总结

学习目标

学完本章后，你将掌握：
1. 金融学的范畴
2. 金融学的发展历程
3. 微观金融学的发展历史
4. 宏观金融学的发展历史

了解相关理论的发展脉络和演进历史，对理解金融学的范畴与发展具有重要意义。为此，本章总结金融学发展进程中的重要历史阶段以及相应的理论贡献，以期通过历史的逻辑和理论的逻辑演进，使读者对金融学科的范畴和重要理论内容有一个总览，对学科内容的逻辑框架有一个清晰的认识，从而把全书内容贯穿起来，为后续进一步学习提供引领。

根据本书第 1 章的介绍，金融的本质（核心）可以归纳为货币的跨时空流转以及流转过程中经济主体对风险与收益的权衡，所以金融一方面是资金的流转问题（即资金融通问题），核心是货币银行与金融市场等内容；另一方面则是资金流转过程中的风险与收益问题，核心是风险度量、风险与收益的关系等内容。从世界经济与金融发展的格局来看，第二次世界大战结束以前，利息理论、银行理论和货币理论等宏观金融问题占据主导地位，这有其历史必然性，毕竟货币体系在那个时代不断变化，现代化金融产品和发达金融市场并未成形，所以货币银行等宏观金融问题是经济发展中最主要的问题。

20 世纪 50 年代之后，国际货币体系格局逐渐趋于稳定，货币银行等宏观金融问题尽管仍然非常重要，但是随着发达经济体的快速发展，微观层面各种金融创新产品不断推出，金融交易日益活跃，金融市场日渐发达，金融交易中的风险和收益（特别是风险度量及资产定价）等问题引起了学界更广泛的关注。

事实上，正是随着微观金融学的快速发展，加上传统宏观金融学理论的支撑，二者融合才逐渐支撑起宏微观齐备的现代金融学学科体系。20 世纪 50 年代之前，宏观金融很大程度上寄居于宏观经济学框架之内，并不能单独成为一门学科。从这个意义上讲，现代金融学的范畴必然是包含宏观和微观两大支柱的大金融学科，而 20 世纪 50 年代自然成为了现代金融学发展的分水岭时点。

第 1 节　金融学的范畴

金融学的发展日新月异,以至于各界对金融学的范畴存在争议。不过,根据金融学发展的历史逻辑和金融学科的体系逻辑,**金融学可以划分为微观金融学和宏观金融学**,或者称为金融学的微观范式和宏观范式。宏观金融学和微观金融学具有内在的逻辑联系,甚至诸多分支理论彼此交融,只不过研究主体存在宏微观的差异。如果从发展的时间长短来看,微观金融学的发展时间较短,主要核心理论(特别是资产定价与公司金融)是在 20 世纪 50 年代之后快速发展起来的;而宏观金融学的发展历史更长,与宏观经济学理论联系也更加紧密。

事实上,宏微观金融学的划分也可以看成金融学的**宏观范式**和**微观范式**划分。宏观范式更加关注加总后的整体分析,研究在微观个体特征给定条件下宏观模型如何构建,如市场总体价格形

> 现代金融学由宏观金融与微观金融共同支撑。

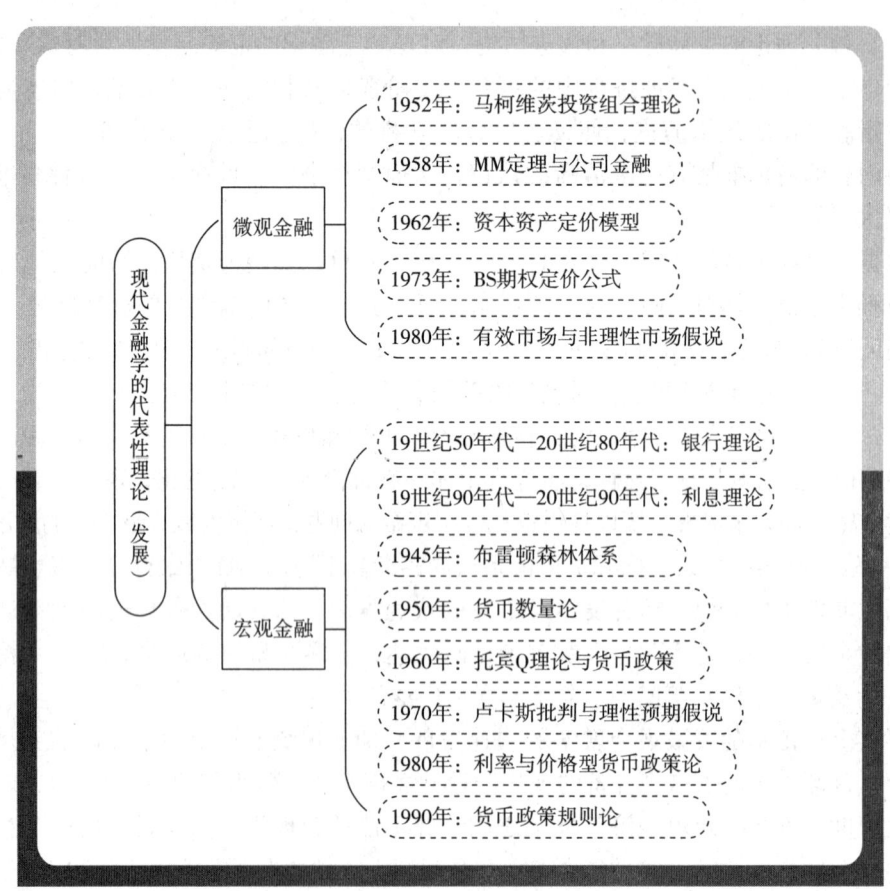

图 14-1　现代金融学的代表性理论

成机制、货币理论、货币银行问题等都属于典型的宏观金融问题。而金融学的微观范式则更加侧重在给定的宏观环境条件下（如市场证券价格给定）个体决策者的目标函数优化等问题，个人与企业的投资组合选择、金融资产定价、公司融资决策等都是典型的微观金融问题。

下面，我们循着时间顺序对金融学领域的代表性理论贡献进行梳理。归纳起来，从1950年到1990年期间微观金融学得到了快速发展，而宏观金融学的历史镜头将拉回到19世纪，回溯1850年至今宏观金融的代表性理论和发展脉络。

图14-1归纳了微观和宏观金融领域的代表性理论发展脉络。需要说明的是，在微观和宏观金融学各自的发展历程中，众多人物扮演了重要角色，对金融学科的发展作出了重要贡献。由于篇幅所限，这里的介绍也不可避免地具有选择性。在微观金融学领域，本章主要以诺贝尔经济学奖得主中对金融学科作出重要贡献的人物为主，在介绍宏观金融学领域的发展和重要人物时，则会包括一些虽然没有获得诺贝尔经济学奖但是对学科格局产生重大影响的人物（诺贝尔奖一般不授予已去世的人）。

第2节 金融学的发展历程

与经济学相比，**金融学**发展成为相对独立的一门学科（Finance Discipline）所经历的时间并不长。所谓相对独立的学科，是说金融学与经济学既紧密联系又自成体系，这种紧密联系在现代金融学诸多开创性理论与经济学的研究范式彼此交融方面反映得淋漓尽致。那么现代金融学发展的起点可以回溯到什么时代呢？准确地回答这个问题并不容易，因为金融学中的宏观分支（特别是利率、货币和银行等问题）几乎是与经济学的发展历史同步的。但是正如1776年亚当·斯密（Adam Smith）《国富论》的发表被视为经济学发展的分水岭一样，现代金融学也有广为接受的发展起点，那就是经济学家哈里·马柯维茨（Harry Markowitz）于1952年发表的《投资组合选择理论》(*Portfolio Selection Theory*)。从本质上看，尽管此前宏观金融学理论（如货币银行学）发展已久，但是无法独立支撑一门学科。从发达经济体来看，"金融学"教材和基础课程在20世纪90年代之前，更多的是以《货币银行学》(*Money and Banking*) 命名，而现代金融学的教材则更多的以《货币、银行与金融市场学》(*Money, Banking and Financial Markets*) 来命名。正是20世纪50年代之后微观金融学的快速发展，才使得传统宏观金融与新兴微观金融结合起来撑起一门独立的学科。

要理解1952年这个金融学发展的重要分水岭时间，需要了解那个时代涌现出的理论在金融学发展进程中的重要性和贡献度，而诺贝尔经济学奖无疑提供了很好的参考标准。1990年的诺贝尔经济学奖授予了三位**微观金融学领域**贡献卓著的学者，分别是哈里·马柯维茨、威廉·夏普

> 微观金融学兴起于20世纪50年代，宏观金融学则可以回溯到1850年甚至更早，二者的融合构成较为完备的现代金融学框架。

（William Sharpe）和默顿·米勒（Merton Miller）。从一定程度上说，他们三人的贡献支撑了现代微观金融学科核心理论的半壁江山。注意，这是自1969年诺贝尔经济学奖颁发以来首次授予微观金融学研究领域的学者，他们三人也无疑成为现代金融学发展历史中具有奠基性贡献的人物。有意思的是，默顿·米勒在1998年德国金融学会五周年年会上的主旨演讲中提出，哈里·马柯维茨的投资组合理论是现代金融学发展的基石，1952年是现代金融学发展的起点，他甚至认为马柯维茨是现代金融学的奠基人①。

事实上，哈里·马柯维茨、默顿·米勒和威廉·夏普都可以视为**微观金融学的奠基人**。1952年，在芝加哥大学攻读经济学博士学位的马柯维茨（生于1927年）的博士论文《投资组合选择理论》刚刚完成，却遇到了意想不到的问题。当时米尔顿·弗里德曼（Milton Friedman，下文简称弗里德曼）是其博士论文指导委员会的成员。弗里德曼对马柯维茨的投资组合理论并不认可，甚至认为这样的研究内容不属于经济学领域的研究范畴（Miller，1999）②。弗里德曼是1976年的诺贝尔经济学奖得主，是货币主义学说和货币主义学派的代表性人物，他的名言"通货膨胀无论何时何地都是货币现象"形象地反映了他的学术主张。弗里德曼的研究贡献也是宏观金融领域的典型代表。从这个角度看，微观金融学与宏观金融学似乎从刚一开始就埋下了"矛盾"的种子。

第3节 微观金融学的发展

一、1952年：马柯维茨与投资组合理论

历史有时候颇具戏剧性，虽然弗里德曼持有否定意见，但是马柯维茨的博士论文并未因弗里德曼的否定意见而夭折，马柯维茨最终顺利地通过了博士论文答辩，而且博士论文的多个章节内容很快在金融学领域的权威学术期刊《金融学期刊》（*Journal of Finance*）连续发表，大大提升了马柯维茨投资组合理论的学术影响力。

虽然今天金融资产收益率、金融风险都是简单而且熟悉的概念，但是在20世纪50年代之前即使专业人士对此也存在分歧和争议。例如，到底什么是风险？有人认为投资损失就是风险，而投资盈利就不是风险。尽管今天看起来投资风险的概念很明确（即投资的不确定性，用投资收益率的波动性度量），但是在马柯维茨投资组合理论相关内容正式发表之前，投资风险或者说金融风险的概念和度量都是存在分歧的。

马柯维茨首要的贡献就是将统计学中的期望和概率等概念引入投资领域，对收益率和风险进行标准化识别和度量。他用投资可能出现的各种结果的期望价值（或者说

---

① 不过，很难说哪一个人物就是唯一的学科奠基人。虽然马柯维茨创新性地将数理统计运用到投资组合分析，但是这种创新实际上在19世纪90年代埃尔文·费雪的多部专著中已经有较为全面的体现。有意思的是，2017年诺贝尔经济学奖得主尤金·法玛教授的个人主页上的介绍同样也写着"现代金融学的奠基人"。以上介绍的任何一位，或许称为"奠基人之一"更合适。

② Miller, Merton, (1999). The History of Finance. Journal of Portfolio Management, 25 (4): 95-101.

概率加权平均值)来度量投资收益率,用投资收益率的方差或者标准差来度量投资风险。这就是马柯维茨的均值—方差分析方法。在均值—方差分析方法的基础上,便可以便捷地计算投资组合的风险情况。

根据学界对马柯维茨投资组合理论价值的共识[1],尽管在实践中投资者们早已在定性角度上发现持有证券的分散化行为能产生收益,但是马柯维茨的模型代表了对这种收益首次进行定量分析。一般来说,分散化可以减少无法获得某些期望收益的风险,但由此必须接受更低的期望收益。因此,风险和收益的权衡取舍存在。

基于一定假设条件,对于包含 n 个证券的投资组合的期望收益率,就是该投资组合中每个证券的期望收益率的加权平均。一个投资组合的风险用其收益率的方差度量,而投资组合收益率的方差由每个证券收益率的方差以及每两个证券的收益率的协方差所决定,收益率共同变动的程度取决于两种证券之间收益率的相关性及其方差。

可以证明,如果投资组合中包含的两种证券的收益率不是完全正相关的,那么分散化投资总是有利于减少收益率的方差。证券之间收益率的低相关性导致投资组合收益率的低方差,特别是收益率负相关可以带来显著的降低风险的好处。

马柯维茨公式不能决定一个单一的最优投资组合。它提供了一系列在风险和收益方面有效率的(Efficient)投资组合,每个投资组合提供了与给定的风险水平相对应的最大的期望收益率,或者与给定的期望收益水平所对应的最小风险。马柯维茨将该问题表述为有约束条件的目标函数的优化(最小化)问题。目标函数中包含了不同风险厌恶情况下投资者对风险与回报的权衡。

在有效投资组合结果的组合中,每个投资组合对应风险厌恶指数的一个特定值。马柯维茨指出,这个问题的解集可以用图 14-2 给出(横轴是收益率标准差,纵轴是期望收益率),从而引出**有效边界(或者称效率边界)**的概念。有效边界表示所有可能的有效投资组合,边界上的任何点都优于它右边的任何点。投资者从有效边界所代表的所有投资组合中选择一个投资组合:取决于投资者的风险与收益偏好。

二、1958 年:MM 定理与公司金融

20 世纪 50 年代之后,微观投资问题的研究得到了大发展。投资与融资是一个金融活动的两个不同侧面,因此企业投融资问题(或者说公司金融问题)迅速占据了微观金融学的主流地位,具有代表性人物的就是 1990 年与马柯维茨及威廉·夏普共同获得诺贝尔经济学奖的默顿·米勒。米勒的主要贡献是其对公司金融领域的研究,特别是企业的资本结构问题。他和莫迪利安尼(Modigliani)于 1958 年提出了著名的**MM 定理**(Modigliani and Miller)。[2] MM 定理主要讨论了公司的市场价值与资本结构的关系。MM

---

[1] Witt, Stephen F., and Richard Dobbins, (1979), The Markowitz Contribution to Portfolio Theory, Managerial Finance, 5 (1): 3-17.

[2] Modigliani, Franco, and Miller H. Miller, (1958), The Cost of Capital, Corporation Finance and the Theory of Investment. American Economic Review, 48 (3): 261-297.

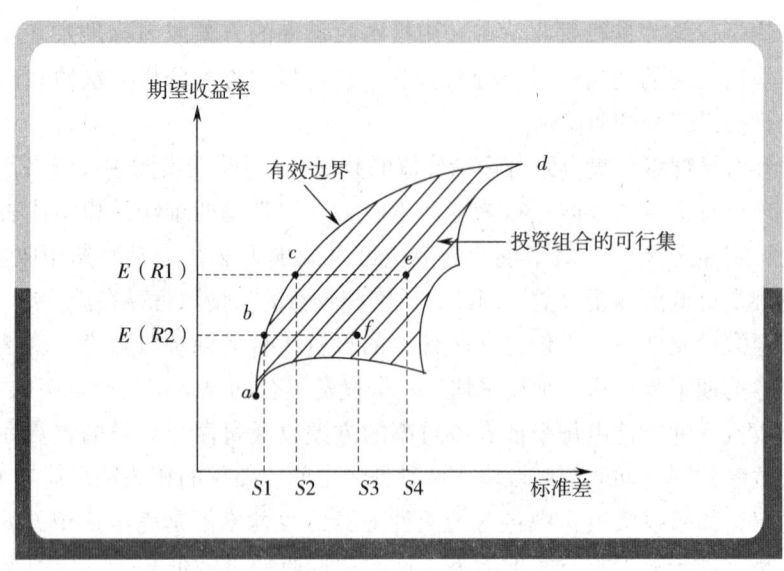

图 14-2 马柯维茨有效边界

定理分为两个命题，命题Ⅰ说明的是杠杆公司（即融资经营的公司）价值，命题Ⅱ说明的是公司的加权平均资本成本。所以对应的有无税情况下的命题Ⅰ和无税情况下的命题Ⅱ，还有含税情况下的命题Ⅰ和含税情况下的命题Ⅱ。一般说到 MM 定理，谈到命题Ⅰ更多一点。MM 定理是现代公司金融研究领域的重要基准和出发点，其中关于不考虑税收情况下市场价值与资本结构无关的内容是构成现代金融学十分重要的无关性定理之一。

> MM定理阐释了公司的市场价值与资本结构的关系。

在无税情况下，莫迪利安尼和米勒对完美资本市场的基本假设包括：（1）不存在税收；（2）市场不存在交易成本，市场价格能充分反映相关信息，且不存在信息不对称；（3）不存在财务困境成本；（4）个人和公司的借贷利率相同。

基于上述假设条件，MM 定理在无税情况下存在两个命题。第一，即使公司债务成本 r_B 通常低于权益资本成本，公司的价值 V 仍不会受财务杠杆作用的影响，杠杆公司的价值等于无杠杆公司的价值，即任何公司的市场价值 V 与其资本结构（用债务 B 与权益 S 的比 B/S 来表示）无关，这就是 MM 定理（无税）命题Ⅰ的基本思想。第二，投资杠杆公司的股东所面临的风险高于投资无杠杆公司的股东，要求比无杠杆公司权益资本成本 r_0 更高的权益资本成本 r_S 作为补偿，且满足杠杆公司权益资本成本 r_S 是公司债务和权益比（B/S）的线性函数，即 $r_S = r_0 + (B/S)(r_0 - r_B)$，所以负债多的公司的权益资本成本更高，这就是 MM 定理（无税）的命题Ⅱ。

在完美资本市场下假设不存在税收，所以公司的价值 V 与债务 B 无关。然而，**在考虑公司税的情况下**（其他假设条件不变），债务融资就有重要的优势：公司支付的债务利息可以抵减应纳税额，减少企业税负，而现金股利和留存收益不能。债务融资的这种作用被称为税盾效应，税盾效应会使公司的价值增加（大小为债务 B 乘公司税税率 t，即 tB）。

有公司税情况下的 MM 定理也存在两个命题。第一，当存在公司税时，公司的价值 V 就与其债务 B 正相关。MM 定理（含公司税）有如下结论：杠杆公司的价值等于无杠杆公司的价值加税盾效应的价值，这是 MM 定理（含公司税）的命题 I 。第二，杠杆公司的权益资本成本 r_S 等于无杠杆公司的权益资本成本 r_0 加风险报酬，风险报酬取决于公司的资本结构（B/S）和公司税税率 t，即 $r_S = r_0 + (B/S)(1-t)(r_0 - r_B)$，这就是 MM 定理（含公司税）的命题 II 。

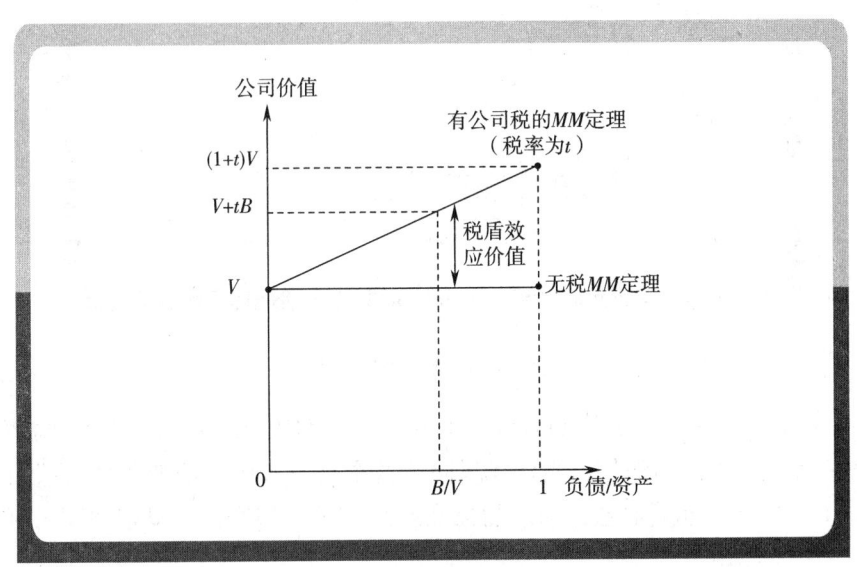

图 14-3　MM 定理示意图

三、1962 年：威廉·夏普与资本资产定价模型

与马柯维茨的研究领域具有诸多交集的是威廉·夏普。威廉·夏普出生于 1934 年，于 1961 年博士毕业于加州大学洛杉矶分校。威廉·夏普在博士研究期间的主要研究工作是拓展了马柯维茨的投资组合理论，提出了今天金融领域的一个基础性理论，即**资本资产定价模型**（Capital Asset Pricing Model，CAPM）。CAPM 刻画了金融投资中系统性风险与预期收益率之间的关系，用公式可以表示为

$$E(r_i) = r_f + \beta_i [E(r_m) - r_f]$$

其中，$E(\cdot)$ 表示期望，r_i、r_f、r_m 分别表示金融资产 i 的收益率、无风险收益率（如国债产品）和市场收益率（如证券市场总体收益率情况）。可以证明，在这样的模型设定下，β 度量了投资于金融资产 i 的系统性风险程度，系统性风险是无法通过分散投资策略消除的风险。

威廉·夏普的另外一个重要贡献是提出了经风险调整后的投资收益率度量指标，即**夏普比率**（Sharpe Ratio）。夏普比率度量了相对于每单位风险的无风险收益率投资人获得的平均超额回报率是多少。即

$$Sharpe\ Ratio = \frac{r_p - r_f}{\sigma_p}$$

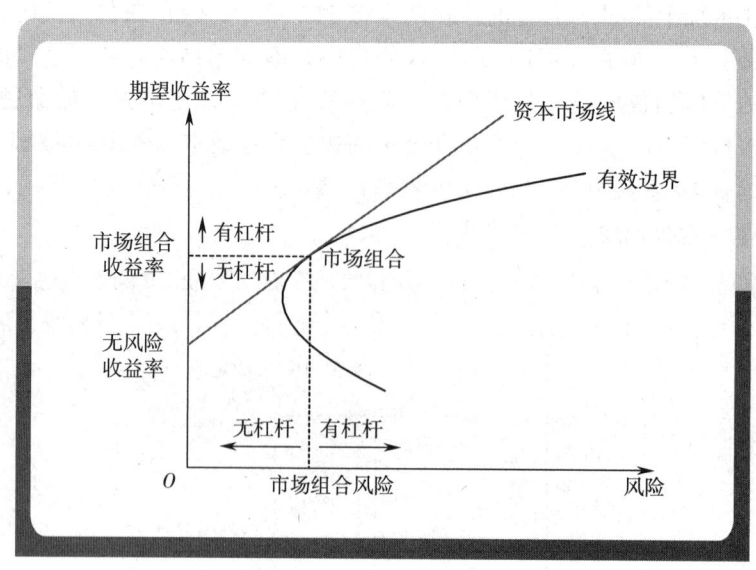

图 14-4　CAPM 曲线

其中，r_p、r_f 和 σ_p 分别表示投资组合收益率（一般是期望形式）、无风险收益率以及投资组合收益率的标准差。例如，当前无风险收益率是 4.15%，股票和债券投资组合的收益率是 12%，投资组合收益率对应的标准差是 10%，那么此时夏普比率为（12% - 4.15%）/10% = 78.5%。

如今，CAPM 模型被广泛接受，并且早已走进了标准的金融学教科书。但是，夏普在 1962 年提交 CAPM 核心内容的论文到《金融学期刊》（Journal of Finance）时却并不顺利，甚至当时收到期刊的负面意见反馈，一直到 1964 年期刊主编更换以后这篇文章才得以发表。这也再次说明，任何一项创新性理论的提出，都需要经过不平坦的道路才能最终得到认可和普及。

当然，CAPM 模型的提出，除了威廉·夏普（Sharpe, 1964）的杰出贡献之外，还有其他几位学者也作出了重要贡献，特别是林特纳（Lintner, 1965a, b）和莫辛（Mossin, 1966）。[①] 因此，CAPM 模型也经常被称为 Sharpe-Litner-Mossin CAPM 模型。

四、1973 年：布莱克—斯科尔斯（Black – Scholes）期权定价公式

随着微观金融市场的丰富和微观金融理论的发展，金融资产定价问题继续主导着

---

① Sharpe, William F., (1964), Capital Asset Prices: A Theory of Market Equilibrium under Conditions of Risk. Journal of Finance, 19 (3): 425–442.
Lintner, John, (1965a), The Valuation of Risk Assets and the Selection of Risky Investments in Stock Portfolios and Capital Budgets. Review of Economics and Statistics, 47 (1): 13–37.
Lintner, John, (1965b), Security Prices, Risk, and Maximal Gains from Diversification. Journal of Finance, 20 (4): 587–615.
Mossin, Jan, (1966), Equilibrium in a Capital Asset Market. Econometrica, 34 (4): 768–783.

微观金融领域的发展，Black-Scholes（BS）期权定价公式的推出便是一个时代的典型代表。BS 期权定价公式的名称是以该公式的创始人姓氏来命名的。[1] BS 公式是为期权等金融衍生工具定价的数学模型，最初由美国经济学家迈伦·斯科尔斯（Myron Scholes）与费雪·布莱克（Fischer Black）提出，并由罗伯特·默顿（Robert Merton）拓展到有派发股利时的情形[2]，因此 BS 公式也可以称为 Black-Scholes-Merton 期权定价公式。由于布莱克英年早逝，默顿与斯科尔斯获得 1997 年的诺贝尔经济学奖。当然，BS 公式的推出也是在前人研究基础上得以实现的［主要是基于此前芝加哥大学的博纳斯（James Boness）的博士论文］，布莱克和斯科尔斯的重要贡献是证明了无风险利率在定价模型中是正确的折现因子，并且不需要假设投资者的风险偏好。

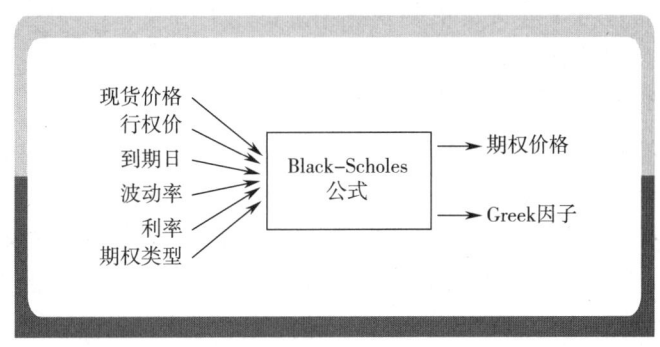

图 14-5　BS 公式工作示意

BS 公式给出了**欧式期权**(与**美式期权**相对，欧式期权只能在到期日行权)价格的理论估计值，并且证明，无论期权对应的证券产品风险和预期收益率如何变化，该期权的价格都是唯一的。从一定程度上说，BS 公式的提出推动了 20 世纪 70 年代美国甚至世界范围内金融市场中期权交易的盛行，也为 1973 年成立的美国芝加哥期权交易所的量化交易提供了理论基础。

和其他创新性金融学理论的开创历程类似，BS 期权定价公式的推出也经历了不平坦的历程。布莱克和斯科尔斯在 20 世纪 60 年代末就一直研究如何通过金融投资组合的动态修正来消除对证券产品预期收益率形式的要求，从而提出投资组合的风险中性假说。一直到 1973 年，两人的文章在被多个期刊拒稿之后，才最终发表于《政治经济学期刊》（Journal of Political Economy）。

自 BS 公式 1973 年首次发表之后，芝加哥期权交易所的交易商们马上意识到它的重要性，很快将 BS 模型程序化输入计算机应用于刚刚营业的芝加哥期权交易所。该公式的应用随着计算机和通信技术的进步而得到扩展。到今天，该模型以及它的一些变形被广泛用于量化金融交易实践中。

---

[1] Black, Fischer, and Myron Scholes, (1973), The Pricing of Options and Corporate Liabilities. Journal of Political Economy, 81 (3): 637-654.

[2] Merton, Robert C., (1973), Theory of Rational Option Pricing. Bell Journal of Economics and Management Science, 4 (1): 141-183.

五、1970—1980 年：有效市场假说

到了 20 世纪 70—80 年代，在投资组合与资产定价理论的快速发展背景下，一个自然出现的问题是关于资产价格是否反映有关价值的信息问题，并形成了著名的"**有效市场假说**"以及与其相对的"**非理性市场说**"。美国经济学家尤金·法玛（Eugene Fama）和罗伯特·席勒（Robert Shiller）在这些领域分别作出了卓越贡献，也因此而获得了 2013 年诺贝尔经济学奖。

首先，法玛基于其 20 世纪 60 年代的博士论文研究，在 20 世纪 70 年代公开提出了有效市场假说。[①] 法玛的有效市场假说意味着金融市场上资产价格包含了有关价值的现有信息，而且价格的变化反映了任何意想不到的新信息。虽然从表面上看有效市场假说内容很简单，但是如果没有有效市场假说作为理论基础，实证金融（Empirical Finance）将停留在碎片化的实务交易活动层面。

> 有效市场假说认为金融资产价格反映了市场上的信息。

法玛认为，资产价格适应新的信息的想法意味着资产价格是随机游走过程（Random Walk）。不过，它是一种特殊类型的随机游走过程，即数学里的鞅过程（Martingale），简单地说就是一种无偏（Unbiased）随机游走过程。虽然这里涉及的内容略显技术性，但可以用一个简单的例子来说明。假设在某一特定时间点，上证综指（股票指数）的估值为 2600 元，那么下一个时间间隔的预期值也是 2600 元，但根据股票指数的预期回报进行调整，而指数的预期回报被隐含地假定为不变。所以，过去的价格走势并不能告诉我们未来的价格走势。市场设定的价格使得股票交易是一个公平的游戏，投资者得到一个正向预期回报来补偿他们的风险敞口。

1981 年，席勒对法玛的有效市场假说提出了质疑，指出金融市场并非是有效的，而是非理性的。[②] 席勒认为，在一个合理的股票市场，投资者将以预期收到的未来股息为基础的股价折现到现值。他考察了美国股市自 20 世纪 20 年代以来的表现，并考虑了对未来分红和贴现率的各种预期，阐明股市实际的波动幅度大于任何理性预期所解释的波动。事实上，投资者经常受到**市场情绪**或者说**动物精神**（Animal Spirit）影响而对金融资产估值过度，形成非理性繁荣（Irrational Exuberance）。由于市场情绪受到心理因素影响，进而影响投资者行为，因此"行为金融学"也自此逐渐成为一个新兴领域，甚至 2017 年的诺贝尔经济学奖再次授予了行为金融学领域的学者（芝加哥大学的理查

[①] Fama, Eugene F., (1970). Efficient Capital Markets: A Review of Theory and Empirical Work. Journal of Finance, 25 (2): 383 – 417. "有效市场"中的"有效"与投资组合等上下文中出现的"效率边界"中的"效率"都是英文 efficient 的翻译，只是由于早期翻译过程中不同上下文使用了不同的中文表述而已。客观地说，翻译成"效率"或者"有效率的"更加贴切，毕竟经济学中的"有效"一词有多个不同的英文表述，容易引起歧义，如 Valid Estimate（有效估计）、Effective Monetary Policy（有效的货币政策）等。

[②] Shiller, Robert J., (1981). Do Stock Prices Move Too Much to Be Justified by Subsequent Changes in Dividends?. American Economic Review. 71 (3): 421 – 436.

德·泰勒)。但是需要指出的是,非理性、市场情绪以及动物精神等问题,早在凯恩斯1936年发表的《就业、利息和货币通论》中都有论述。

金融市场到底是有效的还是非理性的?这要看具体分析的市场情况以及时间阶段,而不是要从学理上或者意识形态上进行非此即彼的取舍。有效市场假说和非理性市场学说各自对理解不同的市场情况都提供了重要的理论基础。

> 非理性市场学说认为金融资产价格不仅受到市场上的各类信息影响,还受到动物精神(即情绪)影响。

第4节 宏观金融学的发展

宏观金融学所涵盖的内容以货币银行、金融市场和金融政策为主体,其发展的历程更加久远。从一定程度上说,很难明确界定某一个时点就是对应理论形成的分水岭时点。而且,由于诺贝尔经济学奖并不授予已去世的人,所以很多早期的宏观金融理论的贡献并不能像微观金融领域那样依据诺贝尔经济学奖作为评价标准来进行梳理。因此,宏观金融学领域的代表性理论的发展经常是跨越某一个时间阶段、涉及诸多学者的贡献。另外,下面介绍的时间跨度并非是理论发展的结束时点,而是说到区间结束基本形成共识性的理论内容。

一、19世纪50年代—20世纪80年代:历久弥新的银行理论

银行理论(Theories of Banking)的发展经历了相当长的时间,历史文献至少可以回溯到19世纪50年代,到20世纪80年代之后理论发展基本形成共识,主要集中于银行业务及其存款货币创造问题,有时候也可以用"银行经济学"来概括这一领域的理论内容。[①] 首先,从银行的存款货币创造问题来看,因为货币体系、银行会计规则和银行业务内容随着时代的发展都在不断变化,所以银行理论也在不断发展变化。而且,即使对同样的会计规则也可能有不同的含义解读,因此不同的银行理论对不同层面的问题的解释力各有优势,长久以来很难形成唯一正确的理论内容。现代金融学教材一般是综合各个理论的长处并结合现实情况对银行的信用货币创造问题进行介绍。

归纳起来,基于银行业务与货币创造角度的银行理论大致有三种:(1)**银行金融中介理论**(Financial Intermediation of Banking),认为银行吸收存款然后发放贷款,但是发放贷款不会创造存款货币;(2)**银行部分存款准备金率理论**(Fractional Reserve Theory of Banking),即每个银行都是金融中介,单个银行无法创造货币,但是整个银行

---

① 银行理论还有一个分支研究银行的职能与危机问题,主要文献是从20世纪80年代之后开始的。银行的职能包括用利率或抵押品或其他信息来筛选借款者,克服流动性问题带来的资源错配,降低信息不对称带来的道德风险及代理问题成本,帮助居民分散风险和转移风险和隐藏流动性冲击的信息,抑制无效率的信息生产等。虽然银行发挥职能可以改善社会福利,但是银行的存在也可能诱发银行危机,甚至导致严重的金融危机。

系统能够通过信贷扩张过程创造货币；(3) **银行信用创造理论**（Credit Creation Theory of Banking），这个理论不把银行简单看做吸收存款发放贷款的金融中介，而是认为每个银行在发放贷款时都会创造新的信用和货币。

这些理论的主要区别体现在对银行贷款的会计记账处理不同，当然对应的政策含义也就不同，特别是银行监管政策。下面对这三个理论和核心内容进行介绍和评价。

第一，银行金融中介理论的思想最早可以回溯到 20 世纪初期，该理论的重要文献支撑从 20 世纪 30 年代开始一直持续至今几乎没有中断过，其中 20 世纪 50—60 年代就开始形成较为系统的理论学说，而且历史上诸多著名经济学家支持该理论（如凯恩斯、托宾、伯南克等）。**金融中介理论的核心内容**是银行不过就是一个金融中介，与股票经纪公司或资产管理公司等非银行金融机构并无不同，"借短贷长"都是它们的典型特征，只是在准备金要求、资本充足率或利率规定方面或许有所差别。客户资金规则要求非银行金融机构为客户保管存款，是将其存放在其他银行或者中央银行。

根据这一理论，银行在这方面与非银行金融机构处于相同的地位。在这种情况下，额外增加的**客户存款并不作为负债**显示在银行资产负债表上。所有资金都是中央银行的货币，可以在中央银行作为储备，也可以存入其他银行或金融中介机构（它们也在资产负债表外）。

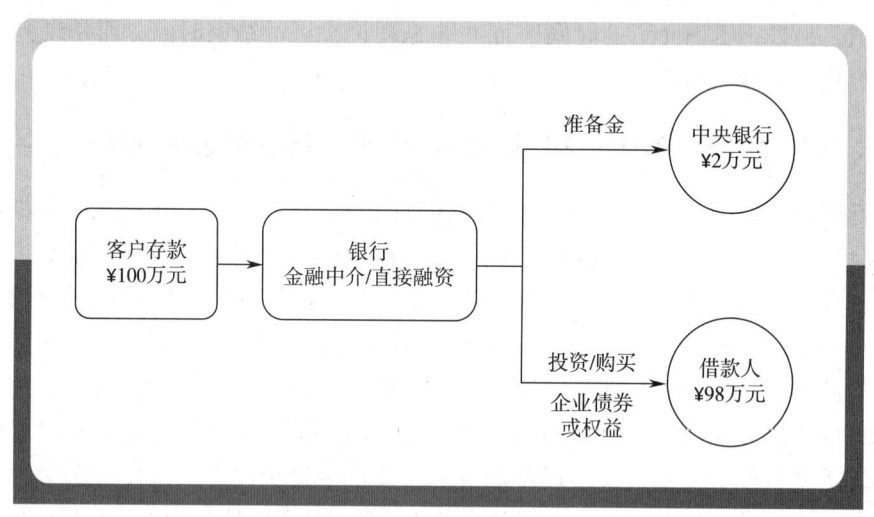

图 14-6 银行金融中介理论图解

当银行购买债券、权益或者发放贷款时，因贷款合同产生金融索偿权（Financial Claims），其资产负债表显示为资产增加。银行金融中介理论认为，贷款支付涉及提取资金（如支取在中央银行的存款准备），因此，银行像非银行金融中介机构一样，资产负债表不会因发放贷款而延长（即不会创造存款货币）。银行的资产负债表仅在资产方变化，表现为准备金减少，**贷款与投资增加**，而负债方（如客户存款）无任何变化。这样，银行和其他金融中介机构一样，都能通过使用客户存款来进行金融投资，从而创造金融债券，但不创造存款货币。

但是，实际情况表明，许多国家的银行与非银行金融机构在客户资金的处理规则上并不相同。对于非银行金融中介机构，在获得存款之后，必须遵守客户资金规则，将客户存款从资产负债表中扣除，于托管人处（银行）安全存放。然而对于银行来说却不同，银行并不隔离客户资产，也不必然涉及马上提现的问题，所以客户存款实际上是出现在银行资产负债表上的。因此，银行的关键特征是不受客户资金规则的约束（即不必将客户资产隔离），能够控制客户存款的会计记录，从而能够在发放贷款时增加存款货币。

> 银行的金融中介理论认为，银行发放贷款并不能创造存款货币。

第二，银行部分准备金理论起源于 20 世纪 20 年代，在 20 世纪 50—60 年代与金融中介说形成鲜明的对比，主要文献支撑是在 20 世纪 70 年代之前，保罗·萨缪尔森（Paul Samuelsson）在 1948 年的教材以及约瑟夫·斯蒂格利茨（Joseph Stieglitz）在 1997 年的教材都对该理论内容进行了详细阐释。该理论与金融中介说最大的区别在于，其认为在部分存款准备金制度下银行体系能够创造存款货币：尽管每个银行都是没有创造货币权力的金融中介，而且单个银行无法创造货币，但是整个银行体系能够通过"多倍存款派生"（Multiple Deposit Creation）过程来创造货币。这种多倍存款派生过程将在本书第 7 章详细介绍。

概括来说，初始存款进入一家银行以后，这笔存款按照一定比例要求缴存存款准备金（即部分存款准备金体系），余下部分可以发放贷款，只要银行体系拥有多家银行，那么这家银行发放的贷款之后还会进入银行体系成为存款货币。这

> 银行部分准备金理论认为，在部分存款准备金制度下，单个银行无法创造存款货币，但是整个银行体系够创造存款货币。

样，在部分存款准备金制度下，银行体系就可以通过不断地在资产负债表中的负债项下进行"存款"的会计科目记录，实现存款货币的创造。

早期的部分准备金理论认为，银行的贷款发放经常以现金形式，所以新的贷款需要基于新的存款，也就是说先要有存款才能发放贷款，并且一家银行无法完成存款货币创造过程。在贷款以现金形式发放的情况下，如果存款准备金率为 10%，那么银行要发放 90 万元贷款，就需要先获得 100 万元存款。银行的资产负债表应该是首先显示存款增加到足以容纳贷款和准备金要求，然后才可以进行贷款业务。对于银行会计科目记录来说就分为两步：第一步收到存款 100 万元，此时资产负债表的资产项存款准备增加 100 万元，负债项下存款增加 100 万元；第二步发放贷款 90 万元，假设贷款采取现金形式支付，此时该银行的资产负债表的资产项准备金减少 90 万元，贷款增加 90 万元。

然而，现代商业银行的贷款很多情况下并非以现金形式发放。通常情况下银行不会向未在银行开户的客户发放贷款。贷款申请人一般要先在该银行开立账户，然后银行将贷款发放到这个银行账户中。当贷款不再以现金形式发放时，上面描述的第二步就会发生变化，银行资产负债表的资产项下贷款增加 90 万元的同时，银行的负债项下存款增加 90 万元。此时即使一家银行也可以实现存款货币的创造。

第三，银行信用创造理论的思想可以回溯到 19 世纪 50 年代，在 20 世纪初得到包括熊彼特在内的诸多著名经济学家的支持。信用创造理论认为，不应该把银行简单地视为吸收存款的金融中介（无论单一银行还是整个银行体系），而是强调银行的信用与货币创造职能。每个银行在执行贷款合同或者购买金融产品时，都是凭空创造信用和货币。特别是，银行发放贷款并不需要先获得存款，这一思想与部分准备金理论的思想形成鲜明的对比。

既然银行不需要先获得存款来发放贷款，银行贷款能够创造新的信用与货币，那么随着时间的推移，银行资产负债表和货币供应量度量指标在银行信贷增长时期就会呈现出上升趋势。这与金融中介理论的核心思想也不相同，因为金融中介理论认为银行作为中介只能重新分配现有的购买力，而货币供应量并没有增加。

> 银行信用创造理论认为，银行发放贷款创造了存款货币，而且发放贷款并不受存款约束。

在这一理论框架下，应该区分两类银行存款。一是由外部资金支持的存款，即与存款人或债权人的资金投放有关；二是贷款支持的存款，由银行在其贷款交易中发起（被称为"内部货币"，即由私人金融机构产生的购买力）。信用创造理论对银行贷款的解释的核心在于"贷款人"和"借款人"之间的相互负债（债务人—债务人）关系，而不是像外部资金支持的存款和部分准备金理论标准下的债权人—债务人关系。从这个意义上说，银行业务的本质可以看成是借据的交换。

不难看出，信用创造理论的基石不再是储蓄，而是债务。银行创造存款，而不是储户；银行的客户来创造贷款，而不是银行自身。这一原则意味着，内部货币的创造（即货币供应量中超过货币基础的部分）实际上依赖于银行客户的借款意愿，而不是银行的放贷意愿。

信用创造理论的最大特色是提出了银行"先有贷款、后有存款"的思想，即贷款创造存款而不是存款制约贷款。根据这一理论，银行不会把自有资金和客户资金分开。因此，银行在发放贷款时，虽然没有新存款，但可以将借款金额记入借款人的账户（相当于贷款给客户后，客户又存到银行）。银行发放贷款可以使资产负债表变长，但并不一定需要现金、中央银行准备金或其他银行资金。

如果从动态视角看银行的业务与经营活动，信用创造理论具有现实合理性，毕竟准备金和资本要求等只需要在特定时间点得到满足，因此其并不总是发放贷款的实际先决条件。所以，在一定情况下，即使银行没有收到任何新的存款或准备金，也可以发放新的贷款，从而创造新的存款。

当然，从银行的实际经营活动来看，贷款发放也不是任何情况下都能完全脱离存款业务的制约。因此，银行信用创造理论并不能完全颠覆其他银行理论。需要强调的是，近年来有国内文献将"贷款创造存款"当做一种创新性的理论提出，这可能是由于对金融学科理论文献的忽视所致，因为这一理论早在 19 世纪 50 年代就已经提出来了，所以今天看来并不是新的学术思想。

二、19世纪90年代—20世纪90年代：利息理论

(一) 利率决定论

利息与利率是同一件事情的不同方面，尽管二者的单位不同（一个是金额而另一个是百分数），但利息不过是本金基于利率标准的计算。所以，利息理论实际上就是利率的相关理论。进一步，利率期限结构则是基于不同到期期限的利率彼此之间的关系形成的相关理论。由此看来，利息理论与利率期限结构理论都是围绕利率问题而展开的，而利率又是依附于货币的借贷关系形成的。当然，借贷关系中的载体可以是货币，也可以是各种债务工具或者权益工具。因此，利率的相关理论本质上承载了（涵盖了）货币银行、金融市场、金融产品和资产定价等现代金融学中绝大部分核心内容。从一定程度上说，利率也是宏观金融与微观金融的连接纽带。

利率的相关理论至少可以回溯到19世纪90年代，在20世纪30—60年代已经发展得相当成熟（即各理论形成广泛共识），当然后续研究至今也一直没有中断过。对于利率的定义、内涵以及决定机制等问题，克努特·维克塞尔（Knut Wicksell）1898年出版的《利息与价格》、欧文·费雪（Irving Fisher）1896年出版的《货币增值与利息》和1930年出版的《利息理论》可以视为早期学术界的经典之作。[①] 今天仍然常用的名义利率、真实利率等概念都可以在这些著作中找到准确和详尽的定义。由于利率的变化会影响居民储蓄投资行为，也影响企业的生产经营成本，还会影响金融产品交易的价格变化（如债券），所以利率的决定机制一直以来都是各界关注的焦点。

从理论演进的历史逻辑来看，不同的利率决定理论是随着货币制度变化、金融市场发展和金融产品及金融交易的日益丰富而发生变化。归纳起来，大致有几种比较有影响力的利率决定理论，分别是古典利率决定论、流动性偏好利率决定论、可贷资金利率决定论、投资—储蓄（IS—LM）利率决定论以及投资储蓄—菲利普斯曲线—货币政策反应机制（IS—PC—MP）利率决定论，图14-7刻画了各个理论发展演进的时间顺序。

古典利率决定论：古典利率决定论是基于商品市场的储蓄投资理论，认为投资是利率的减函数，储蓄是利率的增函数，投资与储蓄共同决定了均衡利率水平。古典利率决定理论的起源与发展是在19世纪80年代至20世纪30年代，主要代表人物及相关著作是奥地利经济学家欧根·冯·庞巴维克（Eugen Bohm-Bawerk）的《资本与利息》、英国经济学家阿尔弗雷德·马歇尔（Alfred Marshall）的《经济学原理》、瑞典经济学家克努特·维克塞尔（Knut Wicksell）的《利息与价格》以及上面介绍的美国经济学家欧文·费雪（Irving Fisher）的《利息理论》。[②] 这四位经济学家

[①] Wicksell, Knut, (1898), Geldzins und Güterpreise. Jena: Gustav Fischer.
Fisher. Irving, (1896), Appreciation and Interest, New York: Macmillan.
Fisher. Irving, (1930), The Theory of Interest, New York: MacMillan.

[②] Böhm-Bawerk, Eugen v., (1890), Capital and Interest: A Critical History of Economical Theory. London: Macmillan and Co..
Marshall, Alfred, (1920), Principles of Economics. Hampshire: Palgrave Macmillan, 1920.
Wicksell, Knut, (1936), Interest and Prices. London: Macmillan and Co..

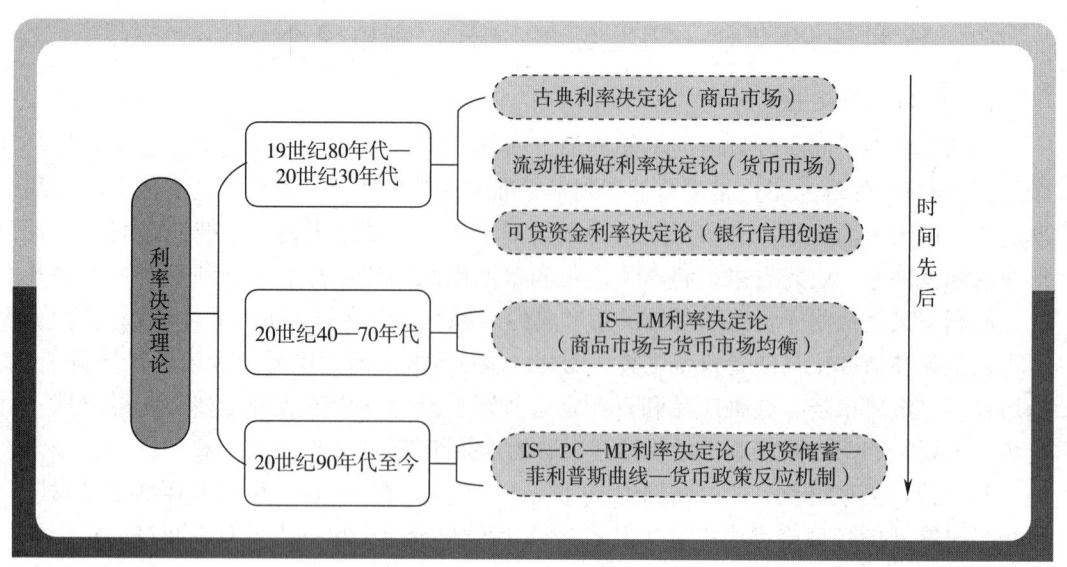

图 14-7 利率决定论历史演进

的经济思想虽然有一定的差别,但是对利率的分析却非常一致,都认为利息的产生源于当前商品和未来商品之间价值的差异,利率是等待这段时间的成本或者说投资于商品的预期收益。

"流动性偏好"利率决定论:流动性偏好理论实际上是基于货币的供给与需求以及债券的供给与需求来分析均衡利率的决定机制,由凯恩斯在 20 世纪 30 年代提出。该理论认为,投资者面对货币与债券两种形式的资产,会根据流动性偏好来进行选择(货币流动性更高),进而影响债券的利率,也即市场上的利率水平。

"可贷资金"利率决定论:这一理论同样兴盛于 20 世纪 30 年代,最早由瑞典经济学家克努特·维克塞尔在 1898 年提出,后由英国经济学家丹尼斯·罗伯逊(Dennis Robertson)和瑞典经济学家贝蒂尔·俄林(Bertil Ohlin)等人发扬光大。① 可贷资金理论本质上是拓展了古典学派利率决定论,认为利率不仅仅由投资和储蓄来决定,因为经济体中的可贷资金规模除了储蓄之外,还要加上银行体系的信用货币创造规模。所以利率应该由可贷资金的供求关系决定。银行的信用创造职能是可贷资金理论的关键支撑。可以看出,20 世纪 30 年代银行理论的发展对可贷资金理论具有不可忽视的影响。

"IS—LM"利率决定论:IS 和 LM 分别代表"投资与储蓄"和"流动性与货币",IS 曲线与 LM 曲线分别刻画商品市场和货币市场的均衡状态,两个市场的核心变量均包含利率,两个市场共同均衡(IS 与 LM 曲线交叉)决定了利率水平。IS—LM 理论最早

---

① Robertson, Dennis H. (1934). Industrial Fluctuation and the Natural Rate of Interest. The Economic Journal, 44 (176): 650-656.

Ohlin, Bertil (1937), Some Notes on the Stockholm Theory of Savings and Investment II. The Economic Journal, 47 (186): 221-240.

由英国经济学家约翰·希克斯（John Richard Hicks）于1937年提出，之后不断得到拓展和应用，成为20世纪40年代至70年代应用最为广泛的宏观经济分析框架。"IS—LM"描述了经济总产出和利率之间的一般均衡关系。

"IS—PC—MP"利率决定论：这一利率决定理论是在IS—LM分析框架基础上发展而来的，其发展背景与20世纪80年代之后发达市场的全面利率市场化和价格型货币政策工具（即利率）取代数量型工具的历史背景紧密联系。1980年以后，以美国为代表的发达经济体全面推行利率市场化，利率成为金融市场与金融交易的核心变量。与此同时，1979—1986年期间执掌美联储的保罗·沃尔克（Paul Volker）因为采纳货币主义学派的政策主张以货币总量作为政策调控的中间目标而带来经济指标的大幅波动（尽管控制住了通货膨胀），加速了利率取代货币进入货币政策调控体系的核心地位，此后美国进入了所谓的没有货币的货币政策（Monetary Policy without Money）体系。

与此历史发展相平行的另外一条主线是20世纪90年代之后货币政策规则和新凯恩斯菲利普斯曲线理论的发展。以约翰·泰勒（John Taylor）为代表的货币政策规则论倡导者推动了基于规则的货币政策（Monetary Policy，MP）反应机制理论的发展（如著名的货币政策泰勒规则，Taylor Rule in Monetary Policy）。泰勒同时也是刻画通胀率与经济增长率动态关系的新凯恩斯菲利普斯曲线（Phillips Curve，PC）理论的拓荒人。因为通胀率和利率都是货币政策规则的核心变量，这样就为多等式联动分析利率决定问题奠定了基础。

在此背景下，LM（流动性—货币）曲线失去了往日的主导地位，取而代之的是货币政策反应机制，即以中央银行为主角的货币市场利率调整机制：中央银行根据最终目标（如经济增长与物价稳定）调整短期名义利率，而名义利率变化会传递到IS曲线，带来投资以及总产出的变化，而这些变化会进一步通过菲利普斯曲线（即总产出影响通胀率的关系）影响通胀率，此时总产出变化和通胀率变化再次引起中央银行的政策反应（调整利率）。IS—PC—MP实际上就是通过三个等式（IS曲线、菲利普斯曲线和货币政策反应函数）刻画了上述货币政策传导机制的过程。因此，强调了中央银行在利率决定机制中的主导地位。从现实情况看，IS—PC—MP的利率决定论更符合现代经济运行的规律，可以称为**现代利率决定论**。

（二）利率期限结构理论

利率的重要决定因素之一是期限，同类金融产品的利率随着期限不同而变化，但是不同期限之间似乎有着微妙的、千丝万缕的联系，投资者在不同期限中进行权衡选择。由此，不同期限的无风险证券产品彼此之间存在期限与利率（到期收益率）的对应关系，这种关系就是**利率的期限结构**。利率期限结构形成的期限与利率之间的关系曲线就是**收益率曲线**。

利率期限结构关系的决定因素长期以来一直是经济学界关注的焦点，至少可以回溯到19世纪后期，因为利率期限结构关系蕴含市场对未来的预期信息，而期限关系的诠释（即期限结构理论）能够帮助我们挖掘相关信息，从而判断相关变量的变化会如何影响收益率曲线。从 1890 年至 1960 年左右，学术界相继提出了**纯粹预期理论、流动性溢价理论、市场分割理论和偏好栖息地理论**。这些理论内容一直延续至今，而且走进了标准的金融学教材，本书第 11 章将会详细介绍相关内容。

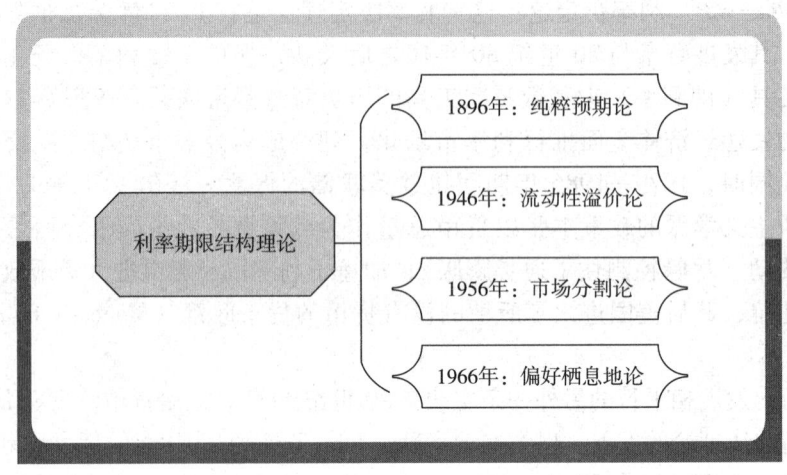

图 14 - 8　利率期限结构理论历史演进

利率期限理论中最基础的是**纯粹预期理论**，核心思想和主要内容可以回溯到 1896 年埃尔文·费雪的著作《货币增值与利息》，后来在 1930—1960 年期间得到进一步发展和改进。[①] 该理论强调，远期利率是未来短期利率的无偏估计。具体来说，它假定利率期限结构只取决于较短期的期限部分，长期利率由较短期利率来确定；它假定期限较高（如 5 年、10 年或 30 年期债券）的收益率与未来实际收益率完全相符，等于较短期限收益率的复利计算结果。换句话说，购买 10 年期债券等于连续购买两个 5 年期债券。纯粹预期理论假设市场对未来利率的预期与实际未来利率完全一致。如果粗略地考虑，实际情况与纯粹预期理论所刻画的内容基本一致。当然，纯粹的预期理论在某些方面与有效市场假设相似，因为它假设了一个完美的市场环境，在这个环境中，预期是未来价格的唯一决定因素。

1946 年，约翰·希克斯（1972 年获得诺贝尔经济学奖）在纯粹预期理论基础上提出了利率期限结构的流动性偏好理论。[②] 该理论同样认可预期利率在期限结构中的核心地位，并同样认为长期利率是预期未来短期利率的函数，但是在这个函数关系中增加了**流动性溢价**（Liquidity Premium）要素。所谓流动性溢价，就是对持有较长期限产品的流动性风险给予补充。在这样的框架下，因为存在对期限的流动性风险补偿要求，即期限溢价一定是正值，所以远期利率总要比预期的未来即期利率（Expected Future Spot Rates）相应更高。

[①] Lutz, Friedrich A, (1940), The Structure of Interest Rates. Quarterly Journal of Economics, 55 (1): 36 - 63. Meiselman, David, (1962), The Term Structure of Interest Rates. Englewood Cliffs, N. J.: Prentice Hall.

[②] Hicks, John, (1975), Value and Capital. Oxford University Press, London.

1956年，出现了对期限溢价给出不同阐释的理论，即**市场分割理论**。[①] 这一理论认为投资者对于债券期限具有强烈的期限偏好，不同期限的债券产品不一定具有紧密的替代关系，而是会形成彼此分割的市场。因此，期限溢价并不一定都是正值，也可能是负值。

围绕着期限溢价问题的研究一直没有中断过。到了1966年，经济学家们提出了另外一种介于以上三种理论中间的混合型理论，即**偏好栖息地理论**。[②] 该理论认为，投资者和融资者对特定期限的产品都具有很强的偏好，即投融资双方都有一个期限偏好的栖息地，从而会形成一定程度的短期和长期证券产品的市场分割。同时，偏好栖息地理论又不同于市场分割理论，它认为预期在利率期限结构中扮演重要角色，投资者偏好会受到预期变化的影响。然而，当不同期限的证券之间预期收益率之差达到一定临界值后，投资者就可能放弃他所偏好的那种证券，转而投资于预期收益率较高的证券。因此，不同期限的证券不可能完全相互替代，但是在一定条件下替代仍然会发生。

究竟哪一个理论更符合现实？这是一个实证问题，需要根据具体国家的具体样本区间和市场状况进行分析，不同情况可能适用不同的期限结构理论。不过，从根本上看，纯粹预期理论仍然是其他学说的基础，也是我们用分析现实情况的基准。

三、1945年：布雷顿森林体系

20世纪50年代为现代金融学发展的重要分水岭。1945年第二次世界大战结束之前，金本位、金汇兑本位等有关货币体系和货币制度的安排问题是理论和实践中关注的焦点问题。但是二战之后这种格局发生了极大变化，而且此时的国际货币体系格局在1944年于美国新罕布什尔州的布雷顿森林镇召开的**布雷顿森林**（Breton Woods）会议上确立下来，即美元与黄金直接挂钩，其他货币则与美元实行固定汇率或者准固定汇率兑换制度。按照布雷顿森林会议达成的协议，美元按照35美元=1盎司黄金的标准可以直接兑换黄金，其他货币如果要兑换黄金，需要先兑换成美元然后再兑换黄金。按照规则，任何国家只要持有美元，都可以随时向美国要求按照35:1的标准兑换成黄金。

因为二战以后美国拥有全世界70%～80%甚至更高的黄金储备，所以美国并不担心出现黄金挤兑问题，世界各国也对这种兑换格局抱有信心。当然，美元与黄金的兑换承诺，也使得美元迅速成为世界货币，确立了美元对国际货币体系的主导权，这对美国二战后的快速发展起到了决定性作用。

1944年召开的布雷顿森林会议，不仅开创了新的国际货币体系格局和信用货币制度，而且也明确了布雷顿森林体系下的货币定义（货币与准货币）、货币层次划分（M0、M1、M2等）、金融机构与金融体系的定义等一系列重要概念（或者说国际标

---

① Culbertson, John M. (1957). The Term Structure of Interest Rates. Quarterly Journal of Economics, 71 (4): 485–517.

② Modigliani, Franco, and Richard Sutch, (1966), Innovations in Interest Rate Policy. American Economic Review, 56 (1/2): 178–197.

准）。国际标准的确立得益于此次会议宣布成立的国际复兴开发银行（即世界银行前身）和国际货币基金组织（IMF）两大机构。特别是 IMF 的成立，对于推进国际间的金融定义标准化起到了重要作用。这也是我们在归纳宏观金融学发展的内容中加入布雷顿森林会议这个历史事件的原因。

在布雷顿森林体系格局确立之后，**国际金融领域的汇率理论**也得到了快速发展。与 20 世纪初期开始发展起来的一价定律、购买力平价以及 1930 年前后的利率平价理论相比，1944 年之后的汇率理论围绕固定汇率问题展开了深入的研究和探讨。20 世纪 50 年代，米尔顿·弗里德曼（Milton Friedman）指出，固定汇率制会传递通货膨胀，引发金融危机，只有实行浮动汇率制才有助于国际收支平衡的调节。接着，英国经济学家詹姆斯·米德（James Meade）在 1951 年写成的《国际经济政策理论》第一卷《国际收支》一书中也提出，固定汇率制度与资本自由流动是矛盾的。他认为，实行固定汇率制就必须实施资本管制，控制资本尤其是短期资本的自由流动。该理论被称为"**米德冲突**"或"**米德难题**"。

到了 20 世纪 60 年代，罗伯特·蒙代尔（Robert Mandel）和马库斯·弗莱明（J. Marcus Fleming）提出的**蒙代尔—弗莱明模型**对开放经济下的 IS—LM 模型进行分析，是固定汇率制下使用货币政策的经典分析。该模型指出，在没有资本流动的情况下，货币政策在固定汇率下影响与改变一国收入是有效的，在浮动汇率下则更为有效；在资本有限流动情况下，整个调整结构与政策效应与没有资本流动时基本一样；而在资本完全可流动情况下，货币政策在固定汇率条件下无法影响和改变一国收入，而在浮动汇率下则是有效的。

由此，得出了著名的"**不可能三角**"理论，即货币政策独立性、资本自由流动与汇率稳定这三个政策目标不可能同时达到。1999 年，美国经济学家保罗·克鲁格曼（Paul Krugman）根据上述原理画出了一个三角形，形象地展示了蒙代尔"不可能三角"的内在原理。在这个三角形中，三个顶点分别表示货币政策自主权、固定汇率和资本自由流动。这三个目标之间不可调和，最多只能实现其中的两个，也就是实现三角形一边的两个目标就必然远离另外一个顶点。这就是国际金融领域著名的"**三元悖论**"。

四、19 世纪 90 年代—20 世纪 50 年代：货币数量论

货币问题与利率问题是并行的，货币数量论与利率理论也几乎是并行发展起来的，早期的理论可以回溯到 19 世纪 90 年代，20 世纪 50 年代达到理论发展的巅峰。但是，到了 20 世纪 70—80 年代之后，随着发达国家利率市场化的完成、微观金融市场的快速发展以及价格型货币政策工具的盛行，货币问题的研究相较于利率问题逐渐弱化，货币理论的重要性似乎也随之弱化。

货币数量论（Quantity Theory of Money）是货币理论中最经典的问题之一，这一理论在 19 世纪末至 20 世纪初经历了古典学派的交易等式说和剑桥学派的货币需求的发展。到了 20 世纪 30—50 年代得到进一步的发展。1936 年凯恩斯的流动性偏好说既是

一种利率决定机制理论，又是一种货币需求理论。此后，20 世纪 50 年代以米尔顿·弗里德曼为代表的现代货币数量论盛行，并形成了声势浩大的**货币主义学派**。

弗里德曼在 1956 年发表的《再论货币数量论》(*The Quantity Theory of Money: A Restatement*) 提出了现代货币需求论，认为货币需求等同于消费服务需求，将真实货币余额（即货币/价格）视为一种商品，人们需求货币是因为它可以为人们带来服务。因此，货币是一种资产或者说资本品，货币需求理论就是资本或者财富理论的一部分。货币需求函数中的影响因素主要包括总财富水平（常用总收入来代表）、财富收入比（财富特指非人力财富，收入特指人力财富）、货币及其他金融资产预期收益率等。

在弗里德曼的货币需求理论中，财富包括五种不同形式：货币、债券、权益、实物商品（即非人力财富）和人力资本。其中，货币指的是广泛意义上的货币，包括现金、活期存款和定期存款；五种财富各自拥有特定的预期收益率。基于五种财富的未来预期收入，可以写出对应的折现现值公式，即

$$W = y/r$$

其中，W 是总财富的现值，y 是五种财务的预期收入总和，r 是市场利率。在此基础上，弗里德曼的真实货币需求函数可以写成：

$$M/P = f(y, w; r_m, r_b, r_e, g_p, u)$$

其中，M 是名义货币需求总量；P 是总体价格水平；y 是真实收入；w 是非人力财富比率；r 代表预期收益率，下标 m、b、e 分别对应货币、债券和权益；g_p 表示实物资产收益率；u 表示其他影响因素。

根据弗里德曼的货币需求理论，如果非货币资产的预期收益率上升，那么真实货币需求就会减少；而如果财富水平上升，则真实货币需求会增加。实证研究表明，真实货币需求在长期相对稳定。因此，如图 14-9 所示，虽然利率变化在短期会对真实货币需求存在一定影响，但长期影响基本可以忽略。

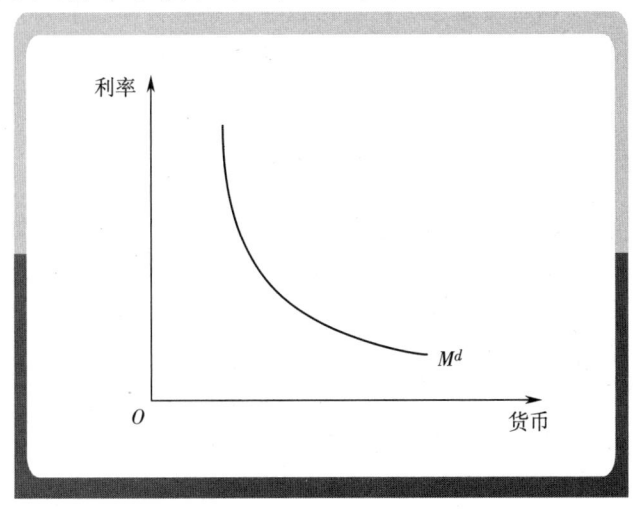

图 14-9　弗里德曼真实货币需求论中利率与真实货币需求的关系

弗里德曼的另一个重要贡献是对于**货币在长期是中性**（The Neutrality of Money in the Long – run）的讨论。他沿袭费雪的**货币幻觉**思想①，提出经济主体会混淆名义货币变化与真实货币变化（即**货币幻觉**），所以货币总量变化在短期内有真实影响（即对真实经济产出有影响），而在长期货币供给变化是完全中性的（这与卢卡斯认为的短期菲利普斯曲线存在而长期不存在有异曲同工之妙）。虽然凯恩斯等经济学家认为货币在短期和长期都不是中性的，但是弗里德曼的**长期货币中性理论**至今仍然具有广泛认可度，也成为真实经济周期（RBC）等宏观模型对货币认识的基础。

> 货币幻觉是指人们混淆了名义货币变化与真实货币变化。

> 货币中性是指货币变化只影响物价变化而不影响真实产出变化。

弗里德曼的货币需求理论是货币主义学派的代表性理论，他也是货币主义学派的奠基性人物。弗里德曼反对当时盛行的凯恩斯主义和凯恩斯基于政府干预的理论，同时认为货币在经济活动中至关重要，他认为美国20世纪70年代的高通货膨胀完全是货币现象。正因为如此，以弗里德曼为代表的货币主义学派主张通过中央银行调控货币总量来治理通胀，货币也自然成为货币政策调控的核心变量。这种政策主张被1979年开始担任美联储主席的保罗·沃尔克（Paul Volcker）所采纳。然而从现实情况看，虽然采纳货币主义学派的政策主张对于应对通胀问题效果明显，但是也带来了美国1979—1983年经济大幅波动的负面影响。

简而言之，1979—1986年期间保罗·沃尔克所实践的货币主义学派政策主张并未达到理想的效果，而且在20世纪80—90年代诸多新凯恩斯主义学派的著名经济学家通过学术研究证明，货币政策采取价格型指标实现的政策效果要远优于数量型指标（即货币总量），从而促使此后的美联储主席摒弃了货币主义学派主张。另外，20世纪50年代之后，货币主义学说在理论模型的复杂性和科学性发展方面几乎没有实质性的进展，与经济系统复杂度不断发展相比，货币数量论的解析模型显得过于简单，无法全面捕捉经济体系各部门之间的动态关系，这些也使得货币主义学说的现实竞争力逐渐衰弱。

五、20世纪60年代：托宾Q理论

20世纪60年代，微观金融学理论的日益兴盛与传统宏观理论的继续发展相互交织，诞生了另一个著名的金融学理论，即托宾Q理论。托宾Q理论是由1981年的诺贝尔经济学奖得主詹姆斯·托宾（James Tobin）在1969年提出的企业投资行为理论，该理论将公司发行的股票市场价值与公司资产相关的重置成本联系起来，核心指标是所谓的Q比率，即

$$Q比率 = 公司的市场价值/资产重置成本$$

在托宾Q比率中，分子是金融市场上公司的市值，分母是企业的"基本价

---

① Fisher, Irving, (1928), The Money Illusion, New York: Adelphi Company.

值"——重置成本。公司的金融市场价值包括公司股票的市值和债务资本的市场价值。重置成本是指现在要用多少资金能买下公司的所有资产，或者说如果从零开始创建该公司需要花费的资金。

虽然托宾 Q 理论的核心指标是基于微观市场构建的，但是 Q 理论在宏观金融领域具有广泛应用，特别是在货币政策分析领域具有重要应用价值（本书第 6 章的中央银行货币政策传导机制中出现）。因此，托宾 Q 理论可以被视为宏观金融学发展历程中的一个重要理论内容。

根据 Q 比率的定义不难看出：当 Q>1 时，购买新生产的资本产品更有利，因此此时会增加资本投资需求；当 Q<1 时，购买现成的资本产品比新生产的资本产品更便宜，这样就会减少资本需求。因此，如果 Q 比率高，那么意味着企业市场价值要高于资本的重置成本，也就是说新厂房设备的资本要低于企业市场价值。在这种情况下，公司发行较少的股票就可以买到较多的投资品，所以企业就会有动力增加固定资产等投资支出。如果 Q 比率低，即公司市场价值低于资本的重置成本，那么企业就没有动力去投资购买新的厂房设备等，此时企业投资降低。

不难看出，Q 比率对于货币政策调整具有重要意义，为货币政策增加了新的传导渠道：当货币政策宽松（如货币供应上升），股票价格上升，托宾 Q 上升，企业投资扩张，从而总产出也扩张；反之则总产出减少，经济萎缩。这一传导机制可以概括为：

$$货币供应 \uparrow \rightarrow 股票价格 \uparrow \rightarrow Q \uparrow \rightarrow 投资支出 \uparrow \rightarrow 总产出 \uparrow$$

托宾 Q 理论再次体现了宏微观金融学理论的交织，而且诺贝尔经济学奖对托宾贡献的认可也强调了其在财政与货币政策宏观模型、金融市场及相关的支出决定、就业、商品和价格分析等方面作出的重要贡献。值得一提的是，1985 年诺贝尔经济学奖得主弗兰科·莫迪利安尼（Franco Modigliani）同样也是一位宏微观结合的典范，他是储蓄生命周期理论的提出者，同时又是微观金融领域企业资本结构理论（MM 定理）的重要奠基人。由此可见，现代金融学是宏微观并重的大金融学科理念的沿袭和传承。

六、20 世纪 70 年代：卢卡斯批判与理性预期假说

20 世纪 50—70 年代发展起来的微观资产定价理论以及这个时期的宏观金融理论有一个共同关注点，就是预期问题。这也使得预期理论成为 20 世纪 70 年代涌现出来的一个重要经济理论。特别是 1976 年，著名经济学家罗伯特·卢卡斯（Robert Lucas，1995 年获得诺贝尔经济学奖）提出的卢卡斯批判以及理性预期理论将预期理论推到了阶段性的高潮。虽然在诺贝尔经济学奖颁奖词中陈述卢卡斯的主要贡献是发展了理性预期与宏观经济学研究的运用理论，但是理性预期理论的应用同样广泛渗入到金融领域的多个方向。

事实上，预期也是联通现代金融学宏微观研究的重要纽带。例如，在动态随机一般均衡模型中的多个部门设定中都要使用预期变量；在投资决策中，需要依据预期未来价格等预期要素对现

> 理性预期假说认为，平均来看，人们对经济变量的未来预期值与未来的现实值相等；即使预期值有误差，这种误差的均值也是零。

值进行计算；甚至在微观金融学的资产定价模型中，资产价格的定义本质上也是基于预期未来价格进行刻画的。

预期理论说明，影响当前经济走势的因素并不简单地仅由当前相关经济变量的具体水平决定，还受未来相关指标的预期情况所影响。这一结论代表了当前主流经济学派的共识。事实上，自20世纪70年代以后，经济学界就逐渐形成了这种共识。甚至有评论认为，经济学与自然科学的核心区别就在于现代经济理论强调了经济主体的前瞻性决策行为。因此，预期是现代经济理论的基础性支柱，也是金融理论跨越式发展的重要基础。

消费理论中的生命周期假说和永久收入假说都强调预期未来收入的重要性。投资决策理论中现金流的计算也是基于预期价格与预期销售（而非当期变量）。再如，投资储蓄模型中（即IS曲线）产出与真实利率呈反向关系，而此处真实利率的定义是基于名义利率与预期通胀率的差，同样反映出预期的重要性。注意，在计算真实利率的过程中，使用的预期通胀率又可以分为事前和事后预期（即Ex Ante 和 Ex Post）。我们在计算真实利率过程中，必须澄清对应的是事前（以区间开始点为截止）还是事后（以区间结尾点为截止）。当然，从预期的基本定义来说，事前预期才是真正意义上的预期，而事后预期主要是从便于测度的角度出发给出的一种度量办法。

如果要回溯预期概念提出的确切原始出处，恐怕并不容易。已有资料记载，经济预期（预测）最早可能出现在古希腊哲学家的相关思想和理论中。在19世纪，较早讨论预期问题的研究出现在桑顿（H. Thornton，1802）关于纸币信用问题的研究中。虽然19世纪陆续出现过一些关于预期问题的研究（如Fisher，1930），但是并未形成完善的基于预期的经济学说。直到1936年凯恩斯《就业、利息和货币通论》（简称《通论》）的发表，预期再次进入经济学说的聚光灯下。

虽然凯恩斯没有给出预期的具体形成机制，但却激发了希克斯、托宾等经济学界大师对预期问题的极大关注，而且形成了基于预期的经济学理论体系。自20世纪50年代开始，预期几乎出现在宏微观领域的各个角落。

此后，随着卢卡斯批判（Lucas，1976）的提出，以及以卢卡斯、托马斯·萨金特（Thomas Sargent；2011年获得诺贝尔经济学奖）等为代表的含有理性预期的宏观经济理论的日益发展，20世纪六七十年代发展起来的理性预期逐渐成为现代经济学理论的中流砥柱。所谓理性预期，是指对于经济活动和经济现象，人们总会充分利用他们能得到的所有信息来进行理性分析，从而作出理性的行动，因此所犯的错误都是随机的，不会犯系统性的错误。

主张理性预期假设的诸多新古典经济学家假定，在完全信息下的有效市场中，经济人可以预见政府政策，从而可以随时修正他们对政策的反应。例如，当政府推行扩张性货币政策以提振经济时，人们可以预见政策效果，所以价格预期就会相应更新，因此真实经济变量可能并不会发生变化。只有经济运行中出现不可预见的随机性冲击才会导致真实经济变量偏离自然值。与此同时，含有理性预期要素的线性模型与非线性模型求解算法的不断突破，也极大地推动了理性预期在宏微观领域中的广泛应用。

七、20 世纪 80 年代：价格型货币政策论

谈及 20 世纪 80 年代价格型货币政策论的发展，不得不提及当时的两位美联储主席，一位是 1979—1986 年担任美联储主席的保罗·沃尔克（Paul Volker），另一位是 1987—2006 年担任美联储主席的艾伦·格林斯潘（Alan Greenspan）。前者执掌美联储时期采纳了货币主义学派的政策主张，重视货币在货币政策调控中的核心地位，特别是强调以调控货币总量来应对通货膨胀；而后者则主张以利率为核心进行货币政策调控。① 美国的发展实践以及学术研究都表明，以货币总量为核心指标的货币政策调控会带来宏观经济的大幅波动，不利于经济的平稳发展。

1987 年之后，"格林斯潘时代"的来临，以及货币主义学派政策主张的实践失败（表现为 1979—1986 年美国真实 GDP 增长率和 CPI 通胀率的波动加大，1979—1983 年经济增长率大幅下滑，见图 14-10），推动了价格型货币政策理论的快速发展，形成了以利率变量为核心的货币政策分析框架，甚至诸多经济学家提出了没有货币的货币政策（Monetary Policy Without Money），暗示货币总量指标应该退出货币政策传导机制的分析框架。

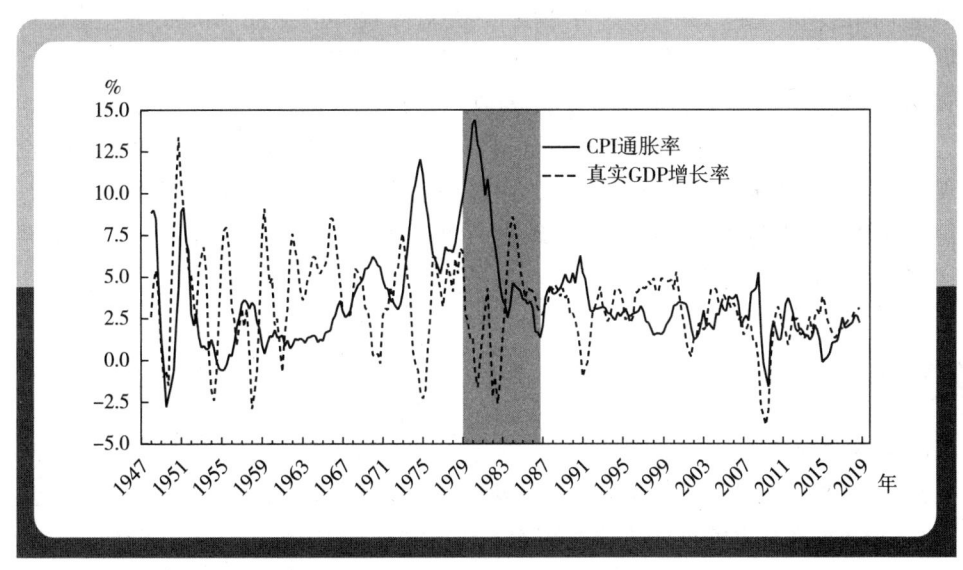

注：原始数据来源于美联储，经作者计算；图中阴影部分的区间为 1979—1986 年。

图 14-10　1947—2019 年美国真实 GDP 增长率与 CPI 通胀率（同比）

---

① 在格林斯潘 20 年的美联储主席任期内，美国经济维持持续稳定增长，出现了长期繁荣景象，仅在 1991 年和 2001 年出现过短暂的统计意义上的衰退期（根据美国国家经济研究局的统计报告），而且通胀率一直维持在 2%～4% 的较低水平。

八、20 世纪 90 年代：货币政策规则论

20 世纪 90 年代的货币政策规则论（Monetary Policy Based on Rules）是价格型货币政策论的深化。货币政策规则论的代表性内容是斯坦福大学的约翰·泰勒在 1993 年提出的**泰勒规则**(Taylor Rule)[①]。虽然同时期也有其他基于规则的货币政策理论[②]，但是货币政策的泰勒规则具有里程碑意义，不仅在宏观分析的理论框架中被广泛使用，而且被很多中央银行用于调整货币政策的基本规则。

概括来说，泰勒规则刻画了中央银行如何调整短期名义利率，用于对通胀率与真实经济增长率（或者产出缺口）的变化进行反应。也就是说，当中央银行观察到经济运行过程中的通胀率上升、经济增长加速时，会通过一定的政策工具来上调短期名义利率，从而对通胀率和经济增长率进行调控。反过来，如果中央银行认为通胀率下降、经济放缓，则会通过货币政策工具的调整来下调短期名义利率，用于刺激企业进行投资生产等，进而带动经济增长。

> 泰勒规则是指央行根据通货膨胀和真实经济产出指标的变化来调整利率的一种反应机制。

以泰勒规则为代表的货币政策规则论也为现代利率决定理论提供了一个较为完整的体系，即之前介绍的 IS—PC—MP 框架。在这个分析框架内，利率的核心决定部门是中央银行而不是由商品市场或者货币市场主导，这与以往的古典利率决定论、可贷资金利率决定论等利率决定理论存在本质区别，也更符合现代经济运行的现实规律。

进入 21 世纪之后，微观金融学和宏观金融学理论依然在不断发展和前行，也不断涌现出颇具影响力的理论内容。不过，在这些理论进入标准的金融学教材之前，还需要经历更多的学术与实践验证，以达成更广泛的共识。相信若干年后的金融学教材会把这些内容逐渐纳入进来。

复习要点

1. 金融学的范畴。
2. 1952 年之后微观金融学的发展脉络。
3. 1850 年之后宏观金融学的发展脉络。
4. 银行理论与利息理论。
5. 货币理论与货币政策规则论。

---

① Taylor, John B., (1993), Discretion Versus Policy Rules in Practice. Carnegie – Rochester Conference Series on Public Policy, 39: 195 – 214.

② McCallum, Bennett T., (1988), Robustness Properties of a Rule for Monetary Policy. Carnegie – Rochester Conference Series on Public Policy, 29: 173 – 203. McCallum, Bennett T., (1993), Specification and Analysis of a Monetary Policy Rule for Japan. Bank of Japan Monetary and Economic Studies, November, 1 – 45.

关键术语

微观金融学　　　资产定价模型　　　宏观金融学　　　信用创造
金融中介理论　　利率期限结构　　　布雷顿森林体系　信用货币
货币需求论　　　货币数量论　　　　泰勒规则　　　　米德冲突
三元悖论　　　　不可能三角

 **练习题**

1. 如何理解金融学包括宏观和微观两部分？
2. 马柯维茨投资组合理论的核心内容是什么？
3. 投资组合理论与CAPM模型之间的联系是什么？

第14章
课后习题答案

 **本章拓展阅读资料**

1. 张成思. "贷款创造存款"理论的逻辑 [J]. 中国金融, 2019 (16).
2. 张成思. 现代金融学的历史演进逻辑 [J]. 金融评论, 2020 (3).
3. 张成思. 基于预期的前瞻性货币政策逻辑 [M]. 北京：高等教育出版社, 2021.

21世纪高等学校金融学系列教材

一、货币银行学子系列

★货币金融学（第五版）	朱新蓉		主编	69.00元	2021.05出版

（普通高等教育"十一五"国家级规划教材/国家精品课程教材·2008）

货币金融学	张　强	乔海曙	主编	32.00元	2007.05出版

（国家精品课程教材·2006）

货币金融学（附课件）	吴少新		主编	43.00元	2011.08出版
货币金融学（第二版）	殷孟波		主编	48.00元	2014.07出版

（普通高等教育"十五"国家级规划教材）

现代金融学	张成思		编著	69.00元	2022.08出版
——货币银行、金融市场与金融定价（第2版）					
货币银行学（第二版）	夏德仁	李念斋	主编	27.50元	2005.05出版
货币银行学（第三版）	周　骏	王学青	主编	42.00元	2011.02出版

（普通高等教育"十一五"国家级规划教材）

货币银行学原理（第六版）	郑道平	张贵乐	主编	39.00元	2009.07出版
金融理论教程	孔祥毅		主编	39.00元	2003.02出版
西方货币金融理论	伍海华		编著	38.80元	2002.06出版
现代货币金融学	汪祖杰		主编	30.00元	2003.08出版
行为金融学教程	苏同华		主编	25.50元	2006.06出版
中央银行通论（第三版）	孔祥毅		主编	40.00元	2009.02出版
中央银行通论学习指导（修订版）	孔祥毅		主编	38.00元	2009.02出版
商业银行经营管理（第二版修订版）	宋清华		主编	50.00元	2021.08出版
商业银行管理学（第五版）	彭建刚		主编	53.00元	2019.04出版

（普通高等教育"十一五"国家级规划教材/国家精品课程教材·2007/国家精品资源共享课配套教材）

商业银行管理学（第三版）	李志辉		主编	48.00元	2015.10出版

（普通高等教育"十一五"国家级规划教材/国家精品课程教材·2009）

商业银行管理学习题集	李志辉		主编	20.00元	2006.12出版

（普通高等教育"十一五"国家级规划教材辅助教材）

商业银行管理	刘惠好		主编	27.00元	2009.10出版
现代商业银行管理学基础	王先玉		主编	41.00元	2006.07出版
金融市场学（第三版）	杜金富		主编	55.00元	2018.07出版
现代金融市场学（第四版）	张亦春		主编	50.00元	2019.02出版
中国金融简史（第二版）	袁远福		主编	25.00元	2005.09出版

（普通高等教育"十一五"国家级规划教材）

货币与金融统计学（第四版）	杜金富		主编	48.00元	2018.07出版

（普通高等教育"十一五"国家级规划教材/国家统计局优秀教材）

金融信托与租赁（第五版）	王淑敏　齐佩金	主编	45.00元	2020.06 出版

（普通高等教育"十一五"国家级规划教材）

金融信托与租赁案例与习题	王淑敏　齐佩金	主编	25.00元	2006.09 出版

（普通高等教育"十一五"国家级规划教材辅助教材）

金融营销学	万后芬	主编	31.00元	2003.03 出版
金融风险管理	马昕田	主编	40.00元	2021.06 出版
金融风险管理	宋清华　李志辉	主编	33.50元	2003.01 出版
网络银行（第二版）	孙　森	主编	36.00元	2010.02 出版

（普通高等教育"十一五"国家级规划教材）

银行会计学	于希文　王允平	主编	30.00元	2003.04 出版
互联网金融	万光彩　曹　强	主编	50.00元	2022.01 出版

二、国际金融子系列

国际金融学	潘英丽　马君潞	主编	31.50元	2002.05 出版
★国际金融概论（第五版）	孟　昊　王爱俭	主编	45.00元	2020.01 出版

（普通高等教育"十二五"国家级规划教材/国家精品课程教材·2009）

国际金融（第三版）	刘惠好	主编	48.00元	2017.10 出版
国际金融概论（第三版）（附课件）	徐荣贞	主编	40.00元	2016.08 出版
★国际结算（第七版）（附课件）	苏宗祥　徐　捷	著	70.00元	2020.08 出版

（普通高等教育"十二五"国家级规划教材/2012—2013年度全行业优秀畅销书）

各国金融体制比较（第五版）	白钦先	等编著	78.00元	2021.09 出版
国际金融（第二版）	周　文　漆腊应	主编	43.00元	2021.04 出版
国际金融管理	鞠国华	主编	43.00元	2020.01 出版

三、投资学子系列

投资学（第四版）	张元萍	主编	63.00元	2022.04 出版
证券投资学	吴晓求　季冬生	主编	24.00元	2004.03 出版
证券投资学（第二版）	金　丹	主编	49.50元	2016.09 出版
证券投资学	王玉宝	主编	38.00元	2018.06 出版
现代证券投资学	李国义	主编	39.00元	2009.03 出版
证券投资分析（第二版）	赵锡军　李向科	主编	35.00元	2015.08 出版
组合投资与投资基金管理	陈伟忠	主编	15.50元	2004.07 出版
投资项目评估（第三版）	李桂君　宋砚秋 王瑶琪	主编	60.00元	2021.06 出版
项目融资（第三版）	蒋先玲	编著	36.00元	2008.10 出版

四、金融工程子系列

金融经济学教程（第三版）	陈伟忠　陆珩瑱	主编	56.00元	2021.11 出版
衍生金融工具（第二版）	叶永刚　张　培	主编	53.00元	2020.07 出版
衍生金融工具	王德河　杨　阳	编著	38.00元	2016.12 出版

书名	作者	角色	价格	出版日期
现代公司金融学（第三版）	马亚明	主编	59.00 元	2021.08 出版
金融计量学	张宗新	主编	42.50 元	2008.09 出版
数理金融	张元萍	编著	29.80 元	2004.08 出版
金融工程学	沈沛龙	主编	46.00 元	2017.08 出版
金融工程	陆珩瑱	主编	39.50 元	2018.01 出版

五、金融英语子系列

书名	作者	角色	价格	出版日期
金融英语阅读教程（第四版） （北京高等教育精品教材）	沈素萍	主编	48.00 元	2015.12 出版
金融英语阅读教程导读（第四版） （北京高等学校市级精品课程辅助教材）	沈素萍	主编	23.00 元	2016.01 出版
保险专业英语	张栓林	编著	22.00 元	2004.02 出版
保险应用口语	张栓林	编著	25.00 元	2008.04 出版

注：加★的书为"十二五"普通高等教育本科国家级规划教材。

21 世纪高等学校保险学系列教材

保险学概论	许飞琼		主编	49.80 元	2019.01 出版
保险学概论学习手册	许飞琼		主编	39.00 元	2019.04 出版
经典保险案例分析 100 例	许飞琼		主编	36.00 元	2020.01 出版
保险学（第二版）	胡炳志	何小伟	主编	29.00 元	2013.05 出版
风险管理与保险	孔月红	高 俊	主编	39.50 元	2019.10 出版
保险精算（第三版）	李秀芳	曾庆五	主编	36.00 元	2011.06 出版
（普通高等教育"十一五"国家级规划教材）					
人身保险（第二版）	陈朝先	陶存文	主编	20.00 元	2002.09 出版
财产保险（第六版）	许飞琼	郑功成	主编	56.00 元	2020.12 出版
（普通高等教育"十一五"国家级规划教材/普通高等教育精品教材奖）					
财产保险案例分析	许飞琼		编著	32.50 元	2004.08 出版
海上保险学	郭颂平	袁建华	编著	34.00 元	2009.10 出版
责任保险	许飞琼		编著	40.00 元	2007.11 出版
再保险（第二版）	胡炳志	陈之楚	主编	30.50 元	2006.02 出版
（普通高等教育"十一五"国家级规划教材）					
保险经营管理学（第二版）	江生忠	祝向军	主编	49.00 元	2017.12 出版
保险经营管理学（第二版）	邓大松	向运华	主编	42.00 元	2011.08 出版
（普通高等教育"十一五"国家级规划教材）					
保险营销学（第四版）	郭颂平	赵春梅	主编	42.00 元	2018.08 出版
（教育部经济类专业主干课程推荐教材）					
保险营销学（第二版）	刘子操	郭颂平	主编	25.00 元	2003.01 出版
★风险管理（第五版修订本）	许谨良		主编	50.00 元	2022.01 出版
（普通高等教育"十一五"国家级规划教材）					
保险产品设计原理与实务	石 兴		著	24.50 元	2006.09 出版
社会保险（第四版）	林 义		主编	39.00 元	2016.07 出版
（普通高等教育"十一五"国家级规划教材）					
保险学教程（第二版）	张 虹	陈迪红	主编	36.00 元	2012.07 出版
利息理论与应用（第二版）	刘明亮		主编	32.00 元	2014.04 出版
保险法学	李玉泉		主编	53.50 元	2020.08 出版

注：加★的书为"十二五"普通高等教育本科国家级规划教材。